Hartmut Böcher, Saskia Böhlke, Eva König, Tanja Lenz, Judith Pauls, Christoph Raab

Herausgeber: Hartmut Böcher

Sozialpädagogische Theorie und Praxis

Band 1

Fachschule für Sozialpädagogik

2. Auflage

Bestellnummer 04500

Bildungsverlag EINS

Haben Sie Anregungen oder Kritikpunkte zu diesem Produkt?
Dann senden Sie eine E-Mail an 04500_002@bv-1.de
Autoren und Verlag freuen sich auf Ihre Rückmeldung.

www.bildungsverlag1.de

Bildungsverlag EINS GmbH
Sieglarer Straße 2, 53842 Troisdorf

ISBN 978-3-427-**04500**-7

INHALT

Vorwort

Dies ist der erste von drei Bänden zur sozialpädagogischen Theorie und Praxis, die aufeinander aufbauen und die folgenden vier Lernfelder umfassen:

Lernfelder – Band 1:

- **„Kinder und Jugendliche in ihrer Lebenswelt verstehen und Beziehungen zu ihnen entwickeln"**
  In diesem Lernfeld lernen Sie, Kinder und Jugendliche in ihrer Entwicklung und in ihren Persönlichkeiten differenzierter und professioneller wahrzunehmen. Sie entwickeln die erforderlichen Kompetenzen, um einen reflektierten Beziehungsaufbau leisten zu können. Durch das Lösen der beruflichen Aufgaben dieses Lernfelds lernen Sie, traditionelle Deutungsmuster zu überwinden und das Verhalten und Erleben der Kinder und Jugendlichen fachlich fundiert zu analysieren und zu verstehen.

- **„Gruppenpädagogisch handeln und soziales Lernen fördern"**
  Im zweiten Lernfeld des ersten Bandes lernen Sie, Ihren Blick nicht mehr nur auf das einzelne Kind oder den einzelnen Jugendlichen zu richten, sondern auf größere Gruppen. Der Schwerpunkt liegt nun darauf, das für das weitere Leben der Kinder oder Jugendlichen so wichtige soziale Lernen zu unterstützen.

Lernfeld – Band 2:

- „Entwicklungs- und Bildungsprozesse unterstützen"
  Im dritten Lernfeld lernen Sie, Kinder und Jugendliche in ihren Entwicklungs- und Selbstbildungsprozessen zu begleiten, zu stärken und zu unterstützen. Sie können nun die sozialpädagogische Arbeit mit Kindern und Jugendlichen fach- und methodenkompetent planen, durchführen, reflektieren und dokumentieren. Darüber hinaus beginnen Sie, konzeptionell zu arbeiten, über Kompetenzen zu verfügen, die Sie zur Konzeptionsentwicklung befähigen, und sich mit sozialpädagogischen Konzeptionen fachlich begründet auseinanderzusetzen.

Die Hauptinhalte von **Band 2** sind:

- Pädagogische Orientierungen erleben
- Erziehungsprozesse planen
- Pädagogische Konzeptionen kennen und entwickeln
- Selbstbildungspotenziale diagnostizieren und unterstützen
- Sprachkompetenz fördern – als Prinzip
- Verantwortungsbewusstsein für die Welt fördern

Lernfeld – Band 3:

- „Professionell in sozialpädagogischen Einrichtungen arbeiten"
  Im vierten Lernfeld lernen Sie, sich verstärkt von der Rolle als Studierende zu lösen und sich zur professionellen Mitarbeiterin einer sozialpädagogischen Einrichtung zu entwickeln. Nun werden Sie selbst- und mitverantwortlich sowie initiativ handeln und die eigene sozialpädagogische Arbeit umfassend evaluieren und weiterentwickeln.

Die Hauptinhalte von **Band 3** sind:

- Mit Kindern aus verschiedenen Kulturen arbeiten
- Mädchen und Jungen gemeinsam erziehen
- Mit Erziehungsberechtigten zusammenarbeiten

- Übergänge gestalten – mit Schulen kooperieren
- Die örtliche und überörtliche Infrastruktur kennen und nutzen
- Eine sozialpädagogische Einrichtung organisieren und verwalten

Die Struktur der drei Bände folgt inhaltlich den oben genannten Lernfeldern und *nicht* dem zeitlichen Ablauf der drei Ausbildungsjahre der Erzieherinnen. Insbesondere Band 3 und somit das Lernfeld 4 sollte auch im zweiten Ausbildungsjahr Berücksichtigung finden, da das Unterrichtsangebot im Berufspraktikum zeitlich nicht umfangreich genug ist, um hier die wichtigen Inhalte dieses Lernfeldes ausreichend bearbeiten zu können.

Der Vergleich der deutschen Ergebnisse der PISA-Studien (**P**rogramme for **I**nternational **S**tudent **A**ssessment) mit den skandinavischen Ländern zeigt, dass sich die sozialpädagogische Praxis auch in Deutschland ändern muss. Neben dem erzieherischen Auftrag von Erzieherinnen wird die Bildung der Kinder und Jugendlichen verstärkt in den Mittelpunkt rücken.
Dabei darf es weder ein Zurück zu einer instruktiv belehrenden sozialpädagogischen Praxis noch ein Hin zu einer Erziehung geben, die die Entwicklung der Kinder und Jugendlichen der Beliebigkeit und allein den Chancen überlässt, die ihnen ihr familiäres Umfeld bietet. Kinder und Jugendliche müssen grundlegende Kompetenzen entwickeln, um den auf sie zukommenden gesellschaftlichen Herausforderungen gewachsen zu sein.

Der Entwicklung solcher Kompetenzen kommt in der schnelllebigen Zeit des 21. Jahrhunderts ein anderer, sehr viel höherer Stellenwert zu, als dies noch vor wenigen Jahrzehnten der Fall war. So weiß man inzwischen, dass

- ein differenziertes Verständnis der Muttersprache,
- ein großer Wortschatz und ein ausgeprägtes Sprachgefühl

Kompetenzen sind, die für den Erwerb jedweder Fremdsprache und für die Lösung vieler intellektueller Aufgaben erforderlich sind. Mit großer Wahrscheinlichkeit müssen viele Kinder von heute mehr Fremdsprachen beherrschen, als dies früher der Fall war.

- Differenziert wahrnehmen,
- Formen erfassen,
- Zusammenhänge und Unterschiede erkennen,
- auf Menschen zugehen und mit ihnen kommunizieren,
- Konflikte ertragen und lösen und
- sich selbst sowie andere – auch fremde – Menschen achten und wertschätzen,
- das eigene Verhalten, das eigene Denken, eigene Werthaltungen und Einstellungen kritisch-konstruktiv überdenken und verändern können

sind weitere Beispiele für Kompetenzen, die der Lösung vieler unterschiedlicher Aufgaben und Probleme dienen. Um ihre Entwicklung zu fördern und das dazu nötige

- Selbstbewusstsein,
- Selbstwertgefühl und
- Selbstvertrauen

zu stärken, muss sich eine zeitgemäße Sozialpädagogik verstärkt auf die Begleitung und Förderung der Selbstbildungsprozesse der Kinder und Jugendlichen konzentrieren.

> *„Wenn Kinder schon ein Kapital sein sollen, dann sollten wir alles daran setzen, dieses Kapital von Anfang an so zu fördern, dass es sich kreativ entwickeln kann, denn im Erhalt und in der Förderung von Eigenständigkeit und Kreativität liegt die einzige Möglichkeit, die wir haben, Kinder auf Aufgaben vorzubereiten, die weder sie selbst noch wir voraussehen können."*

(Schäfer, 2002, 12)

Die Förderung von Kompetenzen, die so grundlegend sind, dass sie auch die Lösung bislang unbekannter Probleme, Aufgaben und Herausforderungen ermöglichen, macht neue methodische und didaktische Entscheidungen nötig. Kreativität, Selbsttätigkeit und Entscheidungsfähigkeit zu fordern und zu fördern sind daher wesentliche Aufgaben sowohl in der Erziehung von Kindern als auch in der Erzieherinnen-Ausbildung.

Aus diesem Grund liegt diesem Buch eine handlungsorientierte Konzeption zu Grunde:

1. Den Studierenden werden berufliche Aufgaben sowohl zur selbstständigen als auch zur – von den Unterrichtenden – begleiteten Lösung angeboten.
2. Dabei wird der psychologischen Vorstellung Rechnung getragen, dass sich Bildung nicht nur bei Kindern, sondern auch bei Jugendlichen – wenn auch in veränderter Form – in Selbstbildungsprozessen vollzieht.

Der Aufbau dieses Buches wird in Kapitel 1 näher erläutert. Aus Gründen der Lesbarkeit wird im Folgenden nur von der weiblichen Berufsbezeichnung Gebrauch gemacht, obwohl die Autoren mehr männliche Erzieher in allen sozialpädagogischen Berufsfeldern für wünschenswert halten und die derzeit aktiven Erzieher entsprechend wertschätzen.

Auf der dem Buch beigefügten CD-ROM befinden sich zusätzliche Arbeitsblätter und Folien zur Vertiefung einzelner Inhalte.

Einführung 1

1

Frühere Ausbildungskonzeptionen

1.1

In den 70er Jahren gab es in den unterschiedlichen Bundesländern sehr verschiedene, oft nur grob skizzierte Vorschriften für die Ausbildung von Erzieherinnen. Ihnen allen lag ein eher instruktives Ausbildungsverständnis zu Grunde: Es sollten theoretische Grundlagen, z. B. aus der Psychologie, der Soziologie oder der Biologie „vermittelt" werden.

In der sozialpädagogischen Praxis wurde damals vor allem beklagt, dass die Ausbildung zu theorielastig sei und zu wenig Wert auf die Entwicklung beruflicher Handlungskompetenz lege. In der Tat überließen es die damaligen Ausbildungskonzeptionen weitgehend den Studierenden selbst, die Fülle an Einzelinformationen, die sie in den verschiedenen Unterrichtsfächern aufzunehmen hatten, zu einer ganzheitlichen Grundlage für berufliche Handlungsfähigkeit weiterzuentwickeln. Praxisbezug wurde zwar in vielen ausgewählten Beispielen hergestellt, die jedoch nicht immer repräsentativ für die Fülle der verschiedenen Praxisanforderungen waren.

In der ersten Hälfte der 90er-Jahre wurden daher in vielen Bundesländern neue Richtlinien entwickelt. In einer Reihe dieser Richtlinien wurde die Erkenntnis umgesetzt, dass Ausbildung immer ein subjektiver Entwicklungsprozess ist, der sich mit der individuellen Bewältigung aufeinander aufbauender Aufgaben vollzieht. Diese Aufgaben wurden als „Entwicklungsaufgaben" beschrieben.

Die Ausbilder konfrontierten die Studierenden mit diesen Aufgaben und schufen die Bedingungen, die für ihre Lösung erforderlich waren. Die Studierenden erhielten so die Möglichkeit, die für die Bewältigung der beruflichen Herausforderungen erforderlichen Kompetenzen zu entwickeln. Die erste Aufgabe bestand darin, dass jede Studierende ein eigenes Konzept ihrer zukünftigen Berufsrolle entwerfen sollte. Die nächste Aufgabe forderte die Erarbeitung eines Konzepts der pädagogischen Fremdwahrnehmung. Das hieß für die angehende Erzieherin, dass sie die Art und Weise professionalisieren musste, wie sie die Kinder und Jugendlichen, mit denen sie zukünftig zusammenarbeiten würde, wahrnahm und erlebte. Darauf aufbauend sah sich die Studierende mit der Aufgabe konfrontiert, ein eigenes Konzept des pädagogischen Handelns zu entwickeln. Bei der Lösung dieser Aufgabe konnte sie sich bereits auf eine erste professionelle berufliche Eigenentwicklung stützen. Daran schloss sich die Herausforderung an, ein eigenes Modell der Professionalisierung zu entwickeln.

Mit dieser methodisch-didaktischen Ausbildungsstruktur war ein wichtiger Schritt in der Weiterentwicklung der Ausbildungskonzeptionen der Erzieherinnen-Ausbildung getan. Pädagogisches Handeln wurde verstanden als eine subjektive „Entwicklungsleistung" der Studierenden, in deren Mittelpunkt die Ausbildung professioneller Handlungskompetenz stand, und nicht die Reproduktionsleistung theoretischen Fachwissens.

Die Entwicklung erzieherischer Professionalität ist einerseits eine nur subjektiv zu leistende Aufgabe, andererseits muss die Erzieherin die spezifischen Aufgaben in den unterschiedlichen beruflichen Handlungsfeldern lösen können. Diese Handlungsfelder sind es, innerhalb derer sich Erzieherinnen bewähren müssen; die Kinder und Jugendlichen sind es, die einen psychologischen, einen pädagogischen, einen sozialen und einen rechtlichen Anspruch auf eine professionelle Entwicklungs- und Bildungsbegleitung haben.

Diesem Anspruch folgend, versuchen neue Ausbildungsrichtlinien die Ausbildungsstruktur verstärkt aus der Perspektive der konkreten beruflichen Anforderungen zu formulieren, ohne dass dabei die subjektiven Herausforderungen an die Studierenden ignoriert werden müssten.

1.2 Lernfelder

In den Richtlinien von Nordrhein-Westfalen heißt es dazu:

> *„Die Bearbeitung von Entwicklungsaufgaben durch die Studierenden geschieht im Rahmen von vier Lernfeldern, die sich auf zentrale berufliche Aufgaben von Erzieherinnen und Erziehern beziehen. Jedes Lernfeld verbindet fachliche, gesellschaftliche und individuelle Aspekte des beruflichen Handelns. Lernfelder erschließen zentrale Handlungsfelder der Kinder- und Jugendhilfe durch Kompetenzbeschreibungen und Zuordnung von Fachinhalten. Der Berufsbezug ist strukturelles Leitkriterium der Ausbildung. Kompetenzbeschreibungen und Fachinhalte der Lernfelder legen lernorganisatorisch eine verbindliche Bildungsgangstruktur fest. Die Lernfelder sind als Handlungsaufgaben formuliert. Sie bündeln thematisch die berufsrelevanten Inhalte und Ziele, die über die Bearbeitung der Entwicklungsaufgaben in konkreten Lernsituationen von den Studierenden angeeignet werden."*

(Ministerium für Schule, Jugend und Kinder des Landes Nordrhein-Westfalen, Richtlinien 2006, 19)

Die in den Richtlinien unterschiedlicher Bundesländer beschriebenen Lernfelder müssen durch den jeweiligen Bildungsgang in Lernsituationen konkretisiert werden. Die beruflichen Aufgaben dieses Buches beziehen sich auf die beiden folgenden Lernfelder:

1. Kinder und Jugendliche in ihrer Lebenswelt verstehen und Beziehungen zu ihnen entwickeln
2. Gruppenpädagogisch handeln und soziales Lernen fördern

Lernsituationen

Lernsituationen werden in der Regel von den Unterrichtenden in gemeinsamer Arbeit entwickelt – möglichst in Kooperation mit Vertreterinnen der sozialpädagogischen Praxis und ggf. auch mit den Studierenden. Im Mittelpunkt dieser Lernsituationen stehen

konkrete,
berufliche Aufgaben.

Die Lösung dieser Aufgaben erfolgt durch die Studierenden. Sie müssen so gestellt sein, dass die Studierenden während des Lösungsprozesses berufliche Handlungskompetenz entwickeln können. Über die Entwicklung der beruflichen Aufgaben hinaus muss eine für den Lösungsprozess geeignete Lernumgebung vorbereitet werden. Diese Lernumgebung ist so zu planen und zu gestalten, dass für die Studierenden

- Möglichkeiten zur Materialbeschaffung,
- gegebenenfalls erforderliche Arbeitsmaterialien,
- angemessene räumliche Arbeitsbedingungen,
- professionelle „Prozess-Begleiterinnen" (z.B. Unterrichtende, Vertreterinnen aus der Praxis),
- angemessene zeitliche Bedingungen etc.

gewährleistet sind. Es ist darauf zu achten, dass die Studierenden im Prozess der Aufgabenlösung die Möglichkeit haben, neben der notwendigen Fachkompetenz auch die von einer professionellen Erzieherin geforderte Sozial- und Humankompetenz weiterzuentwickeln. Diese drei Kompetenzen beziehen jeweils Methoden-, Lern- und Kommunikationskompetenz ein. Die Studierenden entwickeln also während der Lösungsprozesse ihre fachlichen Fähigkeiten und Fertigkeiten weiter, sie lernen professionell mit anderen zusammenzuarbeiten und zu kommunizieren und sie werden fähig und bereit, sich selbst zu einer professionellen Erzieherin zu entwickeln.

CD-ROM

Die beruflichen Aufgaben in diesem Buch beziehen sich insbesondere auf die beiden folgenden Lernfelder:

1. **Kinder und Jugendliche in ihrer Lebenswelt verstehen und Beziehungen zu ihnen entwickeln – dies bedeutet u.a.:**
   - Kinder und Jugendliche aus professioneller, erzieherischer Perspektive in ihrem psychologischen, sozialen und kulturellen Zusammenhang wahrnehmen,
   - die eigenen pädagogischen Orientierungen erkennen, reflektieren und weiterentwickeln bzw. korrigieren,
   - pädagogische Handlungs- und Entscheidungsnotwendigkeiten erkennen und in pädagogischen Beziehungen umsetzen,
   - Kinder und Jugendliche systematisch beobachten, pädagogische Folgerungen daraus ziehen und beides dokumentieren,
   - Kinder und Jugendliche achten und wertschätzen,
   - den Lern- und Entwicklungsbedürfnissen von Kindern und Jugendlichen Chancen eröffnen,
   - die Rechte und Pflichten von Kindern und Jugendlichen in erzieherischen Zusammenhängen erkennen und „Anwältin der Kinder" sein.

2. **Gruppenpädagogisch handeln und soziales Lernen fördern bedeutet u.a.:**
   - Gruppenstrukturen und -prozesse wahrnehmen und pädagogisch nutzen,
   - Kindern und Jugendlichen soziale Orientierung ermöglichen,

- die Bedeutung sozialer Beziehungen für das Verhalten und Erleben von Kindern und Jugendlichen wahrnehmen und pädagogisch berücksichtigen,
- erzieherisch mit Vorurteilen und Diskriminierungen in sozialpädagogischen Einrichtungen umgehen,
- den pädagogischen und psychologischen Wert individueller Unterschiede in Gruppen erkennen und erzieherisch nutzen,
- das Gruppengeschehen im Alltag einer sozialpädagogischen Einrichtung pädagogisch gestalten.

1.4 Der Aufbau dieses Buches

Dieses Buch ist – entsprechend den oben beschriebenen Vorüberlegungen – wie folgt aufgebaut:

1. **Beschreibung eines Aufgabenbereiches:** Jedes Kapitel des Buches beginnt mit einer kurzen Beschreibung eines zum Lernfeld gehörenden beruflichen Aufgabenbereiches.
2. **Kompetenzen:** Im ersten Unterkapitel werden grundlegende Kompetenzen aufgeführt, die im Lösungsprozess der folgenden beruflichen Aufgaben entwickelt werden sollen.
3. **Exemplarische berufliche Aufgaben:** Dann werden eine oder mehrere exemplarische berufliche Aufgaben formuliert, die den Studierenden zur Lösung angeboten werden können. Die beruflichen Aufgaben müssen möglicherweise der besonderen Situation der jeweiligen Ausbildungsstätte entsprechend angepasst werden. Dies gilt auch für die Festlegung anzustrebender Unterrichtsziele bzw. zu erweiternder oder zu entwickelnder Kompetenzen der Studierenden. Die beruflichen Aufgaben sind nicht an Unterrichtsfächern, sondern am Berufsbild orientiert und ganzheitlich. Viele Perspektiven werden zur Lösung erforderlich sein – z. B. pädagogische, psychologische, soziologische, rechtliche, methodische oder didaktische Sichtweisen.
   - Die Aufgaben sind Element eines Lernfeldes und stehen im Mittelpunkt der Lernsituation.
   - Die mit der Lösung der Aufgaben zu erwerbenden Kompetenzen sind auf ihre Exemplarität, Gegenwarts- und Zukunftsbedeutung hin überprüft.
   - Die „Praxisnähe" der Aufgaben ist für die Studierenden unmittelbar und ohne abstrakt-theoretische Hinweise erkennbar.
   - Die Aufgaben sind in einem zeitlich und räumlich überschaubaren Rahmen für die Studierenden lösbar.
   - Die Aufgaben sind so gestellt, dass die Studierenden die Schwierigkeiten bzw. Hindernisse, die sich für die Lösung ergeben, weitgehend selbstständig erkennen bzw. erarbeiten können.
   - Die Aufgaben sind – wie in der beruflichen Realität – offen, d. h., sie ermöglichen verschiedene Lösungsstrategien und Lösungen.
   - Die Studierenden können die Viabilität (Brauchbarkeit) der verschiedenen Lösungen vergleichen und überprüfen.
4. **Aus dem beruflichen Alltag:** Anschließend finden Sie Beispiele aus der Praxis, in denen ähnliche berufliche Aufgaben gelöst werden müssen. Solche Beispiele werden bisweilen auch als Lernsituationen bezeichnet, da sie von den Studierenden selbst zu entdeckende berufliche Aufgaben enthalten.
5. **Materialien:** In einem weiteren Kapitel werden Materialien angeboten, die einen Beitrag zur Lösung der beruflichen Aufgaben leisten können. Die Materialien sind als Werkzeug für die Bearbeitung der beruflichen Aufgaben zu verstehen. Je nach Lösungsansatz und -strategie können bzw. müssen sie durch Literatur- und Internetrecherchen bzw. durch Zusammenarbeit mit Vertreterinnen und Vertretern der Praxis und anderer Institutionen erweitert werden. Indem die Studierenden lernen, sich weitere Informationsquellen und Hilfsmöglichkeiten zu erschließen, erweitern sie auch ihre Methodenkompetenz.
6. **Übungen:** Dieses Kapitel enthält unterschiedliche Übungsvorschläge. So geht es zum einen um Übungen, die es den Studierenden ermöglichen sollen, die eigenen Einstellungen, Werthaltungen

und vorhandenen Kompetenzen wahrzunehmen, einzuschätzen, zu reflektieren und möglicherweise auch zu beurteilen. Zum anderen finden Sie aber auch Übungen, die der Erweiterung konkreter beruflicher Handlungsweisen dienen können. Diese Übungen müssen nicht zwingend in einem unmittelbaren Bezug zu den aufgeführten beruflichen Aufgaben stehen.

7. **Anregungen für die Arbeit in der Praxis:** Da die Handlungsfelder in der sozialpädagogischen Praxis sehr verschieden sind und da sich darüber hinaus auch die Arbeitsbedingungen regional deutlich unterscheiden können, werden in diesem Kapitel nur einige Anregungen für die Praktika der Studierenden gegeben.
8. **Weiterführende Literatur:** Diese Hinweise unterstützen die Studierenden dabei, sich über die Materialien hinaus zu informieren und sachkundig zu machen.
9. **Zum nächsten Kapitel:** Eine kurze Hinführung zum folgenden Kapitel zeigt wichtige inhaltliche Zusammenhänge auf.
10. **Verzeichnis der Materialien:** Hier erhalten Sie ein übersichtliches Verzeichnis der in diesem Buch enthaltenen Materialien. Dies ist vor allem deshalb wichtig, weil eine Reihe dieser Materialien für die Lösung verschiedener beruflicher Aufgaben in verschiedenen Kapiteln genutzt werden kann.
11. **Verzeichnis der Übungen:** Dieses Verzeichnis gibt Ihnen einen Überblick über alle Übungen, die dieses Buch enthält.
12. **Internet-Links:** Dieses Kapitel enthält eine Reihe von Internet-Links, die die Studierenden als weitere Informationsquelle neben dem Quellenverzeichnis nutzen können.
13. **Stichwortverzeichnis:** Vor allem den Studierenden sei der Gebrauch des Stichwortverzeichnisses empfohlen, da für die Lösung einzelner beruflicher Aufgaben durchaus auch Materialien anderer Kapitel hilfreich sein können.
14. **Inhaltsverzeichnis der CD:** Hier finden Sie ein Verzeichnis der Arbeitsmaterialien auf der CD-ROM.
15. **CD-ROM:** Auf der dem Buch beigefügten CD-ROM befinden sich zusätzliche, auf das Lehrbuch abgestimmte Arbeitsmaterialien. Auf die CD-ROM wird mit nebenstehendem Symbol verwiesen.

Bildungsangebote vorbereiten und durchführen 1.5

Da sich die beruflichen Aufgaben, die in diesem Buch vorgeschlagen werden, häufig auf die Vorbereitung und Durchführung von Bildungsangeboten für Kinder und Jugendliche beziehen, finden Sie am Ende dieses Buches ein Kapitel (Kapitel 9), in dem Sie die dazu erforderlichen methodisch-didaktischen Grundlageninformationen erhalten.

Die vollständige Handlung 1.6

Die Arbeit innerhalb einer Lernsituation verläuft in der Regel in den folgenden Phasen:

1. Selbstständiges Erfassen der beruflichen Aufgabe, Analysieren und Klären dieser Aufgabe
2. Formulieren lösungsbezogener Ziele
3. Untersuchen, welche Schwierigkeiten einer (einfachen) Lösung im Wege stehen und welches Lösungsmaterial bzw. welche Informationen benötigt werden
4. Entwickeln eines möglichst konkreten Arbeitsplans bzw. einer Lösungsstrategie – ggf. auch Formulierung von Teilzielen und Teilschritten
5. Treffen notwendiger Absprachen, Verteilung von Aufgaben und Verantwortung
6. Ausführen des Arbeitsplans

7. Dokumentieren des Arbeitsprozesses und der Arbeitsergebnisse
8. Präsentieren der Dokumentation
9. Überprüfen und Bewerten der Arbeitsergebnisse auf ihre Brauchbarkeit hin
10. Gegebenenfalls Entwickeln einer erneuten, brauchbareren Lösung nach dem gleichen Vorgehen.

Zusammengefasst lässt sich dieses Vorgehen wie folgt darstellen:

Lernsituation: Lösung einer beruflichen Aufgabe durch vollständige Handlungen

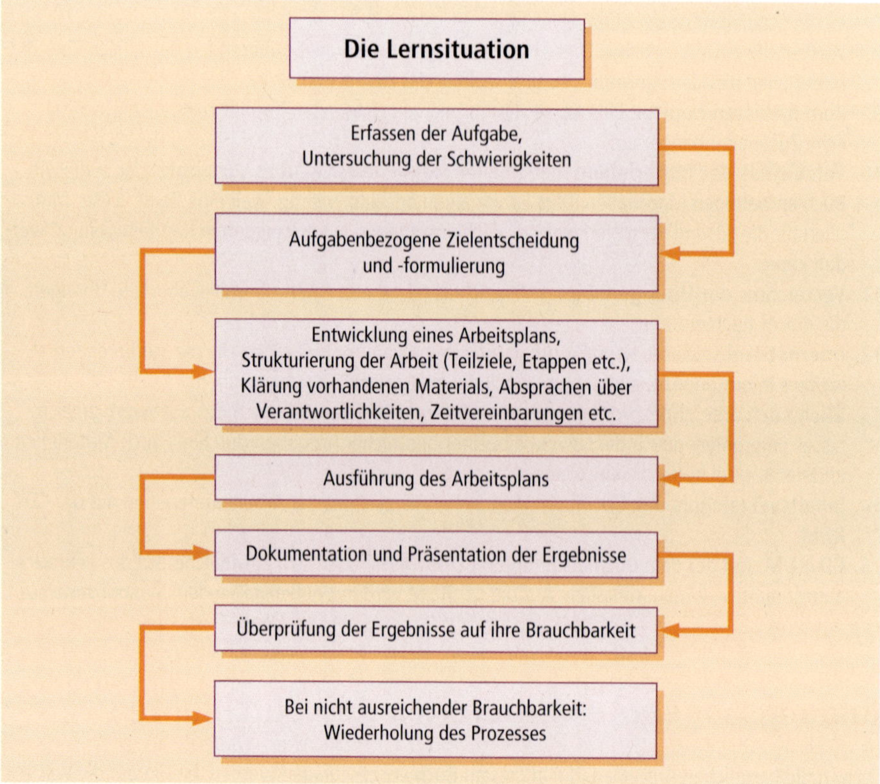

Erfolgreiches Lernen in einer Lernsituation durch die Lösung einer beruflichen Aufgabe ist nur erreichbar, wenn fachliche und sachliche Informationen genutzt und Sach-, Sozial- und Fachkompetenz erkennbar erweitert werden können. So würde beispielsweise ein Verzicht auf Wissenserweiterung auf der Seite der Studierenden dazu führen, dass die Lösung der beruflichen Aufgabe auf laienhaftem Niveau verbliebe und eine Professionalisierung nicht möglich wäre.

Die erfolgreiche Arbeit in einer Lernsituation beinhaltet die Weiterentwicklung oder den Erwerb grundlegender, berufsunabhängiger Kompetenzen wie beispielsweise die Fähigkeit und Bereitschaft,

- für die eigene Leistung Verantwortung zu übernehmen,
- die eigenen Stärken und Grenzen zu erkennen und die Stärken zu nutzen,
- sich selbst zu achten und die eigenen Leistungen wertzuschätzen,
- sich auf andere einzulassen und diese als Mitarbeiter oder Mitarbeiterin zu achten,
- aktiv zuzuhören,
- Konflikte konstruktiv zu bewältigen und Meinungsverschiedenheiten konstruktiv zu verhandeln,
- Ziele auch über Widerstände hinweg zu verfolgen,
- das eigene Wissen zu erweitern, Informationen einzuholen,

- sich auf Fachgespräche einzulassen und sich konstruktiv mit Fachleuten auseinanderzusetzen,
- wahrzunehmen, wo andere Hilfe benötigen, die man selbst geben könnte,
- eigenes Handeln schriftlich zu planen und Handlungsprozesse und -ergebnisse zu dokumentieren,
- Arbeitszeiten wirksam und brauchbar einzuteilen etc.

Bei der Arbeit in Lernsituationen ist insbesondere durch die Studierenden selbst – aber auch durch die Unterrichtenden – auf die Entwicklung solcher Fähigkeiten und Bereitschaften zu achten. Dazu ist ein die Arbeit begleitender, stärkenorientierter Dialog zwischen Studierenden und Unterrichtenden notwendig.

2 Denken und fühlen wie Kinder

In diesem Kapitel geht es um die Entwicklungsprozesse von Kindern und um ihre Bedürfnisse und Emotionen. Wer mit Kindern und Jugendlichen in der sozialpädagogischen Praxis zusammenarbeitet, der muss schon genau hinschauen, um ihre Gedanken und Gefühle zu erschließen und auf ihre unterschiedlichen Verhaltensweisen richtig zu reagieren. Welche erzieherischen Maßnahmen Kinder und Jugendliche im Alltag fördern und unterstützen, welche das Kind über- oder unterfordern, gilt es von Seiten der Erwachsenen zu erkennen.

Kinder entwickeln mit zunehmendem Alter eigene Denk- und Handlungsschemata, mit denen sie versuchen, sich die Welt der Erwachsenen zu erschließen. Ein Junge antwortet auf die Frage einer Erzieherin, ob er gefütterte Stiefel mithabe, mit ernster Mine: „Nein, ich habe meine Stiefel heute noch nicht gefüttert!" Wenn Erwachsene ironisch oder zynisch mit solchen Äußerungen umgehen oder sie als „Nichtverstehen" abtun, zeigen sie damit nur, dass sie nicht verstanden haben, dass das Weltverstehen von Kindern – aber auch von Jugendlichen – anders ist als ihr eigenes.

Das Gesetz zur frühen Bildung und Förderung von Kindern (Kinderbildungsgesetz – KiBiz) von Nordrhein-Westfalen hebt deutlich hervor, dass jedes Kind einen Anspruch auf Bildung und Förderung seiner Persönlichkeit hat (vgl. Ministerium für Generationen, Familie, Frauen und Integration des Landes Nordrhein-Westfalen, 2008, 462). Die Entwicklung der Persönlichkeit eines Kindes angemessen zu begleiten und zu fördern, ist allerdings eine schwierige und sehr komplexe Aufgabe, die eine Reihe zentraler Fragen aufwirft:

1. Wie kann das Denken und Fühlen von Kindern und Jugendlichen angemessen begleitet, gefördert und unterstützt werden?
2. Was können Kinder und Jugendliche bereits und was entwickelt sich später?
3. Wie kann eine Erzieherin darauf pädagogisch sinnvoll eingehen?

Dieses Kapitel soll es Ihnen ermöglichen, Antworten auf diese Fragen zu entwickeln.

2.1 Kompetenzen von Erzieherinnen

Um Kinder und Jugendliche in ihrer individuellen Entwicklung zu fördern und zu begleiten, müssen Erzieherinnen vor allem über die folgenden Kompetenzen verfügen.

Kompetenzen aus Lernfeld 1:

- *„Möglichkeiten und Grenzen der eigenen Wahrnehmung und ihren Einfluss auf das erzieherische Handeln kennen und reflektieren. […]*
- *Alltagstheorien über Kinder und Jugendliche (Mädchen und Jungen) und eigene Orientierungsmuster mithilfe fachlicher Erklärungsansätze überprüfen.*

- *Fähigkeiten, Bedürfnisse, Interessen und Lernwege von Kindern und Jugendlichen erkennen und im praktischen Handeln berücksichtigen. [...]*
- *Kinder, Jugendliche und ihre Bezugspersonen als Partner in der Arbeit verstehen und respektieren."*

(Ministerium für Schule und Weiterbildung des Landes Nordrhein-Westfalen, Richtlinien, 2006, 29)

„100 Dinge gleichzeitig ..."

Kompetenzen aus Lernfeld 2:

- *„Kindern und Jugendlichen Orientierungen im Alltag durch Regelvereinbarungen ermöglichen. [...]*
- *Die Wirkung der eigenen Rolle als Erzieherin bzw. Erzieher in sozialen Lernprozessen wahrnehmen und pädagogisch nutzen.*
- *Konflikte und Störungen wahrnehmen, ihre Ursachen analysieren, problemlösende Vermittlungs- und Aushandlungsprozesse initiieren. [...]*
- *Räumlichkeiten, Materialien und Medien für soziale Lernprozesse anbieten."*

(Ministerium für Schule und Weiterbildung des Landes Nordrhein-Westfalen, Richtlinien, 2006, 34)

Diese Kompetenzen können Sie entwickeln, wenn Sie die folgenden beruflichen Aufgaben fachlich begründet lösen.

2.2 Berufliche Aufgaben: Altersgemäß fördern

- Anregende Spielumgebungen schaffen
- Spiel- und Gesprächssituationen gestalten
- Emotionen von Kindern erkennen und berücksichtigen

2.2.1 Anregende Spielumgebungen schaffen

Spielen zählt zu den wichtigsten Beschäftigungen des Kindes. Maria Montessori ersetzte in ihrer Pädagogik den Begriff des Spielens durch den der Arbeit, womit sie zum Ausdruck brachte, dass das Spielen des Kindes mit der Ernsthaftigkeit der Arbeit Erwachsener zu vergleichen ist. Über das Spiel, den spielerischen Umgang mit Dingen und Menschen „begreift" und „ergreift" das Kind die Welt. Spielen ist immer auch Übung für die geistige Entwicklung des Kindes.

Spielen ermöglicht
- Lernen und
- Selbsterfahrung.

Spielen
- schafft Selbstbewusstsein,
- baut Selbstvertrauen auf,
- entwickelt Selbstwertgefühl.

Spielen fördert
- die Wahrnehmung,
- die Denkfähigkeit,
- die Kommunikationsfähigkeit.

Kinder setzen sich im Spiel mit ihrer Umwelt auseinander und erproben auf der Ebene des Spiels ihr späteres Erwachsensein. Kulturelle und gesellschaftliche Einflüsse prägen das Spiel der Kinder und führen zu Unterschieden im Spielverhalten, denn ihr Umfeld ist geprägt von unterschiedlichen Lebenseinstellungen, Lebensweisen und Lebensbedingungen:

- Großstadt, Kleinstadt, Dorf,
- Ein-Kind-Familie, Zwei-Kind-Familie, Großfamilie, „Patchwork"-Familie
- kleine Kinderzimmer, große Kinderzimmer, kein Kinderzimmer,
- Spielzeugfülle, wenig oder gar kein Spielzeug,
- neue Medien, alte Medien in Fülle oder weniger bzw. gar keine.

Die Spielumgebung ist aufgrund solcher Einflussfaktoren für jedes Kind mehr oder weniger anregend. Zudem werden viele Spiele und Spielmaterialien von Erwachsenen so gestaltet, wie sie sich eine gute Lernumgebung vorstellen. Genau dies wird dem Lernen der Kinder häufig nicht gerecht und kann die Spielfreude hemmen (vgl. Pausewang, 1997, 44).

Kinder und Jugendliche brauchen eine anregende Umgebung, um ihr Spiel zu entfalten. Diese Umgebung sollte dem Alter und dem Entwicklungsstand der Kinder entsprechen.

1. *Informieren Sie sich über die unterschiedlichen Bedürfnisse und Ansprüche von Kindern im Alter von 0;3, 3;6 bzw. über 6 Jahren an ihre Spielumgebung. Führen Sie gegebenenfalls Beobachtungen in einer sozialpädagogischen Einrichtung durch.*
2. *Entscheiden Sie sich für eine mögliche Zielgruppe aus Ihrem zukünftigen beruflichen Handlungsfeld.*
3. *Planen Sie in Dreier-Teams einen Gruppenraum, in dem eine anregende Spiel- und Lernatmosphäre entstehen kann. Beschränken Sie sich gegebenenfalls auf einen speziellen Spiel- und Funktionsbereich.*
4. *Diskutieren Sie im Team mögliche Umsetzungsschwierigkeiten. Berücksichtigen Sie, inwiefern die Auswahl der Spielmaterialien und die Präsentation des Materials durch Erzieherinnen erfolgen können.*
5. *Bereiten Sie eine anschauliche Präsentation Ihrer Überlegungen und Ergebnisse in Form einer Teamsitzung vor, die sachliche Inhalte begründet darstellt.*
6. *Reflektieren Sie Ihre Überlegungen kritisch im Plenum, indem Sie Ihre persönliche Meinung beziehungsweise Erfahrung den Fachinhalten gegenüberstellen.*

Spiel- und Gesprächssituationen nutzen 2.2.2

Die Grundbedürfnisse nach Anerkennung, Zugehörigkeit und Sicherheit sind für Menschen jeden Alters wichtig zu befriedigen. Kinder müssen im Spiel Gelegenheit bekommen, mit diesen Bedürfnissen zu experimentieren. Erzieherinnen sind für die Gestaltung der Lern- und Entwicklungsprozesse in einer Gruppe mitverantwortlich. Wenn zum Beispiel Kinder bedrängt oder von anderen aus der Gruppe ausgeschlossen werden, wenn sie missachtet werden, wenn ihnen Spielsachen oder -gelegenheiten genommen werden, müssen Erzieherinnen entscheiden, ob sie intervenieren (einschreiten) – wenn ja, dann wie – oder ob die Kinder die Situation selbst bewältigen können. Sie müssen einschätzen können, ob eine pädagogische Reaktion auf ein beobachtetes unangemessenes Verhalten sofort oder später oder vielleicht gar nicht erfolgen muss (vgl. Pausewang, 1997, 44).

Kinder und Jugendliche benötigen je nach Entwicklungsstand, Geschlecht und Persönlichkeit eine unterschiedliche pädagogische Begleitung und Förderung.

Entwickeln Sie in kleinen Teams Übungen für Kinder bzw. Jugendliche, die geeignet sind, die Integration aller in die Gruppe und die Identifikation mit der Gruppe zu unterstützen und einer Ausgrenzung einzelner Kinder entgegenzuwirken.

1. *Informieren Sie sich über die Möglichkeiten einer pädagogischen Fachkraft, verschiedene Gesprächs- und Spielsituationen von Kindern zu beeinflussen (Schülerbücherei, Internet, Gespräche mit Erzieherinnen in der Praxis usw.).*
2. *Tauschen Sie sich über bereits erlebte Gesprächs- und Spielsituationen zwischen Kindern und Erwachsenen aus. Halten Sie diese schriftlich fest.*
3. *Entwickeln Sie kleine Gesprächs- und Spielsituationen im Kleinteam, die Ihnen helfen können, den kognitiven, sozialen und emotionalen Entwicklungsstand von Kindern einer Kindergruppe einzuschätzen.*
4. *Entwickeln Sie kleine Gesprächs- und Spielsituationen im Kleinteam, die Ihnen helfen können, Ausgrenzungen von Kindern im Spiel zu vermeiden.*
5. *Legen Sie bei Ihren Vorschlägen den Schwerpunkt auf die Gestaltung kommunikativer Situationen.*
6. *Beachten Sie die altersspezifischen Kommunikations- bzw. Gesprächsmöglichkeiten der Kinder oder Jugendlichen.*
7. *Überprüfen Sie die Brauchbarkeit Ihrer Vorschläge gemeinsam mit anderen und entwickeln Sie sie ggf. weiter.*

Emotionen von Kindern erkennen und berücksichtigen 2.2.3

Emotionen sind Gefühlszustände, die an eine physiologische (körperliche) Reaktion gebunden sind. Körperempfindungen, Sinneswahrnehmungen und/oder kognitive Prozesse wie z. B. Vorstellungen, Bewertungen, Erwartungen können Emotionen auslösen.

Emotionen beeinflussen

- die Bedürfnisse,
- das konkrete Handeln,
- das Gedächtnis,
- das Lernen und die Lernfähigkeit,
- das Denken und
- die täglichen Entscheidungen, die ein Mensch trifft (vgl. Bensel/Haug-Schnabel, 2004, 31–37).

Emotionen von Kindern und Jugendlichen sind wie die Erwachsener immer individuell und einzigartig. Sie zu erkennen und zu berücksichtigen sind wichtige Voraussetzungen jeder pädagogischen Arbeit. Da im sozialpädagogischen Alltag häufig die Gruppe im Mittelpunkt der Wahrnehmung der Erzieherinnen steht, können Gefühle und Bedürfnisse der einzelnen Kinder oder Jugendlichen leicht übersehen und übergangen werden. Darüber hinaus sind sie im alltäglichen Gruppengeschehen oft nur schwer – wenn überhaupt – zu erschließen.

Emotionen und Bedürfnisse sind auch in Abhängigkeit von Alter und individueller Lebenssituation sehr unterschiedlich. Dies erschwert es Erzieherinnen zusätzlich, sich Klarheit über sie zu verschaffen. Eine Erziehung zu emotionaler Kompetenz ist wichtig, um dem Kind den Umgang mit Erfolgs- und Misserfolgserlebnissen zu erleichtern. Eltern und Erzieherinnen sind durch ihr eigenes Verhalten für Kinder schon früh Vorbilder für den Umgang mit Gefühlen. Das Steuern und Kontrollieren eigener Emotionen lernen Kinder auch in Gesprächen über Gefühle, ihr Erleben und ihren Ausdruck. Auf diese Weise entwickeln Kinder ihr eigenes Wissen, das dann als Grundlage für die Regulation der eigenen Gefühle genutzt wird (vgl. Bensel/Haug-Schnabel, 2004, 34).

Bereiten Sie in Dreier-Teams ein oder mehrere Angebote für eine Kleingruppe (maximal sechs Mitglieder) vor, in denen Kinder beziehungsweise Jugendliche altersgemäß und unter Berücksichtigung ihrer Intimsphäre ihre Emotionen wahrnehmen und reflektieren können.

1. *Entscheiden Sie sich für eine Zielgruppe aus ihrem zukünftigen beruflichen Handlungsfeld.*
2. *Stellen Sie gegebenenfalls eine Emotion in den Vordergrund (z. B. Wut, Trauer, Freude).*
3. *Klären Sie Ziele und Kompetenzen, die (bei Ihnen und bei den Kindern) erreicht werden sollen.*
4. *Entwickeln Sie eine Verlaufsstruktur, die einer Phrasierung folgt (Einstieg, Hauptteil, Schluss). Bedenken Sie, dass mehrere Angebote eventuell ein festes Ritual als Wiedererkennungs- und Stabilisierungswert enthalten können.*
5. *Dokumentieren Sie auch zentrale didaktische und methodische Prinzipien.*
6. *Führen Sie das Angebot mit Studierenden Ihrer Lerngruppe durch.*
7. *Überprüfen Sie die Brauchbarkeit Ihrer Ergebnisse mit der Gesamtgruppe und halten Sie die Ergebnisse schriftlich fest.*

2.3 Aus dem beruflichen Alltag

Im Folgenden finden Sie Beispiele aus dem beruflichen Alltag, die zeigen, in welchen praktischen Zusammenhängen Sie mit den in diesem Kapitel beschriebenen beruflichen Aufgaben konfrontiert werden. In den beschriebenen Situationen sollen möglichst keine Klischees verstärkt werden. Die Konkretisierung der Situationen durch Ihre eigenen Erlebnisse (aus Ihrem Alltag mit Kindern und Jugendlichen) ist deshalb wesentlich. Jede Situation ist nur exemplarisch zu betrachten.

Anregende Spielumgebungen schaffen

2.3.1

Funktionsecken bedürfnisorientiert gestalten

Sie sind Praktikantin in einer Kindertagesstätte. Folgende Situation ist dem Erzieherteam aufgefallen: Die Kinder nutzen den Rollenspielbereich kaum. Auch sonst gibt es wenige Ideen von Seiten der Kinder. Stattdessen werden die Kleider und Gegenstände oft in den Waschraum mitgenommen und dort vor den Spiegeln der Waschbecken ausprobiert.

Zusammen mit Ihrer Kollegin entwickeln Sie Ideen, wie Sie den Rollenspielbereich attraktiver gestalten bzw. einrichten können.

Spielmaterial für Kinder unter drei Jahren

Sie arbeiten schon länger im Kindergarten „Mühlenschnecke". Eine der drei Kindergruppen wird in eine U3 (Gruppenform II) umstrukturiert (10 Kinder insgesamt). In der Teamsitzung bittet die Leiterin Sie und Ihre Kollegin, zu überlegen, welches Spielmaterial in der Gruppe vorhanden sein muss, um den unterschiedlichen Bedürfnissen der Kinder unter drei Jahren gerecht zu werden.

Sie erstellen eine fachlich begründete Wunschliste, die Sie auf der nächsten Teamsitzung präsentieren.

Spielmaterial für Schulkinder

Eine neue Gruppe zur Betreuung von Schulkindern soll eröffnet werden. Ihre Kollegin bittet Sie, Einrichtungsvorschläge auf der nächsten Teamsitzung vorzustellen.

Spiel- und Gesprächssituationen nutzen

2.3.2

Kinder und ihr Denken verstehen

Sie arbeiten im Kindergarten „Läusenest". Das tägliche Aufräumen liegt der Gruppenleiterin sehr am Herzen. Häufig verlieren Sie viel Zeit beim Aufräumen, weil die Kinder einfach nicht mitmachen. Besonders die Jüngeren machen mehr Unordnung als Ordnung. Ein zweijähriges Kind sitzt in der Bauecke und spielt mit unterschiedlichen Materialien. Ihre Kollegin ruft durch den Raum: „Alle Kinder räumen nun auf!" Das Kind reagiert nicht und spielt weiter, wie das jeden Tag häufig zu beobachten ist. Im Gegenteil, das Kind beginnt nun alle roten Elemente, die es finden kann (Klötze, Autos, Tiere etc.) in einen Korb zu werfen. „Aufräumen!", bekräftigt die Kollegin in lautem, strengem Tonfall. Als dies nicht viel nützt, kommt die Kollegin auf Sie zu und fragt: „Warum machen diese Kinder nie das, was wir sagen? Wir müssen mal im Team überlegen, was besonders den jüngeren Kindern das Aufräumen erleichtern kann." Die Erzieherinnen überlegen dort unter entwicklungspsychologischen Aspekten, warum das Aufräumen häufig für jüngere Kinder schwierig ist.

Sie entwickeln pädagogische Handlungsvarianten, wie Sie das Aufräumen für alle ritualisieren und erleichtern können.

Das Spielverhalten verschiedener Altersstufen richtig verstehen

In Ihrer Einrichtung haben die Kinder große Freude daran, im Rollenspielbereich zu spielen. Fünf Kinder im Alter zwischen 1;7 und 4;5 Jahren spielen „Großfamilie". Die Älteren haben die Rollen verteilt, dem Jüngsten und körperlich kleinsten Kind wird die Rolle des Babys zugewiesen. Ein älteres Mädchen unterstreicht dies mit den Worten: „Du bist jetzt das Baby, leg' dich in die Wiege und schlafe." Nach kurzer Zeit kommt es zu Streit. Das Jüngste wird immer wieder zurück in die Wiege gebracht, was es mit Schreien und körperlicher Gegenwehr zu verweigern versucht. Es ist den anderen körperlich unterlegen.

Sie beobachten dies und beschließen ...

Umgang mit Gewinnern in unterschiedlichen Altersstufen

Sie sitzen mit drei Kindern (3;6 bis 6;5 Jahre) am Tisch und spielen Memory. Nachdem alle Pärchen gefunden worden sind, beginnt Tom, der älteste Junge, seinen hohen Stapel neben den eines anderen Kindes (Martin, 4;5 Jahre) zu schieben, welches deutlich weniger Karten hat. Tom sagt stolz in die Runde: „Seht mal, ich habe gewonnen und keiner hat so viele Pärchen wie ich."

Martin schaut traurig drein, antwortet dann aber: „Ich habe nur wenige, weil ich wenig dran war." Tom betont erneut: „Ich habe aber mehr." Er sagt zu Lisa (3;6): „Da hast du leider verloren." „Hab ich nicht. Ich habe viele Karten, guck!", antwortet Lisa.

Sie überlegen, welche pädagogischen Handlungsweisen aus welchen Gründen sinnvoll erscheinen.

Kleine nicht erwünscht

Sie sitzen in der Kindergartengruppe und beobachten Folgendes: In der Bauecke spielen Kinder verschiedener Altersstufen. Ein dreijähriges Kind wird nach mehrmaligem Zerstören der Bauwerke ausgegrenzt. Die älteren Kinder schimpfen mit ihm: „Geh weg, wir waren zuerst hier. Und außerdem machst du immer alles kaputt." Der Dreijährige guckt etwas verdutzt. Er grinst und mogelt sich wieder zwischen die anderen Kinder. Ein älteres Mädchen ruft zu Ihnen herüber: „Kannst du mal den Benny rufen, der stört uns und macht immer alles kaputt."

Sie überlegen, wie Sie darauf reagieren können.

2.3.3 Emotionen von Kindern erkennen und berücksichtigen

Auf die Gefühle von Kindern reagieren

Sie arbeiten als Erzieherin in der Kindertageseinrichtung „Regenbogen". Der kleine Stephan (neu im Kindergarten) weicht Ihnen nicht mehr von der Seite, er hat Kummer. Sie fühlen sich stark in Ihrer Bewegungsfreiheit eingeschränkt; die Betreuung anderer Kinder, geschweige denn ein Gespräch mit Ihrer Kollegin, ist kaum noch möglich. Sie sagen zu Stephan: „Du verfolgst mich wie ein Bär den Honig." Noch während Sie das sagen, fangen Sie an, sich vorsichtig aus seinem Griff zu lösen. Der Junge beginnt sogleich wieder laut zu wimmern: „Ich will zu meiner Mama!"

Sie reagieren, indem Sie …

Trösten

Sie leiten das kreative Gestalten am Maltisch der Kita „Milchstraße" an. Ein Kind hat sich in der Toilettentür den Finger geklemmt und fängt lauthals an zu schreien: „Au, au!" Sie laufen schnell hin und sehen das Kind noch mit halb angezogener Hose schreiend in der Tür stehen. Fünf andere Kinder kommen interessiert dazu, um zu sehen, was passiert ist.

Sie reagieren, indem Sie …

Umgang mit Trauer

Ein Kind/Jugendlicher aus Ihrer Gruppe hat einen Trauerfall in der Familie. Das Kind/der Jugendliche zieht sich von der Gruppe zurück, nimmt nur noch ungern an gemeinsamen Aktionen teil. Die Versuche, das Kind/den Jugendlichen zu motivieren, scheitern.

Sie besprechen im Team, wie Sie weiter darauf eingehen möchten/könnten.

Material

Verlauf der Denkentwicklung nach Piaget

Die neuere Hirnforschung untersucht, was im Gehirn geschieht, wenn

- Entscheidungen getroffen werden,
- Informationen und Erlebnisse im Gedächtnis gespeichert werden,
- wenn gedacht, gefühlt und gewollt wird (vgl. Zimbardo u.a., 1999, 790)

Vor allem entwicklungspsychologische Untersuchungen haben gezeigt: Kinder denken in vielen Situationen anders als Erwachsene. Dabei ist wichtig: „Anders" ist nicht „falsch" – im Gegenteil: Die Art und Weise, wie Kinder ihre Welt erleben und wie sie sie sich vorstellen, ist aus Sicht der Erwachsenen möglicherweise falsch, für das Leben eines Kindes aber durchaus brauchbar. Psychologen bezeichnen Brauchbarkeit in diesem Zusammenhang als Viabilität.

Jean Piaget

Der Schweizer Biologe und Entwicklungspsychologe Jean Piaget (1896–1980) war einer der wichtigsten Forscher, die die kognitive Entwicklung des Menschen untersucht haben. Er ging der zentralen Frage nach, wie wir Menschen – insbesondere Kinder – zu Wissen über die Welt gelangen.

Unter kognitiver Entwicklung ist zu verstehen:

- die Entwicklung der Denkvorgänge und
- der Denkleistungen des menschlichen Gehirns,
- der Wahrnehmungs- und Vorstellungsleistungen
- und der Fähigkeit, Wissen zu entwickeln und
- zu Erkenntnissen zu gelangen.

Dabei geht es um die Entwicklung vom Säuglings- bis ins Erwachsenenalter.

Piaget nahm an, dass Kinder ihre Erfahrungen nicht passiv aufnehmen, sondern sich immer selbstmotivierend und selbstregulierend mit ihrer Umwelt auseinandersetzen und ihr „Weltwissen" selbst konstruieren. Die Verarbeitung von Umwelteinflüssen geschieht dabei

1. durch die Entwicklung neuer Denkschemata (neuen Wissens) oder
2. durch die Veränderung bereits vorhandener Denkschemata (vorhandenen Wissens) oder
3. durch das Einfügen neuer Wahrnehmungsinhalte in vorhandene Denkschemata.

Die Anpassung, die das Kind an seine Umwelt leistet, und umgekehrt die Anpassung der Umwelt (das „Passendmachen" der Umwelt) an und durch das Kind bezeichnet Piaget als **Adaptation**.

Eine Mutter geht mit ihrem Sohn spazieren, dabei begegnet sie einem Hund. Die Mutter sagt zu ihrem zweieinhalb Jahre alten Kind: „Guck mal, da kommt ein Wau-Wau." Am nächsten Tag sieht das Kind eine Kuh auf einer Weide und bezeichnet sie als „Wau-Wau". Das Kind hat die Kuh dem Schema „Wau-Wau" zugeordnet. Die Mutter korrigiert das Kind, indem sie ihm sagt: „Nein, das ist eine Muh." Kurz darauf sehen die beiden auf einem Bauernhof ein Pferd und einen Hund. Nun strahlt das Kind und sagt: „Wau-Wau, Muh!" Der Hund wird dem Schema „Wau-Wau" zugeordnet und das große Pferd dem Schema „Muh". ...

Die Einfügung der neuen Erfahrung (Muh) in das bereits bestehende Schema (Wau-Wau) nennt Piaget **Assimilation**. Im Beispiel geraten die Gedanken des Kindes aus dem Gleichgewicht, weil das Schema „Alle Vierbeiner sind Wau-Wau" von der Mutter abgelehnt wird und somit die Assimilation nicht gelingt, denn die Mutter sagt dem Kind, dass dies kein „Wau-Wau" sei. Nun ist das Kind gezwungen, ein neues Schema zu entwickeln: „Große Vierbeiner sind Muh". Indem es dies tut, entwickelt es ein neues Schema und passt sein Wissen der Umwelt an. Diesen Prozess bezeichnet Piaget als **Akkommodation**.

Die neuen Schemata (Wau-Wau und Muh) kann das Kind nun auf alle Kühe und Hunde, nicht aber auf Pferde erfolgreich anwenden. Bezeichnet es das Pferd als „Muh" und wird es von seiner Mutter entsprechend korrigiert, entsteht ein neues Ungleichgewicht in seiner Gedankenwelt, das durch eine weitere Akkommodation ausgeglichen wird. Die folgende Grafik verdeutlicht die immer wieder stattfindenden Prozesse der Assimilation und Akkommodation, die sich ergänzen und zusammen vollzogen werden. Durch das ständige Streben nach Gleichgewicht ist das Auftreten z. B. nur von Assimilation ausgeschlossen.

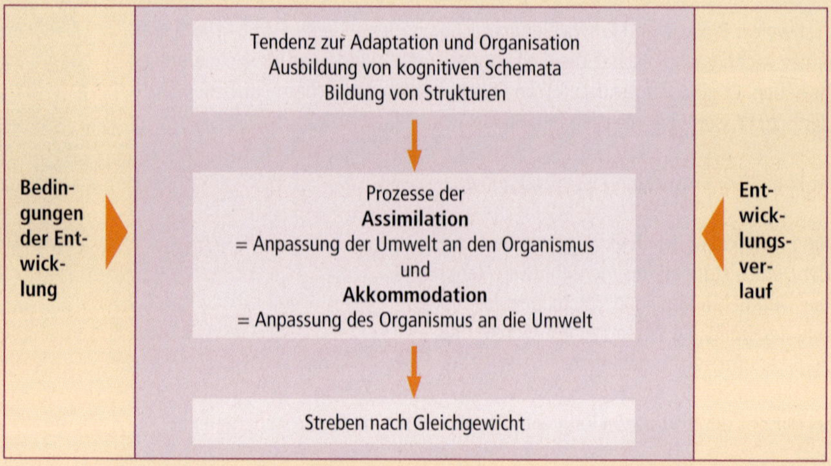

(Hobmair, Psychologie, 2008, 233)

Kinder entwickeln in kürzester Zeit eine Vielzahl von Schemata, die sie miteinander zu verknüpfen versuchen. Dabei sind sie stets darauf bedacht, einen Gleichgewichtszustand zwischen ihrer Gedankenwelt und ihrer Umwelt herzustellen. Dieses Streben nach Gleichgewicht verstärkt sich, wenn sich die Anforderungen der Außenwelt verändern und keines der bisherigen Schemata geeignet ist. Für Piaget ist dieses Streben nach Gleichgewicht ein biologisches Entwicklungsprinzip.

Kinder vollziehen solche Anpassungsprozesse ständig und suchen permanent nach einem Gleichgewicht zwischen dem, was sie verstehen, und dem, was sie in ihrer Umgebung neu erfahren (vgl. Pulaski, 1978, 17). Diese dauerhafte Tendenz, ein Gleichgewicht zwischen

- Gedanken und Vorstellungen einerseits und
- neuen Wahrnehmungen andererseits

herzustellen, nennt Piaget **Äquilibration**. Äquilibration ist die Grundlage für die geistige (kognitive) Entwicklung von Kindern, Jugendlichen und Erwachsenen. Im Kindesalter vollzieht sich diese Entwicklung nach Piaget in vier Stufen:

1. Sensomotorische Stufe	Säuglingsalter bis zwei Jahre
2. Stufe des anschaulichen (präoperationalen) Denkens	Kindergartenalter
3. Stufe des logischen (konkreten) Denkens	Grundschulalter
4. Stufe des abstrakten (formalen) Denkens	ab dem Jugendalter

Piaget war der Ansicht, dass alle Kinder diese Stufen in dieser Reihenfolge durchlaufen, wobei das Entwicklungstempo individuell unterschiedlich sein kann.

1. In der **sensomotorischen Stufe** werden Grundlagen für das spätere Denken geschaffen. Kinder lernen verschiedene Reize zu verarbeiten und mit eigenen Bewegungen, Gefühlen und Gedanken zu verknüpfen, z. B. Geräusche einer Richtung zuordnen etc. Die verschiedenen Sinne werden beim Erkunden der Umgebung eingesetzt, z. B. einen Ring in den Mund nehmen, schütteln etc. Zunehmend entwickelt sich die Vorstellungskraft, das Kleinkind unternimmt etwas, um einen Effekt zu erreichen. Erste Verknüpfungen von Mittel und Zweck werden hergestellt, z. B. kippt das Kind eine Schublade aus, um ein bestimmtes Auto zu suchen.

   Am Ende dieser Phase ist es in der Lage, zielgerichtete Handlungen auszuführen, z. B. ein Glas auf dem Tisch mithilfe eines Stuhls zu erreichen. Piaget spricht von **Objektpermanenz**, die sich in dieser Stufe immer weiter ausbildet, d. h., einmal wahrgenommene Gegenstände werden auch dann noch als existierend erlebt, wenn sie nicht mehr z. B. gesehen, gehört oder gerochen werden können (vgl. Zimbardo, 1999, 464). Wenn eine Erzieherin ein Stofftier vor einem Kind bewegt und es schließlich unter dem Tisch verschwinden lässt, wird sich ein ca. sechs Monate altes Kind nicht mehr darum kümmern: Das Stofftier „existiert" in seiner Vorstellung nicht mehr. Mit zunehmendem Alter wird das Kind den Gegenstand mit Blicken suchen und ein erneutes Auftauchen erwarten. Im Alter von ca. zwei Jahren wird das Kind jedes mögliche Versteck systematisch absuchen.

   Durch den Erwerb der Sprache werden nun auch sprachliche Symbole einsetzbar. Im Spiel werden Personen, Gegenstände oder Handlungen durch Sprachsymbole ersetzt.

2. In der zweiten Phase sind Kinder auf **Anschaulichkeit** angewiesen. Das Denken orientiert sich nun speziell an anschaulichen Abläufen eines Geschehens. Wird zum Beispiel Wasser vor den Augen eines Fünfjährigen von einem breiten Glas in ein schmales hohes gefüllt, so glaubt das Kind, dass in dem schmalen Glas mehr Wasser ist als in dem breiten Glas.

   Mehrere Aspekte gleichzeitig zu berücksichtigen oder miteinander zu verknüpfen, ist dem Kind in diesem Stadium noch nicht möglich. Darüber hinaus ist diese Phase durch den kindlichen **Egozentrismus** gekennzeichnet. Egozentrisch denken heißt, sich nicht in die Situation eines anderen hineinversetzen bzw. die eigene Perspektive nicht wechseln zu können. Egozentrisch ist keinesfalls mit egoistisch zu verwechseln.

3. Die Stufe des **logischen (konkreten) Denkens** bestimmt das Grundschulalter. Im oben beschriebenen Umschüttversuch Piagets erkennt das Kind nun, dass die Menge im breiten und im hohen Glas sich nicht verändert hat. Die **Mengenkonstanz** kann nun erkannt werden. Das Kind ist außerdem allmählich in der Lage, sich wechselseitige Beziehungen von Sachverhalten vorzustellen. Sein Denken wird unabhängiger von seinen unmittelbaren Wahrnehmungen. Das egozentrische Denken tritt zurück; Probleme können zunehmend durch schlussfolgerndes Denken gelöst werden.

Umschüttversuch: Alle Gläser enthalten die gleiche Menge Wasser.

4. Die Stufe des **abstrakten Denkens** befähigt Kinder ab ca. elf Jahren, mit Abstraktionen umzugehen. Hypothetische Fragen, z. B. „Was wäre, wenn …?“, können gestellt und beantwortet werden. Logische Denkvorgänge sind nicht mehr an konkrete Probleme gebunden, sie ermöglichen es z. B.

- theoretische Regeln aus anschaulichen Gegebenheiten abzuleiten,
- aus einer allgemeinen Regel auf einen konkreten Sachverhalt zu schließen – z. B. bei mathematischen und physikalischen Problemen,
- über das Denken selbst nachzudenken, auch Metakognition genannt.

(vgl. Altenthan/Betscher-Ott/Dirrigl, Bd. 2, 2005)

Jean Piaget hat mit seiner umfangreichen Theorie einen bedeutenden Beitrag zur Erforschung kognitiver Entwicklungsprozesse geleistet. Die Art und Weise, wie Kinder denken, wird nachvollziehbarer. Noch heute wird die Beschreibung der geistigen Denkvorgänge – insbesondere der Art und Weise, wie Menschen ihr Wissen durch Assimilation und Akkommodation konstruieren – anerkannt.

2.4.2 Neuere Ansätze zur kognitiven Entwicklung

Jean Piaget hat das Wissen über die kognitive Entwicklung des Menschen nachhaltig erweitert. Die vier beschriebenen Entwicklungsstufen waren zu seiner Zeit eine wichtige Erkenntnis, auf der viele andere Wissenschaftler ihre Theorien aufbauten. Die häufigste Kritik, die an seiner Theorie bis heute geäußert wird, ist die, dass er die kognitive Leistungsfähigkeit von Kindern unterschätzt habe:

- Manche Kinder sind früher in der Lage, bestimmte Denkleistungen zu erbringen (Säuglinge wie Vorschulkinder), als Piaget dies darstellte.
- Piaget befragte in seinen Untersuchungen Kinder auf eine komplizierte Art und Weise. Möglicherweise hätten sie die Aufgaben lösen können, wenn die Fragestellungen kindgemäßer gewesen wären.
- Die Stufen der Denkentwicklung werden zwar häufig, aber nicht immer zwingend in dieser Reihenfolge und mit einer Steigerung des Denkvermögens durchlaufen.

Heutige Untersuchungen belegen, dass Kinder früher als von Piaget angenommen Informationen über Gegenstände miteinander verknüpfen können. Säuglinge sind in der Lage, einen nur mir der Hand oder dem Mund ertasteten Gegenstand anschließend visuell wiederzuerkennen (vgl. Bensel/Haug-Schnabel, 2004, 16). Im Alter von sieben bis neun Monaten können sie durchaus Tiere von Gegenständen unterscheiden. Auch symbolisches Handeln bei Kindern ist häufig früher möglich. So ist es angebracht, wenn Erzieherinnen die Kompetenz der Kinder, mit Gegenständen differenziert umzugehen und Situationen eigenständig zu bewältigen, früh unterstützen und fördern. Sie sollten Kinder schon früh in ihren Versuchen und in ihren Bedürfnissen unterstützen, Alltagssituationen selbstständig zu bewältigen.

Die klassischen Experimente Piagets wurden in neueren Studien variiert und differenziert. Nun durften Kinder ihre bisherigen Erfahrungen aus einzelnen Wissensgebieten einsetzen. Hierbei zeigte sich, dass Piagets Altersangaben nur grobe Orientierungen sind. Einzelne Kinder waren bereits deutlich vor dem sechsten Lebensjahr in der Lage, den Umschüttversuch nachzuvollziehen. Bereits

Vierjährige konnten bei entsprechenden Flüssigkeitsvergleichen und durch eigenes Ausprobieren (Umschütten des Wassers in verschiedene Gefäße, auch mit Wiederholungen) zur Lösung kommen (vgl. Bensel/Haug-Schnabel, 2004, 20). Ebenso zeigen neuere Untersuchungen und Beobachtungen in der Praxis, dass Kinder schon im Alter zwischen zwei und drei Jahren verstehen können, dass andere nicht dasselbe wahrnehmen wie sie selbst und somit die egozentristische Denkweise schon vor Erreichen des Grundschulalters abgelegt haben.

Erzieherinnen sind im Umgang mit jüngeren Kindern im besonderen Maße gefordert, da diese sich häufig noch nicht differenziert genug ausdrücken können. Einige ihrer Verhaltensweisen sind für Erwachsene unverständlich, merkwürdig oder entbehren einer gewissen Komik nicht. Mit solchen Situationen gilt es humorvoll und gleichzeitig mit Achtung und Würde umzugehen.

Die kognitive Entwicklung ist ein ganzheitlicher Prozess, der auch mit der motorischen, der emotionalen, der sozialen Entwicklung und mit dem Spracherwerb eng verwoben ist. Die Erfahrungen und Erlebnisse von Kindern sind wichtig für den Verlauf ihrer geistigen Entwicklung. Kinder, die die Möglichkeit haben, ihre Welt mit vielen Sinnen zu erfahren, die in unterschiedlichen Umgebungen spielen können und die eine liebevolle Betreuung erfahren, können auf vielfältigere Erfahrungen zurückgreifen und sich differenzierter mit der Welt auseinandersetzen als andere Kinder. Die Erwachsenen und die von ihnen gestalteten Lebenswelten sind wichtige Einflüsse für die geistige Entwicklung der Kinder und Jugendlichen.

Sprachentwicklung

2.4.3

CD-ROM

Sprache und Sprechen ermöglichen es, sich anderen Menschen mitzuteilen und sich auszutauschen über Bedeutungen, Erlebnisse, Gefühle, Erfahrungen, Wünsche und Bedürfnisse. Kinder kommen mit der Bereitschaft, Sprache zu erlernen, zur Welt. Ein gesund ausgebildetes Gehör ist eine wichtige Voraussetzung für die Entwicklung der Sprache. Bereits im Mutterleib können verschiedene Geräusche vom Embryo wahrgenommen werden, z. B. Verdauungsgeräusche und Herzschlag der Mutter, ihre Stimme sowie Geräusche aus der Umgebung. Bei der Geburt sind alle für die Sprache wichtigen Organe und Muskeln ausgebildet, z. B. Rachen, Stimmbänder, Zunge, Zwerchfell, Gehör (vgl. Militzer, 2001, 14, 22 f.).

Phasen der Sprachentwicklung

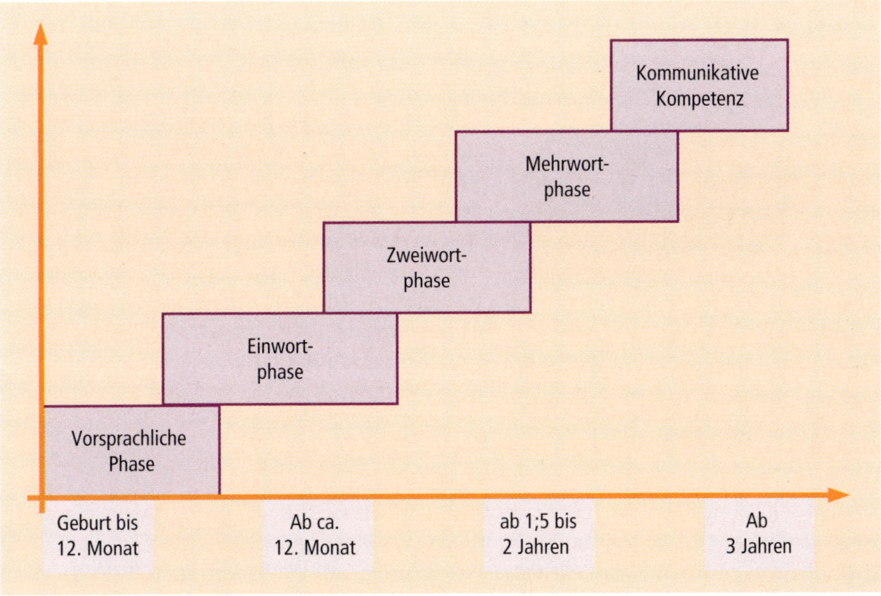

In den ersten Lebenstagen und -wochen kann ein Säugling sich nur schreiend verständigen. Diese **vorsprachliche Phase** umfasst die Zeit von der Geburt bis zum ersten Wort. Schon nach wenigen Wochen wird das Schreien eines Neugeborenen differenzierter und eine aufmerksame, liebevolle Bezugsperson (Mutter, Vater etc.) hört an der Tonhöhe und -stärke, ob es Hunger hat oder Zuwendung benötigt. Ab der zehnten Woche können auch Kreischlaute hinzukommen, die ausgelassen und lustvoll klingen. Gurren und Vokallaute wie „äää", „aaa", werden eher zufällig geäußert und kommen bei allen Kleinstkindern vor (vgl. Militzer, 2001, 25–26). Juchzen, Quietschen, Kreischen bereichern das Lautspektrum des Kindes.

Vom zweiten bis zum dritten Monat erreichen Kinder die Lallphase. Hier werden spontane Lautketten gebildet, die unterschiedlich lang sein können, z. B. „mä-mä", „de-de", „ge-ge", ständig wechseln und komplexer werden („nana", „lala", „rra"). Einfache oder mehrfache Wiederholungen sind nicht ausgeschlossen. Kinder hören ihre eigenen Laute, was eine wichtige Voraussetzung ist, um Sprache zu erwerben (vgl. Militzer, 2001, 27 f.). Mit etwa elf Monaten verstehen Kinder Inhalte einzelner Worte; z. B. reagieren sie auf Verbote wie „nein", indem sie ihre Tätigkeit kurzzeitig unterbrechen. Die Lautäußerungen werden immer komplexer. Bezugspersonen fördern dies, indem sie die Lautäußerungen aufnehmen und sie nachahmen bzw. erweitern. Kinder versuchen nun Erwachsene nachzuahmen und so entstehen erste Dialoge.

Kinder haben nun die **Einwortphase** erreicht. Sie sprechen einzelne Wörter, die sich immer auf die Gesamtsituation beziehen und verschiedene Bedürfnisse ausdrücken können: „Auto" könnte bedeuten „ich möchte es haben" oder „fährst du mit meinem (Spielzeug-)Auto" oder „ich möchte in dein Auto (Mamas Auto)". Oft wird das Wort mit der Zeigegeste zusammen gesprochen.

Wichtig ist, dass Eltern und Erzieher Kinder auf die Gegenstände aufmerksam machen, auf die sich ihre eigenen Ausdrücke und deren Lautäußerungen beziehen. Dies erleichtert den Kindern die Zuordnung von Ausdruck und Gegenstand.

Zwischen eineinhalb und zwei Jahren sind Kinder zunehmend in der Lage, Zweiwortsätze zu formulieren; sie haben die **Zweiwortphase** erreicht und verwenden häufig Substantive in Verbindung mit einem Verb oder Adjektiv: „Straße nass", „Tee heiß", „Papa essen" (vgl. Militzer, 2001, 31 f.). Nun setzt das erste Fragealter ein – das Bewusstsein der Bedeutung von Sprache erwacht. Der Wortschatz wächst ständig weiter und grammatikalische Formen werden durch Hören, Nachfragen und Nachsprechen erprobt. Kinder verstehen viel mehr Wörter, als sie in der Lage sind zu formulieren.

Etwa im dritten Lebensjahr sprechen Kinder **Mehrwortsätze**. Es handelt sich hierbei um drei oder mehr Wörter, die sich häufig nur im Kontext der Situation verstehen lassen. „Papa Keks essen", eine einfache Struktur wird erkennbar. Allerdings werden häufig noch Wörter vorangestellt, die dem Kind wichtig sind: „Auto, gib mir“ (vgl. Militzer, 2001, 32 f.). Im Alter von ca. 3,5 Jahren beginnen Kinder, Gegenstände und Objekte ihrer Umgebung richtig zu bezeichnen. Aussprache und Grammatik verbessern sich zunehmend, der Wortschatz wird deutlich größer. Mit etwa vier Jahren haben Kinder wesentliche Strukturen ihrer Muttersprache erworben – also ihre erste „Sprache“ erlernt. Der Erwerb von Bedeutungen hängt eng mit der kognitiven Entwicklung zusammen.

Motorische Entwicklung 2.4.4

Motorik bezeichnet die gesamten Bewegungsabläufe eines Lebewesens. Es wird unterschieden zwischen Grob- und Feinmotorik. Mit **Grobmotorik** sind Bewegungen von

- Kopf,
- Beinen,
- Armen,
- Schultern,
- Rücken,
- Becken,
- Rumpf

gemeint. Unter **Feinmotorik** sind Bewegungen von

- Gesicht,
- Fingern,
- Zehen

zu verstehen (vgl. Altenthan/Betscher-Ott/Dirrigl, 2005, 34).

Das Neugeborene beherrscht von Geburt an wichtige Reflexe, um überleben zu können, wie z. B. den Saugreflex, den Atmungsreflex, den Greifreflex u. a. Außerdem sind schon sehr früh koordinierte Bewegungen zu beobachten, wie z. B. das Strampeln. Während das Kind anfangs nur auf dem Bauch oder dem Rücken liegt und seinen Kopf von rechts nach links bewegen kann, beginnt es im Laufe des dritten Monats seinen Kopf immer stärker anzuheben und sich abzustützen. Zwischen dem fünften und siebten Lebensmonat beginnt das Kind eigenständige Bewegungen zu lernen, z. B. sich selbstständig umzudrehen (Bauch-Rückenlage), zu robben, zu kriechen, zu drehen, sich selbstständig aufzusetzen, hochzuziehen.

CD-ROM

Zwischen dem 12. und 18. Lebensmonat entwickelt das Kind die Fähigkeit zu gehen. Erst an der Hand, schließlich ohne Hilfe. Jedes Kind durchläuft individuelle Bewegungsmuster, die oft vererbt sind. Einige Kinder krabbeln beispielsweise nie, sie rutschen stattdessen auf dem Hosenboden vorwärts oder rückwärts. Einige beginnen früh, die ersten Schritte zu erproben, andere beginnen mit dem Gehen an der Hand mit acht Monaten (vgl. Bensel/Haug-Schnabel, 2004, 18, 21).

Bis zum Ende des zweiten Lebensjahres gelingt es immer besser, Bewegungen wie hüpfen, gehen, laufen rascher durchzuführen. Die Kinder beherrschen das Treppensteigen (ein Fuß wird oft noch nachgestellt) oder zum Beispiel das Wegschmeißen von Gegenständen, ohne dabei umzufallen (vgl. Altenthan u. a., 2005, 38 f.). Die Feinmotorik wird immer differenzierter. Das Kind kann mit zunehmendem

Alter besser wahrnehmen und erkennen, welcher Gegenstand wie gegriffen werden muss. Den Pinzettengriff (Daumen und Zeigefinger gezielt zum Greifen, z. B. einer Stecknadel, einsetzen) beherrschen Kinder mit etwa einem Jahr.

Zwischen dem dritten und vierten Lebensjahr differenzieren sich die bisher erlernten Fähigkeiten deutlich, z. B. beim Treppensteigen ohne Nachziehen des Beins. Die Kinder lernen Dreiradfahren und können Bewegungen z. B. abrupt beenden, ohne umzufallen. Immer komplexere Bewegungsabläufe, z. B. das Essen von Suppe mit einem Löffel, können selbstständig durchgeführt werden (vgl. Altenthan u. a., 2005, 39–41).

Ein vierjähriges Kind erwirbt nach und nach die motorischen Fähigkeiten der Älteren, wenn es die Möglichkeit hat, grundlegende Bewegungsmuster zu automatisieren und sie abhängig von der jeweiligen Situation bewusst einzusetzen. „Bewegungsfreude ist ein Entwicklungsimpuls" und braucht – von Seiten der Erzieherin – Unterstützung und Bewegungsräume (Bensel/Haug-Schnabel, 2004, 38).

In sozialpädagogischen Einrichtungen gilt es also, vielfältige Anreize für Kinder und Jugendliche zu schaffen, sich ausgelassen und frei bewegen zu können, um so die motorische Entwicklung mit ihren vielfältigen Bewegungsmustern zu fördern und den Kindern Freude an der Bewegung zu vermitteln.

2.4.5 Spielentwicklung

Spiel hat für Kinder insbesondere folgende Funktionen:

- Kinder übernehmen im Spiel die Rolle einer Person, der sie ähnlich sein möchten.
- Kinder imitieren Dinge, Personen, Vorfälle, die sie gesehen/gehört haben.
- Kinder verarbeiten Erlebnisse im Spiel.
- Kinder übertragen im Spiel unangenehme Aufgaben an andere Personen oder Gegenstände.
- Kinder erfinden im Spiel nicht reale Begleiter.
- Kinder rächen sich im Spiel an Gegenständen oder Spielpartnern für erlittene Enttäuschungen (vgl. Brockschnieder/Ullrich, 1997, 83).

In der folgenden Übersicht werden Spielformen dargestellt, die Kinder im Laufe ihrer Entwicklung erlernen und immer weiter differenzieren.

Spielentwicklung und Spielformen (vgl. Pausewang, 1997, 24).

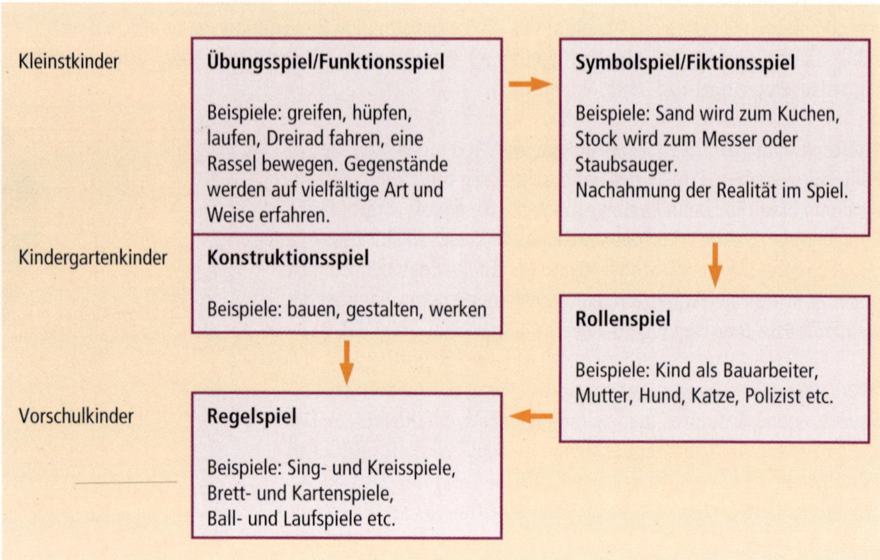

Kinder beginnen bereits als Säugling zu spielen. Spielen wird mit zunehmendem Alter differenzierter und vielfältiger. Gewisse Grundformen des Spiels lassen sich bei gesunden Kindern in ähnlicher Weise beobachten.

Übungs- und Funktionsspiel

Übungs- und Funktionsspiele sind bereits bei Säuglingen zu beobachten, hier werden einfache Bewegungen eingeübt. Säuglinge erproben, wie ihr Körper funktioniert. Die Bezugsperson (häufig die Mutter) ist dabei ein wichtiger Spielpartner, der durch Blickkontakt, Körperkontakt und vokale Interaktion (Spiel mit der Stimme, z. B. lallen, glucksen oder quietschen) mit dem Kind in Beziehung steht. Diese Art zu spielen hat für Kinder eine wichtige Bedeutung. Sie üben ihre Sensorik, Motorik und ihre kognitiven Funktionen. Kommunikationsfähigkeit wird entwickelt, nonverbale und verbale Bedeutungen werden durch Ansprache, Zuwendung, Versorgung usw. gelernt.

Im Alter von ca. fünf Monaten werden Gegenstände ins Spiel integriert: Kauringe, Bausteine, Rasseln etc. Säuglinge verfolgen Gegenstände, die sich bewegen, mit den Augen, greifen nach ihnen und beginnen, diese mit dem Mund (Lippen, Zunge, Kiefer) zu betasten. Mit zunehmendem Alter wird das Spiel gezielter und selbstständiger. Kleinkinder krabbeln, ziehen, werfen, laufen, springen, schlagen, hüpfen, um schließlich einen Stuhl zu erklimmen, eine Treppe hoch oder runter zu laufen, sie schütten Sand in einen Eimer, graben ein Loch, fahren Tretroller etc.

Die so entwickelten Fähigkeiten und Fertigkeiten werden aus Lust und Freude wiederholt und differenziert. Übungsspiele bleiben bis ins Erwachsenalter erhalten. Hier wird der neue Gegenstand oder das Sportgerät vielfach ausprobiert und erfahren.

Konstruktionsspiel

Konstruktionsspiele beginnen meist mit ungezieltem Ausprobieren (Übungsspiel), sind dann aber auf ein fertiges Produkt hin ausgerichtet (z. B. Bauwerke, Knetfigur, Zeichnungen). Ausgehend vom einfachen Zusammenstecken, Auseinandernehmen, Zusammenfügen gelingt es Kindern, etwas herzustellen (vgl. Becker, http://www.ghaeufele.de, 15.09.2008). Die gezielte Konstruktion setzt voraus, dass sie wissen, wie man das jeweilige Material benutzen kann. Eine Vorstellung vom eigentlichen Endprodukt sollte weitestgehend vorhanden sein. Diese Vorstellung kann sich im Laufe der Entwicklung noch häufig ändern. Oft benennen Kinder ihr Endprodukt erst im Nachhinein; sie konstruieren etwas und sagen erst danach, dass es eine Garage ist, oder sie malen ein Bild und erzählen anschließend, was es sein kann bzw. soll. Durch Übung und Ausprobieren wird eine Annäherung zwischen Geplantem und Endprodukt erreicht.

Erst wenn grundlegende Techniken des Konstruierens beherrscht werden, kann nach Vorlagen konstruiert werden. Beim Bauen wird die Kreativität der Kinder durch das Konstruieren nach Vorlagen weniger beeinträchtigt, während Nachmalen oder Ausmalen als problematisch angesehen werden. Kinder können durch das Abmalen von Vorlagen zu der Ansicht gelangen, dass sie selbst nicht malen können, und entwerfen ihre Bilder nicht mehr selbstständig (vgl. Pausewang, 1997, 20 f.). Wenn Kinder von sich aus nachzeichnen oder ausmalen möchten, sollte man sie jedoch nicht daran hindern, denn auch dadurch können Form- und Farbwahrnehmung gefördert werden.

Zum Konstruieren eignen sich besonders Materialien, die nicht aus vorgegebenen Bauteilen bestehen, z. B. Naturmaterialien und wertfreie Materialien wie

- Sand,
- Erde,
- Ton,
- Steine,
- Kastanien,
- Holz,
- Bierdeckel,
- Verschlüsse,
- Papprollen,
- Knöpfe,
- Altpapier ...

Unfertige, wertfreie Materialien eignen sich gut, um Kinder zu kreativem Spiel anzuregen.

> *„Zusammenfassend kann festgestellt werden, dass auch das Konstruktionsspiel vielschichtige Spielformen aufweist. Dies zeigt sich darin, dass technisch-konstruktive Vorgänge begriffen und variiert sowie mit Phantasie, Gefühl und Rollenvorstellungen kombiniert werden können. Auf diese Weise wird Realität alleine oder mit anderen abgebildet. Werke werden erstellt, deren Urheber das Kind alleine oder gemeinsam mit anderen ist und die Erweiterung der Handlungs- und Denkräume werden ermöglicht. Wichtig sind die Erfahrungen in und mit Gemeinschaft, die im gemeinsamen Planen, Ausführen, Bewundern und Feiern des Endprodukts erlebt werden. Schon in dieser frühen Spielstufe kann Team-Arbeit gelernt werden, die an der gemeinsamen Sache orientiert ist und zu einem konstruktiven Ergebnis führt.“*

(Becker, www.ghaeufele.de, 15.09.2008)

Symbolspiel und Rollenspiel

Auch im Symbolspiel und im Rollenspiel ist man auf diese Materialien angewiesen, wenn man die Kreativität der Kinder anregen möchte. Wenn ein Gegenstand in der Fantasie des Kindes etwas anderes darstellt, als er eigentlich ist, spricht man von Symbolspiel. Diese Art des Spiels ist bereits im zweiten Lebensjahr zu beobachten (ebenso wie das Konstruktionsspiel). Der Sand wird zur Speise, der Stab zum Löffel. Das Kind ahmt Handlungen nach, die es bei anderen beobachtet hat, obwohl es sich noch nicht in die Rolle anderer Personen hineinversetzt.

Rollenspiele spielen Kinder mit Beginn des dritten Lebensjahres. Jetzt sind sie in der Lage, sich im Spiel als andere Person, z. B. Mutter oder Polizist, zu fühlen. In diesen Rollen können sie andere Tätigkeiten ausüben, als es ihnen in ihrer eigenen Rolle als Kind möglich ist, z. B. kochen, Babys wickeln, Auto fahren, jemanden festnehmen, schießen usw. Kinder ahmen im Rollenspiel ihre Umwelt nach, erstellen über die Spielinhalte eine fiktive Welt, die es ihnen erlaubt, unverstandene Verhaltensweisen der Erwachsenen oder Medienhelden zu imitieren. Hierdurch wird versucht, das Verhalten anderer zu verstehen und nachzuvollziehen. Kinder imitieren selten sich selbst im Spiel. Stattdessen imitieren sie Verhaltensweisen der Menschen ihrer Umgebung.

- *„Ein Kind entscheidet eigenständig, welche Bedeutung die Dinge haben, mit denen es spielen will. Was und wie ein Kind spielt, ist direkter Ausdruck seiner aktuellen Situation. Mit der Nachahmung im Rollenspiel möchte es nicht immer dasselbe erreichen, wie das gespielte „Vorbild“, sondern möchte über die Imitation (z. B. der Eltern) die unverständlichen Verhaltensweisen nachvollziehen, um diese als richtig und ihm gegenüber als gut gemeint nachempfinden zu können. Je nach widerfahrenen unverständlichen Verhaltensweisen (z. B. auch Schlägen oder anderen Strafen) kann über die wiederholte Reproduktion dieses Verhaltens eine Desensibilisierung in Gang gesetzt werden, die die Wucht des imitierten Verhaltens relativiert und stattdessen die Übernahme der Ansichten der Eltern übernehmen hilft und damit das Kind bei seiner Einpassung in die bestehende Familienstruktur unterstützt.“*

(Becker, www.ghaeufele.de, 15.09.2008)

Über die wiederholte Reproduktion kann auch eine Art Desensibilisierung in Gang gesetzt werden, die Missverständnisse aufhebt und die Übernahme der Weltsicht der Eltern erleichtert.

„Kinder suchen im Rollenspiel nach Lösungswegen für Irritationen und Konflikte, um eine Beziehung zu sich selbst und den eigenen Fähigkeiten und Fertigkeiten herzustellen. Impulse dafür erhalten sie im Spiel mit anderen Kindern und dem Ausprobieren eigener Vorstellungen und Wahrnehmungen im Umgang miteinander. Da kann es auch schon mal zu Konflikten, Spielabbrüchen oder abenteuerlichen Problemlösungen kommen."

(Becker, www.ghaeufele.de, 15.09.2008)

Spielpartner sind im Rollenspiel wichtig. Gemeinsam werden Spielpläne entworfen und Rollen getauscht. Rollenspiele werden häufig mit Konstruktionsspielen verknüpft; zum Beispiel muss eine Höhle gebaut werden, in der der Löwe schläft. Es kann auch sein, dass das Spiel unterbrochen wird, um etwas zu bauen oder anzufertigen (z. B. ein Schild zu malen, das einen Eingang markiert). Rollenspiele sind geeignet, um Folgendes auszudrücken:

- Bedürfnisse,
- Ängste,
- Nöte,
- Auseinandersetzungen,
- Freude und
- Wünsche,
- Interessen etc.

Sie bieten darüber hinaus die Möglichkeit, sich auf zukünftige Aufgaben und Herausforderungen vorzubereiten.

Regelspiele

Regelspiele sind daran zu erkennen, dass Spielregeln den Spielinhalt bestimmen und mehrere Spielpartner miteinander spielen. Das Erfinden und Einhalten von Spielregeln, auch die Anpassung an diese, sowie die Einhaltung von Spielregeln zu kontrollieren und andere darauf hinzuweisen, bereitet Kindern besondere Spielfreunde und hilft ihnen, Normen und Werte zu übernehmen und zu verinnerlichen.

Zu diesen Spielen können gehören:

- Kreisspiele,
- Sport- und Bewegungsspiele,
- Brett- und Kartenspiele,
- Singspiele,
- Wahrnehmungsspiele.

Regelspiele enthalten häufig Anteile anderer Spielformen. So können bei „Mein rechter, rechter Platz ist frei" Tiere pantomimisch dargestellt werden (Form des Rollenspiels), wenn die Kinder ihren Platz tauschen.

Das Kind „[...] muss Verständnis für Regelmäßigkeit entwickelt haben und erfahren haben, dass Abmachungen bindend für es und andere sind. Das Einhalten von Regeln setzt ein Bewusstsein für Normen voraus, was im Spiel als zeitlich befristete soziale Übereinkünfte agiert wird" (Becker, www.ghaeufele.de, 15.09.2008).

Das Regelspiel setzt die Gruppenfähigkeit des Kindes voraus, d.h., es muss fähig und bereit sein, mit anderen Personen zu spielen und Verantwortung für Verpflichtungen oder Abmachungen zu übernehmen. Das Kind sollte einen Sinn für Regelmäßigkeit entwickelt haben und die Erfahrung mitbringen, dass Abmachungen bindend für das eigene Verhalten wie auch für das der anderen Mitspieler sind.

Regelspiele sind häufig darauf ausgerichtet, dass einer gewinnt oder verliert. Während Drei- und Vierjährige zunächst nur an Regelspielen teilnehmen und den Konkurrenzgedanken als unwichtig erachten, wird dieser mit zunehmendem Alter immer wichtiger und kann je nach Gruppenzusammensetzung auch zu Konflikten führen. Zum Beispiel ruft ein Dreijähriger auch „Erster", wenn er die Zielgerade als Letzter erreicht. Kinder dieses Alters vergleichen sich noch nicht mit anderen; die Zielgerade überhaupt erreicht zu haben, genügt, um „gewonnen" zu haben. Kinder im fünften Lebensjahr spielen Regelspiele anders als Jüngere. Für sie ist das Einhalten von Regeln wichtig und dies wird auch untereinander kontrolliert. Im Grundschulalter setzt ein zunehmend starker Wettbewerbscharakter ein, der im Alter von ca. zehn Jahren seinen Höhepunkt erreicht. Anerkennung durch Leistung und Durchhaltevermögen bekommen einen hohen Stellenwert (vgl. Pausewang).

Der sensible und bewusste Umgang mit Regelspielen in sozialpädagogischen Einrichtungen ist wichtig, um Kindern unterschiedlicher Altersgruppen verschiedene Erfahrungen zu ermöglichen:

- Regelspiele fördern den Umgang miteinander.
- Selbstbestimmung und Selbstbeherrschung werden erprobt.
- Selbstbewusstsein entwickelt sich durch eigene Leistung.
- Spielregeln werden mit dem „realen Leben" verglichen.
- Die Fähigkeit, Strategien zu entwickeln und danach zu handeln, entwickelt sich weiter.

Gefahren von Regelspielen (in Form von Konkurrenzspielen) sind vor allem:

- Leistungsstarke Spieler werden zu sehr hervorgehoben.
- Spielergebnisse stehen im Vordergrund vor anderen Lernprozessen und Handlungsmöglichkeiten.
- Isolation einzelner Spieler kann evtl. nicht verhindert werden.
- Abwertung/Ausgrenzung von Mitspielern ist für einzelne Kinder nicht zu verkraften.

Die Intensität des Konkurrenzverhaltens und die des Kooperationsverhaltens sind abhängig von

- den Erfahrungen der Kinder,
- ihrer individuellen Persönlichkeit,
- den Spielinhalten,
- der Spielleitung und den Rahmenbedingungen des Spiels (Zeit, Raum, Mittel).

(vgl. Becker, www.ghaeufele.de, 15.09.2008)

Der Umgang mit Erfolg und Misserfolg sowie das Gewinnen- und Verlierenkönnen sind bei Regelspielen gut beobachtbar. Als Erzieherin in einer Einrichtung können Sie die Kinder in ihren „Niederlagen" stärken, indem Sie ihnen gegenüber signalisieren, dass „Frustration und Wut über ihre Schwächen und Misserfolge etwas Normales sind, dass [Sie] diese verstehen" und dass Gefühle dieser Art nicht unterdrückt werden müssen (Subellok/Bahrfeck-Wichitill, 2005, 26).

Spielräume anregend gestalten

2.4.6

Der Spielraum, der Kindern zur Verfügung steht, hat maßgeblichen Einfluss auf die Entwicklung des Kindes. In den meisten Tageseinrichtungen stehen den Kindern ein Gruppenraum und ein Nebenraum zur Verfügung. Diese Räume sind in verschiedene Funktionsbereiche unterteilt, wie z. B. Gestaltungstisch, Bauecke, Rollenspielbereich, Leseecke etc. Die Raumnutzung unterstützt oder behindert die Kinder bei ihrer individuellen Spielplanung. Für das Einrichten des Raumes gibt es wichtige Aspekte, die zu beachten sind.

Raumaspekte

CD-ROM

Räume, in denen Kinder sich wohl fühlen können, sollten bestimmten Prinzipien folgen:

- Bewegungsmöglichkeiten,
- Rückzugsmöglichkeiten,
- multifunktionale (bewegliche, vielseitige) Möbel,
- abgestimmtes Farbkonzept,
- geeignete Lichtquellen,
- geeignete Bodenbeschaffenheit.

Ergänzende Räume wie Turnhalle oder Flur sollten ebenfalls Spielmöglichkeiten bieten. Zudem sollte das Raumangebot flexibel an die Bedürfnisse der Kinder angepasst werden können und nicht umgekehrt; es kommt immer noch vor, dass Kinder bei schlechtem Wetter in der Gruppe bleiben müssen und der Gruppenraum nicht als Bewegungsraum genutzt werden kann, weil zu viele Stühle und Tische vorhanden sind. Hochebenen und variable Ecken bieten sich an, um Kindern die Möglichkeit einzuräumen, ihre Spielräume selbstständig zu entdecken und zu gestalten. Der Raum sollte reichhaltige Erfahrungsmöglichkeiten bieten und verschiedene Stimmungen zulassen, z. B. über Farben, Gerüche, Teppichboden, Pflanzen, großzügige Fenster, gemütliches Licht, Wandschmuck u. a. (vgl. Pausewang, 1997, 56 f.).

Auch bei der Gestaltung des Außengeländes einer sozialpädagogischen Einrichtung sollten die oben genannten Raumaspekte beachtet werden. Beispielsweise können Sträucher, Mulden, Hügel und Hecken Rückzugsmöglichkeiten darstellen. Eine naturnahe Gestaltung und Bepflanzung und der Umgang mit Erde sind wichtig für Kinder und bieten vielfältige Erfahrungsmöglichkeiten. Bäume und Blumen, die zu verschiedenen Jahreszeiten blühen und Früchte tragen, bringen Farbe ins Außengelände. Sand, Steine, Holz und Wiese berücksichtigen die unterschiedlichen Untergründe, die man in der Natur finden kann. Kinder sollten die Möglichkeit erhalten, das Außengelände auch ohne direkte Aufsicht zu nutzen. Spaziergänge durch Feld und Wald sollten auch bei schönstem Außengelände nicht vergessen werden.

Materialaspekte

Die Materialien, die den Kindern in sozialpädagogischen Einrichtungen zur Verfügung stehen, sollten Kreativität herausfordern und viele sensomotorische Erfahrungsmöglichkeiten bieten. Art und Beschaffenheit von Materialien sind immer vom Entwicklungsstand des Kindes abhängig. So dürfen in Gruppen mit Kleinstkindern keinerlei Materialien wie Abtönfarben frei verfügbar sein. Davon abgesehen sollte den Kindern jegliches „ungefährliches" Material frei zugänglich und für sie übersichtlich angeordnet sein. Naturmaterialien, verschiedene Farben, Stifte, Knete, Klötze, Gestaltungsmaterial (Verpackungen) und wertfreies Material, was in jedem Haushalt zu finden ist, regt die Kinder zum kreativen Spiel an.

Im Kindergartenalter hat das Rollenspiel eine herausgehobene Bedeutung. Erzieherinnen unterstützen und fördern das Spielverhalten der Kinder durch das Bereitstellen von geeigneten Materialien wie Ästen, Pappen, Kleidern, Kostümen, Arztkitteln etc. Den Rollenspielbereich kann man beispielsweise für einige Zeit unter einen thematischen Schwerpunkt „stellen" (Tierarztpraxis, Märchenschloss, Ritterburg etc.). Die Kinder bestimmen dabei, wozu sie welche Materialien nutzen, ihre Bedürfnisse stehen im Vordergrund.

Je nach Alter und Entwicklungsstand sind z. B. bestimmte Konstruktions- oder Bewegungsmaterialien für Kinder besonders interessant. Um die Auswahl von Spielzeug zu erleichtern, sind im Folgenden Kriterien für empfehlenswertes Spielzeugmaterial aufgeführt.

„Kriterien für die Beurteilung von Spielzeug

*Spielzeug soll die **Fantasie** anregen und nicht einengen, wie es z. B. Sprechpuppen mit ihren dürftigen Redewendungen tun. Jedes Kind erfindet mühelos mehr und bessere Worte für alles, was seine Puppe sagen soll.*

*Je vielfältiger die **Spielmöglichkeiten**, desto anregender ist das Spielzeug und desto länger bleibt es interessant, z. B. ein Nachziehwagen für das Kleinkind.*

*Das Spiel folgt den täglichen **Umwelterfahrungen** und den besonders eindrucksvollen **Erlebnissen** des Kindes (auch beim Fernsehen!). So regt z. B. die Baustelle vor dem Haus zum Nachspielen an.*

*Die **Größe** des Spielzeugs: Kleinkinder bauen besser mit großen Bausteinen, aber ein riesiger Teddybär eignet sich nicht gut zum überallhin begleitenden Freund.*

*Die **Menge**: Für jedes Spielzeug ist das richtige Maß zu finden; mehr Bausteine fördern das Bauen, mehr Schienen machen die Eisenbahn interessanter – aber eine Puppe mit Zubehör ist besser als viele Puppen ohne Zubehör.*

***Material und Haltbarkeit** müssen dem Spielzweck entsprechen. Aus jedem Material lässt sich gutes oder schlechtes Spielzeug herstellen. Kleinkindspielzeug muss besonders viel aushalten (aber nicht alles!).*

***Konstruktion und Mechanik** müssen für das Kleinkind besonders einfach sein und – auch beim Spielzeug für ältere Kinder – immer verständlich.*

***Form und Farbe** beeinflussen auch die Spielmöglichkeiten und die Vorstellungswelt des Kindes: zu buntes Baumaterial stört beim Gestalten, „drollige" Spieltiere verleiten zu einer sentimental verkitschten Einstellung zur Tierwelt.*

***Sicherheit** nach den EU-Normen muss vor der spiel gut Prüfung durch das CE bestätigt sein. Absolute Sicherheit gibt es aber nicht. Die Sicherheitsvorschriften können nicht Anleitung und Beaufsichtigung durch die verantwortlichen aufsichtspflichtigen Personen ersetzen. Jedes Kind muss auch allmählich lernen, mit alltäglichen Gefahren umzugehen. Sicherheit bedeutet für jedes Spielzeug und für jedes Kind etwas anderes.*

***Umweltverträglichkeit** eines Spielzeuges hängt von verschiedenen Faktoren ab und muss bei den verschiedenen Spielmaterialien unterschiedlich bewertet werden. Langlebiges wird nicht zu Müll, sondern „vererbt". Oder man tauscht, kauft, verkauft auf dem Flohmarkt. Kein Wegwerfspielzeug kaufen und unnötig große Verpackungen zurückweisen.*

*Der **Preis** des Spielzeugs sollte immer im Verhältnis zu den Spielmöglichkeiten und zur Lebensdauer beurteilt werden. Lieber weniger und besseres Spielzeug kaufen."*

(Spiel gut, 2007)

Erzieherverhalten beim Spiel der Kinder

2.4.7

Das Spiel in den verschiedenen Entwicklungsstufen der Kinder zu begleiten und gegebenenfalls anzuleiten, ist eine wichtige Aufgabe einer Erzieherin. Diese Aufgabe gestaltet sich unterschiedlich, je nachdem, ob es sich um ein freies Spiel oder um ein erzieherisch gelenktes Spiel handelt.

Im **Freispiel** steht die Selbstbestimmung des Kindes im Mittelpunkt. Spielmaterial, Spieldauer, Spielpartner und Spielort werden frei gewählt.

- Die Rolle der Erzieherinnen besteht darin, das Spiel der Kinder durch Materialien, Raumgestaltung, durch die Schaffung einer bestimmten Atmosphäre zu unterstützen.
- Wenn sich das Spiel nicht weiterentwickelt, können Spielanregungen (Impulse der Erzieherin) gegeben werden.
- Das Freispiel ist eine besonders gute Gelegenheit, die Kinder zu beobachten.
- Wichtig ist es, Kindern beim Freispiel Hilfe sehr vorsichtig anzubieten und nicht aufzuzwingen.

Das **gelenkte Spiel** kann in allen Spielformen (Übungsspiel, Konstruktionsspiel, Rollenspiel, Regelspiel) angeleitet werden. Hier kann die Erzieherin Spielleiterin sein oder gezielt Spielleiter unter den Kindern oder Jugendlichen finden. Damit das Spiel nicht zum Zwang wird, muss es dem Spielleiter gelingen, Spielfreude zu wecken beziehungsweise zu erhalten. Eine Erzieherin, die Spielfreude vortäuscht, ist selbst für die jüngsten Kinder unecht, wenig motivierend und kaum glaubwürdig. Die Erzieherin als Spielleiterin sollte die Bedürfnisse, die Wünsche und das individuelle Können der einzelnen Kinder in der Gruppe kennen und auf diese im Spiel eingehen. Manche Spiele können Kinder langweilen, andere hingegen können Ängste und Unlust erzeugen – auch darauf gilt es zu achten.

Eine besondere Gefahr besteht darin, dass Kinder nur mitspielen, weil die Erzieherin (Autoritätsperson) das gewünscht hat. Die Beobachtung der Kinder und das Anknüpfen an ihren Interessen sind besonders wichtig. Bei Regelspielen wird der Konkurrenzgedanke am besten zu Gunsten des Kooperationsgedankens in den Hintergrund gestellt. Viele Regelspiele lassen sich problemlos zu kooperativen Spielen umwandeln. Meist genügt es, die bekannten Regeln geringfügig zu ändern.

Was man beim Spielen unbedingt beachten muss:

- die augenblickliche Situation,
- Wartezeiten kurz halten,
- keine „Blamierspiele",
- die Anzahl und Dauer der Spiele unter Berücksichtigung der Altersgruppe (vgl. Pausewang, 1997, 170).

Folgende Kompetenzen sind für eine Spielleiterin besonders wichtig:

- Spielfreude haben und zeigen,
- Regeln anschaulich – nicht nur verbal – erklären oder demonstrieren,
- räumliche Orientierung schaffen, z. B. durch Spielfeldmarkierungen,
- Requisiten vorbereiten,
- Flexibilität (die Wünsche der Mitspieler mit einbeziehen, Spielvarianten kennen),
- Überblick über die Gruppe behalten (Regelunsicherheiten erkennen und reagieren, Spielhemmungen erkennen etc.)
- mit Regeln und Regeleinhaltung umgehen können.

2.4.8 Emotionale Entwicklung des Kindes

Emotionen sind Gefühlszustände, die bestimmte körperliche Reaktionen hervorrufen, z. B. Trauer, Wut, Angst, Freude, Ekel. Menschliches Handeln wird durch Emotionen motiviert oder demotiviert. Sie steuern unsere Mimik und Gestik und beeinflussen die Interaktion mit anderen Menschen. Denken und Handeln werden durch Emotionen beeinflusst. Eigene Gefühle zu erkennen und mit ihnen umzugehen, die Gefühle anderer Menschen wahrzunehmen und angemessen mit ihnen umzugehen, sind wichtige Grundlagen für das Zusammenleben mit anderen. Es gibt einen Zusammenhang zwischen Lebenserfolg sowie emotionalen und sozialen Fähigkeiten: Menschen mit guten emotionalen und sozialen Fähigkeiten gehen erfolgreicher durch ihr Leben (vgl. Pfeffer, 2002, 15 f.).

CD-ROM

Im Kindergarten- und Schulalter werden emotionale Gewohnheiten besonders nachhaltig wahrgenommen und auch erlernt. Eine gezielte Förderung der emotionalen und sozialen Fähigkeiten ist daher besonders wichtig. Säuglinge verfügen kurz nach der Geburt bereits über Emotionen, die in jeder Kultur zu beobachten sind. Hierzu gehören Freude, Ekel, Kummer und Interesse. Ärger wird erst mit ca. vier Monaten, Überraschung mit sechs Monaten sichtbar. Zum Ende des ersten Lebensjahres beherrschen Kinder primäre Basisemotionen. Andere – sekundäre – Emotionen, z. B. Verachtung oder Verlegenheit, bauen auf diesen primären Emotionen auf und sind von der Mitte des zweiten Lebensjahres an zu beobachten. Dann sind die dafür erforderlichen kognitiven Fähigkeiten vorhanden. Das Empfinden von Schuld ist mit der inneren Entwicklung eines Wertesystems verbunden und bildet sich allmählich heraus.

Obwohl sich ältere Kinder nicht bewusst an Erlebnisse vor ihrem dritten Geburtstag erinnern, sind emotionale Geschehnisse in einer Art von emotionalem Gedächtnis „abgespeichert". Welche Gefühle Kinder tatsächlich empfinden, bleibt ungewiss; sie können von Erwachsenen nur interpretiert, nicht aber unmittelbar erfahren werden. Erst mit ca. 20 Monaten beginnen Kinder, ihre Gefühle zu benennen. „Zwischen dem zweiten und dritten Lebensjahr beginnen sie damit, ein Emotionsvokabular zu benutzen", um andere dazu zu bewegen, auf die eigenen Emotionen einzugehen (Bensel/Haug-Schnabel, 2004, 32). Emotional belastende Informationen können von Kleinkindern mehr oder weniger wirkungsvoll reduziert werden, indem sie sich z. B. beim Fernsehen die Augen oder beim Streit ihrer Eltern die Ohren zuhalten.

Eine sichere emotionale Beziehung zwischen Kind und Bezugsperson wirkt sich günstig auf die Entwicklung der kindlichen Gefühlswelt aus. Die Wechselwirkungen zwischen kindlichem Temperament und seiner familiären Sozialisation beeinflussen die emotionalen Fähigkeiten. Eine Rolle spielt auch die Art und Weise, wie die erwachsenen Vorbilder (Eltern/Pädagogen) ihre Emotionen ausdrücken und wie sensibel diese auf die Emotionen der Kinder eingehen. Eltern und Pädagogen sollten Kindern emotional unterstützend zur Seite stehen (z. B. durch aktives Zuhören oder die Möglichkeit körperlicher Nähe), statt die Gefühle der Kinder mit abweisenden Sätzen wie „Hör auf zu heulen!", „Ein Indianer kennt keinen Schmerz" emotional zu verletzen. Kinder lernen durch solche wenig wertschätzende Äußerungen, die eigenen Gefühle zu unterdrücken und die Gefühle anderer zu ignorieren.

Erzieherinnen können emotionale Kompetenz bei Kindern aufbauen und fördern, wenn sie ihnen Wärme und Zuwendung entgegenbringen und starke Lenkung vermeiden. Ab dem dritten Lebensjahr beginnen Kinder zwischen emotionalem Erleben und dessen Ausdruck zu unterscheiden und den Ausdruck den Situationen anzupassen. Kinder sind nun in der Lage auszuwählen, wem sie welche Emotion gegenüber äußern. In der Schule lernen sie, dieses Repertoire an Verhaltensweisen zu beherrschen, indem sie z. B. negative Emotionen wirkungsvoller tarnen (vgl. Bensel/Haug-Schnabel, 2004, 33).

Es ist demnach wichtig, Kindern die Entwicklung erfolgreicher Strategien zum Umgang mit Gefühlen zu ermöglichen. Im Kindergarten können Kinder schon im Alter von ca. drei Jahren Selbst- und Fremdwahrnehmung erleben. So können sie durchaus zu eigener Körperwahrnehmung angeleitet werden. Dies schult die Sinne, spricht verschiedene Gefühle der Kinder an und fördert die sprachliche Ausdrucksfähigkeit (vgl. Pfeffer, 2002, 21). Erzieherinnen sollten Kinder und Jugendliche ermutigen, über ihre Gefühle zu sprechen, ihnen solche Gespräche aber nicht aufzwingen.

Im Vorschul- und Grundschulalter sind die Fördermöglichkeiten schon differenziert und komplex. Sie umfassen

- die sprachlichen Ausdrucksmöglichkeiten,
- die Fähigkeiten, mit komplexeren Gefühlen umzugehen,
- die differenzierte Wahrnehmung und Einordnung von Gefühlen,
- den Umgang mit Misserfolgen und Frustrationen,
- die Stärkung von Selbstvertrauen und Selbstwertgefühl.

2.5 Übungen

2.5.1 Spielen – eigene Kindheit

Ziel: Die eigenen Spielerfahrungen, Spielmaterialien und die Spielwelt sollen in ihrer Sozialisationsbedeutung reflektiert werden.

Durchführung: Die Studierenden erhalten Papier und Stift und bekommen folgende Anleitung: „Entspannen Sie sich und versuchen Sie sich vorzustellen: Sie sitzen als Kind beim Spielen. Schauen Sie sich die verschiedenen Bilder und Szenen an, schauen Sie sich um, schauen Sie sich bestimmte Bilder genauer an!"

Im Abstand werden nun folgende Fragen gestellt, zu denen die Studierenden sich Notizen machen und sich die Bilder ihrer Kindheit bewusst machen sollen:

- Wo haben Sie am liebsten gespielt (draußen, drinnen, Kinderzimmer, Park, Straße)?
- Mit wem haben Sie gespielt (Nachbarn, Verwandte, Freunde)? Bedenken Sie die unterschiedlichen Altersstufen.
- Welche Rolle hatten Sie beim Spielen (z. B. Bestimmer, Mitläufer, Außenseiter, Schiedsrichter)?
- Welches Spiel haben Sie sehr gerne gespielt? Welches mochten Sie nicht?

Die Studierenden arbeiten ca. 15 min eigenständig, dann werden sie gebeten, ihre Aufzeichnungen noch einmal unter folgenden Fragestellungen anzuschauen:

1. Was ist bemerkenswert?
2. Wer war das spielende Kind?
3. Gibt es einen Zusammenhang zwischen dem spielenden Kind damals und dem Erwachsenen heute?

Auswertung in Untergruppen:

1. Welche Bedeutung haben meine Spielerfahrungen?
2. Was sagt die Art zu spielen über mich selbst aus?
3. Welche „Schwächen" bleiben? (vgl. Gudjons, 2003, 148 f.).

2.5.2 Spielleiter sein

Ziel: Die Studierenden erproben das Anleiten von Spielen und können in der Gruppe reflektieren, welche Situationen besonders vorbereitet werden müssen.

Vorbereitung

Erstellen Sie einen Spielstern.

Stellen Sie fest, wo Ihre Spielinteressen und Schwerpunkte liegen. (Die nachstehenden Spielbegriffe können Sie selbstverständlich ändern/ergänzen.) Anschließend skalieren Sie die Linien von 10 % innen – 100 % außen und setzen jeweils auf jede Linie Ihren Wertungspunkt.

Verbinden Sie abschließend alle Wertungspunkte miteinander.

a) als Spielleitung:

b) als Teilnehmerin:

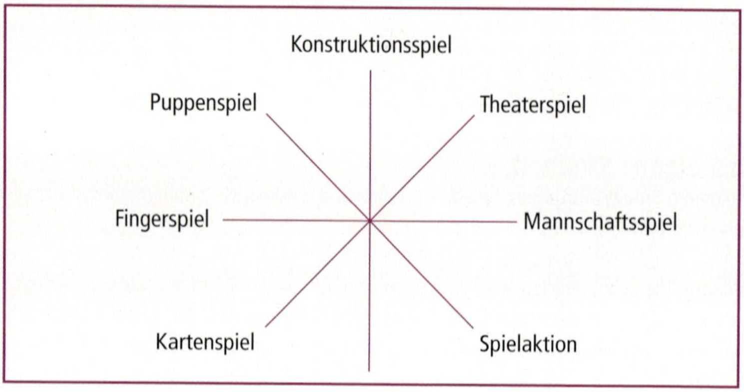

(Wessel/vom Wege, 2004, 147)

Um im Kindergarten und Hort Spiele motivierend anzuleiten, bedarf es vor allem viel Übung.

Welche Eigenschaften sollte Ihrer Meinung nach ein guter Spielleiter haben? Erstellen Sie einen Kriterienkatalog im Klassenverband.

Aufgabe im Klassenverband:

Bereiten Sie Spiele vor, die Sie im Klassenverband anleiten und durchführen. Ihre Mitschüler versetzen sich in die Lage einer ausgewählten Zielgruppe. Eventuell werden zwei bis drei Mitschülerinnen und Mitschüler als Beobachter am Rande der Spielrunde platziert.

Anregungen für Spiele finden Sie u. a. in: Thiesen, Peter: Arbeitsbuch Spiel, 5. Auflage, Troisdorf, Bildungsverlag EINS, 2004.

Emotionen ausdrücken 2.5.3

Ziel: Die Studierenden erproben, welche nonverbale Ausdruckskraft sie haben und wie sie auf andere wirken.

Durchführung:

1. Bilden Sie Kleingruppen mit vier bis fünf Mitgliedern.
2. Erstellen Sie in Ihrer Kleingruppe eine Liste von verschiedenen Emotionen. Die Anzahl der festgehaltenen Emotionen entspricht der Anzahl der Gruppenmitglieder.
3. Teilen Sie nach dem Zufallsprinzip jedem Mitglied der Kleingruppe eine dieser Emotionen – auf einer kleinen Karte festgehalten – zu.
4. Beschreiben Sie nun die Ihnen zugeteilte Emotion möglichst anschaulich vor Ihrer Kleingruppe.
5. Entscheiden Sie sich zusammen mit Ihrer Kleingruppe für die Darstellung einer dieser Emotionen vor der Gesamtgruppe mithilfe eines gemeinsamen, durch bestimmte Körperhaltungen geformten Standbildes, in das alle Kleingruppenmitglieder integriert sind.
6. Bereiten Sie die Darstellung in der Kleingruppe vor.
7. Formen Sie nun mit Ihrer Kleingruppe das vorbereitete Standbild und präsentieren Sie es der Gesamtgruppe.

Auswertungsfragen/Diskussionsanregungen:

1. *Wie wirkt das Standbild auf mich/die Gruppe?*
2. *Welche nonverbalen Elemente (Gestik, Mimik, Körperhaltung) verdeutlichen diese Emotion am deutlichsten (Gemeinsamkeiten)?*
3. *Wie ging es der Gruppe, dem Einzelnen?*
4. *Was fiel schwer? Warum?*
5. *Drücken Mädchen und Jungen ihre Gefühle unterschiedlich aus?*
6. *Woran kann man das erkennen?*
7. *Warum tun sie das und welche Auswirkungen hat es?*

Wenn möglich, können die Standbilder noch fotografiert oder per Video aufgenommen werden.

Selbst- und Fremdwahrnehmung 2.5.4

Meinen Körper mit Leben füllen

*„**Zielgruppe:** ab 10 J[ahre]*

Ziele: Selbstdar-/vorstellung; erste Annäherung an das Thema ‚Fremdsein' Material/ Vorbereitung: große Wandzeitungsrolle (erhältlich bei Zeitungsdruckereien als ‚Reste'); Schreibzeug

***Durchführung:** Jede(r) TeilnehmerIn legt sich auf die Papierbahn und lässt von sich (mit Bleistift) den Körperumriss nachzeichnen; man selbst fährt diese Linie dann mit dickerem Filzstift nach.*

In den Körperumriss wird geschrieben und gemalt:

- *Ich kann gut ...; ich bin ... (positive Eigenschaft)*
- *Ich wäre gerne mehr ...*
- *Mir macht Angst, wenn ...*
- *Fremdsein heißt für mich ...*

Auswertung:

Gemeinsam werden die ‚Körper' besprochen, wobei sich möglichst ein Dialog zwischen allen ergeben sollte über die jeweiligen Inhalte/Personen; wer platziert welche Inhalte in welche Körperpartie?... Wo sind unsere Verdrängungen in diesem ‚Körper' lokalisiert/lokalisierbar? Wie empfinden wir dies? Aufgrund welcher Erfahrungen wird ‚Fremdheit' zu einem subjektiv bedeutsamen (positiv oder negativ gefärbten) Wahrnehmungsmuster?
Welche Gefühlsdimensionen schwingen mit, wenn wir Fremdes (Wortfeld bestimmen!) wahrnehmen: fremde Klänge, Gerüche, Berührungen ..."

(Holzbrecher, www.sowi-online.de, 17.08.2005)

Körperbewusstsein – die Begegnung mit dem Fremdgewordenen

„Zielgruppe: *unbestimmt; je älter die TeilnehmerInnen sind, desto größer dürften die Barrieren und die ‚Erkenntnis'-Effekte sein*

Ziele: *Erkundung des Körperbewusstseins und seiner Erfahrungs- und Ausdrucksmöglichkeiten; ein kreativitätsorientierter, v. a. den ganzen Körper einbeziehender ‚Umgang mit dem Fremden' i. S. von Fremdgewordenem – nachdem die abendländische Kultur mit der Herrschaft über fremde Völker auch die Herrschaft über den Körper und die Sinnlichkeit gebracht hat.*

Vorbereitung/Material: *viel Platz muss vorhanden sein; Kleidung der TeilnehmerInnen den Übungen angemessen; Musik.*

Durchführung: *(in Anlehnung an Barbara Haselbach, Improvisation, Tanz, Bewegung, Stuttgart (Klett) 4/1987, S. 23 ff.).*
Erkunden der Bewegungsmöglichkeiten: Was kann man mit Händen, Füßen, Kopf, Schultern, Rücken, Po, Knien... erfinden? Wie kann man sich fortbewegen, wenn man keine Schritte benützt?
Welche phantasievollen / ‚fremden' Möglichkeiten der Kontaktaufnahme zu anderen gibt es? Welche von mir noch nie gemachten Bewegungsabläufe kann ich ausprobieren?
Wo habe ich überall Muskeln und Bewegungsmöglichkeiten? Wie fühlen sich diese Körperpartien bei mir selbst an?...

Diese Übung(en) können auch als ‚Aufwärmspiele' z. B. für Stegreifszenen oder pantomimische Improvisationen verstanden werden:

‚Stell Dir vor, die Tür geht auf, und ein(e) Fremde(r) (Afrikaner/in, Chinese..., Flüchtling aus...., ‚Asylant', ... ‚Alien'/Monster..., eine schöne Frau/ein schöner Mann...) betritt den Raum. Wie reagierst Du? (spontaner körpersprachlicher Ausdruck)"

(Holzbrecher, www.sowi-online.de, 17.08.2005)

2.6 Anregungen für die Arbeit in der Praxis

2.6.1 Spielbeobachtung

1. Beobachten Sie die Kinder beim Spielen unter folgenden Fragestellungen:

- Welche Bereiche/Funktionsecken werden von den Kindern bevorzugt aufgesucht?
- Welche aktuellen Spielbedürfnisse können Sie beobachten?
- Welche Sozialformen können beobachtet werden?
- Welche Spiele im Spielkreis sind beliebt, welche weniger? Anzahl der Spiele? ...

2. Ergänzen/erweitern Sie die Aspekte individuell. Listen Sie Ihre Ergebnisse auf und überlegen Sie, welche Handlungsalternativen Ihrerseits hilfreich wären, um z. B. das Spiel der Kinder anzuregen, zu variieren, zu erweitern etc.
3. Diskutieren Sie Ihre Beobachtungen und ziehen Sie Rückschlüsse mit der Praxisanleiterin. (vgl. vom Wege/Wessel, 2004, 148).

2.6.2 Ein neues Spiel einführen

Die meisten Kinder schlagen immer wieder die gleichen Spiele vor, weil sie keine anderen kennen. Führen Sie mit einer ausgewählten Gruppe von mindestens sechs Kindern ein neues Spiel ein, z. B. in der Turnhalle, im Außengelände etc. Berücksichtigen Sie die Interessen und das Alter der Kinder.

Was sollten Sie als Spielleiterin bei dieser Kindergruppe beachten?

Eine Spielekette mit mindestens zehn Kindern anleiten

Diese Aufgabe sollte im Unterricht vorbereitet werden.

Die Spiele sollten von der Praktikantin ausgewählt und in eine sinnvolle Reihenfolge gebracht werden:

- *Aufwärmphase*
- *Steigerung/Wechsel*
- *Höhepunkt*
- *Ausklang*

Die Vorlieben und Bedürfnisse der Kinder (Spielbeobachtung) sind zu berücksichtigen. Ebenso sollten die Gruppenzusammensetzung und der Entwicklungsstand der Kinder bei der Spielauswahl beachtet werden. Das Anfertigen bzw. Bereitstellen von Spielrequisiten kann sich als hilfreich erweisen. Die Spiele sollten durch eine Rahmengeschichte miteinander in Beziehung stehen.

2.6.3 Gefühlsinterview

Ziel: Die Studierenden erfahren etwas über die Gefühlswelt von Kindern und Jugendlichen. Was empfinden Kinder, wie erleben sie einzelne Emotionen?

Das Wut-Interview ist hier exemplarisch zu verstehen und auf andere Emotionen übertragbar.

Durchführung: Die folgenden Fragen hat sich eine vierte Klasse der Bonifatiusgrundschule in Marl überlegt.

Das Wut-Interview; entwickelt von Schulkindern für Schulkinder:

> *„Warst du schon mal wütend?*
> *Wie wirst du wütend?*
> *Nenne alles, was dich wütend macht. (Wirst du vielleicht wütend, wenn sich jemand nicht an seine Versprechen hält, oder wirst du wütend, wenn du nicht bekommst, was du willst?)*
> *Auf wen oder was bist du schon mal wütend geworden?*
> *Bist du schon mal auf deine Eltern wütend geworden?*
> *Wenn ja, wieso?*
> *Warst du schon mal so wütend auf deine Eltern, dass du weglaufen wolltest?*
> *Wie verhältst du dich, wenn dich jemand ärgert?*
> *Wirst du sofort aggressiv, wenn du wütend bist?*
> *Wie fühlst du dich, wenn du wütend bist?*
> *Bist du oft wütend?*
> *Wie reagieren andere, wenn du wütend bist?*
> *Was machst du, wenn andere auf dich wütend sind?*
> *Hast du dich schon mal aus Wut über jemanden oder über etwas mit einem anderen gekloppt? (Vielleicht mit einem Mitschüler?)*
> *Wenn ja, mit wem und weshalb?*
> *Bitte beantwortet unsere Fragen und teilt uns eure Ergebnisse mit.“*

(Ministerin für Schule und Weiterbildung des Landes NRW, www.learn-line.nrw.de/angebote/friedensfaehigkeit/medio/k2068.htm#top, 17.08.2005)

2.7 Weiterführende Literatur

- Oerter, Rolf/Montada, Leo (Hrsg.): Entwicklungspsychologie, 6. Aufl., Weinheim, Basel, Beltz PVU, 2008.
- Pausewang, Freya: Dem Spielen Raum geben, Berlin, Cornelsen, 1997.
- Pfeffer, Simone: Emotionales Lernen. Ein Praxisbuch für den Kindergarten, Weinheim, Beltz, 2002.
- Wessel, Mechthild/vom Wege, Brigitte: Spielen im Beruf. Spieltheoretische Grundlagen für pädagogische Berufe, 2. Auflage Troisdorf, Bildungsverlag EINS, 2004.

Zum nächsten Kapitel

Mithilfe dieses Kapitels haben Sie gelernt, Kinder in ihrer Entwicklung differenzierter wahrzunehmen, ihre Gedanken und Gefühle zu erschließen und auf ihr unterschiedliches Verhalten zu reagieren. Sie haben dabei die große Bedeutung erfahren, die der Gestaltung einer anregenden Spielsituation für die Entwicklungsprozesse zukommt.

Im nun folgenden Kapitel wird dieser Aspekt vertieft und erweitert. Spielräume sind mehr als nur Aufenthaltsräume. Für Kinder und Jugendliche sind sie Lebens- und Entwicklungsräume. So sind auch die sozialpädagogischen Einrichtungen und ihr Umfeld Lern-, Entwicklungs- und Lebensräume für Kinder und Jugendliche und eine wichtige Ergänzung zu den unterschiedlichen familiären Lebensräumen. Mit der Gestaltung dieser Spielräume schaffen Sie als Erzieherinnen wichtige Grundlagen für die Unterstützung der Persönlichkeiten der Kinder und ihrer Selbstbildungsprozesse. Dementsprechend stehen Spielräume als Lebensräume im Mittelpunkt des folgenden Kapitels.

3 Spielräume sind Lebensräume

Räume wirken! Wirken Räume? Mit dieser Frage beschäftigen sich pädagogische Konzepte seit Jahrzehnten, wenn nicht seit Jahrhunderten. Aktuellen Erkenntnissen zufolge beeinflusst der Raum sowohl den einzelnen Menschen als auch die Gruppe. Wahrnehmung, Erfahrung, Selbstständigkeit, Orientierung, Bewegung, Spiel, Experimentierfreude, Entwicklung, Forschergeist einerseits, sowie Kommunikation, die Gestaltung von Beziehungen, Kooperation und das Zusammenleben generell können durch Räume gefördert oder beeinträchtigt werden. Gemäß dem Bild vom „kompetenten" Kind, vom „Akteur seiner eigenen Entwicklung" soll der Raum ein anregendes, differenziert und vielfältig gestaltetes Lernumfeld bieten. Räume müssen sich kindlichen Bedürfnissen anpassen.

Doch mit welchem „Raum" beschäftigt sich die Pädagogik? Da sind einerseits das familiäre Umfeld (z. B. Wohnung, Haus und Garten), Stadt und Stadtteil, der Spielraum (z. B. Spielplatz, Natur, Straße, selbst gewählte Spielorte) und andererseits auch sozialpädagogische Einrichtungen (z. B. Kindertagesstätte, Jugendheim) zu nennen. Die sozialpädagogische Einrichtung ist ein Lern- und Lebensraum für Kinder und Jugendliche und eine Ergänzung zu ihren unterschiedlichen familiären Lebensräumen. Für Erzieherinnen bedeutet dies, dass sie sich mit diesen Räumen, ihrer Wirkung und Gestaltung auseinandersetzen müssen. Dazu ist es notwendig, die eigene biografische Erfahrung mit Räumen zu reflektieren und sowohl die eigene als auch die Konzeption der Einrichtung daraufhin zu prüfen. Eine Konzeption ist im Gegensatz zum Konzept ein „fester Entwurf" in schriftlicher Form mit verbindlichem Charakter. Sie gibt darüber Auskunft, wie die Einrichtung bzw. wie die pädagogische Fachkraft tatsächlich arbeitet. Eine Konzeption umfasst alle inhaltlichen Schwerpunkte und ist daher sehr umfangreich.

Anregungen für die Elementarpädagogik bieten die zurzeit aktuellen Konzeptionen der offenen Arbeit, des Situationsansatzes und der Reggio-Pädagogik. Auch die weiteren vielfältigen Einflüsse z. B. der gesetzlichen Vorschriften, der Träger oder der Elternmitbestimmung müssen bei der Planung und Realisierung von Raumgestaltung berücksichtigt werden. Dabei dürfen die Mitbestimmung und die Mitgestaltung derjenigen, für die und mit denen geplant wird, nicht außer Acht gelassen werden. Diese Erwägungen sollten bei der Gestaltung und Nutzung bedacht werden. Zudem muss sozialpädagogische Arbeit verstärkt bei der jeweiligen Lebenssituation von Kindern und Jugendlichen ansetzen, um erfolgreich zu sein. Die Bewältigung der individuellen Lebenssituation und die Entwicklung einer eigenständigen und handlungsfähigen Persönlichkeit stehen hierbei im Vordergrund.

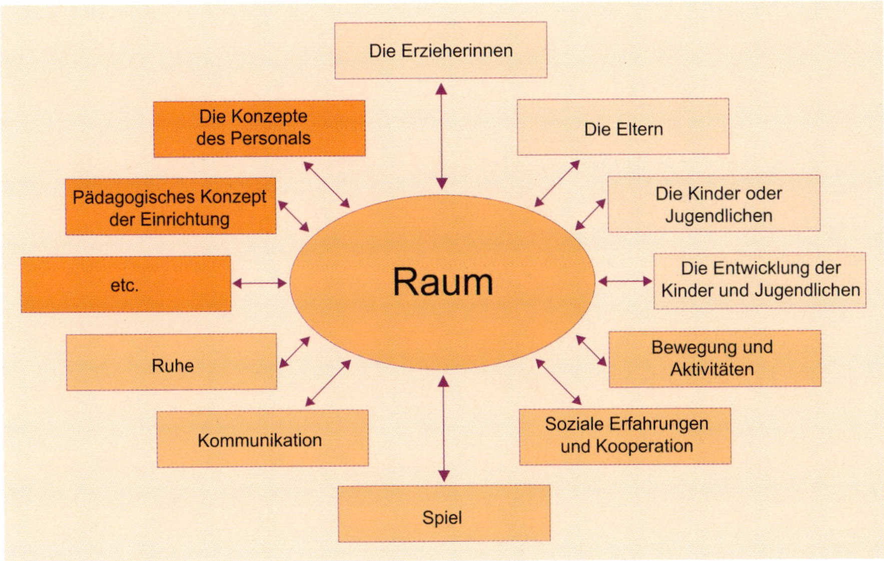

CD-ROM

Kompetenzen von Erzieherinnen

3.1

Um mit Kindern und Jugendlichen einen angemessenen Spiel- und Lebensraum zu gestalten, müssen Erzieherinnen vor allem über die folgenden Kompetenzen verfügen:

- *„Beziehungen zu Kindern und Jugendlichen auf der Grundlage von Wahrnehmungs- und Beobachtungsergebnissen reflektieren und gestalten.*
- *Kulturell und religiös bedingte, lebensweltliche, soziale und institutionelle Normen und Regeln als Einflussgrößen auf das Verhalten und Erleben von Kindern und Jugendlichen wahrnehmen und beachten.*
- *Fähigkeiten, Bedürfnisse, Interessen und Lernwege von Kindern und Jugendlichen erkennen und im praktischen Handeln berücksichtigen.*
- *Den Willen der Kinder und Jugendlichen nach Kompetenzerweiterung [hier: Mitwirkung bei der Umsetzung gemeinsamer Raumplanung] wertschätzen und unterstützen.*
- *Kinder, Jugendliche und ihre Bezugspersonen als Partner in der Arbeit verstehen und respektieren."*

(Ministerium für Schule und Weiterbildung des Landes Nordrhein-Westfalen, Richtlinien, 2006, 28)

Darüber hinaus müssen sie fähig und bereit sein,

- die Lebens- und Wohnsituationen von Kindern und Jugendlichen einzuschätzen und in diesem Zusammenhang Möglichkeiten und Grenzen der eigenen Wahrnehmung und ihren Einfluss auf das erzieherische Handeln kennen und reflektieren
- die eigene Erfahrung mit Räumen zu reflektieren
- die Bedürfnisse von Kindern und Jugendlichen, die durch die Raumgestaltung und -nutzung befriedigt werden sollen, wahrzunehmen
- entsprechende Projekte zu planen, durchzuführen und zu reflektieren
- Raumkonzepte mithilfe theoretischer Modelle zu vergleichen und gegebenenfalls zu verändern.

Die Entwicklung dieser Kompetenzen kann mit der Lösung und Bewältigung der folgenden beruflichen Aufgaben erworben werden.

3.2 Berufliche Aufgaben: Die pädagogische Kraft der Räume nutzen

- Kinder und Erzieherinnen erforschen und erfinden Räume neu
- Waldprojekte planen
- Die Gestaltung eines Spielplatzes
- Jugendliche erobern ihre Stadt

3.2.1 Räume gestalten

Alltag im Kindergarten findet für Kinder und Erzieherinnen zu einem großen Teil in Innenräumen statt. Die Gestaltung dieser Räume wirkt sich auf das Verhalten der Kinder und der Erzieherinnen aus. Beeinflusst werden Wahrnehmung, Erfahrung, Selbstständigkeit, Orientierung, Bewegung, Spiel, Experimentierfreude, Forschergeist und somit die gesamte Entwicklung der Kinder. Das soziale Miteinander, die Kommunikation, die Gestaltung von Beziehungen, die Kooperation und das Zusammenleben werden ebenfalls durch Räume und ihre Gestaltung gefördert oder beeinträchtigt.

Kinder und Erzieherinnen brauchen Räume,

- in denen sie sich wohl und geborgen fühlen,
- die neben ihrer ursprünglichen Bedeutung als Gruppenraum, Eingangshalle, Bewegungsraum oder Treppenhaus auch noch andere Bedeutungen zulassen,
- in denen sie miteinander, aber auch nebeneinander spielen können,
- die Platz lassen für eigene Individualität, für Neugierde und Entdeckungen,
- in denen sie sich zurückziehen können,
- in denen sie ihre Sinne entfalten können, die ihnen Grenzen setzen und Halt geben,
- die aber auch die Freiheit der eigenen Spielentscheidungen lassen. (vgl. Zimmer, 1999, 24–28)

Die Raumgestaltung hat also einen beträchtlichen Einfluss auf Ihre pädagogische Arbeit mit den Kindern sowie auf den Stellenwert, den die Erziehungsberechtigten der Einrichtung geben. Die Außenwirkung der Einrichtung und auch die Zusammenarbeit mit den Eltern lassen sich durch eine entsprechende Raumgestaltung positiv beeinflussen.

Es ist notwendig, sich über die Lebenssituationen und Bedürfnisse der Kinder und Jugendlichen zu informieren, um sie bei der Raumgestaltung zu berücksichtigen. Die Auseinandersetzung mit Raumkonzepten gehört zu den grundlegenden pädagogischen Entscheidungen einer Erzieherin.

Entwickeln Sie in Kleingruppen Vorschläge, wie Sie die Anforderungen an die Raumgestaltung einer sozialpädagogischen Einrichtung in ein Konzept integrieren können.

1. *Entscheiden Sie sich für eines der beruflichen Handlungsfelder (Kindertagesstätte, Hort o. Ä.), das familienergänzend arbeitet.*
2. *Planen Sie Ihre Wunscheinrichtung – inklusive Außengelände.*
3. *Ermitteln Sie dazu die Ausgangssituation Ihrer Zielgruppe (Stadtteil, familiäre Wohn- und Lebenssituation, Bedürfnisse etc.)*
4. *Klären Sie die pädagogischen und psychologischen Ziele, die Sie durch die Raumgestaltung verfolgen wollen.*
5. *Untersuchen Sie dann, welche Schwierigkeiten einer (einfachen) Lösung bzw. Erreichung Ihrer Ziele im Wege stehen und wie Sie diese überwinden können.*
6. *Klären Sie, welche Informationen über die (familiäre) Lebens- und Wohnsituation der Zielgruppe und ihre Bedürfnisse für die Lösung der Aufgabe wichtig oder hilfreich sein und Ihre pädagogischen Entscheidungen beeinflussen können. Wie und wo können Sie diese Informationen erhalten?*
7. *Entwickeln Sie eine konkrete und pädagogisch begründete Lösungsstrategie. Planen Sie unter realistischen Gegebenheiten, indem Sie sich über ein mögliches Grundstück und baurechtliche Bedingungen informieren.*
8. *Erstellen Sie eine möglichst genaue Beschreibung, Zeichnungen und ein dreidimensionales Modell der Einrichtung. Berücksichtigen Sie die Aspekte Akustik, Licht, Farben, Material und die ästhetische Gestaltung des Raumes.*
9. *Beziehen Sie in Ihre Planung Ihre Kolleginnen und Kollegen, die Eltern sowie altersentsprechend die Kinder mit ein.*
10. *Überprüfen Sie die Brauchbarkeit Ihrer Lösungsstrategie gemeinsam mit anderen und entwickeln Sie sie ggf. weiter.*

Waldprojekte planen 3.2.2

Die Natur hatte früher für die Menschen eine andere Bedeutung als heute. Das Leben spielte sich mehr im natürlichen Lebensraum ab, der Wandel der Jahreszeiten wurde bewusster erlebt, Naturkatastrophen stand man weitgehend hilflos gegenüber.

Dies hat sich deutlich verändert. Heute wachsen die Menschen zumeist in von Menschen gestalteten Lebensräumen auf. Zwei Drittel aller Kinder der Bundesrepublik Deutschland leben in Städten (vgl. Gebhard, 1994, 79). Die Lebenswelten werden durch Technik und Medien mitbestimmt. Sinnliche und unmittelbare Erfahrungen werden seltener, häufiger sind dagegen Erlebnisse aus „zweiter Hand". Die Natur hat in dieser künstlichen Welt insofern eine besondere Bedeutung, als ihr Schutz und der sparsame Gebrauch der Ressourcen für die Zukunft der Menschheit immer wichtiger werden.

Die Pädagogik soll, wie bei vielen Problemlagen, einen Beitrag zur Verbesserung dieser Situation leisten. Im Sinne einer zukunftsorientierten Erziehung sollen einerseits Alternativen zu einem Leben in einer unnatürlichen Umwelt aufgezeigt werden, andererseits umweltschützendes Verhalten entwickelt und gefördert werden. Kinder benötigen für eine gesunde Entwicklung Erfahrungen in und mit der Natur. Jugendliche müssen eine positive Einstellung zur Natur bekommen, um zukunftsorientiert handeln zu können. Hierdurch erklären sich z. B. die Zunahme an Waldkindergärten in den letzten Jahren und das zunehmende Angebot an erlebnispädagogischen Projekten in der Natur. Der Wald ist einer der vielfältigsten Spiel- und Erfahrungsräume für Kinder und Jugendliche. Die Entwicklungsbegleitung von Kindern und Jugendlichen durch Naturerfahrungen und die Förderung einer naturfreundlichen Einstellung sind wichtige Aufgaben für Erzieherinnen.

Entwickeln Sie in Kleingruppen Möglichkeiten, Kinder und Jugendliche mit dem Wald in Kontakt zu bringen.

1. *Entscheiden Sie sich für eine der möglichen Zielgruppen (Kinder oder Jugendliche) aus Ihren zukünftigen beruflichen Handlungsfeldern.*
2. *Bereiten Sie einen Tag/eine Woche im Wald mit einer Gruppe von Kindern (oder Jugendlichen) vor.*
3. *Klären Sie die pädagogischen und psychologischen Ziele, die Sie mit diesem Waldprojekt verfolgen wollen.*
4. *Untersuchen Sie dann, welche Schwierigkeiten einer (einfachen) Lösung bzw. Erreichung Ihrer Ziele im Wege stehen und wie Sie diese überwinden können.*
5. *Klären Sie, welche Informationen über die Lebenssituation der Zielgruppe und ihre Einstellungen und Vorerfahrungen für die Lösung der Aufgabe wichtig oder hilfreich sein und Ihre pädagogischen Entscheidungen beeinflussen können. Wie und wo können Sie diese Informationen erhalten?*
6. *Entwickeln Sie eine möglichst konkrete und pädagogisch begründete Lösungsstrategie. Planen Sie für möglichst realistische Gegebenheiten, indem Sie sich über Naturräume in Ihrer Stadt informieren.*
7. *Beziehen Sie in Ihre Planung Ihre Kolleginnen und Kollegen, die Eltern sowie altersentsprechend die Kinder und Jugendlichen mit ein.*
8. *Überprüfen Sie die Brauchbarkeit Ihrer Lösungsstrategie gemeinsam mit anderen und entwickeln Sie sie ggf. weiter.*

Spiel- und Lernorte gestalten

„Die Erziehung im Elternhaus, im Kindergarten und in der Schule trägt dazu bei, dass Kinder ihre Interessen und Wünsche vertreten und bei Erwachsenen Unterstützung finden. Schon früh wird ein Problembewusstsein für die räumliche und soziale Umwelt geschaffen. Themen wie Umweltverschmutzung oder Müllvermeidung haben beispielsweise längst Eingang in Kindergarten und Schule gefunden. Immer stärker wird mit Recht gefordert, Kinder in Planungsprozessen, besonders bei der Gestaltung von Spielplätzen, Spielräumen und des Wohnumfeldes, zu beteiligen."

(Lau/Nerger/Schreiber, 1997, 11)

Mit der räumlichen, materiellen und sozialen Gestaltung der Räume in sozialpädagogischen Einrichtungen werden Spielräume geschaffen und gemeinsam genutzt.

Entwickeln Sie in Kleingruppen Vorschläge zur Gestaltung des Außengeländes einer sozialpädagogischen Einrichtung.

1. *Entscheiden Sie sich für eine der möglichen Zielgruppen (Kinder oder Jugendliche) aus Ihren zukünftigen beruflichen Handlungsfeldern.*
2. *Bereiten Sie sich auf die gemeinsame Gestaltung und Nutzung eines Außengeländes mit den Kindern (bzw. Jugendlichen) vor. Gestalten Sie das Gelände entweder neu oder gestalten Sie einen bestehenden Spielbereich um.*
3. *Klären Sie die pädagogischen und psychologischen Ziele, die Sie mit diesem Projekt verfolgen wollen.*
4. *Untersuchen Sie dann, welche Schwierigkeiten einer (einfachen) Lösung bzw. Erreichung Ihrer Ziele im Wege stehen und wie Sie diese überwinden können.*
5. *Klären Sie, welche Informationen über die Lebenssituation der Zielgruppe und ihre Einstellungen und Vorerfahrungen für die Lösung der Aufgabe wichtig oder hilfreich sein und Ihre pädagogischen Entscheidungen beeinflussen können. Stellen Sie dazu einen Überblick über mögliche Spielplätze (offizielle und „geheime") für Kinder und Jugendliche in Ihrem Stadtteil zusammen. Beschreiben Sie die Regeln und Nutzungsmöglichkeiten dieser Plätze. Erstellen Sie dazu im Vorfeld einen Beobachtungsbogen, erkunden Sie Spielplätze, werten Sie diese aus und berücksichtigen Sie diese Ergebnisse in Ihrer Planung. Wie und wo können Sie diese Informationen erhalten?*
6. *Entwickeln Sie eine möglichst konkrete und pädagogisch begründete Lösungsstrategie. Planen Sie für möglichst realistische Gegebenheiten, indem Sie sich über Spielräume in Ihrer Stadt informieren.*
7. *Beziehen Sie in Ihre Planung Ihre Kolleginnen und Kollegen, die Eltern sowie altersentsprechend die Kinder und Jugendlichen mit ein.*
8. *Überprüfen Sie die Brauchbarkeit Ihrer Lösungsstrategie gemeinsam mit anderen und entwickeln Sie sie ggf. weiter.*

3.2.4 Jugendliche beteiligen

Jugendliche sind beim Übergang zum Erwachsenwerden in einer kritischen Entwicklungsphase. Nun werden die Familienmitglieder immer unwichtiger und die Gruppe der Gleichaltrigen gewinnt an Bedeutung. Sie lösen sich allmählich vom Elternhaus, beginnen eine Ausbildung bzw. eine Berufstätigkeit und entwickeln ihre Identität weiter. Arbeit und Beruf, Freizeit und Medien, Liebe und Partnerschaft sind die relevanten Themen, die diese Lebensphase begleiten.

Räumlich gesehen behält jedoch der Wohnort bzw. der Stadtteil seine Bedeutung. Mobilität (z. B. durch den Erwerb des Führerscheins) und finanzielle Unabhängigkeit können erst später realisiert werden. Daher ist es für die Jugendlichen wichtig, die Angebote zu nutzen, die der eigene Stadtteil ihnen bietet, und diese mitzugestalten. So kommt den freizeitpädagogischen Einrichtungen eine besondere Bedeutung zu. Ihre pädagogischen Ziele liegen in der Entwicklung persönlicher Handlungskompetenz in Bezug auf den eigenen sozialen Lebensraum.

Entwickeln Sie in Kleingruppen Vorschläge, wie die Jugendlichen die Angebote ihrer Stadt oder ihres Stadtteils kennen lernen, nutzen und mitgestalten können.

1. *Entscheiden Sie sich für die Zielgruppe Jugendliche aus Ihren zukünftigen beruflichen Handlungsfeldern (z. B. Jugendfreizeitstätte, Heim o. Ä.)*
2. *Bereiten Sie sich auf die gemeinsame spielerische Erkundung, Nutzung und Mitgestaltung eines Stadtteils mit den Jugendlichen vor. Stadt wird hier gesehen als Lebensraum von Jugendlichen und Erwachsenen, in dem sie wohnen, kulturelle Einrichtungen in Anspruch nehmen, als begehrte Kunden auftreten, Bankkunden und Kreditnehmer sind, zur Schule gehen bzw. arbeiten oder „Kunden der Agentur für Arbeit" sind etc.*
3. *Klären Sie die pädagogischen und psychologischen Ziele, die Sie mit diesem Projekt verfolgen wollen.*
4. *Untersuchen Sie dann, welche Schwierigkeiten einer (einfachen) Lösung bzw. Erreichung Ihrer Ziele im Wege stehen und wie Sie diese überwinden können.*
5. *Klären Sie, welche Informationen über die Lebens- und Wohnsituation der Zielgruppe und ihre Einstellungen und Vorerfahrungen für die Lösung der Aufgabe wichtig oder hilfreich sein und Ihre pädagogischen Entscheidungen beeinflussen können. Berücksichtigen Sie dabei auch Informationen über die sogenannte „Kinderarmut" in Deutschland. Wie und wo können Sie diese Informationen erhalten?*
6. *Entwickeln Sie eine möglichst konkrete und pädagogisch begründete Lösungsstrategie. Planen Sie für möglichst realistische Gegebenheiten, indem Sie sich über Naturräume in Ihrer Stadt informieren.*
7. *Beziehen Sie in Ihre Planung Ihre Kolleginnen und Kollegen, die Eltern sowie die Jugendlichen mit ein.*
8. *Überprüfen Sie die Brauchbarkeit Ihrer Lösungsstrategie gemeinsam mit anderen und entwickeln Sie sie ggf. weiter. (vgl. Allweins/Sautter/Jugendstiftung Baden-Württemberg (Hrsg.): Spielstadt & Stadtspiel, 1995, 67 ff. und vgl. Mülheim Rallye für Jugendliche: www.muelheim-ruhr.de/ cms/muelheim_rallye_fuer_jugendliche1.html (20.06.2008)*

Aus dem beruflichen Alltag 3.3

Im Folgenden werden Beispiele aus dem beruflichen Alltag angeführt, die zeigen, in welchen praktischen Zusammenhängen Sie mit beruflichen Aufgaben konfrontiert werden können. Genauso können Sie auch eigene Beispielsituationen aus Ihren Erfahrungen einbringen.

Räume gestalten 3.3.1

Sie sind Erzieherin im Kindergarten „Marienkäfer". Die Einrichtung ist vor zwanzig Jahren von einer Elterninitiative aus Kostengründen in einem sehr alten und mittlerweile sehr renovierungsbedürftigen Haus in der Innenstadt von Musterstadt gegründet worden.
Die Eltern haben sich aufgrund eines Gutachtens, das von einem neutralen Sachverständigen erstellt wurde, dazu entschlossen, von einer Renovierung abzusehen und den Kindergarten ganz neu aufzubauen. Das hierzu benötigte Geld und ein entsprechender Bauplatz für dieses Projekt sind vorhanden. Um das Bauvorhaben nicht unnötig in die Länge zu ziehen, wurde bereits ein Termin mit dem Architekten vereinbart. Mit ihm sollen Planung und Gestaltung des Hauses besprochen werden. Zu diesem Termin ist auch ein Vertreter des Teams der Einrichtung eingeladen!

Sie werden gebeten, Ihre Wunschvorstellungen von einem Kindergarten in die Diskussion einzubringen.

Waldprojekt planen 3.3.2

Sie unterhalten sich mit anderen Studierenden, die ihr Praktikum in unterschiedlichen Arbeitsfeldern absolvieren, darüber, dass amerikanische Umweltforscher in einer groß angelegten Untersuchung herausgefunden haben, dass Jugendliche und Erwachsene, die in jungen Jahren in Wald und Flur herumtollen konnten, auch später mit der Natur in besonderer Weise verbunden sind und stärker für ihren Schutz eintreten. Ferner würden durch Naturerfahrungen neben den Einstellungen und Vorlieben weitere lebenswichtige Fähigkeiten gefördert. Kinder, die schon früh mit der Natur in Kontakt gekommen sind, hätten einen besseren Orientierungssinn. Sie fänden sich später besser in ihrer Umgebung zurecht und hätten weniger Angst vor unbekanntem Terrain als Stadtkinder. Aufmerksamkeit, Konzentrationsfähigkeit und die Wahrnehmungsfähigkeit würden ebenfalls trainiert (vgl. Sonnenmoser, 2002, 15). Ihre Kolleginnen sind sich einig, dass die Natur ein idealer Spielplatz und eine einzigartige Lernumgebung für Kinder und Jugendliche ist.

Sie beschließen, die Natur stärker in Ihre pädagogische Arbeit einzubeziehen und für Ihre Einrichtungen Naturerlebnistage zu planen.

Spiel- und Lernorte gestalten 3.3.3

Sie sind Praktikantin im Kindergarten „Wunderbaum". Es ist Frühling, die Kinder sind oft draußen und Sie haben somit die Gelegenheit, ihre Spielgewohnheiten außerhalb der Räumlichkeiten zu beobachten. Sie entdecken, dass viele Kinder in kleinen Grüppchen herumstehen, vermutlich nicht wissen, was Sie spielen sollen. Die bestehenden Spielgeräte werden, wenn überhaupt, nur von den jüngeren Kindern genutzt. Einige Kinder treten wieder und wieder lustlos vor einen Fußball. Ihre Praxisanleiterin spricht Sie eines Tages an und fragt: „Hast du auch den Eindruck, dass der Spielplatz für unsere Kinder nicht mehr angemessen ist? Wir haben doch erst vor kurzem eine Geldspende erhalten. Damit sollten wir das Außengelände neu gestalten. Hast du eine Idee für einen neuen Spielbereich?"

Sie überlegen, wie Sie das Außengelände für alle Kinder attraktiv gestalten können.

3.3.4 „Jugendliche beteiligen"

Sie sind Praktikantin in einer Jugendfreizeitstätte. Nach einer Eingewöhnungsphase sind Sie zu einer Vertrauensperson für die Jugendlichen geworden. Bei einem Kickerturnier wendet sich Jan, ein 16-jähriger Jugendlicher, an Sie und berichtet von seiner Lebenssituation.

„Eh, Schule, das is total uncool, aber ich geh halt meistens trotzdem hin. Weil, hier draußen is ja auch nix los vormittags. Un nach der Penne – auch nix, nur Wohnkästen hier und sonst nix los, eh. Inne Stadt kannste auch nich, kein Lappen, keine Karre un keine Kohle. Also, das is echt bescheuert. Aber was willste machen?!"

Das Gespräch geht Ihnen lange nicht aus dem Kopf. Sie recherchieren im Internet und entdecken folgende Pressemitteilung (Alvarado, unter: www.lehrer-online.de/429472.php, 20.06.2008):

> ***„Jugend übernimmt Verantwortung': 2004/2005***
> *Die Stiftung ‚Brandenburger Tor' der Bankgesellschaft Berlin schreibt zum sechsten Mal einen bundesweiten Ideenwettbewerb in Schulen und Jugendgruppen der Bundesrepublik Deutschland aus.*
>
> *Der Ideenwettbewerb steht unter dem Thema: ‚Verantwortung übernehmen, unternehmerische Initiative entfalten, sich gesellschaftlich engagieren'. Schüler und Schülerinnen aller Schularten ab etwa 14 Jahren sind aufgefordert, Ideen für Projekte zu entwickeln, die Aspekte des Themas realisieren können.*
>
> *Ideen können soziale, kommunale, wirtschaftliche, handwerkliche oder künstlerische Ziele verfolgen oder solche Ziele verbinden. Projektideen sollen im Prinzip in den Schulen oder in der Jugendarbeit umgesetzt werden können. Die Schwerpunkte:*
>
> ***Jugendliche übernehmen Verantwortung für***
>
> - *gemeinsame Projekte von Schule und Jugendarbeit*
> - *die Gestaltung der eigenen Schule als Lebenswelt*
> - *Kooperationen mit Schulen in Entwicklungsländern*
> - *generationenübergreifende Projekte mit Jüngeren oder Älteren*
> - *Projekte im Stadtteil*
>
> ***Projektideen***
> *… können von Jugendlichen (allein oder gemeinsam) eigenverantwortlich eingereicht werden, Kooperationen zwischen Schülern und Lehrern oder Sozialarbeitern sind jedoch ausdrücklich erwünscht. Auch Projekte, die an Schulen oder in der Jugendarbeit bereits bestehen und der Zielsetzung genügen, können eingereicht werden, soweit sie nicht bereits anderweitig gefördert werden.*
>
> ***Ablauf***
> *Die eingereichten Projektideen werden durch eine unabhängige Jury aus Wissenschaftlern, Pädagogen und Praktikern bewertet. Gute Ideen werden prämiert und ins Internet gestellt.*
>
> ***Die Preisträger***
> *… werden zusammen mit früheren Preisträgern zu einer Lernwerkstatt eingeladen und können ihre Projekte bei der Preisverleihung in Berlin im Juni 2005 der Öffentlichkeit vorstellen.*
>
> ***Projektreife***
> *Besonders geeignete Ideen können im Rahmen der von der Stiftung ‚Brandenburger Tor' bereitgestellten Mittel zur Projektreife entwickelt werden.*

Kontakt
www.stiftung.brandenburgertor.de

Projektideen bzw. Projektdarstellungen können bis zum 31. Januar 2005 über die Projektdatenbank der Stiftung ‚Brandenburger Tor' der Bankgesellschaft Berlin eingegeben werden. Alternativ steht das Teilnahmeformular zum Download bereit.

Weitere Informationen erhalten Sie unter:
Stiftung ‚Brandenburger Tor'
Stichwort ‚Jugend übernimmt Verantwortung'
Max Liebermann Haus
Pariser Platz 7
10117 Berlin"

Das Projekt der Stiftung Brandenburger Tor ist zwar 2005 ausgelaufen, es gibt aber immer wieder ähnliche Projekte von unterschiedlichen Initiativen mit unterschiedlichen Schwerpunkten wie z. B.:

„PlusPunkt Kultur-Wettbewerb" vom 15.09.2008; hier hat die Bundesvereinigung Kulturelle Kinder- und Jugendbildung einen Projektwettbewerb im Internet ausgeschrieben. Die Kontaktstelle: Servicestelle Jugendbeteiligung, Schreinerstr. 58, 10247 Berlin, Fon 030-290 468 10, Fax -11, post@servicestelle-jugendbeteiligung.de. www.servicestelle-jugendbeteiligung.de, V.i.S.d.P.: Charlott-Nastasia Ebert, http://www.jugendbeteiligung.info/aktuell/index.html.

Materialien 3.4

Pädagogisch gestaltete Räume 3.4.1

Kindergartentage finden überwiegend in Räumen statt. Das gesamte Kinderleben – Mahlzeiten einnehmen, spielen, streiten, versöhnen, Rollenspiele spielen, miteinander sprechen, sich entspannen, Bilderbücher ansehen, toben etc. – muss in die meist überfüllten Räumlichkeiten passen. Wo können die unterschiedlichen Bedürfnisse befriedigt werden? Wo kann man in Ruhe frühstücken, wo kann man richtig laufen, wo kann man sich ausruhen, wo kann man sich mit dem Freund unterhalten, wo kann man auch mal alleine sein? Wo bleibt eigentlich noch freier Raum, wenn überall Mobiles baumeln, Bauteppiche, Puppenecken, Basteltische, Stellwände und Miniaturhäuser stehen?

Das pädagogische Raumkonzept muss diesen Anforderungen Rechnung tragen. Räume sollten demnach möglichst flexibel gestaltet sein, sie sollen verändert und gestaltet werden können. Kinder lernen auf diese Weise, dass sie Einfluss auf ihre Umwelt haben können. Kinder entdecken ihre Welt über Bewegung. Dem muss der Kindergartenraum gerecht werden. Kinder müssen Bewegungsmöglichkeiten im Raum haben. Wenn zu wenig Raum für viele Kinder vorhanden ist, kommt es schnell zu Konflikten. Eine Möglichkeit, mehr Raum in der eigenen Einrichtung zu schaffen, ist z. B., die dritte Dimension des Raumes in den Blick zu nehmen: Podeste, Einbauten, Zwischenebenen erweitern die Grundfläche des Raumes erheblich. Die neuen Raumerfahrungen erweitern die Perspektive: von oben nach unten mit Freunden sprechen, von unten das Spiel oben beobachten oder sich als heimlicher Beobachter von oben fühlen. Die Übergänge von oben nach unten können ebenfalls interessant gestaltet werden: durch Leitern, Taue, Strickleitern, Rutschen etc.

Betritt man einen Kindergarten, so wird die visuelle Wahrnehmung oft überfrachtet durch die große Zahl unterschiedlicher Eindrücke an Farben, Formen, Größe oder Lage der Gegenstände, die den Kindergartenraum bestimmen. Eine besondere Bedeutung hat hierbei die „Figur-Grund-Wahrnehmung". Die Aufmerksamkeit des Betrachters nimmt nur wenige Reize gefangen. Die „unwichtigen" Reize bilden im Wahrnehmungsbild den Hintergrund, die „wichtigen" Reize bilden die (Haupt-) Figur. Die Aufmerksamkeit zentriert sich auf die Figur. Die Entwicklung der Fähigkeit, Figur und Grund zu unterscheiden, wird durch permanente visuelle Überforderung vermindert. Bei der Raumgestaltung im Kindergarten sollte also darauf geachtet werden, dass die visuelle Wahrnehmung nicht überstrapaziert wird (vgl. Zimmer, 1999, 24–28).

KONZEPTION DES SNOEZELEN-RAUMS am Käthe-Kollwitz-Berufskolleg in Remscheid

„1. Theoretische Grundlagen

Ursprung

Das Konzept des ‚Snoezelens' wurde vor mehr als zwanzig Jahren in den Niederlanden entwickelt und entstammt ursprünglich der Behinderten-Pädagogik. ‚Snoezelen' stellt ein Kunstwort dar und ist eine Kombination aus den holländischen Verben ‚snuffelen' (schnüffeln, schnuppern) und ‚doezelen' (dösen, schlummern). Bereits die Kombination dieser Begriffe zeigt an, worum es beim ‚Snoezelen' geht: In einer stimmungsvollen Atmosphäre sollen alle Sinne in einer ganz spezifischen Weise angesprochen werden, um Wohlbefinden und Entspannung zu produzieren.

Grundlegend für die Entstehung des Konzeptes war die Tatsache, dass für Menschen mit geistigen bzw. Mehrfachbehinderungen die Umwelt oft kaum durchschaubar erscheint. Sie ist voller Reize, die kaum mehr einzuordnen bzw. voneinander zu unterscheiden sind und von daher chaotisch wirken. Mit der Installation von ‚Snoezelen-Räumen' wurden Rahmenbedingungen geschaffen, die den Behinderten ermöglichen, trotz schwerer Beeinträchtigungen zu starkem sinnlichen Erleben zu kommen. Wesentlich dabei ist, dass unterschiedliche Sinnesbereiche stimuliert werden und durch den Wechsel von Anregung und Entspannung ein positiver Effekt auf das Allgemeinbefinden ausgelöst wird. Mittlerweile wird die segensreiche Wirkung des ‚Snoezelens' keineswegs mehr nur bezüglich des Behindertenbereiches diskutiert. Sowohl in Altenheimen wie auch in Kindertagesstätten entstehen Räume nach o. g. Konzept.

Zusammenhang von Raumkonzeption und kindlichen Bedürfnissen

In unserer gegenwärtigen medialen Gesellschaft leben Kinder in einer Welt voller Reizüberflutungen, die letztlich orientierungslos machen. Einziges Entscheidungskriterium scheint häufig der letzte ‚Thrill'. Grundbedürfnisse wie Entspannung oder Konzentration kommen zu kurz. Hier will der Snoezelen-Raum am KKB ansetzen. Über das spezifische Material- bzw. Raumangebot werden die Kinder in ihrer Wahrnehmungsverarbeitung gefördert und schulen ihre Sinne, erfahren aber auch Ruhe und Entspannung, ohne dass sie dies als Trainings- bzw. Übungseinheit empfinden. Denn wesentliches Kriterium der Raumnutzung sollte sein, dass das Kind den Raum ganz nach seiner individuellen Bedürfnislage nutzt. Es ist seine Entscheidung, womit es sich beschäftigt bzw. womit es sich befassen will. Unterschiedliche Materialien regen zu vielfältigen sensorischen Erfahrungen an oder lassen meditative Stimmungen erfahrbar werden: Tastobjekte und Fühlbehälter, Duftstoffe, Lichteffekt-Projektoren sowie Entspannungsmusik lassen den Aufenthalt im Raum zu einem Erlebnis werden. Gerade in einer Zeit, in der Kinder ihre Erfahrungen häufig vornehmlich den ‚neuen Medien' verdanken, bietet das ‚Snoezelen' die Möglichkeit, sich selbst und seine Sinne wieder originär zu erfahren.

*2. **Raumnutzung***
Bezüglich der Raumnutzung ist eine Zusammenarbeit mit unterschiedlichen Gruppen/Institutionen angedacht.
a. Zusammenarbeit mit den Einrichtungen
Gerade in Zeiten, in denen die ‚Öffnung von Schule' propagiert wird, kann der ‚Snoezelen- Raum' als Bindeglied zur Praxis dienen und so der geforderten Verzahnung von Theorie und Praxis Vorschub leisten.
Mögliche Zielsetzungen:
- *Kindern aus Kindertagesstätten neue Erlebnispotenziale zu verschaffen*
- *Erzieherinnen die vielfältigen Möglichkeiten des ‚Snoezelens' erfahrbar zu machen und so auch Anregungen für die eigene Praxis zu bieten*
- *den Austausch von Schule und Praxis auf diesem Wege zu intensivieren*

b. Unterrichtliche Nutzung
Für die Schülerinnen und Schüler des KKBs erscheint die Raumnutzung vor allem unter zwei Aspekten interessant: Zum einen kann hierdurch eine differenziertere Selbstwahrnehmung erlangt werden, zum anderen stehen didaktisch-methodische Prozesse im Mittelpunkt des Interesses.
Mögliche Zielsetzungen
- *differenzierte Selbsterfahrung durch die Raumatmosphäre und das eigenständige Nutzen des Sinnesmaterials*
- *Schulung der Wahrnehmungs- und Beobachtungsfähigkeit (besonders durch real beobachtbare Kindergruppen im Raum)*
- *pädagogisch reflektierter Umgang mit Sinnesmaterial*
- *Einblick in entwicklungspsychologische Grundgegebenheiten (z. B. den fundamentalen Grundzusammenhang von Aktivität und Entspannung)."*

(Käthe-Kollwitz-Berufskolleg Remscheid: Räume gestalten Beziehungen, unveröffentlicht, S. 5 ff.)

Der Wald – ein Entwicklungsraum 3.4.2

Die Grundannahme „Natur ist gut für Kinder und Jugendliche" ist in vielen pädagogischen Konzepten, von Fröbel bis zum Waldkindergarten, weit verbreitet. Auch viele Erzieherinnen sind dieser Meinung und gestalten ihr pädagogisches Handeln dementsprechend.

Doch wie beeinflusst Natur die Entwicklung von Kindern und Jugendlichen? Welche Entwicklungsbereiche werden gefördert? Wie kann eine positive Einstellung zu Umwelt und Umweltschutz gefördert werden? In welchen „Dosen" hilft Natur? Die Entwicklungspsychologie hat sich dieser Thematik noch nicht ausreichend angenommen. Es gibt wenige gesicherte Erkenntnisse. Doch die bestehenden Erkenntnisse bestätigen den positiven Effekt der Natur auf die menschliche Entwicklung. Bei einer Untersuchung wünschte sich der überwiegende Teil der Berliner Kinder mehr Natur, Wiesen und Bäume in ihrer näheren Umgebung (vgl. Gebhard, Kind und Natur, 1994, 81). Unverplante Flächen, wie etwa Brachflächen, wilde Vegetation, Wiesen usw. wurden hierbei bevorzugt (vgl. Gebhard, Wie viel Natur braucht der Mensch, 1994, 92).

Mitscherlich äußerte bereits in den 70er-Jahren, dass die Entfremdung von der Natur zu solchen Defiziten führe, dass der Mensch soziale Kompetenzen wie die Zugehörigkeit zu einem Ort nie mehr erlernt. „Je weniger Freizügigkeit, je weniger Anschauung der Natur mit ihren biologischen Prozessen, je weniger Kontaktanregung zur Befriedigung der Neugier, desto weniger kann ein Mensch seine seelischen Fähigkeiten entfalten und mit seinem inneren Triebgeschehen umzugehen lernen" (Gebhard, Kind und Natur, 1994, 88). Häufig wird von „sensiblen Phasen" gesprochen, in denen Kinder Naturerfahrungen gegenüber aufgeschlossen sind. Gebhard folgert daraus, dass Defizite in diesen Phasen Entwicklungsstörungen mit sich bringen. Durch die Erfahrungen mit einer überwiegend technischen Welt scheint sich zudem die Einstellung durchzusetzen, jegliche Umwelt sei manipulierbar. Im Sinne einer positiven ökologischen Grundhaltung ist dies eine negativ zu bewertende Entwicklung.

Die motorische Entwicklung spielt in diesem Zusammenhang ebenfalls eine große Rolle. Die Bewegung an frischer Luft (in der Natur) wird wissenschaftlich durchweg positiv bewertet. Kinder machen in ihrer heutigen Lebenswelt immer weniger Bewegungserfahrungen. Daraus resultieren nicht nur Gewichtszunahme, sondern auch Entwicklungsstörungen, Verhaltensstörungen, Konzentrationsdefizite, Sprach-, Lese- oder Rechtschreibschwächen. Die Bewegung dient dem Kind dazu, seinen eigenen Körper und die Außenwelt zu erfahren und zu begreifen. Der Wald bietet Kindern viele Möglichkeiten, ihre motorischen Fähigkeiten zu entwickeln. Er stellt ein ideales Übungsgelände für die Grob- und Feinmotorik dar. Erzieherinnen, die im Waldkindergarten arbeiten, berichteten von besserer Körperbeherrschung und von stärkeren Abwehrkräften der Kinder (vgl. Schede, 2000, 22 f.).

Der heilsame Effekt von Naturerleben bei Erwachsenen konnte durch eine Untersuchung nachgewiesen werden: Patienten ermüdeten durch den visuellen Natureindruck (durch Bilder bzw. bei der Unterbringung in Krankenzimmern mit entsprechendem Ausblick) wesentlich langsamer, fühlten sich entspannter, benötigten weniger Schmerzmittel und wurden eher entlassen (vgl. Gebhard, 1994b, 92).

Für Gebhard haben Naturerfahrungen nicht nur einen positiven Einfluss auf die Entwicklung von Kindern und Jugendlichen, sondern er sieht in der positiven Einstellung zur Natur eine wesentliche Bedingung für deren Schutz. Grundlegend ist hierbei, dass Kinder und Jugendliche eine Beziehung zur Natur entwickeln. Gebhard führt aus, dass Kinder in ihrer Suche nach „Verstehen der Welt" äußerst interessiert an der äußeren, physischen Welt seien. In der Kindheit ist diese Offenheit und Sensibilität für die Natur noch sehr ausgeprägt (vgl. Gebhard, 1994a, 68 f.). Die Grundlage für den Umweltschutz muss demnach schon in der Kindheit gelegt werden, damit auch in späteren Jahren ökologisches Handeln selbstverständlich ist.

3.4.3 Spielplätze für Kinder und Jugendliche – Bedeutung und Gestaltung

Dieses Kapitel soll einen kleinen Einblick in die Bedeutung des Spiels für die menschliche Entwicklung und Möglichkeiten einer systematischen Gestaltung von Spielplätzen bieten.

Spiel ist neben Bewegen und Wohnen einer der grundlegenden Bedürfnisbereiche, die für eine aktive Umweltaneignung und ganzheitliche Persönlichkeitsentwicklung wichtig sind. Kinder und Jugendliche erfahren ihre Umwelt durch handelndes Erproben und Erleben. Vor allem durch das Spiel kann die soziale und auch dingliche Umwelt vielfältig erfahren werden. Dies fördert die körperliche, psychische und soziale Entwicklung des Menschen.

Spiel ist eine selbstbestimmte, freie, lustvolle Form des Lernens. Spiel fördert den Umgang mit sich selbst und mit anderen. Schöpferisches, kreatives Verhalten, der Umgang mit Material und Geräten wird erprobt (vgl. Lau/Nerger/Schreiber, 1997, 9).

Motorik und Sensorik sind Entwicklungsbereiche, die bis heute bei vielen Kindern nicht ausreichend gefördert werden. „Viele Kinder weisen heute erhebliche Defizite in Motorik und Sensorik auf. 68 % der Schulanfänger haben Haltungsschwächen. 30 % Übergewicht, 35 % ein schwaches Herz-Kreislauf-System, 35 % zu geringe koordinative Fähigkeiten" (Lau/Nerger/Schreiber, 1997, 9).

Die besondere Bedeutung dieser Entwicklungsbereiche ergibt sich aus ihrem Einfluss auf Intelligenz und Sozialverhalten. Pädagogische Spielangebote für Kinder und Jugendliche sollten sich also verstärkt an den Bedürfnissen Bewegungsfreiheit, Persönlichkeitsentwicklung, Umweltaneignung und Sinneswahrnehmung orientieren.

Kinder brauchen Bewegung in Räumen, in denen sie nicht nur unter der Aufsicht von Erwachsenen stehen. Sie brauchen Möglichkeiten, selbstständig zu handeln und somit ihre Grenzen auszutesten.

Die Persönlichkeit von Kindern entwickelt sich in der praktisch-sinnlichen Auseinandersetzung mit ihrer Umwelt. Sie erschließen sich ihr Umfeld durch Spiel und Bewegung. Dabei ist es wichtig, den Kindern Erfahrungen „aus erster Hand" zu bieten. Sie müssen die Möglichkeit erhalten, ihre Sinne zu schulen und unmittelbare Erfahrungen zu machen.

Orte für Kinder müssen sich an diesen Bedürfnissen orientieren. Eine anregende Raumgestaltung hat einen hohen Aufforderungscharakter für Kinder und Jugendliche, sich mit den Dingen dieser Welt auseinanderzusetzen. Spiel- und Bewegungsräume, Materialien, Formen, Farben etc. sind sensomotorische Anreize und bieten Möglichkeiten zur kreativen Gestaltung und Umgestaltung (vgl. Lau/Nerger/Schreiber, 1997, 9).

Doch wie kann ein Spielbereich für Kinder und Jugendliche geplant werden, wenn die Planer pädagogische, aber nicht architektonische Experten sind? Die Komplexität dieser Aufgabe ist beachtlich. Doch auch für Laien gibt es die Möglichkeit, einen Spielbereich fachgerecht und benutzerorientiert zu gestalten.

Die Beteiligung der Kinder und Jugendlichen ist in diesem Prozess Grundlage. Doch wie sollen Kinder und Jugendliche bei einem so komplexen Vorhaben angemessen beteiligt werden? Von großer Bedeutung ist in diesem Zusammenhang das Alter der Zielgruppe. Bei kleineren Kindern haben sich die Methoden des Beobachtens und Mitspielens bewährt. Der Umgang mit Materialien und (vorgefertigtem) Spielzeug sowie die Raumnutzung sind hier von besonderem Interesse. Ältere Kinder und Jugendliche können befragt und stärker in die konkrete Planung einbezogen werden. Ihre Erwartungen an Spielorte richten sich häufig nach ihren Hobbys und Kontakten mit der Gruppe der Gleichaltrigen, auch Peergroup genannt. Dort finden Kinder und Jugendliche Orientierung, Geborgenheit und Identifikationsmöglichkeiten. Auch die Reflexion des eigenen Spielverhaltens in der Kindheit kann Aufschluss geben.

Grundlegend bei der Planung sind die Aspekte Organisation, Konstruktion, Sicherheit, Finanzierung und Realisierbarkeit; baurechtliche und bautechnische Auflagen müssen erfüllt werden. Daher ist es sinnvoll, die Planung in einer Gruppe von möglichst unterschiedlichen Experten durchzuführen. Die eigentliche Planung verläuft in vier Phasen:

1. Grundlagenermittlung,
2. Vorentwurf,
3. Entwurf,
4. Ausführungsplanung.

Dabei ist es sinnvoll, einen Arbeitsplan zu erstellen, in dem neben der Arbeitseinteilung terminliche und organisatorische Bedingungen bestimmt werden.

Die **Grundlagenermittlung** ist die Untersuchung des Ist-Zustands, z. B.:

- Analyse der vorhandenen Spiel- und Bewegungsmöglichkeiten,
- Ortsbeschreibung,
- Beschreibung der Umgebung,
- fotografische und grafische Aufbereitung,
- Nutzer und ihre Wünsche,
- grundlegende Fachinformationen,
- Einbeziehung wichtiger Stellen und Behörden,
- Existenz ähnlicher Projekte,
- Soll-Zustand (Welches Ziel wollen wir konkret erreichen?).

Die **Vorentwurfsphase** ist eine Zeit der spannenden Gedankenspielerei, in der eine Vielzahl von Ideen gefunden werden soll. In dieser Phase sind die künftigen Nutzer des Spielangebotes angemessen zu beteiligen. Nützlich sind die methodischen Möglichkeiten des Mind Map und des Brainstorming durch Begriffe und Bilder. Aus den (ungeordneten) Ideen sollte nun eine Spielidee erwachsen. Realisierungsansprüche sollen in dieser Phase die Ideenfindung nicht einschränken (siehe Regeln des Brainstorming).

In der **Entwurfsphase** wird die Spielidee auf ihre Realisierung überprüft. Die oben genannten Aspekte Organisation, Konstruktion, Sicherheit, Finanzierung und Realisierbarkeit; baurechtliche und bautechnische Auflagen (DIN 18034 und DIN 7926) kommen hier zum Tragen. Hier kommt es zu einer Kooperation von Erzieherinnen und Fachleuten.

In der **Ausführungsplanung** wird festgelegt, durch welche Schritte das Vorhaben konkrete Formen annimmt. Hier spielen die Fachleute die zentrale Rolle.

3.4.4 Partizipation von Jugendlichen

Kinder und Jugendliche müssen Gelegenheit haben, ihre Interessen und Wünsche zu vertreten und dabei Unterstützung von Erwachsenen zu erfahren. In Deutschland wird schon früh ein Problembewusstsein für die räumliche und soziale Umwelt geschaffen. Themen wie Müllvermeidung und Umweltverschmutzung werden längst in Kindergarten und Schule bearbeitet. Die stärkere Einbindung von Kindern und Jugendlichen in Planungsprozesse, die ihre unmittelbare Umgebung betreffen (z. B. Spielräume, Jugendtreffs), wird schon lange gefordert.

Dabei bedeutet die Partizipation der Kinder und Jugendlichen, Entscheidungen, die das eigene Leben und das Leben anderer betreffen, zu teilen und gemeinsame Lösungsmodelle zu entwerfen. Dies lässt sie erleben, welche Einflussmöglichkeiten Menschen in Bezug auf die Gestaltung ihres Lebensraumes haben. Direkte Beteiligung wäre vor allem für die so genannten Konsumkinder eine gute Erfahrung, dass in der Welt nicht alles fertig zum Gebrauch ist, sondern mit viel Mühe geplant, reflektiert, verworfen und optimiert werden muss. Die Verantwortlichkeit für die Erhaltung und den Schutz dieser Projekte wird ebenfalls gefördert. So ist es z. B. nicht verwunderlich, dass kahl, unfreundlich und eher zweckmäßig eingerichtete Schultoiletten eher beschmutzt und beschädigt werden als von den Kindern und Jugendlichen selbst gestaltete.

Die 15. Shell-Jugendstudie von 2006 hat allerdings gezeigt, dass Jugendliche inzwischen zunehmend besorgt sind, keinen angemessenen Beruf finden zu können oder – sofern sie bereits Arbeit haben – ihre Arbeit zu verlieren. Obwohl eine Suche nach ganz persönlichen Lösungen bei dem größeren Teil der Jugendlichen nach wie vor wichtig ist, ist der Blick in die individuelle Zukunft deutlich pessimistischer als zur Zeit der Shell-Jugendstudie von 2002 (vgl. 15. Shell-Jugendstudie 2006, www.shell.com, 14.08.2008).

Aus der Shell-Jugendstudie 2006 sind darüber hinaus die folgenden seit 2002 zu beobachtenden Entwicklungen zu entnehmen:

> *„Vermehrtes Streben nach Individualität geht seit 2002 aber weniger mit der Betonung eigener Durchsetzungsfähigkeit einher, insbesondere bei Mädchen und jungen Frauen. Weiter im Aufwind der Strebungen der Jugendlichen befinden sich die Sekundärtugenden, insbesondere Fleiß und Ehrgeiz. Auch das Streben nach einem gesundheitsbewussten Leben hat bei Jugendlichen seit 2002 zugenommen. Wie bei Fleiß und Ehrgeiz wird auch dieser Trend bevorzugt durch die weibliche Jugend gesetzt. Religiosität spielt im Wertesystem der Jugend weiterhin nur eine mäßige Rolle, besonders bei männlichen Jugendlichen. An diesem Befund hat sich seit den 80ern und 90ern auch in den 2000er-Jahren nichts geändert. Mädchen und junge Frauen sind auch 2006 wie bereits 2002 das wertebewusstere Geschlecht.*
>
> *Übergreifende Lebensorientierungen wie das Umwelt- und das Gesundheitsbewusstsein sowie das soziale Engagement sind für sie wichtiger als für Jungen und junge Männer. Das betrifft auch die Bewertung der sozialen Nahbeziehungen (vor allem bei Familie und Partnerschaft), das Achten auf die eigenen Gefühle sowie die Bewertung*

von Sekundärtugenden (besonders Ordnung und Sicherheit). Männliche Jugendliche setzen diesem weiblichen Wertebewusstsein, das soziale Bindungen und Normen besonders betont, ein konkurrenz- und wettstreitorientiertes Lebenskonzept entgegen. Dieser Kontrast der Geschlechter hat sich seit 2002 eher verstärkt als abgeschwächt, vor allem, weil das Profil der Mädchen und jungen Frauen etwas ‚weicher' geworden ist. Sie geben sich zwar ebenso fleißig und ehrgeizig wie Jungen und junge Männer, aber nicht mehr so durchsetzungswillig wie diese. Männliche und weibliche Jugend gehen somit weiterhin mit verschiedenen Akzentsetzungen an die Lebensgestaltung heran."

(15. Shell-Jugendstudie, www.shell.com, 14.08.2008)

Übungen

3.5

Orte der Kindheit

3.5.1

Grundlage für das Finden einer eigenen Position zur Raumgestaltung ist auch die Überprüfung der eigenen Biografie. „Vielleicht hilft die Erinnerung der eindrucksvollen Orte der Kindheit von gestern bei der Gestaltung der Orte für Kinder von morgen" (Bort, www.kindergartenpaedagogik.de/759.html, 23.06.2008).

Sie sind eingeladen, dem Aufruf von Wolfgang Bort zu folgen und die Orte der eigenen Kindheit aufzusuchen. Beantworten Sie bitte folgende Fragen möglichst ehrlich.
Erinnern Sie sich an den Ort, den Sie in Ihrer Kindheit gerne aufgesucht haben (z. B. Dachboden, Teich, Garten, Hochsitz, Ruine, Klassenraum, Kohlenkeller, Kleiderschrank). Haben Sie dem Ort einen neuen Namen gegeben (z. B. Ententeich, Bärenhöhle, Hexenhügel, Pirateninsel, Lichtschacht, Strafecke)?

1. *Welche anderen Personen oder Lebewesen waren mit Ihnen an diesem Ort? Bei dieser Frage sind Mehrfachnennungen möglich.*
   - *Ich war immer/fast immer allein.*
   - *Es waren andere Kinder da.*
   - *Es waren Erwachsene dabei bzw. in der Nähe.*
   - *Es waren Tiere da (welche?).*
   - *Es war ein Ort, der von Erwachsenen verlassen wurde oder nicht wie geplant genutzt wurde.*
2. *Beschreiben Sie den Ort bitte kurz (z. B.: Es roch nach Tanne. Der Steinboden war immer etwas feucht. Ich blickte durch ein Fenster auf einen Baukran. Alle Türen waren blau usw.).*
3. *Bitte erinnern Sie sich, wie oft Sie den Ort in Ihrer Kindheit besucht haben.*
   Ich besuchte diesen Ort
   - *einmal oder wenige Male,*
   - *häufig (mehr als zehnmal),*
   - *sehr häufig.*

   Der Ort befand sich
   - *in einer Großstadt,*
   - *in einer Kleinstadt,*
   - *auf dem Land.*
4. *Welche Lage hatte der Ort und welche „Verhaltensregeln" gab es? Bei dieser Frage sind Mehrfachnennungen möglich.*
   - *Der Ort war in einer Wohnung oder in unmittelbarer Nähe (z. B. Hof, Dachboden).*
   - *Es war ein öffentliches Gebäude/Anlage (z. B. Schulhof, Spielplatz, Jugendherberge, Badeanstalt, Kirche, Friedhof).*
   - *Mir war unklar, wer Besitzer des Ortes war (z. B. Brachland, Wald, Müllhalde).*

- *Ich war dort zu Besuch/im Urlaub (z. B. Bauernhof, Ferieninsel, Omas Schrebergarten).*
- *Mir war nicht gestattet, diesen Ort zu betreten (z. B. Trümmergrundstück, Steinbruch, Schrottplatz).*
- *Ich/wir habe/n den Ort selbst gestaltet/umgestaltet.*

5. Haben Sie den Ort einmal wiedergesehen?

- *Ich habe den Ort nicht wiedergesehen.*
- *Ich habe den Ort später besucht. Mir ist aufgefallen, dass ...*

(gekürzt und verändert nach Bort, „Orte der Kindheit – Orte für Kinder", www.kindergartenpaedagogik.de/759.html)

6. Welche Konsequenzen ziehen Sie persönlich aus den Ergebnissen Ihres Fragebogens?

7. Welche Auswirkungen haben die Ergebnisse auf Ihr pädagogisches Raumkonzept? Werten Sie den Fragebogen in kleinen Lerngruppen aus.

3.5.2 Die Perspektive wechseln

Um die Raumgestaltung den jeweiligen Nutzern anzupassen, muss man die Perspektive eben dieser Personen einnehmen. Sie können nun versuchen, den zu verändernden Ort (Kindergarten, Spielplatz, Wohnung, Stadtteil etc.) aus der Sicht eines Kindes, eines Jugendlichen, einer pädagogischen Fachkraft zu sehen. Die folgenden Leitfragen sollen Ihnen bei dieser Reise helfen.

Einstimmung

Sie kehren nach einer längeren Schulphase in den Kindergarten zurück, in dem Sie Ihr Praktikum machen. Sie haben an Ihrem ersten Arbeitstag die Zeit und Ruhe, durch Ihren Kindergarten zu gehen. Dabei lassen Sie die Innenraumgestaltung auf sich wirken. Orientieren Sie sich dabei an folgenden Leitfragen.

1. *Wie fühlen Sie sich?*
2. *Welche Farben und Formen nehmen Sie wahr?*
3. *Ist der Raum übersichtlich oder zu voll?*
4. *Können Sie alle wichtigen Dinge erreichen?*
5. *Finden Sie einen Platz für sich alleine?*
6. *Gibt es Raum, um mit anderen zu kommunizieren?*
7. *Wo können Sie etwas essen oder trinken?*
8. *Wo können Sie sich weiträumig bewegen?*
9. *Wo können Sie sich zurückziehen?*
10. *Regt die Raumgestaltung Sie an, kreativ zu werden? Können Sie „Spuren hinterlassen"?*
11. *Wie wirkt das Licht auf Sie?*
12. *Gibt es natürliche Dinge (z. B. Pflanzen)?*

Stellen Sie sich vor, Sie reisen in Ihre Kindheit zurück. Spüren Sie nach, wie groß/klein Sie sich fühlen. Gehen Sie in die Hocke und sehen Sie sich Ihren Standort genau an. Wie groß sind die Gegenstände? Wie weit wirkt der Raum? Wie übersichtlich ist der Raum gestaltet? Begehen Sie in dieser Position den gesamten Raum, den Sie erforschen wollen ...

Versuchen Sie sich daran zu erinnern, wie Sie empfunden haben, als Sie ca. 14 Jahre alt waren. Erinnern Sie sich an ein besonders wichtiges Ereignis dieser Zeit (Streit mit der Mutter/besten Freundin, der erste Freund, ein Diskobesuch usw.). Schreiben Sie einen Tagebucheintrag, in dem Sie über dieses Ereignis berichten ... Gehen Sie danach mit den Augen des 14-jährigen Jugendlichen durch Ihren Stadtteil ...

Reflexion

Wie fühlen Sie sich bei all diesen Betrachtungen? Finden Sie Dinge vor, die Sie jetzt anders bemerken und als angenehm, störend, Angst einflößend empfinden? Was fällt Ihnen darüber hinaus noch auf? Diskutieren Sie Ihre Erfahrungen in Kleingruppen. Welche Konsequenzen ziehen Sie für Ihr pädagogisches Raumkonzept?

Wo geht hier was? 3.5.3

Vorübung: Genaues Sehen lernen

Die folgenden Übungen dienen dazu, die Fähigkeit des genauen Hinsehens, die uns in unserem reizüberfluteten Alltag leicht verloren geht, zu trainieren. Exaktes Sehen und Wahrnehmen von räumlichen Gegebenheiten ist die Basis, um sich auf den Weg der optimalen Raumgestaltung zu begeben.

Bilden Sie Zweiergruppen. Eine Person ist die Fotografin, die andere die Kamera. Die Fotografin führt die Kamera, die die Augen geschlossen hat, durch den Raum. Die Kamera darf die Augen öffnen, wenn die Fotografin den Auslöser betätigt, d.h. den Kopf der Kamera leicht berührt. Sie prägt sich das Bild, das sie sieht, genau ein. Werten Sie Ihre Erfahrungen mit dem „genauen Sehen" erst in der Kleingruppe, dann im Plenum aus.

Stecken Sie zwei gleich große Gebiete in der Nähe Ihrer Schule ab. Das Gebiet sollte nicht zu groß, sondern übersichtlich sein, aber der gesamten Gruppe ausreichend „Material" bieten. Teilen Sie die Klasse in zwei Gruppen. Jede Gruppe bekommt eine Sofortbildkamera und erstellt eine vorher ausgemachte Anzahl an Fotos in ihrem Gebiet. Die Fotos werden mit der anderen Gruppe getauscht. Aufgabe ist es jetzt, die fotografierten Plätze wiederzufinden. Berichten Sie im Plenum von Ihren Erfahrungen.

Stadtteilplan erstellen

Ziel	• Die Besonderheiten und Angebote des eigenen Stadtteils aufspüren, bewerten und visualisieren. • Eine alternative Stadtführung konzipieren.
Material	1. Blanko-Stadtteilpläne (von den Studierenden zu erstellen) 2. Stadtteilpläne 3. Liste mit Symbolen zur Bewertung der einzelnen Plätze (von den Studierenden zu erstellen) 4. Kameras, möglichst Sofortbildkameras

Durchführung	1. Klären Sie alle Rahmenbedingungen, die bei einer Exkursion wichtig sind. Teilen Sie Ihre Stadt in einzelne Stadtteile auf (Vorsicht! Die Gebiete dürfen nicht zu groß sein!). Bilden Sie dann Kleingruppen, die sich verbindlich für einen Stadtteil entscheiden (weil sie diesen gerne kennen lernen möchten, weil sie dort aufgewachsen sind etc.). 2. Erkunden Sie den von Ihnen gewählten Stadtteil. Suchen Sie interessante Treffpunkte, Plätze, Freizeiteinrichtungen, Geschäfte, Bildungs- und Beratungseinrichtungen (z. B. Drogenberatungsstelle, Pro Familia, Arbeitsamt etc.). Nutzen Sie unterschiedliche Dokumentationsformen (Protokolle, Interviews, Fotografien usw.). 3. Gestalten Sie einen Stadtteilplan nach Ihren Erfahrungen. Einigen Sie sich mit den anderen Gruppen über die Vorgehensweise. 4. Konzipieren Sie auf dieser Grundlage eine alternative Stadtführung für jugendliche Touristen, die Ihre Stadt besuchen. 5. Führen Sie die Stadtführung nach Möglichkeit auch durch.
Auswertung	● Zunächst in der Kleingruppe, dann im Plenum ● Änderung der eigenen Sichtweise des Stadtteils ● Angemessenheit der Dokumentationsmethoden ● Erfahrung bei der Gestaltung des Planes ● Erfahrungen bei der Durchführung der Stadtführung

3.5.4 Vorbilder suchen

Suchen Sie in Ihrer Umgebung architektonisch anregend bzw. nicht sehr anregend gestaltete Kindergärten.

1. *Bilden Sie Kleingruppen.*
2. *Entwickeln Sie methodische Möglichkeiten und Leitfragen, diese Kindergärten bei einem Besuch zu erkunden (z. B. Interviews, Fragebögen, Konzeptanalyse).*
3. *Einigen Sie sich auf ein einheitliches Vorgehen der gesamten Klasse. Klären Sie dabei alle Rahmenbedingungen, die bei einer Exkursion wichtig sind.*
4. *Führen Sie die Exkursion durch.*
5. *Werten Sie die Exkursion aus.*
6. *Berichten Sie über Gemeinsamkeiten und Unterschiede der Einrichtungen.*
7. *Diskutieren Sie Vor- und Nachteile.*
8. *Überprüfen Sie einzeln, welche Anteile Sie in Ihr persönliches pädagogisches Raumkonzept integrieren wollen.*

3.6 Anregungen für die Arbeit in der Praxis

3.6.1 Mit Kindern Räume gestalten

1. *Entscheiden Sie sich für einen räumlichen Schwerpunkt (Wohnung, Kindergarten, Spielplatz etc.), den Sie mit den Kindern bearbeiten möchten.*
2. *Informieren Sie sich über den Themenbereich „Ausdrucksformen kindlicher Raumwahrnehmung".*
3. *Finden Sie kreative Möglichkeiten, mit Kindern diese bestehenden Räume zu gestalten (malen, Modell erstellen, töpfern etc.) und führen Sie diese durch.*
4. *Führen Sie im Anschluss daran mit den Kindern ein Gespräch darüber, was sie an diesen Räumen schätzen und welche Dinge sie konkret ändern möchten (Verbesserungsvorschläge). Entwickeln Sie eine altersangemessene Gesprächsform.*
5. *Gestalten Sie dann gemeinsam mit den Kindern diese „Wunschräume".*
6. *Überlegen Sie anschließend gemeinsam, wie diese Aspekte der Raumgestaltung real umgesetzt werden können.*
7. *Gestalten Sie mit den Kindern einen Teil des Raumes um. Diskutieren Sie mit den Kindern den Erfolg des Projektes.*

3.6.2 Bedarfsanalyse erstellen

1. *Informieren Sie sich über empirische Forschungsmethoden. Entwickeln Sie dann zusammen mit Ihrer Praxisanleiterin methodische Möglichkeiten, um die Lebens- und Wohnsituation von Kindern bzw. Jugendlichen zu erforschen. Entwerfen Sie Möglichkeiten, die Wünsche und Bedürfnisse von Kindern und Jugendlichen bezüglich der Raumgestaltung altersgemäß zu erfahren.*
2. *Reflektieren Sie Ihr Konzept mit Ihrer Praxisanleiterin und führen Sie die Untersuchung mit deren Zustimmung in der Gruppe durch.*
3. *Erstellen Sie Ihr Konzept schriftlich – auch für die Aufarbeitung im anschließenden Unterricht.*

3.7 Weiterführende Literatur

Allweins, Klaus/Sauters, Joachim: Spielstadt und Stadtspiel. Lebenspraxis spielend lernen, Praxishilfen der Jugendstiftung Baden-Württemberg (Theorie und Praxis in Aktion 3) Münster, Ökotopia Verlag, 1995.

Bücken, Hajo (Hrsg.): Die Stadt erleben. Mit Kindern im Spiel die Umwelt erforschen (Reihe: 8–13), Offenbach/M., Burckhardthaus-Laetare Verlag/Freiburg i.Br., Christophorus-Verlag, 1983.

Lau, Silvia/Nerger, Heide/Schreiber, Bärbel: Spielorte für Kinder. Eine Praxisanleitung zur Gestaltung öffentlicher Räume, Weinheim, Beltz-Verlag, 1997.
Regel, Gerhard/Wieland, Axel (Hrsg.): Offener Kindergarten konkret, Veränderte Pädagogik in Kindergarten und Hort, überarbeitete und veränderte Auflage, Hamburg, EB-Verlag Hamburg, 2007.
Ruse, Dave: Vity Adventures. Erlebnispädagogische Aktivitäten (nicht nur) für kleine und große Städte(r), Übersetzung und deutsche Bearbeitung von Ralf Dollweber, Illustrationen von Silke Voigt, Münster, Ökotopia Verlag, 1996.

3.8 Zum nächsten Kapitel

Sozialpädagogische Einrichtungen mit ihren gestalteten Räumen, ihrem Außengelände und ihrem näheren und weiteren Umfeld sind die Orte, an denen sich das für die Entwicklung der Kinder und Jugendlichen so wichtige Lernen vollzieht. Mithilfe des folgenden Kapitels können Sie erarbeiten, wie Kinder und Jugendliche lernen und unter welchen erzieherischen Bedingungen dieses Lernen besonders erfolgreich verläuft.

Lernen – ein Kinderspiel? 4

Die Ergebnisse der PISA-Studien haben eine breite öffentliche Diskussion über notwendige Konsequenzen in allen Institutionen des Erziehungs- und Bildungssystems in Gang gesetzt. Neben der Schule stehen wie selten zuvor auch die Einrichtungen der Elementarpädagogik im Fokus von Politikern, Eltern und Pädagogen.

Alle Konzepte, Ideen und Vorschläge, die von den unterschiedlichen Bildungsvereinbarungen für den Kindergarten bis zur Ganztagsschule reichen, haben das gemeinsame Ziel, dass Kinder möglichst früh systematisch gefördert und unterstützt werden, damit sie in unserer Wissens- und Informationsgesellschaft bestehen können. Dabei kommt es nicht darauf an, dass Kinder und Jugendliche jetzt noch mehr lernen. Es muss darum gehen, dass Kinder ihren Lernhunger, ihren Wissensdrang und ihre Neugier bewahren, um so auf die immer neuen Lernanforderungen reagieren zu können. Aus der Perspektive der Kinder ist dies ohnehin kein Problem, da Lernen eines ihrer Grundbedürfnisse ist. Kinder und Jugendliche suchen sich jeden Tag neue individuelle Herausforderungen, um die Welt zu entdecken, zu begreifen und ihre Fähigkeiten auszutesten.

Können Erzieherinnen diese kindliche Lernfreude erhalten, sie gar durch ihr pädagogisches Handeln immer wieder aufs Neue herausfordern, dann ist Lernen ein Kinderspiel. „Ein Kinderspiel" soll heißen:

- Lernen geschieht auf der Grundlage von Neugier,
- Lernen geschieht in der Kindheit unwillkürlich,
- Lernen schafft Freude und Zufriedenheit,
- Lernen wird als positive Herausforderung erlebt,
- Lernen ist angenehm.

Dazu ist es wichtig, dass Lernen nicht mit Druck und Strafe verbunden wird. Dies gilt ganz besonders für Kinder. Erst im Schulalter wird das Lernen zu einer Verpflichtung – aber auch hier kann es mit Freude und Genugtuung verbunden sein.

Kompetenzen von Erzieherinnen 4.1

Um das Lernen von Kindern und Jugendlichen auf der Basis ihrer individuellen Potenziale professionell unterstützen zu können, ist es notwendig, dass Erzieherinnen vor allem über die folgenden Kompetenzen verfügen. Sie müssen fähig und bereit sein, die Fähigkeiten, Fertigkeiten und Kompetenzen von Kindern und Jugendlichen zu erkennen und pädagogisch begründet zu berücksichtigen; dazu ist es erforderlich, dass sie

- *„Alltagstheorien über Kinder und Jugendliche (Mädchen und Jungen) und eigene Orientierungsmuster mithilfe fachlicher Erklärungsansätze überprüfen*
- *Fähigkeiten, Bedürfnisse, Interessen und Lernwege von Kindern und Jugendlichen erkennen und im praktischen Handeln berücksichtigen […]*
- *Den Willen der Kinder und Jugendlichen nach Kompetenzerweiterung wertschätzen und unterstützen"*

(Ministerium für Schule und Weiterbildung des Landes Nordrhein-Westfalen: Richtlinien, 2006, 29)

Außerdem sollten in diesem Lernfeld bereits die folgenden Kompetenzen aus Lernfeld 2 ...

- *„Soziales Verhalten als Ergebnis von Lernprozessen erfassen und pädagogisch beeinflussen*
- *Die Wirkung der eigenen Rolle als Erzieherin bzw. Erzieher in sozialen Lernprozessen wahrnehmen und pädagogisch nutzen [...]*
- *Räumlichkeiten, Materialien und Medien für soziale Lernprozesse anbieten"*

(Ministerium für Schule und Weiterbildung des Landes Nordrhein-Westfalen: Richtlinien, 2006, 34)

... und die folgenden Kompetenzen aus Lernfeld 3 angebahnt werden:

- *„Fördernde und hemmende Faktoren für Entwicklungs- und Bildungsprozesse kennen und berücksichtigen, z. B. in der Raumgestaltung und im Tagesablauf*
- *Lern- und Erfahrungsräume für die Eigenaktivität der Kinder und Jugendlichen bereitstellen und Bildungsprozesse durch gezielte Impulse unterstützen und fördern"*

(Ministerium für Schule und Weiterbildung des Landes Nordrhein-Westfalen: Richtlinien, 2006, 38)

Die Entwicklung dieser Kompetenzen kann mit der Lösung und Bewältigung der folgenden beruflichen Aufgaben erworben werden.

4.2 Berufliche Aufgaben: Lernumgebungen gestalten

1. Kinder und Jugendliche abholen, wo sie stehen
2. Lernen und individuelle Lernwege von Kindern und Jugendlichen erkennen und unterstützen
3. Die Lernkompetenz von Kindern und Jugendlichen fördern
4. Motivierende Lernumgebungen gestalten und „Lernatmosphären" schaffen

4.2.1 Kinder und Jugendliche abholen, wo sie „stehen"

Kinder und Jugendliche da abzuholen, wo sie „stehen", ihre individuellen Stärken zu erkennen, um sie in ihrer Entwicklung weiter ausbilden zu können, ist eine wichtige und immer wiederkehrende berufliche Aufgabe von Erzieherinnen. Dabei orientiert sich das pädagogische Handeln an den Stärken der Kinder und Jugendlichen. Es gilt, die nötigen Bedingungen für den Erwerb und die Weiterentwicklung grundlegender altersgemäßer Kompetenzen für alle Kinder zu schaffen, damit sie die zukünftigen Herausforderungen bewältigen können.

An Defiziten orientiertes erzieherisches Handeln ist demgegenüber wenig motivierend und hilfreich.

Lernen ist ein komplexer und individueller Vorgang, der auf einer Fülle von persönlichen und situativen Voraussetzungen aufbaut. Deshalb ist es nicht verwunderlich, dass es auch bei gleichaltrigen Kindern beträchtliche Unterschiede im Lernen und in der Ausprägung bestimmter Fertigkeiten, Fähigkeiten und Kompetenzen gibt.

Erzieherinnen, die die konkreten Fertigkeiten, Fähigkeiten und Kompetenzen von Kindern und Jugendlichen wahrzunehmen vermögen, sind in der Lage, lern- und entwicklungsfördernde Probleme, Aufgaben und Situationen zu schaffen. Nur so ist es möglich, Über- und Unterforderung zu vermeiden und Entwicklungsanreize so zu arrangieren, dass sie für Kinder und Jugendliche eine Herausforderung darstellen, die an die Grenze ihrer aktuell verfügbaren Fähigkeiten und Fertigkeiten heranreichen.

Bereiten Sie in Eizelarbeit eine Alltags- oder Spielsituation vor, die es Ihnen ermöglicht, ganz konkrete Fähigkeiten und Fertigkeiten von Kindern oder Jugendlichen wahrzunehmen und einen entsprechenden Entwicklungsbedarf zu erkennen.

1. *Entscheiden Sie sich für eine der möglichen Adressatengruppen (Regelgruppe, kleine altergemischte Gruppe, große altersgemischte Gruppe, Hort o. Ä.) aus Ihren zukünftigen beruflichen Handlungsfeldern.*
2. *Überlegen Sie, welche Schwierigkeiten einer (einfachen) Lösung im Wege stehen und wie Sie diese überwinden können.*
3. *Klären Sie, welche entwicklungspsychologischen Informationen über die entsprechenden Altersgruppen und Kenntnisse über Beobachtung und Diagnostik für die Lösung des Problems hilfreich sein könnten. Wie und wo können Sie die entsprechenden Informationsmaterialien erhalten?*
4. *Überprüfen Sie die Brauchbarkeit Ihrer Lösungsstrategie gemeinsam mit anderen und entwickeln Sie sie ggf. weiter.*

Lernen und individuelle Lernwege erkennen und unterstützen

4.2.2

Das Lernen und die individuellen Lernwege von Kindern und Jugendlichen zu erkennen, ist schwierig. Aus ihrem veränderten Verhalten lässt sich zwar erkennen, dass sie gelernt haben; der Vorgang des Lernens selbst ist jedoch nur indirekt zu erschließen. Am ehesten ist dies möglich, wenn die Kinder Probleme und Aufgaben lösen.

Die einen probieren lange, bis sie eine Lösung gefunden haben, die anderen gehen schrittweise mit eigener Logik vor. Auffallend ist, dass die Strategien der Kinder und Jugendlichen sehr individuell sein können und sich von denen Erwachsener deutlich unterscheiden können.

Entwickeln Sie in Einzelarbeit eine Spielsituation, in deren Mittelpunkt die Lösung von altersgemäßen Problemen steht und bei der deutlich erkennbar wird, welche Lösungsstrategien die Kinder und Jugendlichen einsetzen.

1. *Entscheiden Sie sich für eine der möglichen Adressatengruppen (Regelgruppe, kleine altergemischte Gruppe, große altergemischte Gruppe, Hort o. Ä.) aus Ihren zukünftigen beruflichen Handlungsfeldern.*
2. *Überlegen Sie anschließend, welche Schwierigkeiten einer (einfachen) Lösung im Wege stehen und wie Sie diese überwinden können.*
3. *Informieren Sie sich über die notwendigen lern- und entwicklungspsychologischen Faktoren, die für die Bewältigung der beruflichen Aufgabe nützlich sein könnten.*

4.2.3 Lernkompetenz fördern

Der Mensch lernt von der Geburt bis ins hohe Alter. In unserer heutigen beschleunigten Gesellschaft, in der die Halbwertzeit von Wissen immer weiter sinkt und die Anforderungen an den Einzelnen komplex und schnelllebig sind, brauchen Kinder, Jugendliche und Erwachsene geeignete Wege, um ihr Weltwissen konstruieren und weiterentwickeln zu können. Dies vollzieht sich im Prozess lebenslangen Lernens. Entsprechend wichtig ist es, dass Kinder und Jugendliche ihre Lernfähigkeit immer weiter optimieren.

Ein breites Repertoire an Lernstrategien – verbunden mit dem Wissen darüber, wie man am schnellsten und nachhaltig lernt – ist Voraussetzung für möglichst effektives lebenslanges Lernen. Eine wichtige Aufgabe der Erzieherinnen besteht daher darin, Kinder und Jugendliche je nach Entwicklungsstand bei der Suche nach geeigneten Lernwegen, -mitteln und -strategien für die Bewältigung von altersgemäßen Herausforderungen zu unterstützen.

Besonders häufige Lernstrategien sind:

- Lernen durch Versuch und Irrtum,
- Lernen durch Dekonstruktion – also z. B. durch das gedankliche oder konkrete Zerlegen, Auseinandernehmen in mögliche Einzelbestandteile,
- Lernen durch Rekonstruktion – z. B. durch das gedankliche oder konkrete Wiederherstellen oder Nachbauen,
- Lernen durch Konstruktion – durch das gedankliche oder konkrete Erstellen neuer Konstruktionen,
- Lernen durch Nachahmung.

Auch alltäglich erscheinendes Verhalten kann Teil von Lernstrategien sein:

- Lernen durch Erfragen,
- Lernen durch Wiederholen und Einüben etc.

Bereiten Sie in Einzelarbeit ein Spiel oder eine Situation vor, in der Kinder oder Jugendliche neue Lernstrategien entwickeln können.

1. *Entscheiden Sie sich für eine der möglichen Adressatengruppen (Regelgruppe, kleine altersgemischte Gruppe, große altersgemischte Gruppe, Hort o. a.) aus Ihren zukünftigen beruflichen Handlungsfeldern.*
2. *Überlegen Sie anschließend, welche Schwierigkeiten einer einfachen Lösung im Wege stehen und wie Sie diese überwinden können.*
3. *Klären Sie, welche Informationen aus den Bereichen Lernformen, Lernwegen und Lernstrategien Sie benötigen, um die berufliche Aufgabe zu lösen.*
4. *Überprüfen Sie die Brauchbarkeit Ihrer Lösungsstrategie gemeinsam mit anderen und entwickeln Sie sie ggf. weiter.*

Lernumgebungen gestalten und „Lernatmosphären" schaffen

4.2.4

Negative Gefühle wie Angst, Stress und Unbehagen können „Lernverhinderer" sein. Sie können zu sinkender Motivation und geringerem Selbstvertrauen führen, was den Prozess des Lernens behindern oder blockieren kann. In einer angstfreien und vertrauensvollen Umgebung, in der sie sich angenommen und geachtet fühlen, lernen Kinder und Jugendliche leichter, schneller und nachhaltiger. Die Atmosphäre in der Gruppe im Allgemeinen und die Lernatmosphäre im Speziellen hängen in erheblichem Maße von der Person der Erzieherin und ihrem pädagogischen Handeln ab. Sie prägt die Lernatmosphäre und kann durch ihre Haltung und ihr Verhalten entscheidend dazu beitragen, dass Lernen Freude bereitet und das Kind neugierig bleibt oder wieder neugierig wird.

Wichtig ist in diesem Zusammenhang das Verhältnis zwischen dem Anspruchsniveau eines Kindes, Jugendlichen oder Erwachsenen einerseits und den gestellten Anforderungen:
Lernhemmend und demotivierend wirkt sich aus, wenn dem Lernenden

- die Anforderungen zu hoch erscheinen oder
- wenn sie als zu niedrig wahrgenommen werden.

Die Lernmotivation ist am größten, wenn das zu Lernende als schwierige, aber lösbare Herausforderung erlebt wird.

Entwickeln Sie Vorschläge für eine lernförderliche Situation. Diese Vorschläge sollen Aspekte

- *einer lernförderlichen sozialen Beziehung der Erzieherin zu den Kindern oder Jugendlichen,*
- *das Lernen unterstützender pädagogischer Maßnahmen und*
- *der Gestaltung der Lernumgebung*

enthalten.

1. *Entscheiden Sie sich für eine der möglichen Adressatengruppen (Regelgruppe, kleine altersgemischte Gruppe, große altersgemischte Gruppe, Hort o. Ä.) aus Ihren zukünftigen beruflichen Handlungsfeldern.*
2. *Überlegen Sie anschließend, welche Schwierigkeiten einer einfachen Lösung im Wege stehen und wie Sie diese überwinden können.*
3. *Um Lösungsansätze zu entwickeln, ist es notwendig, sich über die anthropologischen, pädagogischen und psychologischen Faktoren zu informieren, die zu einer guten Lernatmosphäre beitragen können.*
4. *Es gilt auch zu klären, welches Erzieherverhalten Lernprozesse hemmt, stört oder gar behindert.*
5. *Vergleichen Sie das von Ihnen entworfene Anforderungsprofil mit den Ergebnissen anderer und diskutieren Sie Gemeinsamkeiten und Unterschiede.*

4.3 Aus dem beruflichen Alltag

4.3.1 Kinder und Jugendliche abholen, wo sie „stehen"

Schleife binden

Es ist 10:00 h; Freispielzeit in der Kindertagesstätte „Nilpferd". Der fünfjährige Jonas sitzt am Fenster und schaut nach draußen auf das Spielgelände. Nach einiger Zeit steht er auf und fragt die Erzieherin: „Kann ich raus?" Die Erzieherin entgegnet gestresst: „Musst du jetzt auch noch raus? Haste alles aufgeräumt?" Jonas: „Ja, hab ich." Erzieherin: „Ja gut. Dann zieh dich schon mal an."

Jonas schlendert zum Flur, sucht seine Schuhe und seinen Anorak. Er zieht die Schuhe und den Anorak an. Mehrmals versucht er, den Reißverschluss einzuhaken. Es misslingt ihm. Die Erzieherin kommt um die Ecke: „Mensch, Jonas. So willst du rausgehen? Mit offenen Schuhen? Das müsstest du aber langsam können. Bist doch schon fünf. Los komm her, ich binde dir die Schuhe zu." Die Erzieherin schnürt Jonas Schuhe und zieht ihm den Reißverschluss zu. „Meld dich draußen bei der Karin, damit sie Bescheid weiß." Jonas trottet nach draußen.

Sie entwickeln ein Vorgehen, um Jonas bei einer eigenständigen Bewältigung der beschriebenen „Anziehsituation" zu unterstützen.

„Das Schiff schwimmt nicht"

Tim (4;5) steht an der Werkbank, vor ihm ist ein Stück Sperrholz in eine Schraubzwinge gespannt. Dieses ist mit mehreren Farbstrichen markiert. Neben ihm liegt ein Bogen Papier, auf dem ein Boot abgebildet ist. Er beginnt mit der Laubsäge das Holzstück zu bearbeiten, wobei er das Holz auf Höhe der Markierung absägt, so dass eine Spitze entsteht. Er streicht mit den Händen mehrmals über die abgesägten Stellen, an denen Holzsplitter erkennbar sind. Daraufhin sägt er noch mal an der Kante entlang und guckt sich kopfschüttelnd das Ergebnis an. Nach kurzem Überlegen geht er zum Materialschrank und nimmt sich Schmirgelpapier heraus, mit dem er nun das Holzstück bearbeitet. Er reibt das Schmirgelpapier immer wieder über die rauen Schnittstellen des Holzes. Anschließend streicht er mit der Hand über die Holzkante. Zufrieden mit dem Ergebnis sägt er entlang der weiteren Linien und wiederholt schließlich das „Abschmirgeln" an allen Kanten.

Dann geht er zum Tisch neben der Werkbank, bemalt sein Schiff mit Fingerfarbe und legt es zum Trocknen auf die Fensterbank. Am nächsten Tag zeigt er sein Schiff stolz den anderen Kindern der Gruppe und beschließt, es im kleinen Gartenteich auf dem Außengelände des Kindergartens schwimmen zu lassen. Tim legt das Schiff aufs Wasser. Das Schiff aus Sperrholz schwimmt. Aber immer, wenn er das Schiff aufrecht in das Wasser stellt, fällt es um und treibt auf der Seite liegend im Wasser. Tim ist unzufrieden, rennt zurück in den Gruppenraum und ruft der Erzieherin zu: „Das Schiff schwimmt ja gar nicht richtig."

Sie entwickeln Vorschläge zur Unterstützung Tims auf dem Weg zu einer eigenständigen Lösung des Problems. Berücksichtigen Sie dabei die im Text erkennbaren Fähigkeiten und Fertigkeiten, über die Tim bereits verfügt.

4.3.2 Lernen und individuelle Lernwege erkennen und unterstützen

Begriffe besser behalten

> *„Der Lehrer spricht im Deutschunterricht von einem ‚Substantiv'. Felix hat dieses Wort noch nie gehört, er kennt auch nichts Ähnliches und kann deshalb nichts damit anfangen. Kevin dagegen hat Glück. Sein Vater ist von Beruf Chemiker. Er erzählt zu*

Hause häufig von seiner Arbeit und hat Kevin dabei auch den Begriff ‚Substanz' erklärt. Kevin kann sich daher überlegen, dass ein ‚Substantiv' etwas mit einer Substanz zu tun hat: Es bezeichnet etwas, das man anfassen kann."

(Schlenther, www.lernen-heute.de, 10.08.2005)

Sie entwickeln Vorschläge für Lerntechniken, die helfen können, abstrakte Begriffe leichter zu behalten.

Lernkompetenz fördern 4.3.3

Mein Gedächtnis ist wie ein Sieb!

Tom (11) geht in die fünfte Klasse eines Gymnasiums. Die Hausaufgaben erledigt er in der Regel im Hort. Schwierigkeiten bereitet Tom vor allen Dingen das Lernen und Behalten von Vokabeln. Erst gestern erlebte die Erzieherin, die Tom bei den Hausaufgaben betreut, wie er verzweifelt. „Es ist echt schrecklich", jammert er. „Mein Gedächtnis ist wie ein Sieb! Egal wie oft ich die blöden Vokabeln lese, ich behalte irgendwie nix. Und morgen ist schon wieder Vokabel-Test."

Sie entwickeln Wege, die Tom helfen können, seine Vokabeln besser zu behalten.

Lernumgebungen gestalten und „Lernatmosphären" schaffen 4.3.4

Im Kindergarten „Sonnenallee" steht eine Geburtstagsfeier an. Carlos feiert seinen fünften Geburtstag. Die anderen Kinder und die Erzieherin Franziska sind mitten in den Vorbereitungen. Carlos hat sich gewünscht, dass es Muffins mit Kakao geben soll. Die Muffins sind gebacken. Jetzt soll noch der Gruppenraum hergerichtet und geschmückt werden.

Die vierjährige Lena, eine Freundin von Carlos, ist voller Begeisterung damit beschäftigt, die Muffins ordentlich auf einem großen Tablett zu verteilen. Nachdem sie alle Muffins zu ihrer Zufriedenheit sortiert hat, fragt sie die Erzieherin: „Kann ich die Muffins schon mal in unsere Gruppe bringen?" Die Erzieherin guckt kritisch auf die kleine Lena und das große Tablett. „Meinst du nicht, dass das Tablett zu schwer für dich ist?" Lena antwortet selbstsicher: „Nee, das kann ich schon." Die Erzieherin entgegnet: „O.k., aber pass bloß auf, dass dir das Tablett nicht hinfällt."

Kaum ist Lena, das Tablett vorsichtig mit beiden Händen vor dem Bauch tragend, aus der Küche in den Flur gegangen, hört die Erzieherin ein lautes Scheppern und läuft in den Flur. Lena kniet erschrocken und mit Tränen in den Augen auf dem Boden neben dem hingefallenen Tablett und den auf dem ganzen Boden verstreuten Muffins. „Mensch Lena, jetzt sind die Muffins hin. Ich habe dir doch gesagt, du sollst aufpassen. Verdammt noch mal."

Sie entwickeln eine pädagogisch vertretbare Lösung für den Fortgang der Situation und berücksichtigen dabei die folgenden Fragen:

1. *Wie sollte die Situation pädagogisch weitergehen?*
2. *Was geht in Lena wohl vor?*
3. *Was lernt Lena aus der Situation und was nicht?*
4. *Wie wird sich Lena vermutlich zukünftig in einer ähnlichen Situation verhalten?*
5. *Kreieren Sie eine weitere Situation, die es Kindern ermöglicht, Fehler zu machen und daraus zu lernen.*

4.4 Materialien

4.4.1 Fertigkeiten und Fähigkeiten erkennen

Aufgabe einer professionellen Erzieherin ist es, die Kinder ihrer Gruppe in ihrer individuellen Entwicklung zu begleiten und ihr Lernen zu unterstützen (vgl. Kinder- und Jugendhilfegesetz – KJHG und Gesetz über Tageseinrichtungen für Kinder in NRW – GTK). Voraussetzung hierfür sind Kenntnisse über den Entwicklungsstand der Kinder. Dabei ist zu bedenken, dass Entwicklungsverläufe und Lernfortschritte höchst unterschiedlich verlaufen können.

Welche Möglichkeiten hat eine Erzieherin, den aktuellen Entwicklungsstand eines Kindes zu erkennen? Psychologen verfügen über zahlreiche Test- und Diagnoseverfahren, um zu ermitteln, wie weit ein Kind einer bestimmten Altersstufe bereits entwickelt ist. Viele dieser Tests geben Hinweise auf den allgemeinen Entwicklungsstand eines Kindes, während andere bestimmte Fertigkeiten und Fähigkeiten untersuchen. Es gibt z. B. eigene Testverfahren für die motorische Entwicklung und für spezielle Wahrnehmungsleistungen. Ziel dieser Tests ist es, durch frühzeitiges Erkennen von Entwicklungsstörungen, verbunden mit einer gezielten Förderung des Kindes, spätere Benachteiligungen zu vermeiden.

Ein häufiges Problem der systematischen Förderung eines Kindes aufgrund von Testergebnissen ist ein eher defizitorientiertes Vorgehen. Dabei besteht die Gefahr, dass Kinder, die auf diese Art und Weise ständig mit ihrem Nicht-Können konfrontiert werden, Schwierigkeiten haben, das nötige Selbstbewusstsein, Selbstvertrauen und Selbstwertgefühl zu entwickeln. Konkret kann dies dazu führen, dass Kinder ihre Begeisterung, ihre Lernfreude und ihre Neugier verlieren und Lernen für sie mit negativen Gefühlen, Frustrationen und dem Gefühl des Versagens verbunden ist. Aufgrund all dieser Schwierigkeiten dürfen solche psychologischen Tests nur von ausgebildeten Fachleuten – in der Regel von Diplom-Psychologen – durchgeführt und ausgewertet werden.

Das Wissen über allgemeine Entwicklungsverläufe bietet Erzieherinnen eine erste Orientierung. Eine wichtige Hilfe für sie ist die Beobachtung. Durch gezielte Beobachtung kann es gelingen, die Stärken eines Kindes zu erkennen. Besonders geeignet sind Situationen, in denen das Kind spielt oder sich mit einem Problem oder einer Situation auseinandersetzt.

Weitere Informationen und Materialien hierzu finden Sie in diesem Buch unter dem Stichwort „Beobachtung".

Bögen für die Beobachtung bestimmter Verhaltensbereiche können im Einzelfall eine Hilfe sein. Auch sie müssen jedoch mit Vorsicht interpretiert werden. Ein Instrument, um die sprachlichen Fertigkeiten und Fähigkeiten von ausländischen Kindern zu erkennen, ist „Sismik", ein von Michaela Ulich und Toni Mayr entwickelter Beobachtungsbogen zur systematischen Begleitung und Dokumentation der Sprachentwicklung von Kindern in der Altersspanne von 3,5 Jahren bis zum Schuleintritt (vgl. Ulich, 2003, 16–20).

Wollen Erzieherinnen die Fertigkeiten, Fähigkeiten und Kompetenzen eines einzelnen Kindes erkennen, um darauf aufbauend dessen Entwicklung zu fördern, sind folgende grundsätzliche Überlegungen hilfreich:

- Die Fähigkeiten und Fertigkeiten des Kindes im Zusammenhang mit seiner Gesamtpersönlichkeit wahrnehmen: Dies kann am ehesten bei der Beobachtung von Spiel- und Alltagssituationen gelingen. Besonders hilfreich kann es sein, die einzelnen Verhaltensweisen des Kindes so detailliert wie möglich zu beobachten und zu dokumentieren. Sein Verhalten kann anhand der Aufzeichnungen wie in Zeitlupe nachvollzogen werden.

- Aufschluss über die konkreten Fertigkeiten und Fähigkeiten von Kindern können Erzieherinnen auch durch alltägliche pädagogisch-diagnostische Maßnahmen erhalten, z.B. durch die Einschätzung von Kinderzeichnungen, selbst hergestellten Gegenständen oder motorischen Leistungen. Darüber hinaus bieten die alltäglichen Gespräche mit den Kindern Möglichkeiten, ihre Denk- und Handlungsmuster besser zu erkennen und Informationen über ihren Entwicklungsstand zu gewinnen.
- Grundsätzlich ist es wichtig, sich an den Stärken des Kindes zu orientieren und weniger nach Defiziten und Schwächen zu suchen. Nur so kann es gelingen, Selbstvertrauen und Freude des Kindes am Lernen zu erhalten.

Was ist Lernen?

4.4.2

CD-ROM

In unserem Alltagsverständnis verbinden wir mit Lernen oftmals eher das schulische Lernen, also das „Pauken" von Vokabeln oder das Auswendiglernen mathematischer Formeln. Hier wird Lernen begrenzt auf das Behalten und Erinnern, also den Entstehungsprozess von Gedächtnisinhalten.

Lernen ist aber sehr viel mehr; es handelt sich dabei um die Entstehung überdauernder Veränderungen des Verhaltens und Erlebens durch Erfahrung, Übung und/oder Einsicht, also um Veränderungen des Verhaltens und Erlebens, die nicht von Reifungsprozessen oder anderen organisch bedingten Veränderungen wie z. B. Ermüdung oder Drogenkonsum hervorgerufen werden. Dabei handelt es sich meist um Verhaltens- und Erlebensmöglichkeiten, die nur zu einer bestimmten Zeit aktualisiert und somit von außen erkennbar sind.

Die inneren Lernprozesse – also das, was sich im Menschen beim Lernen vollzieht – können im Unterschied zu den Lernergebnissen nicht beobachtet werden. Auch dem Lernenden sind sie, abgesehen vom Lernergebnis und von den möglicherweise beim Lernen erlebten Mühen, nicht bewusst. Dies trifft auf Gedächtnisprozesse ebenso zu wie auf die Veränderung z. B. motorischer Verhaltensweisen.

So lernen wir laufen und sprechen, lesen und schreiben, uns zu streiten und zu vertragen, Fahrrad und Auto fahren. Wir lernen aufräumen, einkaufen und uns anzuziehen, einen Ball zu fangen und im Internet zu surfen, mit Messer und Gabel zu essen, einen Beruf auszuüben. Wir lernen, mit Menschen umzugehen, zu tanzen, zu schwimmen. Manche dieser Verhaltensänderungen werden durch große Anstrengung erreicht, andere bemerkt man kaum: Man kann es einfach.

Zu der Frage, unter welchen Voraussetzungen sich lernen leichter oder schwerer und in pädagogisch erwünschter oder unerwünschter Weise vollzieht, gibt es inzwischen eine Fülle von Theorien und Forschungsergebnissen. Die wichtigsten sollten im Folgenden dargestellt werden.

Lerntheorien

4.4.3

Lerntheorien erklären, wie Lernen funktioniert. Die folgenden Theorien sind für Erzieherinnen von besonderer Bedeutung, da sie Anhaltspunkte geben, unter welchen Bedingungen Kinder ihre Fertigkeiten und Fähigkeiten optimal weiterentwickeln können. Unter Berücksichtigung des individuellen Entwicklungsstandes, persönlicher Neigungen und der Art der Lerninhalte etc. werden Lernprozesse lerntheoretisch erklärt.

Lernen durch Erfahrung

Kinder sind geborene Forscher und Entdecker, sie experimentieren mit Materialien, Menschen und Tieren. Im Rahmen der Auseinandersetzung mit ihrer Umwelt begreifen und ergreifen sie die Welt. Kinder ertasten Gegenstände, stecken sie in den Mund und sammeln so Erfahrungen über Gewicht, Oberfläche, Form oder Geschmack.

Grundlage des Lernens durch Erfahrung ist, dass der Mensch sein Wissen selbstständig, aktiv und auf der Grundlage seiner Vorerfahrungen konstruiert. Für Erzieherinnen bedeutet dies, die Kinder mit vielen unterschiedlichen Materialien, altergemäßen Situationen oder Spielen zu konfrontieren und aktives Handeln, Experimentieren, Forschen und Untersuchen zu ermöglichen. Unter dem Stichwort „Piaget" finden Sie weitere Informationen hierzu.

Klassische Konditionierung

Der russische Mediziner und Physiologe Iwan Pawlow entwickelte zu Beginn des 20. Jahrhunderts die bis heute nicht widerlegte Theorie des „klassischen Konditionierens". Es ist die erste wissenschaftliche Konditionierungstheorie, weshalb sie als „klassisch" bezeichnet wird. Pawlow verstand unter Lernen die Entstehung neuer Reiz-Reflex-Verbindungen. Seine berühmten Hundeexperimente zeigen, was darunter zu verstehen ist.

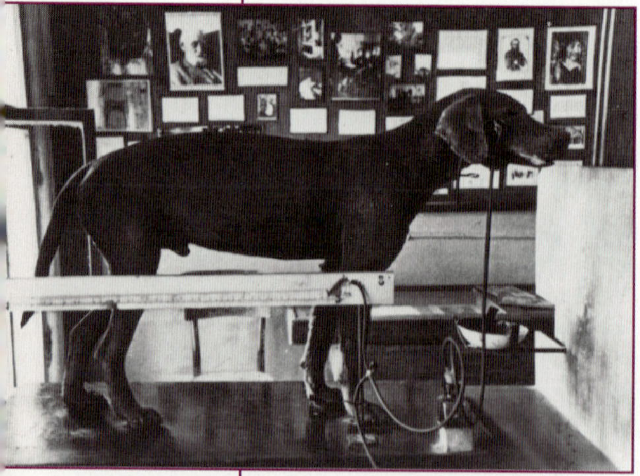

Pawlowscher Hundeversuch – Versuchsanordnung

Pawlow stellte fest, dass ein Hund lernen kann, nicht nur auf Futter, sondern auch auf alle möglichen anderen, ursprünglich neutralen Reize (Glockenton, Licht o. Ä.) mit einem Speichelreflex zu reagieren. Dabei ist es Hunden wie Menschen angeboren, auf Nahrungsmittel mit dem Speichelreflex zu reagieren, wenn nur ein entsprechender Mangel an Nahrung vorhanden ist. Nicht angeboren, sondern erlernt ist es, wenn dieser Reflex von einer Lampe oder einem Glockenton ausgelöst wird.

Drei für die erzieherische Praxis besonders wichtige angeborene Reflexe sind:

- Angstreflexe als Folge der Wahrnehmung oder der Vorstellung einer Bedrohung,
- „Wohlfühl-Reflexe" als Folge z. B. der Wahrnehmung oder Vorstellung von Sicherheit, Erfolg,Geborgenheit
- Neugier-Reflexe als Folge der Wahrnehmung von Veränderungen oder neuer bzw. fremder Umweltsituationen

In einer sozialpädagogischen Einrichtung kann beispielsweise die folgende Situation entstehen: Ein neu aufgenommenes Kind wird von mehreren älteren Kindern immer wieder bedroht. Es reagiert mit Angst. Die ursprünglich neutrale – womöglich sogar positiv besetzte – Kindertagesstätte wird mit dem Angstreflex verbunden. Selbst wenn nun die älteren Kinder nicht mehr in der Gruppe sind, hat das Kind Angst vor der Kindertagesstätte. Solche Situationen sind Herausforderungen für die Erzieherinnen, denn sie müssen Sorge dafür tragen, dass sich die Kinder in der Einrichtung wohl fühlen. Schreiende, brüllende, schimpfende Erzieherinnen bewirken mit ihrem Verhalten häufig, dass einzelne Kinder nicht nur auf sie, sondern auf die gesamte Kindertagesstätte mit Angst reagieren.

CD-ROM

Von „Konditionieren" spricht man, weil sich das Lernen unter ganz bestimmten Bedingungen (Konditionen) vollzieht. Im obigen Beispiel ist die Bedingung das gleichzeitige Ablaufen eines angeborenen Reflexes (Angst als Folge der Wahrnehmung einer Bedrohung) und der Wahrnehmung eines neutralen Reizes (Kindertagesstätte). Geschieht diese Gleichzeitigkeit häufiger, wird der ursprünglich neutrale Reiz (also die Kindertagesstätte) ebenfalls Angst auslösen. Bei Menschen kann ein ursprünglich völlig neutraler Reiz körperliche bzw. emotionale Reflexe hervorrufen. Ursächlich können auch Worte, ein Tonfall, Gerüche und vieles mehr sein.

Klassisches Konditionieren am Beispiel „Angst vor der Kindertagesstätte"

Die Grundbegriffe

Neutraler Reiz → Löst keine spezifische Reaktion aus

Unbedingter Reiz → Unbedingte Reaktion ist eine spezifische, angeborene Reaktion

Bedingter Reiz → Bedingte Reaktion ist eine erlernte, spezifische Reaktion

Ein Beispiel

Neutraler Reiz = Kita → Löst keine spezifische Reaktion aus

↕ Kommt häufig gleichzeitig vor

Unbedingter Reiz = Schreien, Drohen der Erzieherin → Unbedingte Reaktion = Angst als angeborene Reaktion

Unter dieser Bedingung wird aus dem neutralen Reiz ein „bedingter" Reiz und löst Angst aus

Bedingter Reiz = Kita → Bedingte Reaktion = erlernte Angst vor der Kita

Wenn dieser Vorgang besonders häufig, intensiv und nachhaltig verläuft, kann es zu einer Generalisierung (Verallgemeinerung) kommen wie z.B.:

Ursprünglich neutrale Reiz = Öffentliche Gebäude mit fremden Erwachsenen ... → Keine spezifische Reaktion

... werden bedingte Reize = Öffentliche Gebäude mit fremden Erwachsenen → Erlernte Angst vor öffentlichen Gebäuden mit fremden Erwachsenen

Ist das Betreten des Bewegungsraumes und das anschließende Bewegen und Spielen mit anderen für Kinder eine positive Erfahrung, so kann auf diese Art und Weise eine positive Einstellung zu Bewegung und Sport erlernt werden. Umgekehrt können so auch negative Reaktionen wie Angst und Furcht erlernt werden. Erlebt ein Kind ein Bewegungsangebot als frustrierend, weil es etwas nicht kann, von anderen Kindern ausgelacht wird oder sich weh tut, kann dies dazu führen, dass mit dem Bewegungsraum bzw. der Bewegungsstunde Reaktionen wie Angst, Scham und Wut gekoppelt werden. Der ursprünglich neutrale Bewegungsraum ruft die emotionale Reaktion Angst hervor. Dies kann so weit führen, dass alle Situationen, die nur entfernt mit Bewegung und Sport zu tun haben, Angst oder Scham auslösen.

Lernen durch Versuch und Irrtum

Jeder Mensch hat es selbst erlebt: das Lernen durch Probieren. In der Psychologie wird es als Versuch-und-Irrtum-Lernen (engl. Trial and Error) bezeichnet. Wichtige Untersuchungen dazu wurden von dem Amerikaner Edward Lee Thorndike durchgeführt. Er erforschte, welchen Einfluss die Konsequenzen auf ein Verhalten haben können.

In Thorndikes Experimenten wurde eine Katze in einen Käfig gesperrt, in dem sich mehrere verschiedene Hebel befanden. Einer dieser Hebel setzt einen Mechanismus in Gang, sodass sich die Käfigtür öffnete und die Katze den Käfig verlassen konnte. Die Katze versuchte zunächst durch verschiedenartige Aktivitäten aus dem Käfig zu gelangen. Wenn sie zufällig den richtigen Hebel betätigte, konnte sie den Käfig verlassen. Nach einigen Durchgängen gelang es der Katze immer schneller, den richtigen Hebel zu drücken, bis sie schließlich den richtigen Hebel auf Anhieb zu drücken vermochte.

Das Lernen durch Versuch und Irrtum gleicht einem Suchprozess, bei dem das eher zufällig passende Verhalten durch den Erfolg verstärkt wird und in Zukunft häufiger auftritt. Der Erfolg des Verhaltens ist ausschlaggebend für das zukünftige Verhalten. Daher wird das Lernen durch Versuch und Irrtum auch als Lernen am Erfolg bezeichnet.

Thorndike leitet aus seinen Experimenten drei Gesetzmäßigkeiten des Lernens ab (vgl. Altenthan, u.a., 2005, 166–168):

1. Nur wenn eine innere Bereitschaft zum Lernen vorhanden ist, wird auch gelernt. Diese innere Bereitschaft liegt beispielsweise dann vor, wenn das Individuum ein konkretes Bedürfnis hat, einen angenehmen Zustand erreichen will oder einen unangenehmen Zustand vermeiden bzw. beenden will.

Ein Kind möchte ein Stück Schokolade haben und bittet daher seine Mutter darum. Dem Kind wird die Schokolade von der Mutter mit dem Hinweis auf das anstehende Mittagessen aber verweigert. Das Kind beginnt nun zu quengeln. Als dies auch nicht zum Erfolg führt, beginnt es leise zu weinen. Nach einiger Zeit fängt es an zu schreien und laut zu weinen.

2. Verhaltensweisen, die für den Organismus angenehme Konsequenzen haben oder einen Erfolg bedeuten, werden wiederholt und in Zukunft häufiger gezeigt. Verhaltensweisen, die keine befriedigenden Konsequenzen – keinen Erfolg – nach sich ziehen, werden nicht wieder gezeigt. Es sind demnach die Konsequenzen auf ein Verhalten, die für seine zukünftige Auftretenswahrscheinlichkeit verantwortlich sind.

Kommt das Kind durch das laute Schreien und Weinen zum Erfolg und erhält nun doch ein Stück Schokolade, dann wird es vermutlich in zukünftigen Situationen, wenn es etwas haben möchte, wieder schreien und laut weinen.

3. Die zum Erfolg führenden Verhaltensweisen werden erst durch häufiges Üben und Wiederholungen gefestigt. Bleiben Übung und Wiederholung aus, wird das Verhalten wieder abgebaut und verlernt.

Ist das Kind mit seinem lauten Weinen und Schreien mehrmals erfolgreich, so hat es diese Verhaltensweisen erlernt. Es hat gelernt, dass es mit diesem Verhalten zum Ziel kommt und wird dementsprechend dieses erfolgreiche Verhalten in jeder Situation, in der es etwas haben möchte, anwenden.

Lernen durch Verstärkung

Es war der amerikanische Psychologe B. F. Skinner, der das Effektgesetz von Thorndike näher untersuchte, um genauer herauszufinden, welche Wirkung eine positive oder negative Konsequenz auf ein Verhalten hat. Skinner führte Experimente mit Ratten und Tauben durch und entdeckte das Prinzip des Lernens durch Verstärkung.

CD-ROM

Als Lernen durch Verstärkung wird der Prozess bezeichnet, bei dem ein bestimmtes Verhalten, auf das angenehme Konsequenzen folgen oder durch das unangenehme Situationen beendet werden, häufiger auftritt.

Skinner unterscheidet zwei Arten von Verstärkung und zwei Arten von Bestrafung:

Angenehmes wird zugefügt: z. B. Lob, Belohnung	positiver Verstärker	negativer Verstärker	Eine unangenehme Situation wird beendet: z. B. kein Schimpfen mehr, keine Strafen mehr

→ Das vorgehende Verhalten wird mit größerer Wahrscheinlichkeit wiederholt.

Unangenehmes wird zugefügt: z. B. Schimpfen, Schlagen	Bestrafungs-Typ I	Bestrafungs-Typ II	Angenehmes wird beendet: z. B. keine Belohnung mehr, keine Zuwendung

→ Das vorgehende Verhalten wird mit größerer Wahrscheinlichkeit vermieden, wenn Bestrafung droht.

Hinweis

Belohnt man ein Kind für das Aufräumen seines Zimmers mit einem Eis und räumt das Kind in der Folge öfter sein Zimmer auf, so hat das Eis als positiver Verstärker gewirkt. Räumt es hingegen sein Zimmer auf, weil es dadurch einer Strafe entgeht, so bezeichnet man diese Konsequenz als negativen Verstärker.

Für Erzieherinnen haben die Erkenntnisse des Lernens durch Verstärkung insbesondere dann Bedeutung, wenn sie erwünschtes Verhalten aufbauen oder unerwünschtes Verhalten abbauen wollen. Sollen Kinder und Jugendliche bestimmte Verhaltensweisen erlernen, so sind sie dazu nicht immer von sich aus motiviert. Ein Verhaltensaufbau durch Verstärkung kann aber erst dann erfolgen, wenn die Lernenden über eine Bereitschaft verfügen, das erwünschte Verhalten zu zeigen. Der Erzieherin stehen in diesem Zusammenhang zwei Möglichkeiten offen:

1. Sie kann für bestimmte Verhaltensweisen Belohnungen und Anreize in Aussicht stellen.
2. Sie kann als Anreiz die Vermeidung unangenehmer Konsequenzen anbieten.

Die damit verbundene pädagogische und psychologische Problematik besteht vor allem in Folgendem:

Belohnt man ein Kind, weil es etwas Gutes getan hat, wird es in Zukunft Gutes tun, um belohnt zu werden. Was aber geschieht, wenn es keine Belohnung mehr gibt ...?

Für den Aufbau erwünschten Verhaltens ist die kontinuierliche, d.h. immer wiederkehrende Verstärkung am wirksamsten. Ist das erwünschte Verhalten dann entwickelt, ist die kontinuierliche Verstärkung eher hemmend. Nun sollte nach Skinner diskontinuierlich – also „hin und wieder" verstärkt werden.

Neben Verhaltenskonsequenzen, die als angenehm erlebt werden, untersuchte Skinner auch solche, die als ausgesprochen unangenehm empfunden werden. In der Pädagogik werden solche Folgen als Strafen bezeichnet. Viele Erzieherinnen nehmen an, dass Strafen unvermeidlich seien. Skinner kam jedoch zu dem Ergebnis, dass Strafen als Folgen auf unerwünschtes Verhalten wiederum sehr unerwünschte Konsequenzen haben, die es zu bedenken gilt. Er stellte fest: Strafen führen nicht zu einem Abbau des unerwünschten Verhaltens, sondern dazu, dass die Situation, in der Strafe zu erwarten ist, vermieden wird. So manche unvorbereiteten Schüler mogeln, um nicht für schlechte Leistungen bestraft zu werden, statt besser zu lernen. Lügen ist eines der häufigsten Ergebnisse von Strafandrohungen. Erzieherinnen, die überwiegend strafend erziehen, erziehen „ihre" Kinder zum Lügen.

An den kritischen Überlegungen ist zu erkennen: Die Lernprinzipien, die Pawlow, Thorndike und Skinner erforschten, sind äußerst wirksam, pädagogisch aber mit großer Vorsicht, gut reflektiert und möglichst unter Vermeidung von Strafen umzusetzen. Wichtig ist auch, dass natürlich jede alltägliche pädagogische Beziehung Verstärkungs- oder Bestrafungselemente enthält, die von einer professionellen Erzieherin allerdings immer wieder aufs Neue hinterfragt und ggf. korrigiert werden (vgl. Altenthan u.a., 2005, 168–173).

Lernen durch Nachahmung

Kinder sind sehr aufmerksame Beobachter, sie übernehmen Sprache, Redewendungen oder Ausdrücke von Personen aus ihrer Umgebung. Der Spracherwerb zeigt die Bedeutung des Lernens durch Nachahmung für die kindliche Entwicklung. Nachahmungslernen beginnt sehr früh. Kinder übernehmen nicht nur bewusst und beabsichtigt demonstriertes Verhalten, sondern ganze Verhaltensmuster, Einstellungen und Werthaltungen. Die wesentlichen Erkenntnisse des Nachahmungslernens (auch Modelllernen genannt) gehen auf Bandura zurück. Bandura stellte fest, dass ein Großteil der sozialen Verhaltensweisen des Menschen durch Beobachtung erlernt wird. Etwas vereinfacht lässt sich feststellen: Aggressive Erzieherinnen erziehen Kinder zu mehr Aggression, sozial kompetente Erzieherinnen erziehen Kinder zu mehr sozialer Verantwortung.
Bandura unterschied

- Lernen durch Imitation, bei dem das Verhalten z.B. einer Erzieherin oder eines anderen Kindes unmittelbar und sofort nachgeahmt wird.
- Lernen am Modell, bei dem komplexe Verhaltensmuster – z.B. Einstellungen, Werthaltungen und das damit verbundene Handeln – übernommen werden.

Die Wahrscheinlichkeit der Nachahmung eines Modellverhaltens und der Übernahme des Beobachteten in das eigene Verhaltensrepertoire ist besonders groß, wenn bestimmte Bedingungen erfüllt sind:

- Das Modell wird gemocht, ist beliebt oder genießt Anerkennung. Dies können Freunde, ältere Kinder, Eltern oder die Erzieherin sein.
- Das beobachtete Verhalten führt zum Erfolg, wird belohnt oder erhält Anerkennung von anderen (vgl. Zimmer, 2003, 92 f.).

Für Erzieherinnen besteht die Notwendigkeit, sich ihres eigenen Verhaltens und ihrer Einstellungen bewusst zu sein und diese unter der Perspektive, dass sie für Kinder Modelle sind, zu reflektieren und ggf. zu korrigieren. Spricht eine Erzieherin, wenn ihr etwas nicht gefällt, immer direkt sehr laut und drohend mit Kindern und Jugendlichen, dann ist sie in dieser Situation Modell. Die Folge kann sein, dass diejenigen, die die Situationen beobachten, ihrerseits laut und möglicherweise drohend kommunizieren.

Lernen durch Einsicht

Lernen durch Einsicht wird als besonders nachhaltiges und erfolgreiches Lernen angesehen. Was einmal verstanden wurde, muss nicht mehr lange auswendig gelernt werden. Deshalb ist es elementar wichtig, dass fragende Kinder und fragende Schüler nicht als „dumm" oder „lästig" bezeichnet werden. Wer fragt, bemüht sich um Einsicht. Wer Einsicht hat, hat es leicht, das Gelernte durch Übung zu festigen und dauerhaft zu machen. In der Schulpädagogik setzt sich deshalb der so genannte handlungsorientierte Unterricht, in dem durch vollständige Handlungen gelernt wird, immer mehr durch. Informationen dazu finden Sie unter dem Stichwort „Vollständige Handlung" in diesem Buch.

Beim Lernen durch Einsicht wird ein aufgetretenes Problem durch das Kombinieren bereits bekannter Denk- und Lösungsstrategien gelöst. Aus Einsicht in die Zusammenhänge der Situation ergibt sich ein erfolgreiches und ggf. neues Verhalten. Einsichtiges Lernen ist ein strukturierter Prozess.

Lernen durch Einsicht geschieht in der Regel rascher und erfolgreicher als beispielsweise Lernen durch Versuch und Irrtum. Im Gegensatz zum Lernen durch Versuch und Irrtum ergibt sich bei einsichtigem Lernen ein konsequenter Handlungsverlauf auf eine bestimmte Problemlösung hin. Die Verhaltensänderungen entstehen in der mit dem Lösungsverhalten erworbenen Problemlösekompetenz. Der Lernende erlebt sein Handeln auch schon in einer ersten „Probierphase" als zielorientiert. Werden dann plötzlich die für die Lösung des Problems entscheidenden Zusammenhänge erkannt, kommt es zu schnellen, das Problem lösenden Handlungen. Der für das Lernen durch Einsicht so wichtig Moment des plötzlichen Erkennens der entscheidenden Zusammenhänge wird in der Psychologie als Aha-Erlebnis bezeichnet. Das Verhalten, das auf diese Weise erlernt wird, ist besonders nachhaltig und wird in neuen, ähnlichen Situationen mit großer Wahrscheinlichkeit wieder versucht. Lernen durch Einsicht ist ein besonders wichtiges Element des handlungsorientierten Lernens in Lernsituationen.

Der folgende Text gibt ein Beispiel für den Prozess des Lernens durch Einsicht bei einem 6-jährigen Kind:

> *„Nina, 6 Jahre alt, lernt zum ersten Mal ein Pedalo kennen. Da das Gerät 6 Räder hat, versucht sie zunächst das Pedalo mit den Händen anzuschieben, um es zum Rollen zu bringen. Die Räder rollen jedoch nicht. Nina scheint entmutigt zu sein. Ihr Gesicht hellt sich auf, als sie die Trittbretter berührt, das obere Teil nach unten drückt und das Pedalo sich plötzlich in Bewegung versetzt. Schnell kniet sie sich dahinter, legt beide Hände auf die Trittflächen, drückt abwechselnd mit der rechten und linken Hand nach unten und bewegt sich so mit dem Gerät durch den Raum. (...) Sie probiert noch verschiedene Fortbewegungen mit dem Pedalo am Boden aus, bis sie sich entschließt sich darauf zu stellen. Schon bei der ersten Gewichtsverlagerung fällt sie nach vorne. Ein kurzer Blick durch die Halle schätzt die Hilfsmöglichkeiten ab, und schon stellt sie das Pedalo neben die Sprossenwand. Sich daran festhaltend, steigt sie wieder auf und kann jetzt das Gleichgewicht sehr viel besser ausbalancieren."*
>
> *(Zimmer, 2003 , 93 f.)*

Das Mädchen wird in dieser Situation mit einem Problem konfrontiert, das es nicht kannte. Es hat bisher noch keine Erfahrungen mit dem Pedalo gemacht. Zunächst probiert es bereits bekannte Strategien aus, die nicht zum gewünschten Ergebnis führen. Nachdem Nina den Mechanismus der Fortbewegung des Pedalos erkannt hat, gelingt es ihr, durch Zuhilfenahme der Sprossenwand mit dem Pedalo zu fahren.

4.4.4 Gehirngerechtes Lernen

Die Ergebnisse der neueren Hirnforschung erhalten für die Pädagogik eine immer größere Bedeutung. Sie helfen, mehr über das Lernen von Kindern und Heranwachsenden zu erfahren, sie dadurch effektiver als bisher zu fördern und ihr Lernen besser unterstützen zu können.

Wie das Gehirn lernt

Das Gehirn besteht aus über 100 Milliarden Nervenzellen, die durch ca. 100 Billionen Kontaktstellen, so genannte Synapsen, miteinander verbunden sind. Auf diese Art und Weise entsteht im Gehirn ein kompliziertes Netzwerk. Die Nervenzellen kommunizieren auf vielfältige Weise miteinander. Von größter Wichtigkeit für die Entwicklung des Kindes ist daher die Ausbildung der Nervenverbindungen. Nur über die Verbindungen zwischen den Nervenzellen kann ein Kind seine individuellen Einstellungen, Eigenschaften und Fähigkeiten entwickeln (vgl. Vollmer, 2005, 42 f.).

Lernen findet vor allem statt, wenn Nervenverbindungen (Synapsen) neu geschaffen oder vorhandene verändert werden. Wenn eine Synapse in kurzen Abständen immer wieder aktiviert wird, „erinnert" sie sich an die vorherige Stimulation und passt sich der Beanspruchung an. Sie wird stabiler. Dabei werden sämtliche Informationen, die das Gehirn erreichen, zunächst einer Art Verträglichkeitsprüfung unterzogen und emotional bewertet. Die Informationen, die individuell bedeutsam erscheinen, werden leichter und schneller im Gedächtnis gespeichert.

Die linke und die rechte Gehirnhälfte

Der amerikanische Neurobiologe Roger Sperry hat festgestellt, dass die beiden Hälften des Gehirns grundsätzlich unterschiedliche Aufgaben erfüllen.

Die rechte Gehirnhälfte ist „zuständig" für:

- Intuition, Fantasie, Gefühle, Kreativität,
- visuelle Wahrnehmungen, Bilder, Farben, Töne und deren Entwicklung und Speicherung,
- die linke Körperhälfte,
- das Körperbewusstsein,
- künstlerische und musische Aktivitäten,
- das Erkennen von Figuren und Gesichtern.

Die linke Gehirnhälfte ist „zuständig" für:

- logisches, abstraktes, organisiertes, planvolles und analysierendes Denken und Handeln,
- die Orientierung in Raum und Zeit,
- das Erkennen von Namen, Zahlen und Begriffen,
- die rechte Körperhälfte,
- das Registrieren von Einzelheiten,
- die Sprachentwicklung und Sprachbegabung,
- mathematisches und lineares Denken.

Keine der beiden Gehirnhälften entwickelt sich allerdings unabhängig von der anderen. Eine gleichzeitige Förderung beider Gehirnhälften ist für die Entwicklung der Lernfähigkeit und für das Lernen selbst unerlässlich. Denn erst im Zusammenspiel beider Gehirnhälften werden die Möglichkeiten von Kindern und Jugendlichen effektiv genutzt. So muss die rechte Gehirnhälfte ein bereits bekanntes „Bild" liefern, damit die linke Gehirnhälfte in der Lage ist, den Bildinhalt zu verstehen und zu speichern. Findet die rechte Gehirnhälfte kein geeignetes Bild für einen neuen Sachverhalt, einen neuen Begriff oder eine unbekannte Information, dann kann die Information nicht abgespeichert werden (vgl. Liebich, 1999, 13 f.).

Wie das Gedächtnis arbeitet

Eine wesentliche Voraussetzung für das Lernen ist die Fähigkeit, wahrzunehmen und sich zu erinnern. Wahrnehmung beginnt mit der Reizaufnahme in den verschiedenen Sinnesorganen. Dort werden die Reize elektrochemisch umgewandelt und über die Nervenbahnen zur Großhirnrinde weitergeleitet. Dort werden sie in das gesamte Erleben integriert (eingegliedert), möglicherweise behalten und später als Gedächtnisinhalt bewusst. Durch diesen komplizierten Prozess sind schon Wahrnehmungsinhalte und erst recht die späteren Gedächtnisinhalte nie reine Abbilder der äußeren Realität. Der „Weg" neuer Umwelteindrücke und Informationen in das Langzeitgedächtnis kann durch das rechte Schaubild veranschaulicht werden (vgl. Schräder-Naef, 2002, 20).

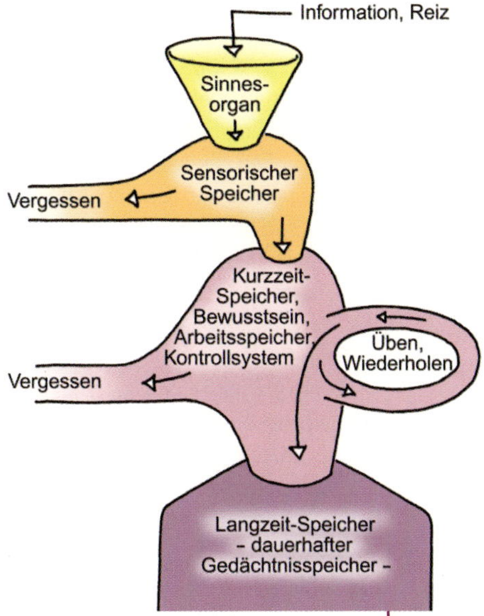

Dem Gedächtnis fällt die Aufgabe zu, aus der Reiz- und Informationsflut diejenigen Informationen „auszuwählen", die gespeichert werden sollen. Es arbeitet bei der Speicherung von Sinneseindrücken nicht wie ein Archiv, in dem die Informationen und Erfahrungen wie in Schubladen nebeneinander abgelegt werden. Eingehende Informationen werden vielmehr zu komplexen Netzwerken verknüpft und mit vielen bereits vorhandenen Gedächtnisinhalten, aber auch mit Emotionen, Bedürfnissen oder Gedanken verknüpft (vgl. Schräder-Naef, 2002, 17–21).

CD-ROM

Stark beeinflusst wird das, was im Gedächtnis behalten wird, von der Art der Informationsaufnahme. Die folgende Abbildung verdeutlicht, dass Individuen einen Großteil der Informationen, die über das Lesen aufgenommen wurden, wieder vergessen. Ähnliches gilt auch für das alleinige Sehen oder Hören von Informationen. Am leichtesten fällt das Erinnern, wenn etwas selbst praktisch durchgeführt wurde.

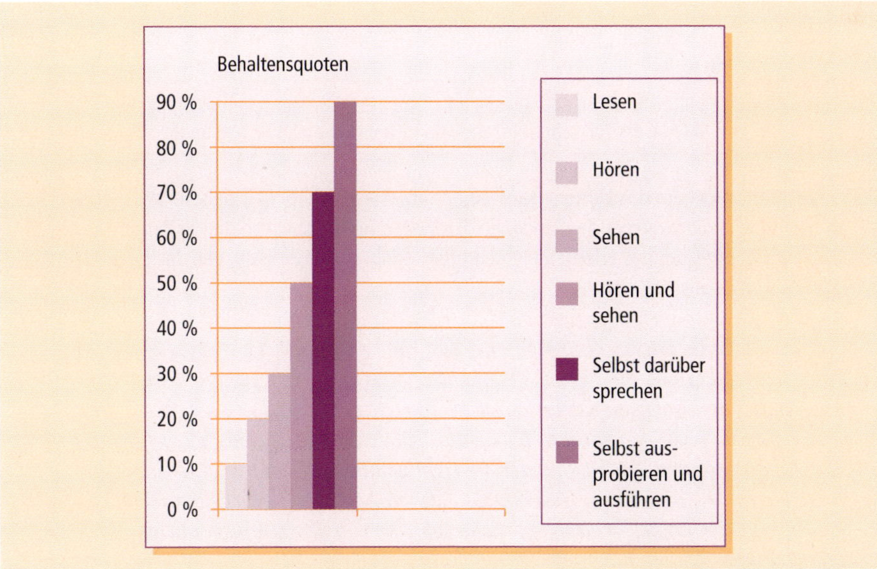

(Küls/Moh/Pohl-Menninga, 2004, 47)

Konsequenzen aus den Erkenntnissen der Hirnforschung für die Gestaltung von Lernprozessen

- Lernen geschieht am schnellsten und nachhaltigsten, wenn die linke und die rechte Gehirnhälfte zusammenarbeiten und ganzheitliche Lernbedingungen wie z. B. in vollständigen Handlungen geschaffen werden.
- Lernimpulse und Lernangebote sollen möglichst viele Sinne gleichzeitig ansprechen und kognitive, soziale, emotionale und motorische Kompetenzen ganzheitlich fördern.
- Der Lerninhalt sollte für die Kinder bedeutsam sein. Dies ist häufig dann der Fall, wenn sich Lerninhalte an der Lebenswelt der Kinder orientieren und Bezug zum Alltag der Kinder haben.
- Von grundlegender Bedeutung für den Lernerfolg von Kindern ist, dass nicht isolierte Fertigkeiten und spezielle Fähigkeiten gelernt werden sollen, sondern das Kind mit all seinen körperlichen, geistigen und emotionalen Fähigkeiten angesprochen wird.
- Lernangebote sollten an den aktuellen Könnens- und Erlebensstand des Kindes und sein Vorwissen anknüpfen. Informationen, die außerhalb des bisherigen Erfahrungsbereichs liegen, können weniger leicht gespeichert werden.
- Kinder sollen möglichst viele Lernstrategien entwickeln können, um neues Wissen konstruieren zu können.
- Kinder brauchen Zeit zum Lernen. Neu erworbene Fertigkeiten, Fähigkeiten und Kompetenzen müssen wiederholt, geübt und mit bereits vorhandenen Informationen vernetzt werden.
- Nicht isoliertes Wissen, sondern Einsicht in Zusammenhänge erleichtert das Behalten und Erinnern.

4.4.5 Lernen – eine Selbstverständlichkeit

Es ist nicht möglich, nicht zu lernen. Das Gehirn, der „Ort", an dem Lernen stattfindet, ist immer aktiv. Das Gehirn ist der Teil des menschlichen Körpers, der im Verhältnis zu seiner Größe und im Vergleich zu allen anderen Körperteilen einen besonders hohen Energieverbrauch hat. Die Kontrahenten einer Schachweltmeisterschaft bewegen sich während ihres Kampfes kaum. Stattdessen ist ihr Gehirn ist äußerst aktiv, was dazu führt, dass sie während eines einzigen Schachspiels mehrere Kilogramm Gewicht verlieren. Mit 2 % des Gesamtkörpergewichts benötigt das Gehirn 20 % des gesamten Energieverbrauchs des Körpers (vgl. Spitzer, 2006, 51). Für diesen hohen Energieverbrauch gibt es einen nachvollziehbaren Grund:

Im Unterschied zu vielen anderen Lebewesen ist Lernen für den Menschen existenziell wichtig, denn nur lernend gelingt die für sein Überleben unentbehrliche Anpassung an die Welt.

Dabei kommt es nicht auf das Lernen vieler Details an, wie es früher beispielsweise im Unterricht mit all den auswendig zu lernenden Vokabeln, Formeln oder Geschichtsdaten in der Schule üblich war. Vielmehr geht es um das Erlernen elementarer Regeln und Prinzipien, wie das folgende Beispiel zum Spracherwerb anschaulich zeigt:

> *„Im Vorschulalter wissen Kinder bereits, dass die Verben, die auf ‚-ieren' enden, das Partizip Perfekt ohne ‚ge' bilden. Sie erzählen, dass sie gestern gelaufen sind, aber nicht durch den Wald ge-spaziert (sondern nur spaziert), und was sie vorgestern nur verloren (und nicht ge-verloren) haben, das haben sie stolz gestern wieder gefunden. Man könnte meinen, dass die Kinder die richtigen Partizipien wie auch die Infinitive und alles andere einfach ‚aufgeschnappt', also auswendig gelernt haben. Dem ist jedoch nicht so. Erzählt man ihnen die Geschichte von den Zwergen, die am Abend quangen und sich am nächsten Morgen daran erinnern, dann sagt der Zwerg, gestern haben wir wieder einmal so richtig schön gequangt. Und wenn die Zwerge am Abend*

patieren, dann sagt der Zwerg, man habe gestern so richtig schön – patiert (ohne ‚ge'). Auf diese Weise, also dadurch, dass man Kinder mit Wörtern grammatisch hantierten lässt, die es gar nicht gibt, kann man nachweisen, dass sie tatsächlich eine Regel gelernt haben und nicht lediglich viele Beispiele. Diese Regel jedoch hat ihnen niemand beigebracht. Sie haben sie selbst generiert. Gehirne besitzen diese Fähigkeit zum spontanen Generieren von Regeln aufgrund von Beispielen [...]. Alles, was es hierzu braucht, sind die richtigen Beispiele, und zwar möglichst viele davon."

(Spitzer, Gehirnforschung und die Schule des Lebens 2006, 52)

Viele wichtige von Psychologen beschriebene lernpsychologische Vorgänge lassen sich heute hirnbiologisch nachweisen und erklären. Die immer noch zu wenig beachtete Erkenntnis, dass kreatives Handeln (und Lernen) eine emotional positive, also eine angenehme (Lern-)Atmosphäre voraussetzt, ist heute wissenschaftlich bewiesen – zum großen Erstaunen all derer, die sagen, ohne Druck und ohne eine gewisse Angst könne man nicht schnell und erfolgreich lernen.

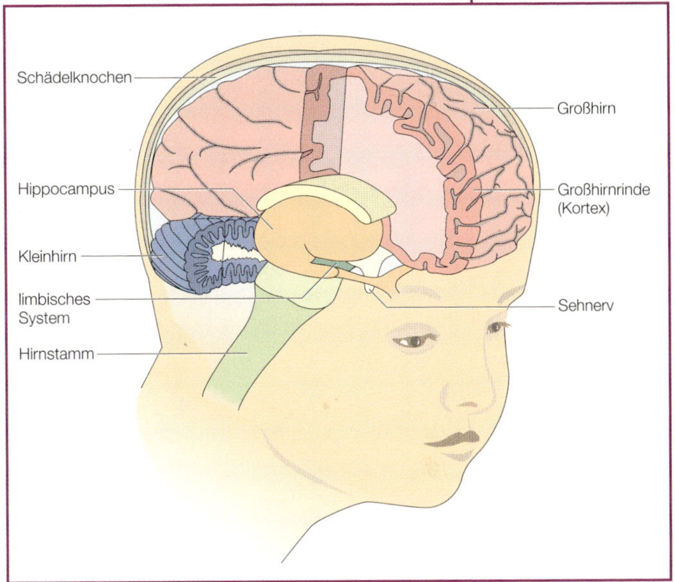

Ein kleiner Teil des Gehirns, der sogenannte Hippocampus, speichert als wichtig und neu wahrgenommene Einzelheiten sehr schnell. Die im Hippocampus im Wachzustand gespeicherten Einzelheiten (Einzelinformationen) werden im Schlaf zur Großhirnrinde (Cortex) weitergeleitet und verändern dort die Nervenverbindungen mit dem Ergebnis einer nachhaltigeren Speicherung. Dieser letztere Prozess kann Wochen bis Monate dauern. Da die Nervenverbindungen in der Großhirnrinde bei diesem Vorgang nur geringfügig verändert werden, sind es nicht die Einzelheiten, sondern das Allgemeine, die grundlegenden Prinzipien, die dauerhaft gespeichert werden. Diese Prinzipien lassen sich umso leichter speichern (bzw. werden umso leichter gelernt), je stärker sie von nachvollziehbaren Beispielen gestützt werden. Sowohl in der pädagogischen Arbeit in sozialpädagogischen Einrichtungen als auch im schulischen Unterricht sollten daher Beispiele als „Anker" für allgemeine kulturelle und für das Leben wichtige Prinzipien angeboten werden.

Während der Hippocampus für das Erlernen wichtiger neuer Inhalte verantwortlich ist, ist ein anderer sehr kleiner Teil des Gehirns, der sogenannte Mandelkern, für das Erlernen der emotionalen Bedeutungen von Lerninhalten erforderlich. Der Mandelkern wird aktiviert, wenn Inhalte ins Gedächtnis gerufen werden, und stellt Körper und Psyche darauf ein, blitzschnell mit Angst oder Flucht bzw. im positiven Fall mit Wohlbefinden zu reagieren. Wird ein gefährlicher, laut bellender Hund wahrgenommen, so kommt es zu keinen längeren Reflexionsvorgängen über mögliches, sinnvolles oder weniger sinnvolles Handeln. Vielmehr wird blitzschnell ausgewichen. In dieser vom Mandelkern gesteuerten, schnellen Reaktion liegt keinerlei kreative Reflexion. Auch dies ist in vielen Lebenssituationen wichtig für das Überleben, reicht aber keineswegs aus, um die komplexen und komplizierten Anforderungen an eine erfolgreiche Anpassung an die Welt zu bewältigen.

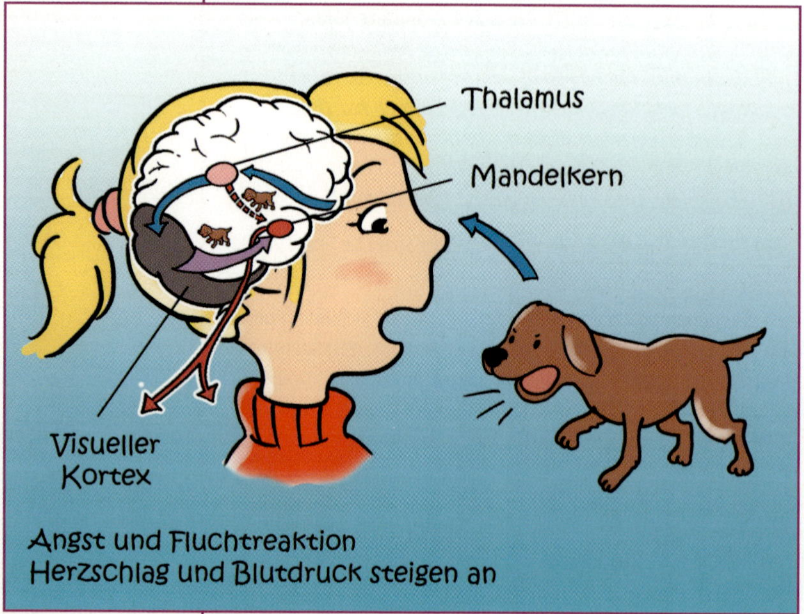

Der Mandelkern ist gleichsam das emotionale Gedächtnis des Menschen. Ohne den Mandelkern kann der Mensch weder selbst Gefühl haben noch Gefühle anderer wahrnehmen und bewerten. Der Mandelkern kann die rationale Seite kognitiver Vorgänge übergehen oder gar ausschalten: Unter Angst und Stress werden Umweltreize nicht über den Hippocampus in die Großhirnrinde geleitet, sondern vom Mandelkern aufgenommen und weitergeleitet. Inhalte oder Verhaltensweisen, die unter Angst und Stress erlernt wurden, rufen selbst wiederum Angst und Stress hervor, wann immer sie ins Gedächtnis gerufen oder wiederholt werden. Gedächtnisinhalte, die mit positiven Emotionen verbunden sind, rufen dagegen positive Emotionen hervor, wenn sie reaktiviert werden.

Werden, wie es Pawlow beim Klassischen und Skinner beim Instrumentellen Konditionieren psychologisch beschrieben haben, Verhaltenweisen bzw. Lerninhalte mit einer Bedrohung verknüpft, so ist es nach den Ergebnissen der Hirnforschung der Mandelkern, der dafür sorgt, dass es zu Fluchtreaktionen und – falls dies nicht möglich ist – zu Aggressionen gegen den Verursacher der Bedrohung kommt.

Eine Nervenverbindung zwischen Thalamus (einem weiteren Teil des Gehirns) und Mandelkern ermöglicht dem Menschen von emotionalen Erinnerungen gesteuerte, sehr schnelle, spontane Reaktionen. Durch den Mandelkern wird die Gefühlsbezogenheit des Gedächtnisinhaltes erkannt (z. B. Angst oder Zuneigung) und eine unmittelbare Reaktion (z. B. Flucht, Ausweichen bzw. Wohlbefinden) ausgelöst. Beim Lernen kann dies dazu führen, dass unter großer Angst Gedächtnisinhalte blockiert werden. Eine entscheidende Konsequenz daraus ist:

Die Entwicklung der Großhirnrinde von der Geburt bis zum späten Kindesalter zeigt ein deutliches, zielgerichtetes Wachstum an Nervenfasern und -verbindungen. Diese Zunahme, die durch geeignete Anregungen in der Umwelt wesentlich gefördert wird, ist Voraussetzung für erfolgreiches Lernen. Eine Vielzahl wissenschaftlicher Untersuchungen hat gezeigt, dass – bis ins hohe Alter – eine anregende Umgebung und die hier ablaufenden Lernprozesse anatomische und physiologische Auswirkungen auf das zentrale Nervensystem haben und dass diese Auswirkungen wiederum das Lernen, das Verhalten und das Erleben mitbestimmen.

Lernen sollte in einer angenehmen, emotional positiv bewerteten und anregenden Atmosphäre ermöglicht werden.

Die Entwicklung des Gehirns sollte von Geburt an gefördert werden; auch dies geschieht am wirkungsvollsten in einer anregenden, emotional angenehmen und unbelasteten Umgebung. Dafür sind Erzieherinnen in den sozialpädagogischen Einrichtungen mitverantwortlich. Das Gehirn „erwartet" und sucht Abwechslung und Anregung, aber keine Reizüberflutung. Es benötigt aber auch Zeit, um die Fülle an Wahrnehmungsinhalten, Vorstellungen, Gedächtnisinhalten und Gedanken zu verarbeiten.

In der neueren Hirnforschung wurde also nachgewiesen,

- dass Lernen in einer Atmosphäre von Druck und Angst dazu führt, dass der Lernende mit Flucht oder Aggression reagiert – es sei denn, er wird mit mehr oder minder offener Gewalt daran gehindert.
- dass nachhaltiges Lernen und die Entwicklung kreativen Handelns eine angstfreie und emotional unbelastete Atmosphäre erfordern.
- dass das zusammenhanglose Lernen bzw. „Anhäufen" von Einzelheiten zu keinem nachhaltigen Lernen führt und die Fähigkeit, sich kreativ und flexibel an die Welt anzupassen, behindert.
- dass konkrete Beispiele, die an die Erfahrungen der Kinder und Jugendlichen anknüpfen, das Erkennen und Verstehen allgemeiner und kulturell bedeutsamer Handlungen und Verhaltenstechniken wesentlich unterstützen (vgl. Spitzer, 2006, 51–61).

Lerntypen

4.4.6

Individuelle Unterschiede bei der Aufnahme, Verarbeitung und Speicherung von Lerninhalten können auch mit den persönlichen Vorlieben und den individuellen Wahrnehmungsbedingungen des Lernenden zusammenhängen.

Frederic Vester (vgl. 1975) stellte fest, dass Menschen – wahrscheinlich auch aufgrund frühkindlicher Erfahrungen – individuelle Vorlieben entwickeln, auf welche Art und Weise sie Informationen leichter aufnehmen. Vester unterscheidet dabei vier verschiedene Lerntypen:

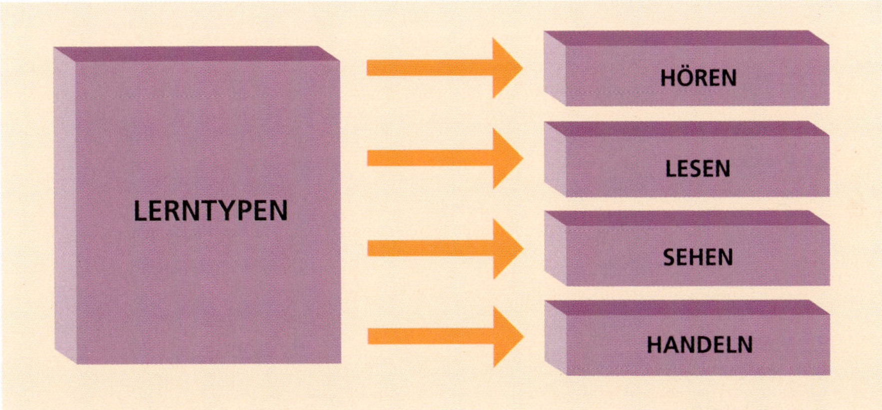

- Der Lerntyp „Hören"

Der auditive Lerntyp lernt vorwiegend über die Lernwege „Hören" und „Sprechen". Er kann gehörte Informationen und mündliche Erklärungen leicht aufnehmen, behalten und wiedergeben.

- Der Lerntyp „Sehen"

Der visuelle Lerntyp lernt am besten, wenn er ein Bild zum Lernstoff hat oder sich eines machen kann. Es fällt ihm leichter, sich Inhalte zu merken, wenn er sich diese in Form von Grafiken oder Bildern veranschaulicht. Er nimmt Informationen bzw. Sachverhalte durch Sehen oder Sich-zeigen-Lassen auf.

- Der Lerntyp „Lesen"

Der Lerntyp „Lesen" orientiert sich beim Lernen an dem Begriffssystem unserer Sprache. Er lernt am besten, wenn er Informationen, Sachverhalte und Erkenntnisse durch das Lesen aufnimmt.

- Der Lerntyp „Handeln“

Der handelnde Lerntyp lernt am besten, indem er Handlungsabläufe selber durchführt und auf diese Weise nachvollzieht. Für ihn ist es wichtig, am Lernprozess unmittelbar beteiligt zu sein und durch das „learning by doing“ eigenständige Erfahrungen zu sammeln.

Insgesamt konnte Vester feststellen, dass es – unabhängig vom Lerntyp – das Lernen erleichtert, wenn man die Möglichkeit hat, über mehrere Wahrnehmungskanäle gleichzeitig zu lernen.

Die einzelnen Lerntypen gibt es auch nach Vesters Auffassung nicht in Reinform, sondern in der Regel als Mischformen mit unterschiedlicher Akzentuierung.

Kritik an diesem Lerntypenmodell ist allerdings vor allem deshalb angebracht, weil Lernen ein äußerst komplexer Vorgang ist und sich Lernleichtigkeit und Lernerfolg nicht vor allem mithilfe der unterschiedlichen Lerntypen (bzw. Eingangskanäle) erklären lässt. An jedem Lernprozess – und dies ist Kritik an behavioristischen Lernmodellen – sind komplizierte Denk- und Vorstellungsprozesse beteiligt. Lernergebnisse sind vor allem eine Folge individueller Lernprozesse, in denen geistige Konstruktionen ebenso eine Rolle spielen wie beispielsweise Emotionen, Vorerfahrungen, die jeweilige Motivation und die differenzierten Vorgänge im zentralen Nervensystem.

Neben den von Vester beschriebenen Lerntypen werden in der aktuellen Literatur weitere Lerntypen genannt, insbesondere der kommunikative Lerntyp, der am besten im Austausch mit anderen lernt, und der medienorientierte Lerntyp, der Lerninhalte gerne multimedial präsentiert bekommt oder selbstständig im Internet recherchiert.

4.4.7 Kognitive Lernstrategien für die Schule

Zu den Aufgaben von Erzieherinnen gehört es auch, Schulkinder in ihrer Entwicklung und ihrem Lernen zu begleiten. Wenn Sie in einer Einrichtung der Schulkindbetreuung oder der Heimerziehung tätig sind oder tätig sein wollen, werden Sie mit dem schulischen Lernen von Kindern und Jugendlichen konfrontiert. Dabei unterstützen Sie die Schulkinder bei der

- Bewältigung der Hausaufgaben,
- Vorbereitung auf eine Arbeit oder Prüfung oder
- Bewältigung von Lernschwierigkeiten.

Zum einen müssen Erzieherinnen selbst über die notwendigen fachlichen Kompetenzen z. B. in Mathematik, Deutsch oder Englisch verfügen, zum anderen brauchen die Kinder und Jugendlichen Unterstützung in der Art und Weise, wie sie mit schulischen Aufgaben, Problemen oder Herausforderungen umgehen und wie sie nachhaltig lernen können. Gerade hierfür kann Wissen über kognitive Lernstrategien hilfreich sein. Mit „kognitiv“ sind in diesem Zusammenhang alle Vorgänge gemeint, die mit der menschlichen Informationsgewinnung und -verarbeitung zusammenhängen, insbesondere Wahrnehmen, Vorstellen, Erinnern und Denken.

Wissen über kognitive Lernstrategien sorgt nicht zwangsläufig dafür, dass die Aneignung von Informationen von nun an quasi von alleine funktioniert. Möglicherweise kann es aber helfen, schulisches Lernen erfolgreicher zu gestalten.

Unter kognitiven Lernstrategien werden Lern- und Denkprozesse verstanden, die die unmittelbare Informationsaufnahme, -verarbeitung und -speicherung erleichtern sollen. Schräder-Naef unterscheidet in diesem Zusammenhang zwei grundsätzliche Arten von Strategien.

1. **Primärstrategien** sollen zu einem besseren Erwerb und Verstehen der Informationen beitragen. Bei dieser Art von Strategien geht es vorrangig darum, die Organisation von Lernvorgängen zu verbessern. Hierzu zählen die Beschaffung, Aufnahme, Verarbeitung, Speicherung von Informationen und deren Anwendung.
2. **Stützstrategien** sollen den Erfolg der eingesetzten Primärstrategien sicherstellen und haben das Ziel, das Lernen unter Berücksichtigung motivationaler und emotionaler Aspekte zu unterstützen.

Schräder-Naef, die kognitive Lernstrategien untersucht hat, unterteilt die Lernstrategien in vier Klassen:

- Organisationsstrategien
- Elaborationsstrategien
- Reduktionsstrategien
- Wiederholungsstrategien

Organisationsstrategien

Organisationsstrategien helfen dabei, die zu lernenden Informationen in eine leichter zu verarbeitende Form zu bringen. Dies soll Aktivitäten gewährleisten, die den Lerninhalt strukturieren, die wichtigsten Informationen identifizieren und Verbindungen zwischen den neu zu lernenden Informationen herstellen. Die zu lernenden Informationen sollen also neu organisiert werden. Dies kann beispielsweise durch das Unterstreichen oder Herausschreiben der wichtigsten Informationen, durch Zusammenfassung von Informationen zu Oberpunkten oder Überschriften oder durch das Anfertigen von Tabellen, Grafiken oder Mind-Maps gelingen.

Elaborationsstrategien

Elaborationsstrategien (Ausarbeitungsstrategien) sind dazu geeignet, die neu aufgenommenen Informationen in das individuell vorhandene Vorwissen einzuordnen. Neu zu lernendes Wissen wird umso besser behalten, je besser es in bereits bestehende Wissensstrukturen eingegliedert werden kann. Mit Elaborationsstrategien sind Lerntätigkeiten gemeint, die die neuen Informationen mit Beispielen und Erlebnissen anreichern. Besonders hilfreich ist dabei die Entwicklung von Analogien, die das Behalten deutlich erleichtern können.

Reduktionsstrategien

Reduktionsstrategien (Verminderungsstrategien) dienen dazu, die Flut von Informationen angesichts der beschränkten Aufnahmekapazität des Menschen zu verringern. Unter Reduktionsstrategien werden Maßnahmen verstanden, die die zu lernende Informationsmenge verkleinern. Zu diesem Zweck können Schülerinnen und Schüler bestimmte Wörter oder Sätze, die stellvertretend für ganze Abschnitte stehen, gezielt auswählen, also die wichtigsten Stichwörter herausschreiben oder übersichtliche Zusammenfassungen schreiben.

Wiederholungsstrategien

Wiederholungsstrategien sind besonders dann hilfreich, wenn neues Wissen ins Langzeitgedächtnis überführt werden soll. Um das Einprägen neuer Sachinhalte, Zusammenhänge, Regeln oder Formeln zu erleichtern, sind Strategien zum Üben und Wiederholen notwendig. Dies kann beispielsweise durch mehrmaliges Durchlesen oder wiederholtes, lautes Aufsagen erreicht werden (vgl. Schräder-Naef, 2002, 43–47).

Die dargestellten Lernstrategien können bzw. sollen im Rahmen eines Lernprozesses miteinander kombiniert werden. Bedeutsam für Schülerinnen und Schüler ist es, über ein möglichst vielfältiges Repertoire an Lernstrategien zu verfügen. Darüber hinaus erhöht es den Lernerfolg, wenn die Lernenden über die Möglichkeiten, Grenzen und Ziele der verfügbaren Lernstrategien Bescheid wissen und somit Lernstrategien flexibel einsetzen können.

4.4.8 Was brauchen Kinder und Jugendliche noch zum Lernen?

Die Atmosphäre ist bedeutend für den Lernerfolg. Freundlich und wertschätzend und vor allen Dingen angst- und möglichst stressfrei sollte das Klima im Gruppenraum sein. Hier sorgt die Erzieherin für eine geeignete Lernatmosphäre. Eine das Lernen fördernde Haltung, mit der eine Erzieherin Kindern und Jugendlichen gegenübertritt, ist durch Achtung, Wertschätzung, Wohlwollen, Wärme und Rücksichtnahme gekennzeichnet.

Folgende Verhaltensweisen von Erzieherinnen sorgen für eine positive Lernatmosphäre:

- *„den anderen wertschätzen, an ihm anteilnehmen,*
- *ihm Geltung schenken, ihn anerkennen, ihn willkommen heißen, ihm zugeneigt sein,*
- *mit ihm freundlich, herzlich umgehen, mit ihm nachsichtig sein,*
- *ihn rücksichtsvoll, zärtlich, liebevoll behandeln,*
- *ihn ermutigen, ihn wohlwollend behandeln,*
- *ihm vertrauen,*
- *zu ihm halten, ihm beistehen, ihn beschützen, ihn umsorgen, ihm helfen, ihn trösten,*
- *sich ihm gegenüber öffnen, ihm nahe sein."*

(Tausch/Tausch, 1991, 120)

Kinder sind Akteure ihrer Entwicklung

Grundsätzlich brauchen Kinder neben verständnisvollen Erwachsenen und einer Lernumgebung, in der sie sich sicher fühlen, Freiraum zum Lernen. Indem Kindern bewusst Entscheidungsspielräume eingeräumt werden, erhalten sie Möglichkeiten zu selbstständigem Handeln. Für den Kindergarten bedeutet dies beispielsweise, dass sie ihrem Streben nach Selbstständigkeit und Selbstbestimmung in sozial verträglicher Weise folgen können. Dies kann z. B. gewährleistet werden durch die freie Wahl:

- des Spielortes und Spielplatzes,
- von Spielzeug, Spielgegenständen und Spielinhalt,
- des Spielpartners oder der Spielgruppe,
- der Spieldauer.

(vgl. Regel, 2001, 22–25)

Stress – ein Lernkiller

Man unterscheidet angenehmen und unangenehmen Stress. Angenehmer Stress lässt sich als erwartungsvolle, als schön erlebte Spannung beschreiben. Dieser Stress kann das Lernen erleichtern. Unangenehmer Stress ist dagegen ein nicht zu unterschätzender Störfaktor beim Lernen. Oft wird er als Angst wahrgenommen. Er kann dazu führen, dass die geistigen und körperlichen Kräfte damit beschäftigt sind, den Stress zu bekämpfen und somit das Lernen erschwert wird.

Die Entstehung von unangenehmem Stress im Rahmen eines Lernprozesses kann folgende Ursachen haben:

- Versagensängste,
- Überforderung,
- Unterforderung,
- Leistungsdruck,
- Klima in der Gruppe (Konkurrenz, Gruppendruck, Missgunst),
- angsteinflößender Leiter der Gruppe (Erzieher/Lehrer, Eltern),
- Lerninhalte, die in nicht geeigneter Weise angeboten werden.

Aus Fehlern lernen – Fehler wertschätzen

Man sollte Fehler immer so früh wie möglich machen – so kann man am erfolgreichsten daraus lernen. Erzieherinnen – aber auch Eltern oder Lehrer –, die ängstlich bemüht sind zu verhindern, dass ihre Kinder überhaupt Fehler machen, behindern deren Lernen. Dies gilt ganz besonders, wenn sie Fehler der Kinder bestrafen. Nicht erst in der Schule macht sich bei Kindern die Angst breit, etwas Falsches zu sagen oder zu tun und Fehler zu begehen. Oftmals haben sie in ihrem Leben gelernt: Mach bloß keinen Fehler. Lieber nichts tun, als etwas falsch zu machen und dadurch Ärger zu bekommen, ausgelacht oder gar bestraft zu werden. Kinder, die im Laufe ihres bisherigen Lebens solche Erfahrungen gemacht haben, sind einer wesentlichen Lernmöglichkeit beraubt.

Peter Struck beschreibt die Bedeutung von Fehlern für die Lernfortschritte von Kindern und den adäquaten Umgang Erwachsener mit Fehlern von Kindern wie folgt:

> *„Wenn Kinder beim Lernen Fehler machen, müssen wir uns freuen, weil sie dann aus den Fehlern lernen und besser werden können, vorausgesetzt sie gefährden nicht ihre Gesundheit oder gar ihr Leben durch Fehlermachen."*
>
> *(Struck, 2004, 140)*

Übungen 4.5

Lerntypentest 4.5.1

LERNTYPENTEST Im Folgenden finden Sie verschiedene Lernwege. Tragen Sie bitte in die dazugehörigen Kästchen eine 3 ein, wenn Sie auf dem jeweiligen Lernweg viel behalten können; eine 2, wenn Sie einiges behalten, und eine 1, wenn Sie wenig behalten.	
a) Ich lese ein Fallbeispiel.	
b) Der Lehrer hält einen Vortrag zum Unterrichtsthema.	
c) Ich schaue mir Bilder und Zeichnungen zum Thema an.	
d) Ich führe mit anderen Studierenden ein Rollenspiel durch.	
e) Ich lese einen Theorietext mehrmals durch.	
f) Ein Mitschüler liest einen Text laut vor.	
g) Der Lehrer zeigt uns Dias zum Thema.	
h) Ich führe ein Experiment durch.	
i) Ich lese mir eine Begriffsdefinition mehrmals durch.	
j) Ich höre mir eine Kassette zu einem Thema an.	
k) Der Lehrer zeigt uns zu einem Lerninhalt einen Gegenstand.	

l) Ich hantiere und experimentiere mit Material und Gegenständen.	
m) Ich lese mir einen Text im Schulbuch durch.	
n) Mitschüler tragen das Ergebnis ihrer Gruppenarbeit vor.	
o) Der Lehrer stellt etwas in Form einer Tafelzeichnung dar.	
p) Ich führe mit anderen Studierenden ein Standbild durch.	

Auswertung des Lerntypen-Tests

Bitte addieren Sie die jeweiligen Ziffern, um Ihren individuellen Lerntyp zu ermitteln.

Lerntyp Hören: (b) + (f) + (j) + (n) =
Lerntyp Lesen: (a) + (e) + (i) + (m) =
Lerntyp Handeln: (d) + (h) + (l) + (p) =
Lerntyp Sehen: (c) + (g) + (k) + (o) =

Bitte tragen Sie nun die ermittelten Zahlenwerte zu den verschiedenen Lerntypen auf die entsprechenden Linien ein und verbinden Sie die vier Punkte zu einem Viereck.

(vgl. Klippert, 2002, 62 f.)

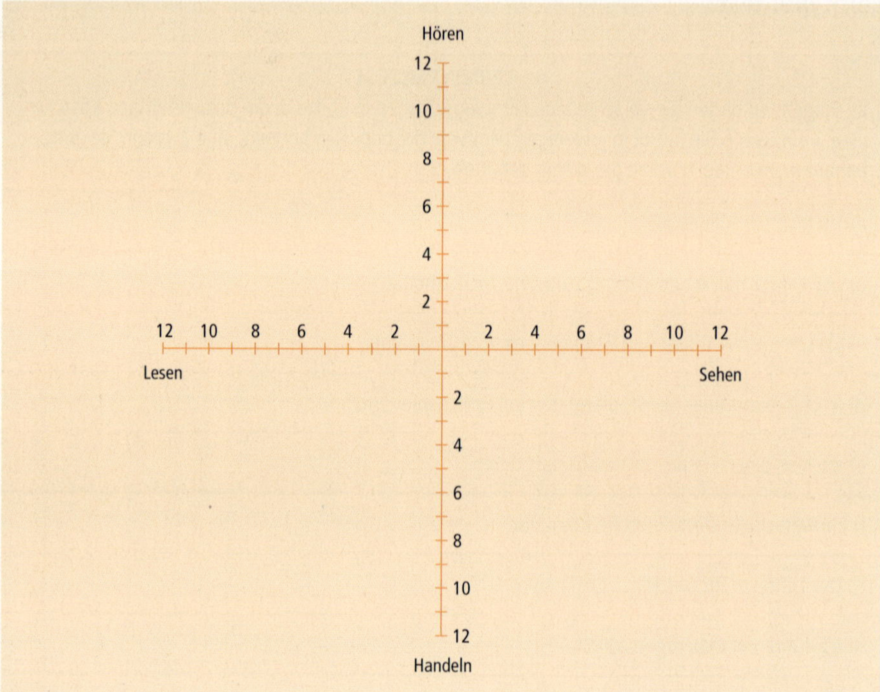

Lernkreuz (vgl. Vester, 1975, 151)

Anleitung zur Vorbereitung, Durchführung und Auswertung des Lerntypen-Tests

1. Schritt: Vorbereitung (Zeitaufwand 5 Minuten)

Transparenz für die Studierenden herstellen (Sinn und Zweck des Lerntypen-Tests)

Vorteile für die Studierenden
Das Kennen des persönlichen Lerntyps und der individuellen Lernwege ermöglicht effektiveres und erfolgreicheres Lernen.

Vorteile für die Unterrichtenden
Die Kenntnis der Lerntypen und der entsprechenden Lernwege bietet für den Lehrer nicht nur den Vorteil, dass er bei Lern- und Verständnisproblemen viel gezielter beraten und unterstützen kann, sondern ermöglicht auch durch gezielte Auswahlentscheidungen auf der didaktisch-methodischen Ebene des Unterrichts, die unterschiedlichen Lernwege der Studierenden zu berücksichtigen.

Allgemeine Hinweise zum Ausfüllen des Lerntypen-Tests
Kein Zusammenhang mit irgendeiner Form der Leistungsbewertung; unbedingt alleine in Einzelarbeit durchführen; nach bestem Wissen und Gewissen ausfüllen
2. Schritt: Durchführung (Zeitaufwand 15 Minuten, siehe Lerntypentest)
3. Schritt: Auswertung (Zeitaufwand 25 Minuten)

Vergleich der Ergebnisse in Dreiergruppen
Interessante und bemerkenswerte Ergebnisse werden im Plenum besprochen.
Studierende informieren den Lehrer über ihr jeweiliges Lerntypen-Profil.

Erkennen von Fertigkeiten, Fähigkeiten und Kompetenzen 4.5.2

Zwei Studierende sitzen an einem Tisch und haben die folgende Aufgabe:
Bauen Sie aus Knete und Zahnstochern ein zweistöckiges Haus, in dem eine kleine Figur bequem stehen kann.

Material:

- *Knete*
- *Zahnstocher*
- *Kleine Figur*
- *Unterlage*
- *Tisch*
- *Stühle*

Alle übrigen Studierenden nehmen eine Beobachterrolle ein. Sie gruppieren sich um den Tisch der beiden Studierenden, sodass sie freie Sicht haben. Die Beobachter werden in zwei Gruppen eingeteilt:

- *Beobachtergruppe 1: Alle erkennbaren Fertigkeiten, Fähigkeiten und Kompetenzen der beiden sollen beobachtet und dokumentiert werden.*
- *Beobachtergruppe 2: Die einzelnen Handlungsschritte/Sequenzen der beiden sollen protokolliert werden.*

Auswertung:

- *Sammeln und Vergleichen der beobachteten Fertigkeiten, Fähigkeiten und Kompetenzen.*
- *Durch welche Aktionen und Handlungssequenzen wurden die festgestellten Fertigkeiten, Fähigkeiten und Kompetenzen sichtbar?*
- *Analyse der einzelnen Handlungsschritte und Rückschluss auf die für die Handlungssequenz notwendigen Fertigkeiten, Fähigkeiten und Kompetenzen.*

4.5.3 Dem eigenen Lernen auf der Spur

1. *Beantworten Sie die folgenden Fragen in Ruhe und möglichst detailliert.*
   - *Wann macht mir Lernen Spaß?*
   - *Was kann ich besonders gut? Wo liegen meine Stärken?*
   - *Wann werde ich neugierig?*
   - *Was hat mir beim Lernen geholfen?*
   - *Auf welche Art und Weise lerne ich am besten?*
   - *Welche negativen Erfahrungen habe ich beim Lernen gemacht? Welche Gründe gab es dafür?*

2. *Vergleichen Sie Ihre eigenen Lernerfahrungen mit denen anderer Studierenden.*
3. *Stellen Sie Gemeinsamkeiten und Unterschiede heraus.*
4. *Entwickeln Sie Ideen zur Überwindung von Lernschwierigkeiten.*

4.5.4 Aktivierung beider Gehirnhälften

Die folgende Übung wird als „Cook-Übung im Sitzen" bezeichnet. Sie ist dazu geeignet, sich in einen ruhigen, ausgeglichenen und konzentrierten Zustand zu versetzen. Sie kann für das Einstimmen auf ein neues Thema, nach Tests oder Klassenarbeiten und zum Abbau von Stress eingesetzt werden und das Lernen unterstützen (vgl. Meixner, 1996, 67–69).

Phase 1 *(Dauer ca. 1 Minute):*

Setzen Sie sich aufrecht und bequem hin und legen Sie das linke Bein über das rechte Knie.
Die rechte Hand ergreift den linken Außenknöchel und die linke Hand wird um den Fußballen des linken Fußes gelegt.

Atmen Sie dabei ruhig und tief ein. Beim Einatmen durch die Nase legen Sie die Zunge an den oberen Gaumen und beim Ausatmen an den unteren Gaumen.

Phase 2 *(Dauer ca. 1 Minute):*

Sitzen Sie weiterhin aufrecht und bequem und stellen Sie jetzt beide Füße auf den Boden. Nun bringen Sie die Finger beider Hände langsam zusammen.

4.5.5

Lernen durch Einsicht

Durch das Lösen der folgenden Probleme können Sie selbst erproben, wie das Lernen durch Einsicht funktioniert (vgl. Leitner, 1976, 250f).

Problem 1

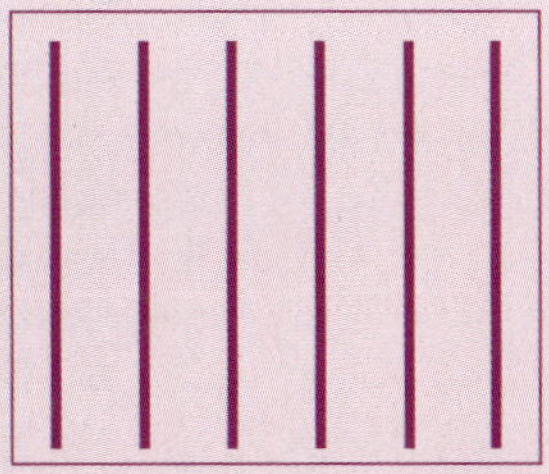

Die rechts abgebildeten Stäbe sind so zusammenzufügen, dass jeder einzelne von ihnen mit jedem Ende die Enden von genau zwei anderen Stäben berührt.

Problem 2

Die neun Punkte sollen durch vier gerade Linien miteinander verbunden werden. Dabei sollen diese vier Linien so gezogen werden, dass der Stift nicht abgesetzt werden muss.

Problem 3

Ein Bauer steht mit einem Wolf, einer Ziege und einem Kohlkopf auf der einen Seite eines Flusses. Um den Fluss zu überqueren, hat der Bauer ein Boot. Dieses ist allerdings so klein, dass außer dem Bauer nur noch eines der beiden Tiere oder der Kohlkopf hineinpasst. In der Gegenwart des Bauern sind die beiden Tiere friedlich und gehorchen. Ist der Bauer aber nicht in der Nähe, würde die Ziege den Kohlkopf und der Wolf die Ziege fressen. Wie gelingt es dem Bauern trotzdem alle drei heil über den Fluss zu bringen?

Problem 4

Ein Mann befindet sich in einem Zimmer, von dessen Decke zwei Fäden herunterhängen. Seine Aufgabe ist es, die beiden Fäden am unteren Ende zusammenzubinden. Er kann sich aber strecken, wie er will, er schafft es einfach nicht, beide Fäden gleichzeitig mit den Händen zu erreichen. Zur Lösung der Aufgabe darf er eine Schere verwenden.

4.6 Anregungen für die Arbeit in der Praxis

1. *Erfassen und dokumentieren Sie die konkreten Fertigkeiten und Fähigkeiten eines Kindes bei der Bewältigung einer Bewegungssituation.*
2. *Entwickeln Sie eine Situation oder eine Aufgabe, in der Kinder oder Heranwachsende ihre Fertigkeiten, Fähigkeiten und Kompetenzen erweitern können.*
3. *Führen Sie im Anschluss – je nach Altersstufe – darüber ein Gespräch mit den Kindern oder Jugendlichen durch, das Ihnen Aufschluss über folgende Punkte gibt:*
   - *Haben die Kinder ihrer eigenen Meinung nach etwas gelernt?*
   - *Was haben sie gelernt?*
   - *Wie oder wodurch haben sie es gelernt?*
   - *Beobachten Sie ein Kind mithilfe eines standardisierten*
   - *Beobachtungsbogens und beurteilen Sie die Vor- und Nachteile einer solchen Vorgehensweise im Hinblick auf die Tauglichkeit solcher Verfahren für den Kindergartenalltag.*

4.7 Weiterführende Literatur

- Birbaumer, Niels/Schmidt, Robert: Biologische Psychologie, 6. Auflage, Berlin, Springer-Verlag, 2006.
- Edelmann, Walter: Lernpsychologie, 6. vollst. überarb. Aufl., Weinheim, Psychologie Verlags Union, 2000.
- Mietzel, Gerd: Pädagogische Psychologie des Lernens und Lehrens, Göttingen, Hogrefe-Verlag, 2001.
- Myers, David G.: Psychologie, 2. Aufl., Berlin, Springer-Verlag, 2008.
- Reich, Kersten: Konstruktivistische Didaktik – ein Lehr- und Studienbuch inklusive Methodenpool auf CD, Weinheim, Beltz-Verlag, 2006.
- Seel, Norbert M.: Psychologie des Lernens, 2. Aufl., München, Ernst Reinhardt (UTB), 2003.
- Zimbardo, Philip G./Gerrig, Richard J./Hoppe-Graf, Siegfried/Engel, Irma: Psychologie, 7. Auflage, Berlin, Springer-Verlag, 2003.

Zum nächsten Kapitel

In diesem Kapitel konnten Sie lernen, wie Lernprozesse ablaufen und welche Bedingungen das Lernen erleichtern oder erschweren. Für Kinder ist Lernen durchaus noch ein „Kinderspiel", es sei denn, Eltern oder Erzieher haben bereits eine Situation geschaffen, in der das Lernen eingeschränkt und behindert wird. Die Lernprozesse sind umso erfolgreicher, je ausgeglichener und psychisch stabiler die Kinder sind.

Kinder, die Wertschätzung erfahren und in einer empathischen sozialen Umwelt aufwachsen, Kinder, deren Selbstwertgefühl dadurch ausgeprägt und deren Selbstvertrauen stabil ist, lernen leichter und wie selbstverständlich. Aus diesem Grund können Sie im nächsten Kapitel lernen, welche Bedeutung es hat, Kinder und Jugendliche als Partner anzunehmen und ihnen empathisch und wertschätzend zu begegnen.

5 Kinder und Jugendliche als Partner – Wertschätzung und Empathie

Kinder und Jugendliche als Partner wahrzunehmen und entsprechend zu behandeln, ist eine der Hauptaufgaben einer Erzieherin. Um ein wertschätzendes Miteinander möglich zu machen, ist es erforderlich, dass Erzieherinnen durch achtsamen Umgang mit den Kindern und Jugendlichen den Grundstein für ein partnerschaftliches Verhältnis zwischen Kindern und Erwachsenen legen. Nicht nur Eltern leben Kindern und Jugendlichen Verhalten vor und dienen als Modell. Auch Erzieherinnen, die den Alltag von Kindern und Jugendlichen begleiten, dienen diesen als Vorbild. Es ist wichtig, sich dessen bewusst zu sein und sein pädagogisches Handeln entsprechend zu reflektieren.

Um in ihrem späteren Tätigkeitsfeld sinnvolle pädagogische Arbeit leisten zu können, müssen Wertschätzung und Empathie zur Grundhaltung einer Erzieherin gehören. Auch wenn sie nicht hinter allen Handlungen der Kinder und Jugendlichen steht, muss die Erzieherin ihnen dennoch deutlich machen, dass sie geschätzt und geachtet werden. Kinder und Jugendliche haben nur dann die Möglichkeit, sich zu selbstbewussten Persönlichkeiten zu entwickeln, wenn ihnen Achtung entgegengebracht wird (vgl. Pausewang, 1994, 63). Sie müssen die Möglichkeit erhalten, in wichtige Entscheidungsprozesse integriert zu werden, zu partizipieren.

Partizipation von Kindern und Jugendlichen ist ihre verbindliche Einflussnahme auf Planungs- und Entscheidungsprozesse, von denen sie betroffen sind. Dazu gehört, dass sie über die Art und Weise ihrer Beteiligung mitbestimmen. Dies ist nur sinnvoll, wenn die Kinder oder Jugendlichen dabei weder unter- noch überfordert werden. Der partnerschaftliche Umgang muss echt sein, es darf nicht darum gehen, den Kindern die eigene Meinung aufzudrängen oder sie für eigene Anliegen zu missbrauchen. Die Meinungen und Bedürfnisse, die Kinder äußern, müssen ernst genommen werden. Kinderbeteiligung bedeutet immer, dass Kinder nicht alleine, sondern mit Betreuerinnen und Betreuern Probleme bearbeiten oder Projekte gestalten.

5.1 Kompetenzen von Erzieherinnen

Um die Entwicklung von Kindern und Jugendlichen zu selbstbewussten und gleichberechtigten Persönlichkeiten zu unterstützen, müssen Erzieherinnen über folgende Kompetenzen verfügen:

- *„Möglichkeiten und Grenzen der eigenen Wahrnehmungen und Beobachtungen und ihren Einfluss auf das eigene erzieherische Handeln kennen und reflektieren.*
- *Beziehungen zu Kindern und Jugendlichen auf der Grundlage von Wahrnehmungs- und Beobachtungsergebnissen reflektieren und gestalten.*
- *Alltagstheorien über Kinder und Jugendliche und eigene Orientierungsmuster mithilfe fachlicher Erklärungsansätze überprüfen.*
- *Kinder, Jugendliche als Partner in der Arbeit zu verstehen und zu respektieren."*

(Ministerium für Schule und Weiterbildung des Landes Nordrhein-Westfalen: Richtlinien, 2006, 29)

- Partnerschaftlichkeit und Achtung zur Grundlage von Erzieher-Kind-Beziehungen machen.
- Die Wirkung der eigenen Rolle als Erzieherin wahrnehmen und pädagogisch nutzen.
- Mit den Bezugspersonen der Kinder oder Jugendlichen partnerschaftlich umgehen.

Die Entwicklung dieser Kompetenzen kann mit der Lösung und Bewältigung der folgenden beruflichen Aufgaben erworben werden.

Berufliche Aufgaben: Beziehungen aufbauen und gestalten

5.2

- Beziehungen aufbauen und gestalten
- Kindliche Bedürfnisse wahrnehmen und beobachten
- Die eigene Erzieherpersönlichkeit reflektieren

Beziehungen aufbauen und gestalten

5.2.1

Nicht selten gehen Erwachsene respekt- und distanzlos mit Kindern um. Sie tätscheln ihnen auf dem Kopf herum, finden sie „süß" oder „niedlich" und nehmen so die Komplexität ihrer Persönlichkeiten gar nicht erst wahr. Besonders respektlos verläuft häufig der erste Kontakt zwischen Kindern und fremden Erwachsenen.

Der Umgang mit Kindern ist vor allem durch die Vorstellung geprägt, sie seien erst auf dem Weg, eine Persönlichkeit zu werden. Erwachsene sehen Kinder oftmals nicht als gleichwertig, sondern als kleiner und weniger wichtig an. Sie reden „kindisch" mit Kindern, nehmen einen belehrenden Tonfall an, wenn ein Kind eine Frage stellt. Der Umgang des Erwachsenen mit Kindern ist oft bestimmt durch eigene Vorstellungen, wie das Kind zu sein hat, was es tun oder lassen soll.

Eine achtsame, wertschätzende und wohlwollende Beziehung ist Grundlage einer erfolgreichen Erziehung. Erfolgreich ist Erziehung immer dann, wenn es gelungen ist, dass das Kind oder der Jugendliche

- sich selbst konstruktiv, kritisch und optimistisch wahrzunehmen vermag, d.h. über Selbstbewusstsein im eigentlichen Sinne des Wortes verfügt,
- auf seine Fähigkeiten und Fertigkeiten, auf seine Kompetenz und Kompetenzentwicklung vertrauen kann, d.h. über Selbstvertrauen im eigentlichen Sinne des Wortes verfügt,
- sich selbst zu achten und wertzuschätzen vermag, d.h. über ein Selbstwertgefühl verfügt,
- sich sozial verantwortlich und in einer Gemeinschaft aktiv, konstruktiv und kommunikativ zu verhalten vermag,
- in der Lage ist, die gesellschaftlichen Herausforderungen und Anforderungen zu meistern.

Eine pädagogische Beziehung, die dies zu leisten vermag, kann nur entstehen, wenn die Erzieherin dem Kind offen und glaubwürdig gegenübertritt. Dies ist wörtlich zu verstehen, denn durch offene Körperhaltung und freundlichen Gesichtsausdruck signalisiert sie ihrem Gegenüber, dass es willkommen ist. Eine Beziehung muss „echt" sein. Erzieherinnen helfen den Kindern, mit denen sie tagtäglich umgehen, wenn sie ihre eigenen Emotionen, ihre Gedanken, ihre Wünsche und ihre Ziele altersgemäß verständlich machen. Kinder können dies einschätzen und annehmen. „Echt" sein heißt keinesfalls, dass die Erzieherinnen mit den Kindern grob und unfreundlich umgehen dürfen, wenn ihnen danach ist.

Um eine positive Beziehung aufbauen zu können, müssen Erzieherinnen den Kindern und Jugendlichen vorurteilsfrei begegnen und sich auf sie einlassen. Dazu gehört, dass Kinder und Jugendliche selbst über die Art und Weise ihrer Beziehungsgestaltung mitbestimmen. Dies ist eine wesentliche Voraussetzung dafür, dass sich die jungen Menschen zu unabhängigen, eigenverantwortlichen und gemeinschaftsfähigen Persönlichkeiten entwickeln. Diese Fähigkeit, mit Gefühlen und Bedürfnissen umgehen zu können, nennt sich emotionale Kompetenz.

> *„Emotionale Kompetenz stellt also eine grundlegende Fähigkeit dar, von der abhängt, in welcher Qualität Kinder Beziehungen zu anderen Menschen erleben und gestalten können. (...) Ein emotionaler, auf das Kind und seine Bedürfnisse bezogener und verlässlicher Kontakt ist wichtig für die Herausbildung emotionaler Kompetenz. Mit zunehmendem Alter der Kinder kann das Umfeld und damit das Fachpersonal im Kindergarten hier einen entscheidenden Beitrag leisten. Für viele Kinder ist der Besuch des Kindergartens der erste regelmäßige Schritt aus der Familie in eine weitere Umwelt hinaus. Neue Bindungen an erwachsene Bezugspersonen und andere Kinder müssen entwickelt und Auseinandersetzungen bewältigt werden. (...) Eine positive, sichere Bindung zu Erziehungspersonen ist eine sehr förderliche Grundlage. Denn emotionale Kompetenz bildet sich immer im Rahmen einer emotionalen Beziehung heraus. Erzieherinnen haben die Aufgabe, die Kinder zu begleiten, zu fördern und zu versorgen, d. h. sie sind in einem umfassenden Sinn für das körperliche, seelische und geistige Wohl der Kinder zuständig. Deshalb kann hier eine besonders intensive emotionale Bindung entstehen. Diese Beziehung eröffnet vielfältige Potenziale bei der Herausbildung der emotionalen Kompetenz."*
>
> *(Pfeffer, 2004, 23 f.)*

Bereiten Sie die Aufnahme neuer Kinder in die Gruppe einer Kindertagesstätte vor.

1. *Überlegen Sie, welche Möglichkeiten der Kontaktaufnahme es gibt und welche Informationen für die Beziehungsgestaltung wichtig sind.*
2. *Entwickeln Sie eine möglichst konkrete und pädagogisch begründete Lösungsstrategie und stellen Sie diese anschließend vor.*
3. *Überprüfen Sie die Brauchbarkeit Ihrer Lösungsstrategie gemeinsam mit anderen und entwickeln Sie sie ggf. weiter.*

5.2.2 Kindliche Bedürfnisse wahrnehmen und beobachten

Kinder müssen lernen, ihre Bedürfnisse in sozialverträglicher Weise zu befriedigen. Ihnen muss bewusst sein, dass sie in einer Gemeinschaft mit anderen leben, auf die sie ebenfalls achten müssen; die Befriedigung der eigenen Bedürfnisse sollte also nicht rücksichtslos geschehen. Um den Kindern dies zu ermöglichen, müssen Erzieherinnen wichtige Bedürfnisse von Kindern erschließen und Verhaltensweisen wahrnehmen, die diese Rückschlüsse ermöglichen. Bedürfnisse sind – wie Gefühle – nicht direkt wahrnehmbar. Selbst verbal geäußerte Bedürfnisse müssen nicht unbedingt in die „richtige" Richtung weisen.

Das Kleinkind hat neben den vitalen Bedürfnissen nach Nahrung, Kleidung etc. Bedürfnisse nach Geborgenheit, Sicherheit, emotionaler Wärme, Zuwendung, Anregung oder das Bedürfnis zu lernen. Eine angemessene Befriedigung all dieser Bedürfnisse ist für die Entwicklung einer selbstbewussten und sicheren Persönlichkeit bedeutsam. Dazu benötigt das Kind eine stabile Beziehung zu Erwachsenen. Natürlich ist es nicht möglich und auch nicht sinnvoll, allen Bedürfnissen der Kinder nachzukommen – ein gewisses Maß an Frustration lässt sich nicht vermeiden und ist auch erforderlich, damit das Kind lernt, mit Enttäuschungen umzugehen und sie zu verkraften. Zudem wachsen Kinder an der Bewältigung von Belastungen und Problemen. Sie entwickeln dabei neue Fertigkeiten und Kompetenzen, die ihnen die zukünftige Auseinandersetzung mit Schwierigkeiten und widrigen Lebensumständen ermöglichen.

Wenn Erwachsene kindlichen Erlebnissen ihren eigenen Gefühlsstempel aufdrücken, trauen Kinder schnell ihren eigenen, oft ganz anderen Gefühlen nicht mehr: „Ich muss mich irren, nur andere wissen, was für mich gut ist" (vgl. Textor, 2004). Kinder fühlen sich nur dann akzeptiert, wenn ihr Recht auf eigene Gefühle geachtet wird.

Entwickeln Sie ein Spielangebot, das es Ihnen ermöglicht, systematisch auf

- *die Lernbedürfnisse der beteiligten Kinder oder*
- *Zuwendungsbedürfnisse oder*
- *Interesse für bestimmte Dinge oder*
- *Bewegungsbedürfnisse etc.*

zu schließen.

1. *Entscheiden Sie sich für eine der möglichen Zielgruppen (Kindertagesstätte, Hort o. Ä.) aus Ihren zukünftigen Handlungsfeldern.*
2. *Klären Sie, welche Informationen Sie für die Entwicklung und Durchführung der einzelnen Spielangebote benötigen.*
3. *Planen Sie ein Spielangebot zu einem der oben genannten Bedürfnisbereiche.*
4. *Klären Sie die konkreten Ziele, die Sie durch das Spielangebot erreichen möchten.*
5. *Entwickeln Sie eine möglichst konkrete und pädagogisch begründete Lösungsstrategie. Planen Sie das Angebot unter möglichst realistischen Gegebenheiten.*
6. *Überprüfen Sie die Brauchbarkeit Ihrer Lösungsstrategie gemeinsam mit anderen und entwickeln Sie sie ggf. weiter.*

Die eigene Erzieherpersönlichkeit reflektieren 5.2.3

Kinder sind *keine* kleinen Erwachsenen. Weil dies zu verstehen schwierig ist, fällt es Eltern und Erziehenden manchmal schwer, partnerschaftlich mit ihnen umzugehen. Partnerschaftlich heißt nicht, auf Grenzen und Regeln zu verzichten, sondern Kinder und Jugendliche wertzuschätzen und sie zu achten. Mit Kindern sprechen Erwachsene häufig unnatürlich. Manche Themen werden ganz vor ihnen verheimlicht; betreten Kinder einen Raum, in dem Erwachsene über etwas reden, wird es oft schlagartig still. Wenn Kinder nachfragen, worüber gesprochen wurde, werden sie bisweilen belogen, wenn es um Themen ging, die nicht für Kinder „bestimmt" sind. Dies sind Beispiele dafür, wie manche Erwachsene sich Kindern gegenüber verhalten, vielleicht ohne zu wissen, dass es auch anders gehen könnte.

Im Idealfall ist der Erwachsene selbst offen und entwicklungsfähig. Er sieht sich und seine Handlungen selbstkritisch und zeigt Bereitschaft, sich auf neue Gegebenheiten einzulassen. Grundsätzlich sollte er von der Kompetenz des Kindes und seinen Ressourcen ausgehen und das Kind als Subjekt mit eigener Individualität verstehen. Dabei muss er in der Lage sein,

- sich und den Kindern bzw. Jugendlichen klare Grenzen zu setzen,
- sich konsequent zu verhalten,
- sich an getroffene Vereinbarungen zu halten,
- dem Kind liebevoll zugewandt, akzeptierend und wohlwollend gegenüberzutreten.

Dies setzt eine hohe Bereitschaft des Erwachsenen voraus zu

- konstruktiver Selbstkritik,
- Selbsterfahrung und
- Selbsterziehung.

Dazu ist es erforderlich, dass der Erwachsene

- seine eigenen Grenzen nicht vertuscht,
- seine Gefühle nicht versteckt,
- seine Autorität nicht mit seiner Position oder Institution, sondern mit seinen Kompetenzen begründet,
- den Kindern Orientierungen und Sicherheit, aber auch die Möglichkeit bietet, eigene Erfahrungen zu sammeln und bis an die eigenen Grenzen zu gehen.

Reflektieren Sie Ihr Handeln in der pädagogischen Praxis unter folgenden Leitfragen:

- *Welches „Bild vom Kind“ habe ich?*
- *Wie kommuniziere ich mit den Kindern (verbal und nonverbal)?*
- *Welche Erziehungsmaßnahmen setze ich ein?*
- *Was ist „mein“ Erziehungsstil?*

1. *Klären Sie Ihr persönliches „Bild vom Kind“ und tauschen Sie sich mit anderen darüber aus.*
2. *Bereiten Sie einen Elternabend zum Thema „Kinder sind keine kleinen Erwachsenen – Kinder brauchen Achtung und Wertschätzung“ vor.*
3. *Klären Sie die pädagogischen und psychologischen Ziele, die Sie an diesem Abend verfolgen.*
4. *Planen Sie den Elternabend unter möglichst realistischen Bedingungen.*
5. *Beziehen Sie Kolleginnen und Kollegen und – altersgemäß – die Kinder in Ihre Planung ein.*
6. *Überprüfen Sie die Brauchbarkeit Ihrer Lösungsstrategie gemeinsam mit anderen und entwickeln Sie sie ggf. weiter.*

Aus dem beruflichen Alltag

5.3

Im Folgenden handelt es sich um Beispiele aus dem beruflichen Alltag, in deren Mittelpunkt die Notwendigkeit steht, Kindern oder Jugendlichen wertschätzend und einfühlsam (empathisch) zu begegnen. Möglicherweise verfügen Sie auch über vergleichbare Erfahrungen, mit denen Sie beispielhaft arbeiten können.

Beziehungen aufbauen und gestalten

5.3.1

Mein erster Tag in der neuen Einrichtung

Es ist Ihr erster Tag in der gelben Gruppe der Kindertagesstätte Birkenstraße. Gegen 7:30 h kommen Sie in der Einrichtung an – es sind noch keine Kinder da. Sie gehen gemeinsam mit Ihrer Kollegin in den Gruppenraum, um die Kinder in Empfang zu nehmen. Sie setzen sich an den Gruppentisch, trinken gemeinsam eine Tasse Kaffee und tauschen sich mit Ihrer Kollegin aus. Während die ersten Kinder in die Gruppe kommen und Ihre Kollegin sie begrüßt, sitzen Sie mit gekreuzten Beinen und vor der Brust verschränkten Armen am Tisch und betrachten das Geschehen. Die Kinder mustern sie neugierig, gehen dann an Ihnen vorbei und fragen Ihre Kollegin, wer Sie denn seien ...

Der Neue

In der von Ihnen geleiteten Jugendgruppe der OT Gartenstraße wird ein neu hinzugezogener Junge aufgenommen. Sie informieren die Teenager darüber und bitten sie, dem „Neuen" den Einstieg so angenehm wie möglich zu gestalten. Sie weisen die Jugendlichen aus einem ganz bestimmten Grund ausdrücklich darauf hin, denn diese sind eine „eingeschweißte Truppe", die es gar nicht gerne sieht, dass irgendein „dahergelaufener Typ" jetzt plötzlich von ihnen aufgenommen werden soll.

Kindliche Bedürfnisse wahrnehmen und beobachten

5.3.2

„Seht her, was ich Tolles habe!"

In Ihrer Einrichtung, die nachmittags Schulkinder betreut, gibt es ein Kind, das ganz besonders „toll" sein will. Es bringt immer verbotene, gefährliche Sachen wie Messer oder Feuerzeuge mit, mit denen es die Aufmerksamkeit und Beachtung der anderen erlangen möchte. Dies macht es sehr versteckt. Die Erzieher fragen, wo es die Sachen her hat, sie reden mit der Mutter, die auch von nichts weiß. Es steckt diese Sachen heimlich ein.

„Ich bin hier der Boss!"

Anja bestimmt seit Neuestem jeden Tag, wo ihre vier Freundinnen während des Mittagessens sitzen sollen. Sie tut dies in einem solchen Befehlston, dass die Erzieherinnen sich nach einer Teambesprechung entschlossen haben, die Kinder aufzufordern, sich nicht willenlos bestimmen zu lassen, sondern Anja auch mal ihren eigenen Wunsch mitteilen. Sie versuchen, Anja in ihre Schranken zu weisen. Erst auf Nachfragen wird deutlich, dass Anjas Freundinnen anscheinend damit einverstanden sind, dass Anja ihre Sitzplätze bestimmt, dass es also gar keinen Interessenkonflikt gibt (vgl. Büttner, www.kindergartenpaedagogik.de, 20.07.2005).

5.3.3 Die eigene Erzieherpersönlichkeit reflektieren

Strafe muss sein

Leon (5;1 J.) hat 45 Minuten lang gefrühstückt und spült schon seit 20 Minuten Geschirr. Er geht mit seinem Teller und dem Spültuch in die Bauecke, wo er zuvor mit seinen Freunden gespielt hat. Dort schmiedet er mit seinen Freunden neue Baupläne. Als ich dazu komme und sehr verärgert sage: „Nun reicht es mir! Ich muss dich jeden Tag ermahnen. Den ganzen Tag frühstückst oder spülst du. Zudem muss ich dir immer wieder sagen, dass du nicht mit dem Teller und dem Spültuch in die Bauecke gehen sollst. Doch du widersetzt dich jedes Mal der Regel. Du darfst heute und morgen nicht in die Bauecke. Wenn du mit dem Spülen fertig bist, kommst du mit einem Mengentrainer zu mir an den Tisch!" Leon schluchzt leise und weint, während er seinen Teller abtrocknet. Dann kommt er zu mir an den Tisch. „Leon, putz' dir erst einmal die Nase, und dann machen wir den Mengentrainer zusammen. Bist du einverstanden?" Leon nickt. Inzwischen ist Katja (3;1 J.) vom Frühstückstisch aufgestanden und hat ihr Geschirr stehen lassen. Sie ist seit einer Woche im Kindergarten.

„Ich kann das nicht!"

Drei Kinder sitzen mit mir am Tisch und malen Bilder vom Osterfest. Nachdem Frank (4;1 J.) eine Wiese mit bunt gefärbten Eiern gemalt hat, sagt er weinerlich: „Ich kann keinen Osterhasen malen." Ich gehe zu ihm, lege ihm die Hand auf die Schulter und frage: „Wie soll denn der Osterhase aussehen?" Er erwidert: „So, mit großen Ohren." Während des Sprechens malt er mit dem Finger einen Hasen in die Luft. „Ja, gut, mal ihn doch so", antworte ich aufmunternd. „Nein, du sollst den Hasen malen", fleht Frank.

„Nimm dir mal ein Beispiel an Klaus!"

Klaus (5;9 J.) malt ein Bild seines neuen Feuerwehrautos; er kann wirklich gut malen. Tom (6;3 J.) malt flüchtig einige Farbtupfer auf sein Blatt, er wirkt unkonzentriert. Ich bestätige Klaus, nachdem er fertig ist: „Das hast du wieder toll gemacht!" Tom sagt: „Ich bin auch fertig." Ich entgegne: „Tom, du hast dir keine Mühe gegeben. Mal wenigstens die leeren Stellen noch aus, so sieht dein Bild nicht schön aus!" „Dazu hab ich keine Lust; mir gefällt das Bild. Ich bin fertig!", erwidert er wütend. „Du willst doch auch ein schönes Bild machen, das wir dann im Flur ausstellen können. Komm, mach weiter!", ermuntere ich ihn. Tom zerknüllt sein Blatt. Ich reagiere wütend: „Tom, so etwas ist ungezogen. Ich bin sauer. Setz dich sofort hin und mal ein neues Bild! Du wirst sonst nicht mit zum Turnen gehen! Schau mal, wie schön Klaus gemalt hat!" *Sie skizzieren einen partnerschaftlichen und wertschätzenden Lösungsweg.*

5.4 Materialien

5.4.1 Beziehungen zu Kindern und Jugendlichen aufbauen und gestalten

Die Qualität pädagogischer Arbeit ist durch das Gelingen (oder Nichtgelingen) der Beziehungsgestaltung zwischen Kindern und Erzieherinnen bestimmt. Der Aufbau dieser Beziehungen ist eine pädagogische Kernaufgabe.

Menschen sind in besonderem Maße von ihrem sozialen Umfeld, d.h. von den zwischenmenschlichen Beziehungen beeinflusst und abhängig. Die Beziehung zwischen Erwachsenen einerseits und Kindern und Jugendlichen andererseits wird als „pädagogisches Verhältnis" bezeichnet.

Hermann Nohl (1879–1960), Vertreter der geisteswissenschaftlichen (Reform-)Pädagogik, hat mit dem Begriff des **pädagogischen Bezugs** den Blick auf das pädagogische Verhältnis von Erzieher und Kind gelenkt. Für ihn ist die Grundlage der Erziehung ein „leidenschaftliches Verhältnis eines reifen Menschen zu einem werdenden Menschen" (Nohl, 1933, 22).

Bezugsperson

Nohl nennt fünf Merkmale des pädagogischen Bezugs (vgl. 1970, 65):

1. Erziehung geschieht um des Zu-Erziehenden willen.
   Der Zu-Erziehende sollte immer Ausgangspunkt der Pädagogik sein, d.h., der Pädagoge setzt dem Kind gegenüber nicht die Interessen anderer Menschen oder Institutionen durch, sondern jede erzieherische Maßnahme muss sich daran orientieren und so ausgerichtet sein, dass sie den Kindern und Jugendlichen von Nutzen ist.
2. Erziehung unterliegt historischem Wandel.
   Es ist einem permanenten Werte- und Normenwandel unterlegen, was man als „um des Zu-Erziehenden willen" bezeichnen kann. Es gibt keine dauerhaft gültigen Erziehungsstile, daher ist ein Diskurs darüber unumgänglich.
3. Das pädagogische Verhältnis ist ein Verhältnis der Wechselwirkung.
   Die Beziehung zu Kindern und Jugendlichen ist kein Verhältnis, das nur von einer Seite geprägt wird, d.h., der Erziehende handelt und der junge Mensch reagiert ausschließlich darauf. Kinder und Jugendliche brauchen die Aufmerksamkeit, die Zuwendung, das Angenommen- und Anerkanntsein des Erziehenden, um aufwachsen und Vertrauen entwickeln zu können.
4. Der Erzieher kann das pädagogische Verhältnis nicht erzwingen.
   Die Beziehung zu Kindern und Jugendlichen kann nicht auf Täuschungen, Zwängen und Beeinflussungen aufgebaut werden. Es ist möglich, dass pädagogische Beziehungen auch misslingen.
5. Das pädagogische Verhältnis muss vom Erzieher von Anfang an als vorläufig betrachtet werden.
   Die pädagogische Beziehung zwischen Erzieher und Zu-Erziehendem muss derart gestaltet werden, dass das Kind bzw. der Jugendliche lernt, sich Schritt für Schritt aus dieser Bindung zu lösen, um selbstständig und mündig zu werden.

Die Vorstellung Nohls, dass die pädagogische Beziehung das Verhältnis zwischen einem „reifen" und einem „werdenden" Menschen darstellt, darf nicht missverstanden werden. „Reife" ist als Mündigkeit zu verstehen und „Werden" als Entwicklung hin zum mündigen Menschen. Mündigkeit ist hier nicht im rechtlichen Sinne, z.B. der Volljährigkeit, zu verstehen. Es ist die sich fortwährend weiterentwickelnde Fähigkeit, die sich im gesellschaftlichen Leben stellenden Aufgaben selbst und sozialverantwortlich zu lösen. Auch das hat mit Mündigkeit zu tun:

- *„Mut, sich seiner ohne Leitung eines anderen zu bedienen" oder auch*
- *„Mut, sich seines Verstandes zu bedienen"*

(Kant, 2004, 53)

Dies muss ein pädagogisches Verhältnis ermöglichen; dazu sollte es Kinder, Jugendliche und auch die Erwachsenen ermutigen.

5.4.2 Kindliche Bedürfnisse wahrnehmen und beobachten

„Bedürfnisse und Ansprüche des Individuums sind stets vermischt mit Bedürfnissen und Ansprüchen der Umwelt (der unmittelbaren Bezugspersonen, der Institutionen, der Gesellschaft); zum anderen sind kindliche Bedürfnisse und Ansprüche erst in der Interaktion mit der Umwelt entwickelbar."

(Fatke, 1980, 166 f.)

CD-ROM

Bedürfnisse entwickeln und verändern sich mit der Zeit und im Laufe der wechselseitigen Beziehungen mit der sozialen und räumlichen Umwelt. Kinder, Jugendliche und Erwachsene sind einzigartig; sie sind Individuen, die in unterschiedlichen Lebenswelten mit eigenständigen Werten und Alltagspraktiken aufwachsen. Es ist wichtig, Kinder und Jugendliche ihre eigenen Bedürfnisse wahrnehmen und ausdrücken zu lassen und nicht stattdessen „für sie zu sprechen". Kinder müssen dies nicht lernen – es sei denn, Eltern oder Erzieher haben sie allzu oft daran gehindert. „Du willst bestimmt ...", „ Du möchtest doch ...", „Davor hast du doch Angst", „Das tut doch gar nicht weh" sind Beispiele dafür, wie Erwachsene Kinder daran hindern, ihre eigenen Gefühle zu artikulieren.

Um die Bedürfnisse von Kindern und Jugendlichen wahrnehmen zu können, müssen Erzieherinnen in der Lage sein, sorgfältig und konsequent zu beobachten. Nur so können sie feststellen, dass und wie Kinder ihre unterschiedlichen Bedürfnisse artikulieren. Kinder tun dies mithilfe von Ausdrucksformen, die Erwachsenen oft nur schwer zugänglich sind. Dabei ist es schwierig, die Bedürfniswelt von Kindern kennen zu lernen, und nicht von den eigenen („erwachsenen") Bedürfnissen auf die der Kinder zu schließen (vgl. Kazemi-Veisari, 2002, 7).

Eine wichtige berufliche Kompetenz von Erzieherinnen ist das Beobachten. Besonders schwierig ist dies im Hinblick auf die Bedürfnisse von Kindern, da diese nicht direkt beobachtbar, sondern nur aus dem Verhalten erschließbar sind. Erzieherinnen müssen die Bedürfnisse von Kindern und Jugendlichen erschließen und (be-)achten, um ihnen gerecht zu werden.

Bedürfnisse lassen sich in Gruppen ordnen, z. B.:

- emotionale Bedürfnisse
  - sich getragen fühlen
  - geliebt werden
  - lieben
  - sich beschützt fühlen
  - Zuwendung erhalten
  - angstfrei sein
  - sich freuen
- soziale Bedürfnisse
  - Freude bereiten
  - sich verständigen/mitteilen
  - anerkannt werden
  - Erfolg haben
  - beschützen
  - selbstständig sein
- kognitive Bedürfnisse
  - lernen
  - kennen
  - wissen
  - können
- motorische Bedürfnisse
  - spielen
  - tätig sein
  - entdecken
  - sich bewegen
  - entspannen

Eine solche Ordnung kann helfen, kindliche Bedürfnisse gezielt zu erschließen. Dabei muss jedoch beachtet werden, dass sie nie isoliert als Einzelbedürfnisse vorkommen. Bedürfnisse sind vielmehr integriert in ein Ganzes, das auch aus Gefühlen, aus Erfahrungen, aus Fähigkeiten, Fertigkeiten und Kompetenzen etc. besteht und sich fortlaufend verändert und weiterentwickelt.

Die Beobachtung ist Grundlage für die Gestaltung von Spiel- und Lernsituationen. Aufgrund von Beobachtungsergebnissen erkennen Erzieherinnen, wo das einzelne Kind und wo die Gruppe steht. Sie sehen Stärken und Schwächen, erschließen Motivation (Verhaltensbereitschaft) und Frustration (Enttäuschung bzw. Wunschversagung), Lernfortschritte, Lernhemmungen etc.

Auf der Basis gründlicher Beobachtungen gewinnen Erzieherinnen Sicherheit im Umgang mit Kindern und Jugendlichen, können begründeter handeln und individueller auf diese eingehen.

Beobachtung ist wichtig,
- damit die Erzieherin auf die Kinder der Gruppe individuell eingehen kann,
- weil sie dadurch Veränderungen und Entwicklungen der Persönlichkeiten der Kinder erkennen kann,
- weil sie Angebote und Anregungen der jeweils aktuellen Interessen- und Bedürfnislage der Kinder anpassen kann und muss,
- weil sie dadurch zu erkennen vermag, dass Ereignisse und Dinge für Kinder eine andere Bedeutung haben können als für sie selbst,
- weil durch eine intensive Beobachtung einzelner Kinder die Beziehung zu ihnen verändert (verbessert) werden kann,
- weil sie Konsequenzen des eigenen pädagogischen Handelns im Verhalten der Kinder wahrzunehmen vermag und selbst durch Beobachtung lernt,
- weil theoretisches Wissen in der Beobachtung anschaulich werden und Orientierungen geben kann,
- weil sie Grundlage für Gespräche und Absprachen mit Kolleginnen und Eltern sein kann und muss.

Es gibt unterschiedliche Beobachtungsmethoden:

1. Die **unstrukturierte Beobachtung** (nicht gezielte Beobachtung)
   Die Beobachterin beschreibt Situationen, ohne sich dies bewusst vorgenommen zu haben; z. B. Auffälligkeiten, Konfliktsituationen, Ereignisse.

2. Die **strukturierte Beobachtung** (gezielte Beobachtung)
   Die Beobachterin führt eine genaue schriftliche Beobachtung durch nach Plan:
   - Wen will ich beobachten (z. B. Kind, Gruppe)?
   - Was will ich beobachten (z. B. Grobmotorik, Sprach-, Spiel- oder Sozialverhalten, Ausdauer)?
   - Wann und wie lange will ich beobachten (Datum, Zeit, Dauer)?
   - Wo und in welcher Situation will ich beobachten (z. B. Puppenecke, beim Spielen eines Tischspiels)?
   - Wie will ich beobachten (z. B. genau hinschauen, Notizen machen, per Video- oder Audioaufzeichnung)?

3. Die **offene Beobachtung**
   Die/der Beobachtete kennt den Grund für die Anwesenheit der Beobachterin.

4. Die **verdeckte Beobachtung**
   Die Beobachtete/der Beobachtete kennt den Grund der Beobachtung nicht.

5. Die **teilnehmende Beobachtung**
   Die Beobachterin nimmt an der Situation, in der sich die/der Beobachtete befindet, teil.
   Diese Methode eignet sich besonders, wenn Interessen und Gefühle innerhalb einer Gruppe und ihrer Mitglieder selbst erfahren werden sollen. Sie ist erforderlich, wenn nur durch den unmittelbaren Kontakt Angaben über das Verhalten der beobachteten Person gemacht werden können.

CD-ROM

6. Die **nicht teilnehmende Beobachtung**
Die Beobachterin nimmt an der Situation, in der sich die/der Beobachtete befindet, nicht teil. Dies ist nur möglich, wenn die Beobachterin von der beobachteten Person nicht wahrgenommen wird und diese auch nicht weiß, dass sie beobachtet wird. Sowohl nicht professionelle Alltagsbeobachtungen als auch professionelle systematische Beobachtungen können nicht teilnehmend sein.

Der Unterschied zwischen Alltagsbeobachtungen und systematischen Beobachtungen liegt vor allem darin, dass alltägliche Beobachtungen

- eher zufällig geschehen,
- nicht immer zutreffend sind,
- nicht auf einen bestimmten Aspekt ausgerichtet sind und
- meist unpräzise formuliert werden.

Systematische Beobachtungen sind dagegen

- gezielt und geplant,
- eher zutreffend,
- auf bestimmte Aspekte ausgerichtet und
- eindeutiger und präziser formuliert.

Im Folgenden werden mögliche Fehler dargestellt, die bei Alltagsbeobachtungen, aber auch bei systematischen Beobachtungen gemacht werden können:

CD-ROM

- Die Situation wird vorschnell gedeutet.
- Die auffälligste Person oder das auffälligste Ereignis zieht die Aufmerksamkeit auf sich und lenkt die Wahrnehmung von anderen ab.
- Eigene Werte und Normen beeinflussen die Wahrnehmung der Beobachterin: „Wir glauben nur, was wir sehen – leider sehen wir nur, was wir glauben wollen."
- Gefühle, Einstellungen und Vorurteile wie Sympathie oder Antipathie beeinflussen die Beobachtung.
- Das eigene psychische und/oder physische Befinden verändert die Wahrnehmung.
- Aufmerksamkeit und Konzentration entscheiden mit, was wahrgenommen wird.
- Eigenschaften, die man als Beobachterin selbst besitzt, werden anders oder gar nicht wahrgenommen.
- Hervorstechende positive oder negative Eigenschaften werden verallgemeinert und überlagern andere Merkmale der beobachteten Kinder.
- Eigene Gefühle und Erfahrungen werden auf die beobachtete Person übertragen.
- Voreilige, schnelle Urteile oder Bewertungen verändern die Beobachtungsergebnisse.
- Erinnerungen an ähnliche Situationen beeinflussen die Wahrnehmung.
- Unvorhergesehene Ereignisse beeinflussen die Beobachterin.

Diese möglichen Fehlerquellen zeigen, dass es keine objektive Beobachtung geben kann. Um trotzdem Beobachtungsergebnisse zu erhalten, die eine tragfähige Grundlage für das pädagogische Handeln sind, ist es erforderlich, diese Gefahren zu kontrollieren und kritisch zu hinterfragen. Besonders hilfreich können dabei sowohl systematisch wiederholte Beobachtungen, aber auch Kontroll- bzw. Parallelbeobachtungen durch eine zweite Erzieherin sein.

5.4.3 Die eigene Erzieherpersönlichkeit reflektieren

Pädagogische Arbeit verlangt eine innere Klärung durch die Erzieherin:

- Wie sehe ich das Kind?
- Was will ich mit meiner pädagogischen Arbeit bezwecken?

„Aktuelle Formen der Kinderbetreuung sind vielfältiger geworden und für immer mehr Kinder selbstverständlich nutzbar. Aber mehr denn je gibt es eine große Palette des Aufgabenverständnisses in Einrichtungen für Kinder, aber auch viel Unsicherheit über die richtigen Handlungsansätze: die Kinder zu ‚retten', zu beschützen, ein Stück ‚heile' Kinderwelt zu bewahren; oder: Kinder im traditionellen Sinne zu erziehen, sie auszurichten auf heutige und zukünftige Anforderungen, in die sie sich möglichst vorteilhaft und erfolgsorientiert einpassen sollen; aber auch: die Hoffnung, über die Arbeit mit und an den Kindern ‚die Welt' zu verbessern, mit ihnen zusammen (und über sie) Wünsche zu realisieren, (...)
Wenn Erwachsene – auch pädagogisch ausgebildete und erfahrene – danach suchen, was mit Kindern und für sie zu tun ihre Aufgabe sein könnte, haben sie es immer mit einem Grundsatzproblem zu tun: Was wir über Kinder denken, welche Bedürfnisse und Ansprüche, welche Entwicklung und welche Fähigkeiten wir ihnen wie zuschreiben, wir tun dies als Erwachsene. (...) Wir tun dies auch als Teil einer Berufsgruppe, die in Ausbildung und Berufsalltag mit unterschiedlichen Definitionen von Kindsein und Kindseinsollen konfrontiert wird, aber auch mit scheinbar plausiblen Alltagstheorien (...). Wir machen auch Erfahrungen mit sich widersprechenden Wissenschaftserkenntnissen und haben oft Schwierigkeiten, nachzuvollziehen, wie man dort zu den unterschiedlichen Ergebnissen gekommen ist, die doch häufig unseren eigenen Erfahrungen widersprechen." (Kazemi-Veisari, 2002, 5)

Überprüfen Sie Ihr pädagogisches Handlungskonzept. Erkennen und unterstützen Sie die Ansicht, dass Kinder zur Selbstgestaltung fähig sind, sie sich permanent und ganzheitlich mit der Umwelt auseinandersetzen?

1. *Welches Bild haben Kinder von Erwachsenen?*
2. *Sind sie „allwissend" für die Kinder oder sind sie in den Augen der Kinder auch Lernende?*
3. *Fühlen sich „Ihre" Kinder von Ihnen respektiert?*
4. *Wie könnte sich eine den Alltag von Kindern unterstützende Pädagogik aus der Perspektive der Kinder gestalten und welche Rollen nehmen Erzieherinnen hier ein?*

Ein Handlungskonzept, das die oben genannten Aspekte berücksichtigt, erfüllt folgende Anforderungen:

- Die Kinder haben die Möglichkeit, ihre Umwelt innerhalb und außerhalb der sozialpädagogischen Einrichtung zu erforschen und zu nutzen.
- Die Erzieherin setzt sich mit den individuellen Lebens- und Lerngeschichten der Kinder auseinander und berücksichtigt sie bei ihrer pädagogischen Arbeit.
- Die Kinder werden individuell und stärkenorientiert gefördert.
- Die Erzieherin ist sich der Individualität der Kinder bewusst; sie berücksichtigt die unterschiedlichen Situationen und Bedingungen ihres alltäglichen Lebens.
- Es ist Aufgabe der Erzieherin, Kindern vielseitiges und ganzheitliches Lernen zu ermöglichen. Dies geschieht z. B. mithilfe von Projekten, in denen ausreichend Zeit und Raum zur Verfügung steht, um auch den Erwachsenen zu ermöglichen, neue Sichtweisen einzunehmen.
- Die Erzieherin gestaltet die wechselseitige Erzieher-Kind-Beziehung, sodass ein gemeinsames Lernen und Leben möglich ist. Ein partnerschaftliches Verhältnis vermeidet Bevormundung und Ohnmacht und fördert Eigenständigkeit und psychische Stabilität.

- Die Erzieherin begleitet Kinder und ermöglicht ihnen altersgemäße Selbstständigkeit.
- Kinder sind grundsätzlich offen für die verschiedensten Themen. Pädagogische Arbeit muss sich nicht ausschließlich mit „kindspezifischen" Themen beschäftigen.

(vgl. Kazemi-Veisari, 2002, 9)

5.5 Übungen

5.5.1 Beziehungen zu Kindern und Jugendlichen aufbauen und gestalten

CD-ROM

Eine Beziehung zu einem Kind oder Jugendlichen sensibel und einfühlsam einzugehen und eine stimmige Nähe-Distanz-Regulierung zu finden, sind Aspekte, die in der pädagogischen Arbeit mit jungen Menschen von großer Bedeutung sind. Sie können anhand der folgenden Übungen spielerisch erlernt werden.

Partnerübungen

1. Einer der Partner rollt sich ganz ein, indem er sich seitlich auf den Boden legt und Arme und Beine so nah wie möglich an den Körper zieht. Der andere Partner versucht vorsichtig Kontakt aufzunehmen.
   - Wann fühlt der Partner sich ansprechbar?
   - Welche Art der Kontaktaufnahme ist zu aufdringlich?
   - Wann öffnet sich der andere?

2. Nähern Sie sich langsam rückwärts einander an.
   Wann spüren Sie die Nähe des anderen?

3. Zwei Personen stehen sich etwas entfernt gegenüber. Sie gehen langsam aufeinander zu.
   - Wann spüren Sie den Moment, in dem Sie beide mit der eingenommenen Nähe/Distanz zufrieden sind?
   - Wann treten Sie sich zu nahe?

Wechseln Sie die Partner und berichten Sie über Unterschiede.
(vgl. Greving, 2002, 60)

Übungen zur Körpersprache

CD-ROM

Wie trete ich Menschen gegenüber, zu denen ich eine Beziehung aufbauen möchte? Jeder Mensch wirkt durch sein Verhalten und seine Haltung auf seine Umgebung. Dieses Verhalten geschieht häufig ganz unbewusst – „automatisch". In der pädagogischen Arbeit mit Kindern und Jugendlichen ist es sehr wichtig, dass man sich seiner Körpersprache permanent bewusst ist und sie gezielt einsetzt. Die folgenden Aufgaben sind sehr gut geeignet, um den bewussten Einsatz der Körpersprache zu erlernen. Zur Bearbeitung der Aufgaben sollte die Arbeitsgruppe in vier gleich große Teilgruppen unterteilt werden. Jede Teilgruppe bearbeitet nacheinander alle Aufgaben.

Arbeitsgruppe: Mimik

<u>Information für die gesamte Gruppe:</u>
Sie werden in Ihrer Gruppe Aufgaben bearbeiten, deren Ergebnisse Ihnen Rückschlüsse auf das mimische Verhalten ermöglichen.
Halten Sie Ihre Ergebnisse in einem Stichwortprotokoll fest.

<u>Arbeitskarte 1:</u>
Ein Mitglied der Gruppe liest den folgenden Text vor. Die übrigen Mitschüler beobachten das Gesicht des Lesenden ganz genau. Versuchen Sie, sich nichts entgehen zu lassen.

Welche Veränderungen/Bewegungen von Stirn, Augenbrauen, Augen und Mund waren zu beobachten und was sagen sie aus?
(Bei Bedarf kann der Text auch noch von einer zweiten Person gelesen werden.)

Tauschen Sie Ihre Beobachtungen untereinander aus (Stichwortprotokoll).

Text: Arbeitsgruppe Mimik – Arbeitskarte 1

Die Effizienz ektoplasmatischer Energiereduktion ist immer noch in sehr starker Abhängigkeit zu den thermonuklearen molekularen Fließeigenschaften des Trägergranulates zu sehen. Der Korrelationskoeffizient aus der Koerzibilität des Plasmas und des Kohäsionsverhaltens des Mantelmaterials des Reaktors lässt noch keine monokausalen Rückschlüsse auf den Reaktionsverlauf zu. Es wird noch mit einem sehr hohen Forschungsaufwand zu rechnen sein, bis der Ausgangsstoff Peridotit durch synthetische Konglumerationen monomerer Moleküle ersetzt werden kann.
Alternativen zu diesem Dilutionsverfahren zu postulieren hieße, in präjudizierender Art und Weise, bisherige Explorationsinvestitionen abzuschreiben.

Hinweis

Fragen Sie nicht nach der inhaltlichen Bedeutung des Textes: Es gibt keine!

Auf der Grundlage Ihrer (Vor-)Erfahrungen aus der Gruppenaufgabe sollen Sie nun folgende Fragen bearbeiten. Die Ergebnisse werden der gesamten Klasse vorgestellt (Stichwortprotokoll).

1. *Aus welchen „Komponenten" besteht die Mimik?*
2. *Wie verhalten sich diese „Komponenten", wenn positive bzw. negative Empfindungen ausgedrückt werden?*
3. *Wie beeinflusst das Blickverhalten ein Gespräch und wann empfindet man dieses als angenehm?*
4. *Überlegen Sie sich, welche Konsequenzen Ihre Ergebnisse für (Ihr) pädagogisches Handeln haben können.*

Arbeitsgruppe: Gestik

Information für die gesamte Gruppe:
Sie werden in Ihrer Gruppe Aufgaben bearbeiten, deren Ergebnisse Ihnen Rückschlüsse auf das gestische Verhalten ermöglichen.
Halten Sie Ihre Ergebnisse in einem Stichwortprotokoll fest.

Arbeitskarte 1:
Ein Mitglied der Gruppe macht der Gesamtgruppe zwei unterschiedliche Mitteilungen (siehe folgender Text). Die Gesamtgruppe beobachtet den Vortrag.

Lesen Sie die Mitteilungen für die Gruppe erst einmal durch. Teilen Sie Ihrer Gruppe dann den Inhalt mit eigenen Worten, aber sinngemäß, mit und unterlegen Sie die jeweilige Mitteilung mit der Ihrer Meinung nach entsprechenden Gestik.

Text: Arbeitsgruppe Gestik – Arbeitskarte 1

1. (streng, sachlich, keine Widersprüche duldend)

Morgen in den ersten vier Stunden werden Sie eine Klausur im Fach Mathematik schreiben! Die erste Stunde kann dafür verwendet werden, die Aufgabenstellung und das Begleitmaterial zu sichten. In der zweiten und dritten Stunde sollen Sie die Aufgabenstellung bewältigen. Die letzte Stunde soll der Niederschrift der Ergebnisse und der Korrektur dienen. Kommen Sie bitte pünktlich. Für Krankmeldungen benötigen Sie ein ärztliches Attest.

2. (überschwänglich, fröhlich)

Stellt euch vor, meine Schwester hat gestern ein Baby zur Welt gebracht! Es ist ein kleines Mädchen. Es sieht noch ganz schrumpelig aus. Aber es ist ganz toll zu sehen, was an so einem kleinen Wesen schon alles dran ist! Wir waren gestern alle sehr angespannt und haben uns dann riesig gefreut, als wir die Nachricht erhalten haben. Nach der Schule werde ich sofort wieder ins Krankenhaus fahren. Ich bin ja so aufgeregt!

Versuchen Sie gemeinsam den Zusammenhang zwischen der Gestik, die gezeigt wurde, und dem Inhalt der Mitteilungen zu finden.

Welcher Zusammenhang zwischen Gestik und Gefühlen ist zu beschreiben (Stichwortprotokoll)?

Arbeitskarte 2:
Lesen Sie bitte folgendes Beispiel vor:
„Oh“, sagt die Erzieherin und reibt sich mit beiden Händen die geschlossenen Augen, „das ist aber ein ganz tolles Bild, das du da gemalt hast, Daniel!“

Die Erzieherin sendet hier gleichzeitig zwei Botschaften aus. Sie gibt eine verbale Information und eine körpersprachliche.

Welche Informationen gibt sie und welches Gefühl werden diese bei Daniel auslösen?

Auf der Grundlage Ihrer (Vor-)Erfahrungen aus der Gruppenaufgabe sollen Sie nun folgende Fragen bearbeiten. Die Ergebnisse werden der gesamten Klasse vorgestellt (Stichwortprotokoll).

1. *Welchen Stellenwert hat die Gestik für das „Sichausdrücken“?*
2. *Welcher Zusammenhang besteht zwischen Gefühlen und Gestik? Nennen Sie Beispiele.*
3. *„Je mehr ein Mensch er selbst ist, desto geringer ist die Wahrscheinlichkeit, dass er durch Gesten Signale aussendet, die im Widerspruch zu seiner Person stehen.“ Was bedeutet diese Aussage für die pädagogische Arbeit?*

Arbeitsgruppe: Haltung

Information für die gesamte Gruppe:
Sie werden in Ihrer Gruppe Aufgaben bearbeiten, deren Ergebnisse Ihnen Rückschlüsse auf die Haltung als körpersprachliche Ausdrucksform ermöglichen.
Halten Sie Ihre Ergebnisse in einem Stichwortprotokoll fest.

Arbeitskarte 1:
Ein Mitglied Ihrer Gruppe stellt sich drei Minuten lang im Abstand von ca. 20 cm vor eine Wand. Die übrigen Mitglieder der Gruppe beobachten während dieser Zeit die Haltung der/des Stehenden genau.

Welche Beobachtungen machen Sie und welche Empfindungen löst dies bei Ihnen aus (Stichwortprotokoll)? Tauschen Sie diese Eindrücke untereinander aus.

Wurden die Beobachtungen richtig interpretiert? Gibt es Übereinstimmungen oder Widersprüche (Stichwortprotokoll)?

Arbeitskarte 2:

Diskutieren Sie folgende Aussage:

„Jede Veränderung der äußeren Haltung spiegelt immer eine plötzliche Veränderung der inneren Haltung wider."

Sammeln Sie Beispiele aus der eigenen Erfahrung. Denken Sie z. B. auch an Gesprächssituationen (Stichwortprotokoll).

Auf der Grundlage Ihrer (Vor-)Erfahrungen und Ergebnisse aus der Gruppenaufgabe sollen Sie nun folgende Fragen bearbeiten. Die Ergebnisse werden der gesamten Klasse vorgestellt (Stichwortprotokoll).

1. *Gibt es einen Zusammenhang zwischen „äußerer" und „innerer" Haltung? Erläutern Sie dies an Beispielen.*
2. *Welche Konsequenzen sollte dieser Zusammenhang für einen sensiblen Umgang mit körpersprachlichen Signalen im pädagogischen Alltag haben? (Vergessen Sie dabei nicht die Person der Erzieherin!)*

Arbeitsgruppe: Verhalten im Raum

Information für die gesamte Gruppe:

Sie werden in Ihrer Gruppe Aufgaben bearbeiten, deren Ergebnisse Ihnen Rückschlüsse auf das Verhalten im Raum als körpersprachliche Ausdrucksform ermöglichen.
Halten Sie Ihre Ergebnisse in einem Stichwortprotokoll fest.

Arbeitskarte 1:

Rufen Sie für diese Aufgabe die Lehrerin zu Ihnen an den Tisch. Geben Sie ihr das Stichwort „Teil 1"[1].

Die Lehrerin ist zu sehr in Ihren persönlichen Raum eingedrungen und hat durch ihr Verhalten im Raum eine machtvolle Person dargestellt. Sie haben allerdings erst einmal nur zögernd Widerstand geleistet. Schließlich hat eine „Lehrperson" einen höheren Status. In einer solchen Situation lässt sich jeder Mensch leider meistens mehr gefallen, als ihm lieb ist. (Können Sie sich so etwas eigentlich umgekehrt vorstellen?)

Denken Sie die Situation nun auf den Kindergartenalltag um. Dort sind Sie als Erzieherinnen die „machtvollen" Personen.

Welche Konsequenzen ergeben sich für das Verhalten im Raum auch mit Kindern (Stichwortprotokoll)?

1 Erläuterung für den Moderator der Gruppe:
In dieser Situation wird sich die Lehrerin, wenn sie zur Gruppe gerufen wird, unter dem Vorwand, sich über den Ergebnisstand oder eventuelle Probleme informieren zu wollen, in unangemessener Weise den Schülerinnen nähern (z. B. auf den Schultern auflehnen und von oben herabschauen u. Ä.). Dieses Verhalten wird anschließend natürlich von der Lehrerin erklärt!

Auf der Grundlage Ihrer (Vor-)Erfahrungen aus der Gruppenaufgabe sollen Sie nun folgende Fragestellungen bearbeiten. Die Ergebnisse werden der gesamten Klasse vorgestellt (Stichwortprotokoll).

1. *Welche Bedeutung haben „Nähe" und „Abstand" für den Menschen?*
2. *Welche Abhängigkeit besteht zwischen „Nähe" und „Abstand" und der Beziehung zur „Kontaktperson"?*
3. *Was haben Macht und Abstand miteinander zu tun und was bedeutet dies auch für den Umgang mit Kindern?*

Kindliche Bedürfnisse wahrnehmen und beobachten 5.5.2

Nutzen Sie hier die Übungen 8.5.1, 8.5.2 und 8.5.3 des Kapitels 8 – Mit Unterschieden zusammenleben. Diese Übungen sind sehr gut einsetzbar, um das gezielte Beobachten zu schulen.

Die eigene Erzieherpersönlichkeit reflektieren 5.5.3

1. Pädagogische Arbeit verlangt eine innere Klärung der Frage: Wie ist mein Bild vom Kind/ Wie sehe ich das Kind?
- *Erarbeiten Sie in Einzelarbeit Ihr Bild vom Kind und halten Sie die Ergebnisse schriftlich fest.*
- *Vergleichen Sie Ihre Ergebnisse mit denen Ihrer Tischnachbarin.*

2. Setzen Sie sich mit Ihrer pädagogischen Arbeit auseinander. Was wollen Sie mit Ihrem erzieherischen Handeln erreichen?
- *Bearbeiten Sie die Aufgabe in Einzelarbeit und halten Sie die Ergebnisse schriftlich fest.*
- *Vergleichen Sie Ihre Ergebnisse mit denen Ihrer Tischnachbarin.*

3. Erinnern Sie sich an Ihr erzieherisches Handeln während Ihrer Praktika. Haben Sie sich dabei an Ihren Zielvorstellungen orientiert?
- *Erläutern Sie dies schriftlich.*
- *Die Ergebnisse werden anschließend im Plenum vorgestellt und diskutiertund diskutiert.*

5.6 Anregungen für die Arbeit in der Praxis

Es ist sinnvoll, die Praktikumsaufgaben aus den beruflichen Aufgaben zu entwickeln. Die folgenden Anregungen sind Beispiele:

5.6.1 Beziehungen aufbauen und gestalten

Entwickeln Sie eine pädagogische, methodisch-didaktische Strategie, die Sie einsetzen können, um Kontakt zu einem Kind oder einem Jugendlichen Ihrer Gruppe aufzunehmen, zu dem Sie bislang kaum Kontakt hatten. Besprechen Sie die Auswahl des Kindes und die Strategie mit Ihrer Gruppenleiterin und reflektieren Sie Ihr Konzept. Halten Sie Ihre Gedanken – auch für die Aufarbeitung im anschließenden Unterricht – schriftlich fest und setzen Sie sie praktisch um, wenn Ihre Gruppenleiterin damit einverstanden ist.

5.6.2 Kindliche Bedürfnisse wahrnehmen und beobachten

CD-ROM

Beobachten Sie die Bedürfnisse der Kinder bzw. Jugendlichen einer Gruppe in Ihrer Praktikumsstelle. Reflektieren Sie Ihre Beobachtungen gemeinsam mit Ihrer Gruppenleiterin.

Beobachtungsgegenstände können sein	*Das bedeutet für mich*	*Daraus würde ich folgende pädagogischen, methodisch-didaktischen Handlungen ableiten*
• *Welche Mitglieder der Gruppe reden besonders häufig?*		
• *Wer ist besonders zurückhaltend?*		
• *Wer sucht häufig die Nähe der Erzieherinnen?*		
• *Wer spielt häufig alleine?*		
• *Wer fragt bei selbst getroffenen Entscheidungen meist nach?*		
• *Wer wird bei Meinungsverschiedenheiten aggressiv?*		
• *Wer spielt stets mit denselben Spielpartnern?*		
• *Wer wechselt die Spielpartner häufig?*		

Achten Sie darauf, nicht zu viele Beobachtungskriterien zu wählen!

Bei der Auswertung in der Schule sollten Sie unbedingt die pädagogische und die methodisch-didaktische Bedeutung berücksichtigen.

Die eigene Erzieherpersönlichkeit reflektieren 5.6.3

1. *Sie und Ihre Praxisanleiterin erarbeiten – wenn möglich – unabhängig voneinander eine Liste, in der Sie Ihre persönlichen Stärken bezüglich Ihres pädagogischen Handelns notieren.*
2. *Reflektieren Sie beide Listen gemeinsam mit Ihrer Gruppenleiterin.*

Weiterführende Literatur 5.7

- Axline, Virginia M.: Kinder-Spieltherapie im nicht-direktiven Verfahren, 2. Aufl., München, Ernst Reinhardt Verlag, 1972.
- Büttner, Christian/Kladzinski, Magdalena: Partizipation, Entwicklungsförderung oder Anpassung? Kindliche Bedürfnisse und Interessen und ihre Implikation für pädagogisches Handeln, www.kindergartenpaedagogik.de/1092.html (20.07.2005).
- Kazemi-Veisari, Erika: Kinder verstehen lernen. Wie beobachten zu Achtung führt, Seelze/Velber, Kallmeyer Verlag, 2004.
- Lifton, Betty Jean: Der König der Kinder. Das Leben von Janusz Korczak, 2. Aufl., Stuttgart, Klett-Cotta, 1990.
- Pausewang, Freya: Ziele suchen – Wege finden, 1. Auflage; Berlin, Cornelsen, 1994.
- Regel, Gerhard/Wieland, Axel (Hrsg.): Offener Kindergarten konkret. Veränderte Pädagogik in Kindergarten und Hort, überarbeitete und veränderte Auflage, Hamburg, EB-Verlag Hamburg, 2007.
- Textor, Martin R.: Was Kinder wirklich brauchen: eine dialogische Beziehung zu glücklichen Eltern, 2004, www.familienhandbuch.de/cmain/f_Aktuelles/a_Elternschaft/s_683.html (01.08.2008).

5.8 Zum nächsten Kapitel

Kindern und Jugendlichen empathisch begegnen und sie wertschätzen sind wesentliche Elemente im Rahmen der pädagogischen Begleitung und Förderung der Persönlichkeitsentwicklung. Dabei spielen der Aufbau und die Gestaltung der pädagogischen Beziehungen eine zentrale Rolle. Wertschätzung und Empathie schließen Normen und Regeln und damit verbunden das Setzen von Grenzen allerdings keineswegs aus. So gibt es im Zusammenleben Rechte und Pflichten, deren Beachtung für das soziale Miteinander wie für die persönliche Entwicklung und auch für die Sicherheit der Kinder und Jugendlichen notwendig ist. Viele dieser Rechte und Pflichten beruhen auf allgemeinen gesellschaftlichen Werten und Normen und viele haben eine gesetzliche Grundlage. Im nun folgenden Kapitel können Sie sich einen Überblick über kulturell bedingte, soziale und institutionelle Normen und Regeln verschaffen und sich mit der Frage auseinandersetzen, wie Sie Ihre Beachtung pädagogisch angemessen sichern.

Orientierung für Kinder und Jugendliche – rechtlich und pädagogisch

6

Grundlage des gesellschaftlichen Zusammenlebens von Menschen ist eine weitgehende Übereinkunft über gemeinsame Normen und Werte, die eben dieses Zusammenleben leiten. Ziel hierbei ist es, im Rahmen der persönlichen Entfaltung die Rechte anderer zu beachten und zu wahren, um ein möglichst konfliktfreies Miteinander zu ermöglichen. Einige dieser grundlegenden Normen und Werte sind in Gesetze eingeflossen, die das zwischenmenschliche Leben regeln. Dazu zählen unter anderem konkrete Gesetze zur Regelung des Zusammenlebens. Allgemeinere Regelungen finden sich im Grundgesetz der Bundesrepublik Deutschland, wie z. B. das Recht auf körperliche Unversehrtheit, freie Meinungsäußerung und das Recht auf Eigentum.

In der pädagogischen Arbeit gilt es nicht nur, Rechte und Pflichten von Kindern und Jugendlichen, Eltern bzw. Erziehungsberechtigten und Kolleginnen als Individuen und Arbeitnehmerinnen zu kennen und zu wahren, sondern sie auch aktiv zu fördern und zu unterstützen. Dies gilt besonders in Bezug auf die Rechte von Kindern, die zum einen ihre Rechte kennen lernen und zum anderen diese altersgemäß einfordern lernen. Dazu ist es entscheidend, sich der eigenen Werte und Normen, die den Umgang mit Kindern und Jugendlichen beeinflussen, bewusst zu werden und diese zu reflektieren.

6.1 Kompetenzen von Erzieherinnen

Um Kinder und Jugendliche dabei zu unterstützen, ihre Rechte und Pflichten wahrzunehmen, müssen sie als Erzieherin vor allem über die folgenden Kompetenzen verfügen:

- *„Kulturell bedingte, lebensweltliche, soziale und institutionelle Normen und Regeln als Einflussgrößen auf das Verhalten und Erleben von Kindern und Jugendlichen wahrnehmen und beachten. […]*
- *Den Willen der Kinder und Jugendlichen nach Kompetenzerweiterung wertschätzen und unterstützen."*

(Ministerium für Schule und Weiterbildung des Landes Nordrhein-Westfalen: Richtlinien, 2006, 29)

- Eigene und fremde pädagogische Orientierungen im Kontext des Verhaltens von Kindern und Jugendlichen erkennen.
- Grundlegende Rechte und Pflichten von Kindern und Jugendlichen in erzieherischen Zusammenhängen erkennen und beachten.

Diese Kompetenzen können Sie entwickeln, indem Sie folgende berufliche Aufgaben lösen.

6.2 Berufliche Aufgaben: Rechte und Pflichten kennen und achten

- Verinnerlichte Normen entdecken
- Rechte und Pflichten kennen und achten
- Pflichten einfordern und durchsetzen
- Aufsichtspflicht – loslassen und begrenzen lernen

6.2.1 Verinnerlichte Normen entdecken

Ein großer Teil der Normen, die die Menschen im täglichen Umgang miteinander einhalten und gegen die sie gelegentlich verstoßen, wurden im Verlauf ihrer Erziehung erlernt und so sehr verinnerlicht, dass sie unbewusst befolgt werden. Verschaffen Sie sich Klarheit über für Sie persönlich wichtige und grundlegende Regeln im täglichen Miteinander und über ihre Bedeutung im Verlaufe Ihrer eigenen Entwicklung.

Verschaffen Sie sich Klarheit über Ihre eigene Bewertung von Aggression und/oder Unterdrückung unter Kindern oder Jugendlichen und suchen Sie nach Übereinstimmungen und Unterschieden im Team.

6.2.2 Rechte und Pflichten kennen und achten

Kinder und Jugendliche haben Rechte und Pflichten. Welche Rechte und welche Pflichten dies sind, darüber gibt es keine allgemeine Übereinstimmung, auch nicht unter professionellen Erzieherinnen. Häufig hängt die individuelle Auffassung darüber von den Rechten und Pflichten ab, mit denen man im Verlauf der eigenen Entwicklung konfrontiert wurde.

In einer sozialpädagogischen Einrichtung hängt die Qualität der Arbeit davon ab, ob bezüglich der Rechte und Pflichten der Kinder oder Jugendlichen eine möglichst große Übereinstimmung zwischen den Erzieherinnen besteht. Bereiten Sie einen Gesprächskreis vor, in dem eine solche Übereinstimmung vorbereitet werden soll.

Wählen Sie für Ihre Auseinandersetzung mit der Problematik der Rechte und Pflichten von Kindern und Jugendlichen zwischen einer Kindertagesstätte mit großer altersgemischter Gruppe, mit kleiner altersgemischter Gruppe, einem Hort, einem Ganztagsangebot einer Grundschule und einem Abenteuerspielplatz aus.

1. *Entscheiden Sie sich für eine der möglichen Zielgruppen.*
2. *Klären Sie jeweils einzeln für sich, was für Sie zu Rechten und Pflichten von Kindern und Jugendlichen gehört.*
3. *Diskutieren Sie Rechte und Pflichten von Kindern und Jugendlichen und versuchen Sie, in Ihrer Gruppe/Klasse einen Konsens zu finden.*

4. *Informieren Sie sich darüber, was verschiedene Personengruppen (z. B. Eltern, Erzieherinnen, Großeltern, Politiker) und Institutionen (Kinderschutzbund, Religionsgemeinschaften etc.) unter Rechten und Pflichten von Kindern und Jugendlichen verstehen.*
5. *Entwickeln Sie eine Strategie für eine Normendiskussion im Team einer pädagogischen Einrichtung.*

Pflichten einfordern und durchsetzen

6.2.3

Zwischen den Rechten von Kindern und Jugendlichen und den Pflichten von Erzieherinnen besteht ein Spannungsfeld: Während Kinder und Jugendliche einerseits ein Recht darauf haben, sich möglichst optimal entwickeln zu können, müssen die Erwachsenen die Risiken erkennen, die Spiel- und Entwicklungsräume in sich bergen. Am deutlichsten tritt dieses Spannungsfeld im Rahmen der Aufsichtspflicht zu Tage. Dabei handelt es sich keineswegs nur darum, die Kinder und Jugendlichen vor körperlichem Schaden zu schützen; auch die Vielfalt an möglichen psychischen und sozialen Risiken gilt es zu bedenken. Die Spannung zwischen den Rechten von Kindern bzw. Jugendlichen und den Pflichten von Erzieherinnen lässt sich reduzieren, wenn Kinder bzw. Jugendliche und Erzieherinnen gemeinsam an ihrer Überwindung arbeiten.

Bereiten Sie die Einrichtung und Gestaltung eines Kinder- bzw. Jugendlichenrates zur Beteiligung und Mitsprache aller an der Gestaltung des Alltags der Einrichtung vor.

6.2.4 Aufsichtspflicht – loslassen und begrenzen lernen

Eine kritische Frage, die sich im Zusammenhang mit der pädagogischen Arbeit mit Kindern und Jugendlichen stellt, ist häufig die nach der Aufsichtspflicht. Zwar herrscht Einigkeit darüber, dass Kinder und Jugendliche aufgrund ihrer entwicklungsbedingten Schwierigkeit, Gefahren richtig einzuschätzen, des besonderen Schutzes und der Aufmerksamkeit bedürfen. Die gesetzlichen Regelungen zur Aufsichtspflicht scheinen jedoch oftmals eher Verunsicherung zu stiften als eine Hilfe und Orientierung für die pädagogische Tätigkeit mit Kindern und Jugendlichen im Einrichtungsalltag zu sein.

Arbeiten Sie bitte zu zweit:

1. *Informieren Sie sich über die gesetzlichen Regelungen zur Aufsichtspflicht von Erziehenden.*
2. *Planen Sie eine Fortbildungseinheit für Praktikantinnen in einer von Ihnen gewählten Einrichtungsart zu dieser Problematik. Führen Sie diese Fortbildungseinheit durch.*

6.3 Aus dem beruflichen Alltag

Im Folgenden finden Sie Beispiele aus dem beruflichen Alltag, die zeigen, in welchen praktischen Zusammenhängen Sie mit beruflichen Aufgaben konfrontiert werden können, wie Sie oben beschrieben wurden.

6.3.1 Verinnerlichte Normen entdecken

Es ist 9:30 Uhr an einem Montagmorgen. In Ihrer Gruppe, einer altersgemischten Gruppe des Peter-Pan-Kindergartens, findet das Frühstück gleitend offen statt. Stefan (5;3), der gerade sein mitgebrachtes Brot aufgegessen hat, ist am voll besetzten Frühstückstisch sitzen geblieben, um noch seinen Kakao auszutrinken. In diesem Moment kommt Max (5;8) mit seiner Butterbrotdose an den Frühstückstisch. Er sieht, dass kein Platz mehr am Frühstückstisch ist, und sagt zu Stefan: „Hey, mach mal Platz, du bist doch fertig!" Nach einem kurzen Hin und Her mit vielen Schimpfwörtern schubst Max Stefan von seinem Stuhl.

Max' und Stefans Streit am Frühstückstisch ist nicht der erste Streit zwischen den beiden, den Sie beobachten. Sie entschließen sich, das Problem der aggressiven Streitereien zwischen den Kindern geplant zu thematisieren. Dabei wollen Sie den Kindern in der Gruppe konstruktive Wege der Konfliktlösung eröffnen, bestehende Normen im Kindergarten thematisieren und mit den Kindern gemeinsam Regeln zum Zusammenleben in der Gruppe erarbeiten.

6.3.2 Rechte und Pflichten kennen und achten

6.3.2

In Ihrer Einrichtung, dem Peter-Pan-Kindergarten, gibt es einen großen Eingangsbereich. Zu den Bring- und Abholzeiten herrscht hier ein reges Treiben, wenn Mütter, Väter oder Großeltern ihre (Enkel-)Kinder in eine der drei Gruppen bringen bzw. sie abholen.

Die Zeit zwischen dem Schuhe-und-Jacke-Anziehen und dem Sieben-Sachen-Suchen wird von den Familienmitgliedern gerne zum kurzen Plausch mit den Erzieherinnen und Praktikantinnen genutzt.

Herr Schmidt, der Vater eines vierjährigen Jungen, hat gerade gesehen, wie der 6-jährige Michael zu seiner Großmutter „Du Dumme" gesagt und nach ihr getreten hat, nachdem sie ihn aufgefordert hatte, seine verschollene Kindergartentasche selbst zu suchen. „Das ist ja wohl ein Witz! Ich würde das nicht zulassen, dass mein Sohn so mit einem Erwachsenen spricht! Der braucht wohl mal was hinter die Ohren!", sagt Herr Schmidt in Ihre Richtung.

1. *Stimmen Sie und Ihre Mitstudierenden Herrn Schmidts Urteil zu?*
2. *Welche Normen und Werte liegen der Äußerung von Herrn Schmidt zugrunde?*
3. *Das Wort „Kinderrecht" hat für viele Kinder keine oder eine nur sehr eingeschränkte Bedeutung. Was bedeutet das Wort „Recht" und was hat es überhaupt mit Kindern zu tun? Was sind unsere Rechte und was besagen sie?*

Bevor Sie beginnen, spezifische Kinderrechte zu diskutieren und zu bearbeiten, ist es notwendig, diese Begriffe zu klären.

Die folgenden Internet-Links können Ihnen bei der Beantwortung dieser Fragen helfen:
- www.kinderhabenrechte.at
- www.dksb.de
- unicef.de/kinderrechte.html

Pflichten einfordern und durchsetzen

6.3.3

In Ihrer Einrichtung, die durch eine Elterninitiative getragen wird, gibt es einen großen Außenbereich, der nun mit dem Erlös aus einem Kinderflohmarkt neu gestaltet werden soll. Viele Eltern haben in den vergangenen Tagen und Wochen bereits begeistert Vorschläge zur Gestaltung gemacht und ihre Hilfe angeboten.

Im Team der Einrichtung beginnt nun auch die konkrete Planungsphase. Erste Treffen haben bereits stattgefunden, Ideen wurden begeistert diskutiert, Informationen zu Materialpreisen eingeholt, Überlegungen zur Sicherheit von Spielgeräten und Gestaltungselementen angestellt. Auch die Kinder in der Einrichtung können ihre Vorfreude nicht mehr halten. Um diese Begeisterung der Kinder zu nutzen und die Wünsche der Kinder mit in die Planungen einzubeziehen, beschließen Sie, die Beteiligung der Kinder zu organisieren.

1. *Informieren Sie sich über Formen der Beteiligung von Kindern an Planungsprozessen und deren pädagogische Umsetzung.*
2. *Welche Grundsätze wollen Sie beachten?*
3. *Begründen Sie die Beteilung der Kinder pädagogisch.*
4. *Einigen Sie sich auf eine Form der Beteilung der Kinder und bereiten Sie diese sorgfältig vor.*

6.3.4 Aufsichtspflicht – loslassen und begrenzen lernen

Am letzten Tag des Sommercamps auf dem Abenteuerspielplatz Huckleberry-Finn findet das Highlight des Camps statt: das Lagerfeuer mit Gruselgeschichten, Stockbrot und Übernachtung in den selbstgebauten Hütten. Darauf haben sich die 7- bis 14-jährigen Teilnehmerinnen und Teilnehmer schon seit Beginn des Camps gefreut.

Als Betreuerin des Camps stellen sich für Sie nun Sicherheitsfragen bezüglich des Lagerfeuers und der Übernachtung.

1. *Klären Sie, unter welchen Bedingungen eine solche Übernachtung mit Lagerfeuerabend durchgeführt werden kann.*
2. *Welche Bestimmungen müssen Sie in Bezug auf die Sicherheit der Kinder und Betreuerinnen beachten?*

Fasziniert vom Feuer hat eines der Kinder die Idee, als Nachtlicht Fackeln aus Ästen vor die Buden zu stellen. Begeistert machen sich die Kinder auf die Suche nach geeigneten Ästen und Zweigen. Beim allgemeinen Getümmel verläuft sich Kathi (9;6) im angrenzenden Wald. Erst nach einer zweistündigen Suchaktion kann das Mädchen gefunden werden.

Die Eltern des Mädchens beschweren sich am nächsten Tag bei Frau Müller, der Leiterin des Sommercamps, und werfen den Betreuerinnen eine Verletzung der Aufsichtspflicht vor. Im Betreuerinnenteam herrscht Krisenstimmung. Beim abschließenden Treffen des Sommercamps befürchtet das Team, dass die Eltern von Kathi Anzeige erstatten.

Haben die Betreuerinnen des Sommercamps ihre Aufsichtspflicht verletzt?

1. *Welche Informationen benötigen Sie, um diese Frage in Ihrem Team zu klären?*
2. *Welche Aspekte müssen Sie beachten, um diese Frage vorerst klären zu können?*
3. *Zu welchem Schluss kommen Sie bezüglich der Frage der Aufsichtspflichtverletzung?*

6.4 Materialien

6.4.1 Verinnerlichte Normen

Erwartungen, die Erwachsene an das Verhalten von Kindern und Jugendlichen haben, entspringen bewussten oder unbewussten Werten und Normen. Diese Werte und Normen wiederum bestimmen, wie Eltern und Erzieherinnen auf das Verhalten von Kindern und Jugendlichen reagieren. Darum ist es entscheidend, sich bewusst zu machen, welche Werte und Normen das eigene Agieren und Reagieren bestimmen.

In der Soziologie wird hierbei im Zusammenhang mit Rollenerwartungen zwischen Muss-, Soll- und Kann-Erwartungen unterschieden. Aus diesen drei Erwartungstypen ergeben sich Verbindlichkeiten und Sanktionsmöglichkeiten, mit denen dem Abweichen bzw. Erfüllen dieser Erwartungen begegnet wird. Ziel einer beruflichen Professionalisierung muss hierbei die Bewusstmachung der verinnerlichten Werte und Normen sein, um diese zu reflektieren, kritisch zu hinterfragen und ggf. zu verwerfen oder zu stärken.

Kinder und Jugendliche beteiligen

6.4.2

In den letzten Jahren wurde in vielen Städten und Gemeinden die Beteiligung von Kindern und Jugendlichen stark vorangetrieben und zum Teil als regelmäßiges Instrument der Alltagsdemokratie verankert. Dies zeigt sich zum Beispiel in Projekten der Stadtteilplanung oder der Spielplatzgestaltung. Beteiligung findet dort statt, wo Kinder und Jugendliche regelmäßig Zeit verbringen, wie z. B. in Kindergärten, Kindertageseinrichtungen, Jugendfreizeiteinrichtungen usw. und in Vereinen.

Was bedeutet Beteiligung?

Beteilung von Kindern und Jugendlichen bedeutet zunächst einen Wandel in der Perspektive, wie Erwachsene – in diesem Fall Städteplaner, Verwaltungsangehörige und Politiker – Kinder und Jugendliche sehen. Eine ernst gemeinte Beteiligung baut darauf auf, dass sie Kinder und Jugendliche als Experten in eigener Sache sehen und dieses Expertenwissen für organisatorische, gestalterische und auch politische Entscheidungen nutzen, die das Leben der Kinder und Jugendlichen betreffen. Dieses Expertenwissen kann sich durch die persönliche Betroffenheit ergeben, wenn z. B. der neu zu gestaltende Spielplatz von den Kindern selbst genutzt wird, aber auch dadurch, dass Kinder und Jugendliche schon rein physisch eine andere Perspektive und damit eine andere Wahrnehmung haben als Erwachsene. Dies zeigt sich besonders da, wo versucht wird, Gefahrenpunkte für (junge) Fußgänger oder Radfahrer zu erkennen und zu entschärfen.

Wie eine Beteiligung dann im Einzelfall aussieht, hängt von verschiedenen Faktoren ab:

- Alter der betroffenen Kinder und Jugendlichen
- Komplexität des Projektes bzw. des Problems
- Bereitschaft der erwachsenen Beteiligten, sich auf die Wünsche, Anregungen und Planungen der Kinder und Jugendlichen einzulassen

Warum ist Beteiligung sinnvoll?

Entgegen der derzeitigen Tendenz, durch freiwilliges Engagement Kosteneinsparungen vorzunehmen, ist eine Beteiligung von Kindern und Jugendlichen kostenneutral oder aber mit zusätzlichen Kosten verbunden. Hierbei sollte man jedoch nicht vergessen, dass eine an den Bedürfnissen und Wünschen von Kindern und Jugendlichen vorbeigehende Planung und Umsetzung letztendlich zusätzliche Kosten mit sich bringt, wenn entsprechende Nachbesserungen nötig sind.

Wesentliches Argument für die Beteiligung von Kindern und Jugendlichen an Planungs- und Entscheidungsprozessen ist die pädagogische Dimension. Durch eine echte Beteiligung ist es Kindern und Jugendlichen möglich, aktiv an demokratischen Entscheidungsprozessen teilzuhaben, bereits früh Erfahrungen mit demokratischen Strukturen zu machen und Demokratie in ihrem Alltag zu erfahren. Zudem geht es darum, von einer Fremdbestimmung durch Erwachsene und vermeintliche Experten zu einer größeren Selbstbestimmung durch die Jugendlichen und Kinder zu gelangen.

Kinder und Jugendliche lernen durch Beteiligung Mitverantwortung zu übernehmen, erleben die Konsequenzen ihrer Entscheidungen und Handlungen, erkennen die Komplexität organisatorischer, planerischer und gestalterischer Projekte und entwickeln ein Verständnis dafür, dass Schwierigkeiten bei der Umsetzung – sei es aus finanziellen, rechtlichen, technischen oder zeitlichen Gründen – zu Abweichungen von ursprünglichen Wünschen führen können.

Kinder und Jugendliche wollen beteiligt werden und entwickeln mit viel Engagement und Freude Lösungsmöglichkeiten für Projekte und Probleme, an denen sie beteiligt werden – sofern diese Beteilung ehrlich gemeint ist und genügend Raum für Wünsche und Überlegungen freihält. Schein- oder Quasibeteiligung erkennen Kinder und Jugendliche schnell und sie entziehen sich dem Griff derer, die sich ausschließlich aus „Mode-" oder Prestigegründen die Beteiligung von Kindern und Jugendlichen auf ihre Fahne schreiben.

Die Beteiligung von Kindern und Jugendlichen muss besonders gut vorbereitet und geplant werden. Hierbei gibt es verschiedene mögliche Beteiligungsformen.

Innerhalb dieser Formen ist der Grad bzw. die Qualität der Beteiligung wie oben bereits erwähnt sehr unterschiedlich und reicht von der Anhörung der Wünsche und Interessen der Kinder und Jugendlichen bis hin zur Planung und Umsetzung durch die Kinder und Jugendlichen selbst. Zudem gibt es vielfältige Beteiligungsformen, die sich in ihrer Qualität, ihrem Ablauf und hinsichtlich der zeitlichen Dauer der Beteiligung unterscheiden.

CD-ROM

Beteiligungsformen

- **Punktuelle Beteiligung**
  Eine punktuelle Beteiligung ist nicht auf einen längeren Zeitraum angelegt. Hierbei handelt es sich zum Beispiel um Wunsch- und Meckerkästen oder „Sprechstunden" mit politischen Entscheidungsträgern, die sowohl projektbezogen als auch -übergreifend sein können. Genau genommen handelt es sich hierbei lediglich um ein zunächst unverbindliches Sammeln von Wünschen und Kritikpunkten, ohne dass dabei gemeinsam mit den betroffenen Kindern und Jugendlichen dialogisch an einer Problemlösung gearbeitet wird. Eine Umsetzung kann von Seiten der Kinder und Jugendlichen nicht eingefordert werden und eine Rückmeldung über die Umsetzung erfolgt in der Regel nicht.

- **Offene Versammlungsforen**
  Verbindlicheren Charakter als die punktuelle Beteiligung haben offene Versammlungsforen. Dazu zählen Kinder- und Jugendforen oder -versammlungen, Kinder- und Jugendeinwohnerversammlungen und Runde Tische. Offene Versammlungsforen sind für alle interessierten Kinder und Jugendlichen gedacht und werden zu regelmäßigen Terminen einberufen. Hierdurch ergibt sich die Möglichkeit, die Beteiligung betroffener Kinder und Jugendlicher kontinuierlicher zu gestalten und auch bei den Entscheidungsträgern einen stärkeren Druck auszuüben.

  Offene Versammlungsforen werden meist durch Erwachsene moderiert. Es gibt feste Gesprächsregeln und -abläufe, die gewährleisten, dass möglichst viele Kinder und Jugendliche zu Wort kommen und ihre Wünsche und Anregungen einbringen können.

  Mögliche Nachteile sind der recht unverbindliche Charakter der Berücksichtigung von Anliegen der Kinder und Jugendlichen und der hohe organisatorische Aufwand solcher Veranstaltungen, sodass sie relativ selten stattfinden und ein kontinuierliches Arbeiten erschweren.

- **Projektorientierte Beteiligung**
  Eine projektorientierte Beteiligung bezieht sich auf ein zeitlich, thematisch und meist räumlich begrenztes Projekt, bei dem betroffene Kinder und Jugendliche in der Planung und/oder Umsetzung beteiligt werden.

  Hierbei ist der Aspekt der Betroffenheit der Zielgruppe besonders wichtig, da die Planung und Umsetzung des Projektes von Kindern und Jugendlichen für Kinder und Jugendliche geschieht und sie ihre Umwelt aktiv mitgestalten bzw. Einfluss auf ihre Umwelt und ihren Alltag nehmen.

  In Gemeinden und Städten geschieht dies bei der Beteiligung von Kindern und Jugendlichen an der Verkehrs- oder Spielraumplanung und der Gestaltung von Spielplätzen, Flächen zum Inlineskaten oder Skateboardfahren etc.

- **Repräsentative Formen**
  Repräsentative Formen der Beteiligung von Kindern und Jugendlichen werden zum Beispiel durch Kinder- und Jugendparlamente oder -beiräte und Jugendkreistage realisiert. Hierbei wer-

den aus dem entsprechenden Kreis der Kinder und Jugendlichen Vertreter – also Repräsentanten – gewählt, die sich stellvertretend für die Wünsche und Anregungen der Kinder und Jugendlichen stark machen. Der Vorteil solcher Repräsentationsformen liegt darin, dass entgegen der punktuellen Beteiligung Politiker und Verwaltungsangehörige, aber auch die vertretenen Kinder und Jugendlichen einen festen Ansprechpartner für Rückfragen und Informationen über den aktuellen Planungsstand haben. Somit ist eine größere Kontinuität der Arbeit möglich und die Aussicht auf Berücksichtigung der Wünsche und Anregungen der Kinder und Jugendlichen verbessert. Die Vertreter der Kinder und Jugendlichen werden hierbei in der Regel von Gleichaltrigen gewählt und kontinuierlich von Erwachsenen begleitet und unterstützt.

Ein möglicher Nachteil solcher Beteiligungsformen liegt darin, dass sie ebenso wie Formen der punktuellen Beteiligung Gefahr laufen, von den Erwachsenen als Alibiveranstaltungen ausgenutzt zu werden.

- **Das kommunale Wahlrecht für Jugendliche ab 16 Jahren**
  Jugendliche ab 16 Jahren besitzen in einigen Bundesländern das aktive Wahlrecht zur Teilnahme an Kommunalwahlen. Somit wird eine politische Beteiligung Minderjähriger im eingeschränkten Maße möglich.

- **Alltägliche Formen der Beteiligung**
  Alltägliche Formen der Beteiligung werden meist in pädagogischen Einrichtungen umgesetzt. Hierbei geht es sowohl um aktuelle Anlässe als auch um generelle Alltags- und Organisationsstrukturen in den Einrichtungen, auf die die Kinder und Jugendlichen Einfluss nehmen dürfen und sollen. Mögliche Änderungswünsche oder Kritikpunkte betreffen den Tagesablauf der Einrichtung (z. B. offenes vs. gemeinsames, zeitlich festgelegtes Frühstück, zeitliche Festlegung von Ritualen im Tagesverlauf), die gemeinsame Nutzung vorhandener Ressourcen oder Räumlichkeiten (Strategien zur gerechten Nutzung von Spielen, Materialien oder Räumen durch mehrere Kinder und Jugendliche etc.) und die Einbeziehung in Entscheidungen, die mit dem Alltag der Kinder und Jugendlichen zu tun haben.

  Die Beteiligung von Kindern und Jugendlichen beginnt hierbei vor allem im Alltäglichen: in Gesprächen, beim Decken des Frühstückstisches, der Gestaltung und Dekoration der Einrichtung, der tagtäglichen Möglichkeit, Schwierigkeiten anzusprechen oder Kritik zu üben. Hier soll nicht von außen bestimmt werden, sondern mit den hauptsächlichen Benutzerinnen und Benutzern der Einrichtung – nämlich den Kindern und Jugendlichen – entwickelt und festgehalten werden. Hierfür müssen Strategien und Strukturen zur Beteiligung geschaffen werden und die Kompetenz der Kinder und Jugendlichen, ihre Wünsche und Kritikpunkte zu äußern, zu planen, Entscheidungen zu treffen und umzusetzen, kontinuierlich gefordert und gefördert werden.

Einordnung der verschiedenen Beteiligungsformen

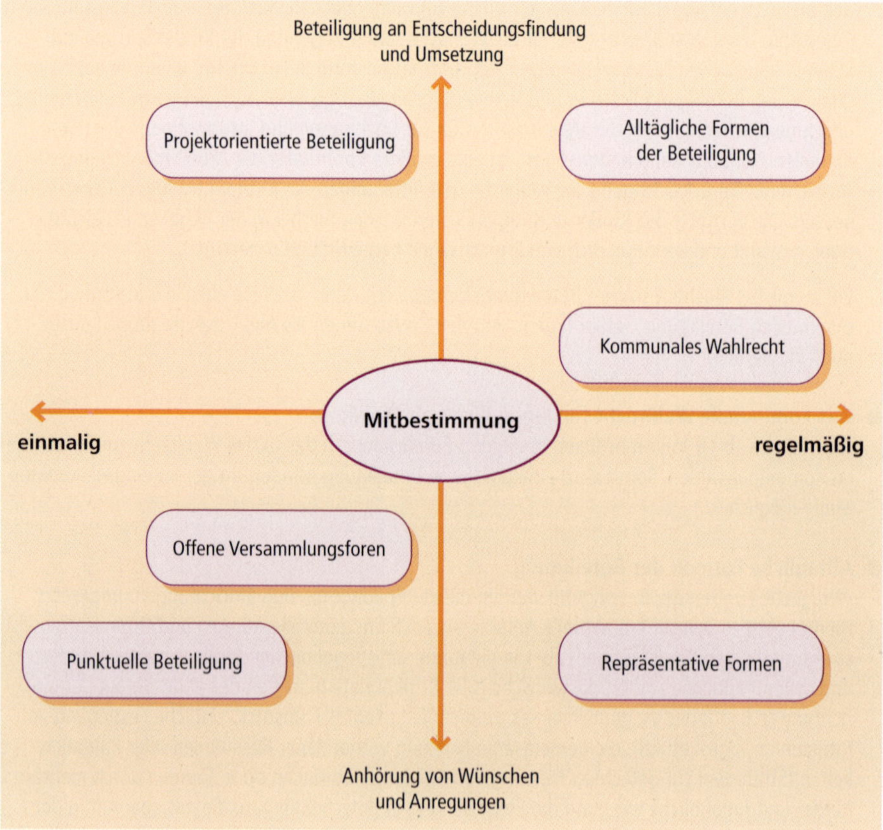

Von Schwierigkeiten und Durststrecken

Eine grundsätzliche Schwierigkeit ist die konkrete Umsetzung der Beteiligung ohne unbewusste Manipulation des Prozesses und der Entscheidungen der Kinder und Jugendlichen. Zudem müssen angemessene Methoden gefunden werden, um die Kinder und Jugendlichen ihren Erfahrungen, Fähigkeiten und ihrem Wissen entsprechend beteiligen zu können. Hierbei ist es besonders wichtig, die Zielgruppe hinsichtlich ihres Alters, ihrer Bedürfnisse, der sozialen Strukturen und sonstigen Voraussetzungen, in die die Beteiligung eingebettet ist, zu kennen und zu verstehen.

Kinder und Jugendliche brauchen bei ihren Planungs- und Entscheidungsprozessen professionelle Hilfe und Begleitung, die von Offenheit und Wertschätzung geprägt ist. Die Beteiligten müssen einen Rahmen finden, in dem sie sich ernst genommen fühlen und ihre ganze Fantasie und Kreativität einbringen und entfalten können. Besonders bei komplexen Projekten kann die Dauer der Umsetzung ein für Kinder und Jugendliche erträgliches Maß übersteigen. Dies ist besonders dann der Fall, wenn die Entwürfe durch politische Gremien laufen müssen oder finanzielle Schwierigkeiten auftauchen. Die Zeiträume sind demnach möglichst kurz zu halten, um zu gewährleisten, dass das Projekt für die Kinder und Jugendlichen relevant bleibt und die Motivation zur Mitarbeit erhalten bleibt. Dies lässt sich vor allem durch eine von Offenheit geprägte Kommunikation über den Fortschritt des Entscheidungsprozesses unterstützen.

Politisch-rechtliche Grundlagen von Beteiligung

Das Recht von Kindern und Jugendlichen, an Entscheidungsprozessen beteiligt zu werden, die Einfluss auf ihr Leben haben, ist in verschiedenen Gesetzen und Konventionen festgehalten.

UN-Konvention über die Rechte des Kindes (UNK)

Grundlage aller Beteiligung von Kindern ist die UN-Konvention über die Rechte des Kindes (die Konvention bezeichnet mit dem Begriff „Kind" alle Menschen, die das 18. Lebensjahr noch nicht vollendet haben), die am 20. November 1989 von der UN-Generalversammlung unterzeichnet wurde. Die UNK legt Grundstandards zum Schutz der Kinder weltweit fest, die auf vier Pfeilern ruhen. Dabei handelt es sich um das Überleben und die Entwicklung, die Nichtdiskriminierung, die Wahrung der Interessen der Kinder sowie deren Beteiligung. Einer der vier Grundsätze der UNK betrifft die Beteiligung von Kindern und Jugendlichen explizit:

> *„Die Ansichten und Stimmen der Kinder müssen gehört und respektiert werden. Dieses Prinzip bedeutet, dass die Meinungen der Kinder wichtig sind und dass ihre Ansichten berücksichtigt werden müssen. Sie sollten ferner auf eine Art und Weise, die ihrem Alter entspricht, in Entscheidungsprozesse, die sie betreffen, einbezogen werden."*

(United Nations, www.unric.org, 07.09.2005)

Kinder- und Jugendhilfegesetz

Das Achte Sozialgesetzbuch (SGB VIII), das Kinder- und Jugendhilfegesetz (KJHG), beinhaltet mehrere Paragraphen, die sich auf die Beteiligung beziehen und diese als Recht von Kindern und Jugendlichen formulieren:

CD-ROM

§ 8 Beteiligung von Kindern und Jugendlichen, Absatz 1
„Kinder und Jugendliche sind entsprechend ihrem Entwicklungsstand an allen sie betreffenden Entscheidungen der öffentlichen Jugendhilfe zu beteiligen. Sie sind in geeigneter Weise auf ihre Rechte im Verwaltungsverfahren sowie im Verfahren vor dem Familiengericht, dem Vormundschaftsgericht und dem Verwaltungsgericht hinzuweisen."

§ 11 Jugendarbeit, Absatz 1
„Jungen Menschen sind die zur Förderung ihrer Entwicklung erforderlichen Angebote der Jugendarbeit zur Verfügung zu stellen. Sie sollen an den Interessen junger Menschen anknüpfen und von ihnen mitbestimmt und mitgestaltet werden, sie zur Selbstbestimmung befähigen und zu gesellschaftlicher Mitverantwortung und zu sozialem Engagement anregen und hinführen."

§ 12 Förderung der Jugendverbände, Absatz 2
„In Jugendverbänden und Jugendgruppen wird Jugendarbeit von jungen Menschen selbst organisiert, gemeinschaftlich gestaltet und mitverantwortet. (...) Durch Jugendverbände und ihre Zusammenschlüsse werden Anliegen und Interessen junger Menschen zum Ausdruck gebracht und vertreten."

§ 80 Jugendhilfeplanung, Absatz 1
„Die Träger der öffentlichen Jugendhilfe haben im Rahmen ihrer Planungsverantwortung
(...)
2. „den Bedarf unter Berücksichtigung der Wünsche, Bedürfnisse und Interessen der jungen Menschen (...) zu ermitteln (...)."

§ 80 Jugendhilfeplanung, Absatz 4
„Die Träger der öffentlichen Jugendhilfeplanung sollen darauf hinwirken, dass die Jugendhilfeplanung und andere örtliche und überörtliche Planungen aufeinander abgestimmt werden und Planungen insgesamt den Bedürfnissen und Interessen der jungen Menschen und ihrer Familien Rechnung tragen."

(Ströer: Sozialgesetzbuch, 2003, S. 1058 ff.)

Eine Beteiligung von Kindern und Jugendlichen ist also nicht nur pädagogisch erwünscht, sondern hat ihren Weg in Gesetze und Konventionen gefunden, von denen hier lediglich ein kleiner Ausschnitt gezeigt wurde. Zu nennen sind unter anderem noch das Bundesbaugesetz (BauBG) und die Agenda 21 als wichtige Unterstützung für die Einforderung von Beteiligungsformen für Kinder und Jugendliche.

6.4.3 Kinderrechte

CD-ROM

Kinderrechte sind Menschenrechte – diese Forderung und Überzeugung fand 1989 ihren Weg in die UNK, die Kinderrechtskonvention der Vereinten Nationen, und wurde noch einmal in Form konkreter Kinderrechte formuliert. Diese Rechte beinhalten Schutzrechte, Förderrechte, Mitwirkungs-, Anhörungs- und Beteiligungsrechte.

Betont wird der Schutz vor Gewalt, Missbrauch und Vernachlässigung, das Recht auf Kenntnis der eigenen Abstammung und das Recht auf Leben. Gefordert wird die gesundheitliche Versorgung von Kindern und deren soziale Sicherung, Bildung und Freizeit. Über allem steht das Wohl des Kindes als Leitgedanke.

Die Allgemeine Erklärung der Menschenrechte war 1948 nach Ende des 2. Weltkrieges als wichtige Rechtsgrundlage niedergelegt worden und ist Grundlage dieser Kinderrechtskonvention.

Das Grundgesetz der Bundesrepublik Deutschland

Im Grundgesetz der Bundesrepublik Deutschland sind die grundlegenden Rechte der Bürgerinnen und Bürger verankert. Wenn diese auch nicht explizit als Rechte für Kinder formuliert sind, so gelten sie dennoch in gleicher Weise für Kinder.

Kinder- und Jugendhilfegesetz (KJHG)

Das Kinder- und Jugendhilfegesetz der Bundesrepublik Deutschland hält spezifische Rechte von Kindern und Jugendlichen fest und regelt zum Teil ihre Umsetzung. Die Ausgangsbestimmung des §1 KJHG führt dazu aus:

> *„Jeder junge Mensch hat ein Recht auf Förderung seiner Entwicklung und auf Erziehung zu einer eigenverantwortlichen und gemeinschaftsfähigen Persönlichkeit."*

Gleichzeitig haben hiermit Kinder und Jugendliche ein einklagbares Recht auf die Wahrung der Menschen- und speziell ihrer Kinderrechte und eine Anlaufstelle, um diese einzufordern.

UN-Kinderrechtskonvention

Durch die Unterzeichnung der UN-Kinderrechtskonvention hat sich die BRD den Forderungen der Konvention angeschlossen und ihre Umsetzung zu ihrem Ziel gemacht. Auswirkungen sind u. a. die Ernennung von Kinderbeauftragten in Städten und Kommunen und die Einrichtung von Kinder- und Jugendparlamenten und -versammlungen auf verschiedenen Ebenen (Bund, Land, Stadt, Gemeinde). So werden in verschiedenen Städten Prädikate für kinderfreundliche Erwachsene und/oder Einrichtungen verliehen, kinderfreundliche Projekte gefördert und auf kommunalpolitischer Ebene verstärkt Kinder und Jugendliche in sie betreffende Entscheidungsprozesse einbezogen.

6.4.4 Aufsichtspflicht – zwischen Loslassen und Begrenzen

CD-ROM

Die Frage der Aufsichtspflicht steht in einem Spannungsfeld von Loslassen auf der einen und Begrenzen auf der anderen Seite. Es geht darum, wie viel Aufsicht und damit auch Kontrolle und Begrenzung einerseits pädagogisch sinnvoll und andererseits rechtlich nötig ist. Im konkreten Fall ist die Klärung der Aufsichtspflicht bzw. Aufsichtspflichtverletzung stets individuell, also von Fall zu Fall, genau zu prüfen und abzuwägen. Eine generelle Aussage über Aufsichtspflicht bzw. ihre Verletzung ist daher nicht möglich. Dies führt zu einiger Verwirrung und Verunsicherung bei all jenen, die mit Kindern und Jugendlichen leben und/oder arbeiten.

Was ist Aufsichtspflicht?

Aufsichtspflicht bedeutet, dass die Person, die die Aufsichtspflicht innehat, dafür verantwortlich ist, dass der zu Beaufsichtigende sich oder andere nicht schädigt und auch nicht durch andere geschädigt wird.

Wer ist beaufsichtigungsbedürftig?

Grundsätzlich gelten laut Gesetz Minderjährige immer als beaufsichtigungsbedürftig, da sie aufgrund ihres Entwicklungsstandes in vielen Situationen Gefahren nicht realistisch einschätzen können und somit sich selbst und andere gefährden bzw. sich selbst nicht immer ausreichend vor Gefahren durch andere Personen schützen können. Dies liegt daran, dass Kinder über weniger Erfahrungen mit potenziell gefährlichen Situationen verfügen als Erwachsene.

Wer ist aufsichtspflichtig?

Die Aufsichtspflicht ist eng mit der Personensorge verbunden. Bei minderjährigen Kindern und Jugendlichen sind im Regelfall die leiblichen Eltern personensorgeberechtigt. Was Personensorge bedeutet, wird im Achten Buch des Sozialgesetzbuches (SGB VIII) näher erläutert:

> *„Die Personensorge umfasst insbesondere die Pflicht und das Recht, das Kind zu pflegen, zu erziehen, zu beaufsichtigen und seinen Aufenthalt zu bestimmen."*

(Bundesministerium der Justiz, www.gesetze-im-internet.de, 02.07.2008)

Somit sind laut Gesetz zunächst die Personensorgeberechtigten bzw. Erziehungsberechtigten dafür verantwortlich, Sorge zu tragen, dass die Beaufsichtigung einer beaufsichtigungsbedürftigen Person gewährleistet ist.

Arten der Aufsichtspflicht

Man unterscheidet verschiedene Arten der Aufsichtpflicht, die eng mit der Übertragung von Aufsichtspflicht verbunden sind:

- Gesetzliche Aufsichtspflicht:
  Haben die leiblichen Eltern eines Kindes bzw. eines Jugendlichen die Personensorgeberechtigung inne, spricht man dabei von der gesetzlichen Aufsichtspflicht.
- Vertragliche Aufsichtspflicht:
  Übertragen die Eltern ihre gesetzliche Aufsichtspflicht durch einen Vertrag auf eine Einrichtung bzw. eine Person, spricht man von vertraglicher Aufsichtpflicht. Ein Beispiel dafür ist der Träger eines Kindergartens, den das Kind besucht und mit dem die Eltern einen Betreuungsvertrag geschlossen haben.
- Gefälligkeitsaufsichtspflicht:
  Die dritte Art der Aufsichtspflicht ist die Gefälligkeitsaufsicht. Hierbei handelt es sich um eine Beaufsichtigung, die für kürzere Zeit, unregelmäßig und vor allem unentgeltlich erfolgt.

Die Übernahme der Aufsichtspflicht für die Zeit des Tages, in der das Kind den Kindergarten besucht, muss nicht explizit im Betreuungsvertrag zugesichert werden, um zu bestehen. Da es sich bei dem Kindergartenträger nicht um eine Person handelt, die die Aufsichtspflicht selbst erfüllen kann, übernehmen die sozialpädagogischen Mitarbeiterinnen der Einrichtung die konkrete Aufsicht. Diese Übernahme wiederum erfolgt durch den Arbeitsvertrag zwischen dem Kindergartenträger und den sozialpädagogischen Mitarbeiterinnen. Auch hier muss kein entsprechender Passus im Arbeitsvertrag enthalten sein, damit die Aufsichtspflicht der sozialpädagogischen Mitarbeiterinnen trotzdem faktisch besteht. Hier hat der Einrichtungsträger durch die Auswahl der sozialpädagogischen Fachkräfte dafür Sorge zu tragen, dass die Erfüllung der Aufsichtspflicht gewährleistet ist.

Eine besondere Aufgabe hat die Einrichtungsleitung. Sie muss die sozialpädagogischen Mitarbeiterinnen entsprechend einweisen und auf Gefahren hinweisen. Die Einrichtungsleitung ist in ihrer Vorgesetztenfunktion zudem grundsätzlich Ansprechpartner aller Mitarbeiterinnen der Einrichtung bezüglich Aufsichtspflichtfragen und zum Eingreifen bei Aufsichtspflichtverletzungen verpflichtet.

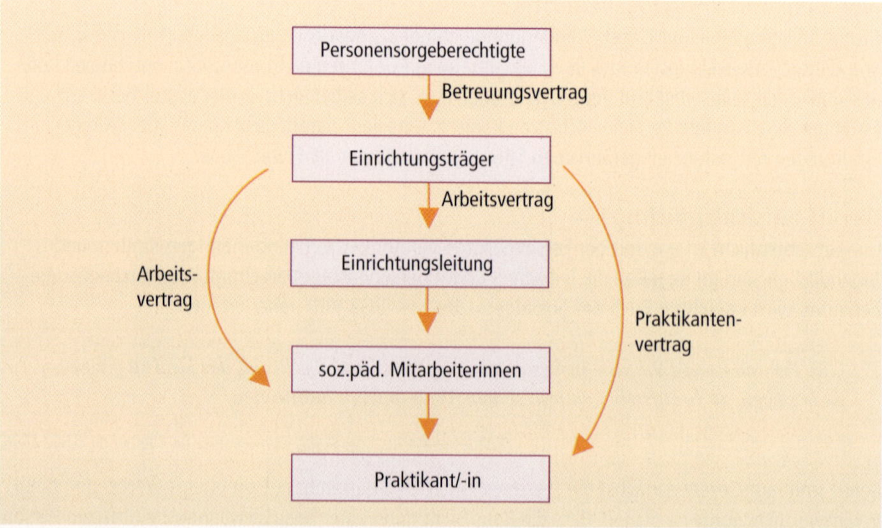

Im privaten Bereich sind auch Babysitter, mit denen kein schriftlicher Vertrag abgeschlossen wurde, vertraglich aufsichtspflichtig, solange eine eindeutige Erklärung vorliegt, die im konkreten Fall auch bereits durch das Annehmen einer Bezahlung für die Beaufsichtigung gilt.

Wem kann die Aufsichtspflicht übertragen werden?

Wie zu Beginn des Kapitels erläutert, haben grundsätzlich die leiblichen Eltern die Personensorgeberechtigung und damit die Aufsichtspflicht gegenüber ihren minderjährigen Kindern. Bei der Übertragung der Aufsichtspflicht der Eltern auf andere Personen im Sinne der vertraglichen Aufsichtspflicht und der Gefälligkeitsaufsicht ist zu beachten, dass die Person, der die Aufsicht übertragen wird, über bestimmte Fähigkeiten und Eigenschaften verfügt, um die Aufsichtspflicht entsprechend erfüllen zu können.

Muss ich neben dem Kind stehen?

Die Frage nach der Art und dem Umfang der Aufsichtsführung ist besonders dadurch heikel, dass gesetzlich keine konkreten Angaben über das Wie und Was gemacht werden. Es wird lediglich eine Grundorientierung gegeben, die sich auf die Schadensersatzpflicht bezieht:

> *(1) Wer kraft Gesetzes zur Führung der Aufsicht über eine Person verpflichtet ist, die wegen Minderjährigkeit oder wegen ihres geistigen oder körperlichen Zustands der Beaufsichtigung bedarf, ist zum Ersatz des Schadens verpflichtet, den diese Person einem Dritten widerrechtlich zufügt. Die Ersatzpflicht tritt nicht ein, wenn er seiner Aufsichtspflicht genügt oder wenn der Schaden auch bei gehöriger Aufsichtsführung entstanden sein würde.*
>
> *(2) Die gleiche Verantwortlichkeit trifft denjenigen, welcher die Führung der Aufsicht durch Vertrag übernimmt.*

(Bundesministerium der Justiz, www.gesetze-im-internet.de, 02.07.2008)

Aus dieser recht nebulösen und wenig konkreten Formulierung ergibt sich jedoch die Betrachtung der besonderen Umstände und der Situation des Aufsichtspflichtigen als Grundsatz der Aufsichtspflicht.

Kriterien zu Art und Umfang der Aufsichtsführung

Um eine entsprechende Hilfestellung für sozialpädagogische Fachkräfte – und im Übrigen auch generell für alle Aufsichtspflichtigen – zu bieten, werden im Folgenden Kriterien zur Einschätzung des Grades und des Umfanges der Aufsicht ausgeführt. Dabei erscheint eine Unterteilung sinnvoll, bei der zwischen den zu beaufsichtigenden Personen und Situationen auf der einen Seite und den Kriterien, die in der beaufsichtigenden Person liegen, unterschieden wird:

1. Alter bzw. Entwicklungsstand der zu beaufsichtigenden Person
   Jedem wird einleuchten, dass jüngere Kinder generell enger bzw. umfassender beaufsichtigt werden sollten als ältere Kinder, da sie oft Gefahren und ihre eigenen Fähigkeiten noch nicht realistisch einschätzen können. Hierbei ist jedoch besonders wichtig, dass der kognitive, physische und sozial-emotionale Entwicklungsstand des Kindes bzw. des Jugendlichen genau beachtet wird und nicht allein das biologische Alter den Ausschlag für die Art und den Umfang der Aufsicht gibt. Daraus ergibt sich, dass sich besonders in sozialpädagogischen Einrichtungen die pädagogischen Fachkräfte über Fähigkeiten und Einschränkungen des Kindes bzw. Jugendlichen stetig informieren und ihre Einschätzung überprüfen. Ebenso bedeutet dies, dass Erziehende Kinder und Jugendliche, deren Fähigkeiten und Persönlichkeitseigenschaften sie nicht oder noch nicht einschätzen können, stärker beaufsichtigen müssen.

2. Art des Spieles oder der Beschäftigung
   Art und Umfang der Beaufsichtigung sind auch und besonders davon abhängig, was das Kind bzw. der Jugendliche zur Zeit der Beaufsichtigung konkret tut. Dabei müssen potenziell gefährliche Spiele oder Beschäftigungen (z. B. Klettern auf Bäumen, Hantieren mit Scheren oder Messern) stärker beaufsichtigt werden als bewegungsarme Spiele oder Beschäftigungen ohne spitze oder scharfe Gegenstände.

3. Situation zwischen zu beaufsichtigenden Kinder bzw. Jugendlichen
   Bei der Beurteilung des Umfanges der Aufsicht in sozialpädagogischen Einrichtungen ist entscheidend, wie sich konkret die Situation in der Gruppe darstellt. Dabei ist zu beachten, wie die Kinder bzw. Jugendlichen zum Zeitpunkt der Beaufsichtigung miteinander interagieren, also ob z. B. die Atmosphäre von Aggressionen oder Streit geprägt ist. Dementsprechend muss die Aufsicht aufmerksamer bzw. intensiver geführt werden, als wenn die Situation in der Gruppe ruhig ist und Streit oder Handgreiflichkeiten nicht direkt zu erwarten sind.

4. Räumliche bzw. örtliche Gegebenheiten
   Ein weiteres wichtiges Kriterium zur Bemessung von Art und Umfang der Beaufsichtigung liegt in der Einschätzung der räumlichen bzw. örtlichen Gegebenheiten. Der/die Aufsichtspflichtige muss mögliche Gefahrenquellen erkennen und in Bezug auf die Fähigkeiten und Persönlichkeitseigenschaften der zu Beaufsichtigenden einschätzen. Dabei müssen sowohl Gefahren in Räumen als auch im Außenbereich der Einrichtung (z. B. Klettergerüste, die aufgrund der Witterungsverhältnisse rutschig sind) und außerhalb des Geländes der Einrichtung (Gefahren im Straßenverkehr, Verletzungsgefahren im Wald etc.) beachtet werden.

Bei der Berücksichtigung all dieser Aspekte und ihrer Abwägung gegeneinander sollte vor allem beachtet werden, dass die Ausübung der Aufsichtspflicht auch im Hinblick auf den Aufsichtspflichtigen eine sehr individuelle und situative Betrachtung nötig macht. Dies wird anhand der folgenden Kriterien deutlich:

1. Fähigkeiten der Aufsichtspflichtigen
   In sozialpädagogischen Einrichtungen sind im Hinblick auf die Aufsichtspflicht die Berufserfahrungen ausschlaggebend dafür, in welchem Umfang und auf welche Art die Aufsicht geführt wird. Dabei leuchtet ein, dass eine Berufsanfängerin vorsichtiger agiert als eine erfahrene Erzieherin. Dies muss sowohl von der betreuenden Person als auch von Vorgesetzten oder Kolleginnen und Kollegen beachtet werden.
   Darüber hinaus bestimmen individuelle Fähigkeiten das Verhalten bei der Aufsichtspflicht bzw. auch das Ablehnen der Übernahme der Aufsicht (z. B. bei Schwimmbetreuung durch Nichtschwimmer). Dabei muss sich der Aufsichtspflichtige seiner Fähigkeiten und Einschränkungen (wie z. B. Körperbehinderungen oder vorübergehende Einschränkungen durch Verletzungen) bewusst sein und ggf. größere Vorsicht walten lassen oder entsprechende Maßnahmen ergreifen.

2. Anzahl der zu beaufsichtigenden Personen
   Eine generelle Aussage darüber, wie viele Personen von einer sozialpädagogischen Fachkraft beaufsichtigt werden dürfen bzw. sollten, ist wiederum gesetzlich nicht eindeutig geregelt. Wie viele Kinder oder Jugendliche sinnvoll von einer Person beaufsichtigt werden können, ist von den Fähigkeiten und Persönlichkeitseigenschaften der zu Beaufsichtigenden und der beaufsichtigenden Person gleichermaßen abhängig. Hinzu kommt die Art der vorgesehenen Unternehmung bzw. Aktivität, die ebenfalls Einfluss auf das Zahlenverhältnis zwischen Aufsichtspflichtigem und zu Beaufsichtigenden hat.
   Lediglich bei Aktivitäten außerhalb von Einrichtungen ist eine pädagogische Fachkraft für eine Gruppe von zehn Kindern als Richtwert zu finden. Ausgenommen davon sind Schwimmbadbesuche. Hier sollen zwei Betreuende die Beaufsichtigung sicherstellen.

(vgl. Textor, www.kindergartenpaedagogik.de, 02.07.2008)

Was bedeutet Aufsichtsführung konkret?

Um sicherzugehen, sich im Hinblick auf die Aufsichtspflicht nicht strafbar zu machen, liegt es nahe, gefährlichen Situationen direkt durch entsprechende Entschärfung potenzieller Gefahren zu begegnen. Dies steht jedoch dem grundlegenden Ziel einer Erziehung zu Selbstständigkeit und Eigenverantwortung entgegen (vgl. §1 Abs. 1 SGB VIII). Kinder müssen Gefahren kennen und einschätzen lernen und die zur Bewältigung der Gefahren notwendigen Fähigkeiten weiterentwickeln bzw. lernen, mit Gefahren umzugehen. Eine lückenlose Aufsicht in Form einer Überwachung läuft diesem pädagogischen Ziel zuwider. Zudem ist es unmöglich, ohne Unterlass zu beaufsichtigen und alle Gefahren und Entwicklungen vorherzusehen. Die Frage, die unbeantwortet bleibt, ist die nach dem Maß der Aufsichtsführung zwischen dem Extrem der Gängelung auf der einen und einer unverantwortlichen Sorglosigkeit bezüglich möglicher Gefahren auf der anderen Seite. Dies wird im Folgenden näher beleuchtet.

Formen der Erfüllung der Aufsichtspflicht

Die Aufsichtspflicht kann bezüglich der Wahl der Mittel auf unterschiedliche Art erfüllt werden. Wichtig hierbei ist im Hinblick auf eine Erziehung zu Selbstständigkeit und Eigenverantwortlichkeit, dass in konkreten Situationen ein Weg gefunden wird, der ein größtmögliches Maß an Selbstbestimmung gewährt und gleichzeitig so viel Sicherheit wie nötig bietet. Wenn sich konkrete Gefahrensituationen zeigen, sind je nach Grad der Gefährdung folgende Strategien der Aufsichtspflichtigen möglich:

„1. Informieren, Belehren, Ermahnen
Die Erzieherin muss die Kinder über mögliche Gefahren und deren Verhinderung klar und verständlich informieren, zum richtigen Umgang mit gefährlichen Objekten anlei-

ten und Verhaltensweisen lehren, mit denen risikoreiche Situationen (z. B. im Straßenverkehr) gemeistert werden können. Sie muss sich vergewissern, ob sie verstanden wurde. Wichtig ist auch das eigene Vorbild.

2. *Ge- und Verbote*
   Ein exakt umschriebenes Verhalten wird verlangt bzw. untersagt. Dies ist z. B. notwendig, wenn Kinder Belehrungen und Warnungen nicht beachtet haben, wenn sie zu wenig Einsicht zeigen, wenn sie bestimmte Verhaltensweisen noch nicht beherrschen oder wenn der Schadenseintritt sehr wahrscheinlich ist. Verbote sollten eher selten aufgestellt werden, da sie die Entwicklung von Selbstständigkeit und Verantwortungsbewusstsein erschweren.

3. *Überwachen, Kontrollieren*
   Auch Kleinkinder müssen nicht auf Schritt und Tritt beobachtet werden; dies ist weder der Erzieherin zumutbar noch pädagogisch zulässig. Die Fachkraft muss sich also nicht ständig im Raum bzw. in der Nähe der Kinder aufhalten oder fortwährend in Blickkontakt bleiben. Zumeist reicht ein relativ häufiges, stichprobenartiges Kontrollieren. Entsprechend der vorgenannten Kriterien sind aber intensivere Überwachung und Kontrolle von (einzelnen) Kindern notwendig, wenn diese sich z. B. an frühere Belehrungen und Verbote nicht gehalten haben, mit gefährlichen Objekten spielen oder sich in einer risikoreichen Situation (Klettern, Straßenverkehr usw.) befinden.

4. *Eingreifen*
   Ist ein Kind oder eine dritte Person gefährdet bzw. ist ein Sachschaden zu erwarten, dann muss die Erzieherin verbal oder auch unter körperlichem Einsatz eingreifen und die Gefahrenquelle entfernen (z. B. durch Wegnehmen, Verschließen, Abbrechen des Spiels, Trennen sich prügelnder Kinder).“

(Textor, www.kindergartenpaedagogik.de, 02.07.2008)

Folgen der Aufsichtspflichtverletzung

Die Verletzung der Aufsichtspflicht ohne Folgen für den zu Beaufsichtigenden oder für Dritte ist an sich nicht strafbar, sie kann aber arbeitsrechtliche Folgen für pädagogische Fachkräfte in sozialpädagogischen Einrichtungen haben. Diese Folgen können eine formlose Belehrung, ein Verweis und eine schriftliche Abmahnung sein. Ebenso ist eine ordentliche Kündigung bis hin zu einer fristlosen Kündigung in besonders gravierenden Fällen der Aufsichtspflichtverletzung denkbar.

Wenn es aufgrund der Aufsichtspflichtverletzung zu einer Verletzung oder zum Tod des zu beaufsichtigenden Kindes oder Jugendlichen gekommen ist oder eine andere Person durch den zu Beaufsichtigenden verletzt oder getötet wurde, sind auch strafrechtliche Folgen möglich bzw. wahrscheinlich. In diesem Fall wird automatisch eine staatsanwaltschaftliche Ermittlung durchgeführt, um zu klären, ob der Aufsichtspflichtige (grob) fahrlässig oder gar vorsätzlich seine Aufgabe nicht erfüllt hat, was dann strafrechtlich geahndet werden kann. Unabhängig von der staatsanwaltschaftlichen Ermittlung können die Personensorgeberechtigten vor dem Zivilgericht eine entsprechende Klage gegen den Aufsichtspflichtigen einlegen, um Schadensersatz zu fordern.

6.5 Übungen

6.5.1 Pro-Contra-Debatten

Ein pädagogisch relevantes Thema wird in zwei Vertretergruppen kontrovers diskutiert, wobei die Positionen festgelegt und vorformuliert sind.

Teilen Sie Ihre Gruppe wiederum in zwei Gruppen (Pro-Gruppe und Contra-Gruppe). Überlegen Sie sich in jeder Gruppe Argumente zur Begründung Ihres Standpunktes und überlegen Sie eine Diskussionsstrategie.

In der Debatte selbst tragen die Teilnehmerinnen abwechselnd ihre Argumente zur Untermauerung ihrer Argumentation vor. Die beiden Gruppen sitzen sich gegenüber und sind durch Schilder als Pro- und Contra-Gruppe gekennzeichnet.

Tauschen Sie sich nach Abschluss der Debatte auf der Metaebene über die Debatte aus: Was ist Ihnen aufgefallen? Welche Strategien sind sichtbar geworden? Auf welcher Ebene hat die Debatte stattgefunden?

Tipps

Begrenzen Sie bei Bedarf die Redezeit jeder Teilnehmer/in (45–60 Sekunden). Achten Sie darauf, Ihre zu Beginn übernommene Position beizubehalten und sie durchgängig argumentativ zu vertreten.

Material

Schild „PRO", Schild „CONTRA", Moderationskarten, Stifte

Mögliche Diskussionsthemen

1. **Es sollen spezielle Angebote für Mädchen geschaffen werden**
   - Pro: Mädchen benötigen besonders Zeit und Raum, um ihre Bedürfnisse, Fähigkeiten und Talente in Gebieten, die traditionell Jungen zugeordnet werden, zu entdecken und weiterzuentwickeln.
   - Contra: Spezielle Angebote für Mädchen betonen den zugeschriebenen Geschlechtsunterschied in Bezug auf bestimmte Fähigkeiten und prägen ihn weiter aus.
2. **Kinder und Jugendliche sollen an der Planung des Alltags in Einrichtungen aktiv beteiligt werden**
   - Pro: Nur bei der Einbeziehung von Kindern und Jugendlichen kann die demokratische Bildung und Erziehung von Kindern und Jugendlichen gefördert werden.
   - Contra: Kinder und Jugendliche können die Komplexität pädagogischer, rechtlicher und organisatorischer Entscheidungen noch nicht überblicken und können somit nicht an diesen Entscheidungen beteiligt werden.

6.6 Anregungen für die Arbeit in der Praxis

6.6.1 Kinder und Jugendliche beteiligen

Beteiligen Sie in Ihrer Einrichtung die Kinder und Jugendlichen an der Planung einer Aktivität. Reflektieren Sie die gemeinsame Planung und Durchführung mit den Kindern und Jugendlichen und Ihrer Praxisanleiterin.

Weiterführende Literatur

6.7

- Blank-Mathieu, Margarete: Werteerziehung in Kindertageseinrichtungen, in: Textor, Martin R. (Hrsg.): Kindergartenpädagogik – Online-Handbuch, www.kindergartenpaedagogik.de/1294.html (01.08.2008).
- Bohle, Arnold/Themel, Jobst: Jugendhilfe – Jugendrecht, 6. Aufl., Troisdorf, Bildungsverlag EINS, 2005.
- Doll, Erhard: Rechtskunde, 5. Auflage, Troisdorf, Bildungsverlag EINS, 2008.
- Kämpfer, Horst-Dieter: Recht und Verwaltung. Ein Lehr- und Arbeitsbuch für die Fachschule für Sozialpädagogik, 4. Aufl., Troisdorf, Bildungsverlag EINS, 2008.
- Krenz, Armin (Hrsg.): Handbuch für ErzieherInnen in Krippe, Kindergarten, Vorschule und Hort, München, mvg-verlag, 2002.
- Popitz, Heinrich: Soziale Normen, Frankfurt/Main, Suhrkamp Verlag, 2006.
- Standop, Jutta/Jürgens, Eiko (Hrsg.): Werte-Erziehung, Weinheim, Beltz-Verlag, 2005.

Zum nächsten Kapitel

6.8

In diesem Kapitel haben Sie gelernt, dass eine Erzieherin trotz einer Fülle rechtlicher Rahmenbedingungen in ihrer praktischen Arbeit über große pädagogische Spielräume verfügt. Die rechtlichen Rahmenbedingungen schützen Kinder, Jugendliche, Eltern und Erziehende gleichermaßen und geben der Erzieherin wichtige Orientierungen.

Werte und Normen – seien sie formell oder informell – werden im Allgemeinen in Gruppen gelernt und dort in Handeln umgesetzt. Das beginnt in der Familie, dann kommen Krippen, Kindertagesstätten, Schulen, Freundeskreise und berufliche Gruppen hinzu. Um Entstehung, Entwicklung und Veränderungen von Normen und Werten eingehender verstehen und in der pädagogischen Arbeit berücksichtigen zu können, bietet Ihnen das nächste Kapitel die Möglichkeit, sich mit Gruppen, Gruppenprozessen und gruppenpädagogischen Fragen auseinanderzusetzen und praxisrelevante Konsequenzen zu ziehen.

7 Ich und du gleich wir? – Gruppenprozesse in der beruflichen Praxis

Sozialpädagogik ist in erster Linie Gruppenpädagogik. Mit dem Besuch einer Kindertagesstätte erweitert sich der soziale Lebensraum eines Kindes über die Grenzen der Familie und des elterlichen Freundes- und Verwandtenkreises hinaus. Neue Beziehungen müssen aufgenommen werden. Zuwendung, Ablehnung, Freundschaft, Gemeinsamkeiten und Unterschiede, aber auch Gegnerschaften enthalten neue Qualitäten für die Kinder.

> *„Erzieherinnen und Erzieher sind aufgefordert, in ihrem Tätigkeitsbereich Orientierungen anzubieten und soziales Zusammenleben zu gestalten. Kinder und Jugendliche müssen lernen, sich in komplexen sozialen Strukturen und Bezugssystemen zu orientieren. Dies geschieht durch die Gestaltung von Lern- und Erfahrungsorten, wo Chancengleichheit, Gleichberechtigung, Partnerschaftlichkeit und Gewaltfreiheit herrschen, wo soziale oder ethnische Diskriminierung verhindert und soziales Miteinander und Verantwortung geübt und praktiziert werden.*
>
> *Erzieherinnen und Erzieher müssen kulturelle, religiöse und individuelle Vielfalt und Verschiedenheit als Bereicherung für alle nutzen. Sie arbeiten mit Kindern und Jugendlichen als Partnern, beteiligen sie an Planungen, Projekten und Programmen und versetzen sie in die Lage, kompetent und verantwortlich mitzubestimmen und mitzugestalten. Kinder und Jugendliche werden so in ihrem Engagement bei der Ausgestaltung gemeinschaftlicher Angelegenheiten bestärkt, sie lernen Verantwortung für sich und andere zu übernehmen. Sie erfahren und leben Demokratie."*
>
> *(Ministerium für Schule und Weiterbildung des Landes Nordrhein-Westfalen, 2006, 34)*

Mit der Erweiterung ihres Lebensraumes entsteht ein über die Familie hinausgehendes Wir-Gefühl. Nun wird das „WIR" mehr als „ICH und DU". Es handelt sich um einen Prozess, in dem die Kinder lernen,

- neue soziale Positionen und Rollen wahr- und anzunehmen,
- ungewohnte Normen und Regeln zu übernehmen, zu verinnerlichen und kritisch zu hinterfragen,
- eigene Bedürfnisse im Rahmen der sozialen Möglichkeiten und Grenzen zu befriedigen,
- Gruppenziele über Eigenziele zu stellen,
- neue Kontakt-, Kommunikations- und Kooperationsfähigkeiten zu Kindern und zu Erwachsenen zu entwickeln,
- sich mit der Gruppe zu identifizieren,
- sich an der Organisation von Gruppenstrukturen und -prozessen zu beteiligen,
- sich mit fremden und eigenen Werten und Einstellungen auseinanderzusetzen etc.

Kinder und Jugendliche professionell bei diesen Entwicklungsprozessen zu begleiten und sie entsprechend zu unterstützen, ist eines der großen beruflichen Handlungsfelder einer Erzieherin. Um dies leisten zu können, müssen Erzieherinnen über eine Reihe grundlegender Kompetenzen verfügen, wie sie u. a. in den Richtlinien und Lehrplänen für die Fachschule für Sozialpädagogik in Nordrhein-Westfalen beschrieben und im folgenden Abschnitt auszugsweise dargestellt werden.

7.1 Kompetenzen von Erzieherinnen

Um Kinder und Jugendliche bei der Entwicklung ihrer kommunikativen und sozialen Fähigkeiten begleiten, unterstützen und fördern zu können, müssen Sie vor allem über die folgenden Kompetenzen verfügen.

- *„Die Bedeutung der Gleichaltrigen-Gruppe für Kinder und Jugendliche erfassen, Gruppenstrukturen und -prozesse erkennen und pädagogisch begleiten.*
- *Den Stellenwert des Alltags in einer sozialpädagogischen Einrichtung erkennen und ihn pädagogisch gestalten.*
- *Kindern und Jugendlichen Orientierungen im Alltag durch Regelvereinbarungen ermöglichen.*
- *Soziales Verhalten als Ergebnis von Lernprozessen erfassen und pädagogisch beeinflussen.*
- *Die Wirkung der eigenen Rolle als Erzieherin bzw. Erzieher in sozialen Lernprozessen wahrnehmen und pädagogisch nutzen. […]*
- *Räumlichkeiten, Materialien und Medien für soziale Lernprozesse anbieten."*

(Ministerium für Schule und Weiterbildung des Landes Nordrhein-Westfalen: Richtlinien, 2006, 34)

Die Entwicklung dieser Kompetenzen können mit der Lösung und Bewältigung der folgenden beruflichen Aufgaben erworben werden.

7.2 Berufliche Aufgaben: Gruppenprozesse gestalten

- Mit dem „Gruppenchef" umgehen
- Den Alltag der Gruppe gestalten
- Orientierung ermöglichen
- Stärken durch Differenzieren

7.2.1 Mit dem „Gruppenchef" umgehen

Bereits im frühen Kindesalter nehmen Kinder erste – wenn auch noch zeitlich instabile – Beziehungen zu anderen auf. Gruppen setzen sich in diesem Alter in der Regel aus Kindern aus der Nachbarschaft und/oder dem Freundeskreis der Eltern zusammen. Bis sie ca. 4 oder 5 Jahre alt sind, spielt das Geschlecht noch keine bzw. eine eher geringe Rolle. Meist gibt es bereits in Kindergruppen dieses Alters Anführer, d. h. Kinder, die „bestimmen" und denen die anderen folgen. Diese Anführer heben sich in der Regel durch besondere Merkmale aus der Gruppe hervor. Sie sind am „stärksten", am „mutigsten", am sprachgewandtesten oder am dominantesten oder sie sind im Besitz von besonderem Spielzeug oder anderen begehrten Objekten. Auch Außenseiter kann es bereits in diesem Alter geben. Häufig handelt es sich dabei um sehr zurückhaltende, schüchterne oder gehemmte Kinder; auch Kinder, die unter einem körperlichen Handicap wie einer Behinderung leiden, können zu Außenseitern werden. Obwohl es noch keine Cliquenbildung wie im Jugendalter gibt, kommen auch bei Kindern im Kindergartenalter schon Ausgrenzungen und Hänseleien vor.

Zwischen dem sechsten und achten Lebensjahr beginnen Kinder sich ihre Freunde und Freundesgruppen nach dem Geschlecht auszusuchen. Jetzt werden die Interessen von Jungen und Mädchen immer unterschiedlicher. Die Rangordnung innerhalb der Gruppe wird immer bedeutsamer. Es entwickelt sich eine bei manchen älteren Kindern sehr ausgeprägte Angst, ausgegrenzt zu werden. Diese Angst bewirkt bisweilen einen hohen Anpassungsdruck, der die Ursache für Verhaltensweisen ist, die Eltern wie Erzieherinnen häufig nur schwer verständlich sind.

Arbeiten Sie bitte in Zweier-Teams:

1. *Entscheiden Sie sich für eine der möglichen Zielgruppen (Kindertagesstätte, Hort o. Ä.) aus Ihren zukünftigen beruflichen Handlungsfeldern.*
2. *Entwickeln Sie Angebote oder Spiele für die Kinder bzw. Jugendlichen, die es Ihnen besonders gut ermöglichen, die Gruppenstruktur einer solchen Gruppe deutlich zu erkennen.*
3. *Untersuchen Sie dann, welche Schwierigkeiten sich bei einer solchen Wahrnehmungsaufgabe ergeben können und wie diese Schwierigkeiten bewältigt werden können.*
4. *Entwickeln und begründen Sie Kriterien als Entscheidungshilfe: Bei welchen Gruppenkonstellationen sollten Sie intervenieren (eingreifen), um die Rollenverteilung der Gruppe mit pädagogischen Mitteln zu verändern?*
5. *Entwickeln Sie eine möglichst konkrete pädagogische Strategie zur Veränderung der Position eines zu dominanten Kindes oder Jugendlichen.*
6. *Entwickeln Sie eine möglichst konkrete pädagogische Strategie zur Stärkung eines oder einiger ausgegrenzter Kinder bzw. Jugendlichen.*

7.2.2 Den Alltag der Gruppe gestalten

Der Alltag einer sozialpädagogischen Einrichtung ist immer Gruppenalltag. Da bereiten Kinder gemeinsam mit der Erzieherin das Frühstück oder das Mittagessen vor, da wird gespielt, getobt und geruht – vor allem aber gelernt. Bereits in Kindertagesstätten erleben die Mädchen und Jungen die Vorteile, aber auch die Schwierigkeiten gemeinsamer Aufgaben- und Problembewältigung. Sie erfahren Geborgenheit in der Gruppe, Zugehörigkeit und Sicherheit. Sie erleben erste Vorbilder, die sie nachahmen und deren Vorbildverhalten sie erproben.

Die Grundlagen für die sozialen Fähigkeiten und Fertigkeiten des Kindes werden in der Familie geschaffen. Die Wärme, die Geborgenheit, aber auch die Achtung und die Wertschätzung, die das Kind hier erfährt, entscheidet wesentlich darüber mit, wie es auf zunächst fremde Menschen zugehen, Kontakt aufnehmen und diesen Kontakt gestalten kann. Kindertagesstätten haben die Aufgabe, die Familien in ergänzender Weise zu unterstützen. Dies geschieht vor allem dadurch, dass die Kinder nun meist zum ersten Male ein Leben in einer großen Gruppe erfahren und lernen können. Dabei ergeben sich ganz neue Lernanlässe und Lernchancen. So lernen die Jüngeren von den Älteren und die Älteren von den Jüngeren. Da hat jedes Kind seine eigenen Stärken, an denen die anderen teilhaben können. Familiäre und kulturelle Unterschiede werden erkennbar und können als pädagogische und psychologische Entwicklungschancen genutzt werden.

Wichtige soziale Lernbereiche in der sozialpädagogischen Einrichtung, die es in dieser Form in den meisten Familien nicht gibt, können sein:

- die Entwicklung von Mitgefühl und Hilfsbereitschaft über die Grenzen der Familie hinaus,
- die Wahrnehmung eigener und fremder Gefühle und Bedürfnisse,
- die sozialverantwortliche Befriedigung eigener Bedürfnisse,
- die Wahrnehmung und Entwicklung von Gruppenregeln,
- die Weiterentwicklung der Kontakt- und Kommunikationsfähigkeit,
- der Umgang mit Konflikten.

Erzieherinnen haben daher eine hohe Verantwortung nicht nur dem einzelnen Kind, sondern auch der Gruppe gegenüber. Die Gruppe ist im Kindes-, Jugend- und Erwachsenenalter sowohl Lebens- als auch Lern- und Entwicklungsraum. Lernraum ist sie besonders im Hinblick auf den Erwerb und die Weiterentwicklung wichtiger sozialer Fähigkeiten, aber auch im Hinblick auf die Bildungsprozesse, die Grundlage für die spätere Entwicklung schulischer und beruflicher Kompetenzen sind.

Arbeiten Sie bitte in Zweier-Teams:

1. *Entscheiden Sie sich für eine der möglichen Zielgruppen (Kindertagesstätte, Hort o.Ä.) aus Ihren zukünftigen beruflichen Handlungsfeldern.*
2. *Bereiten Sie die Einbeziehung der Kinder einer Gruppe in die Organisation des Gruppenalltags vor. Beziehen Sie dabei*
   - *Aufgaben des täglichen Lebens (z.B. Frühstücksvorbereitung, Reinigung, Pflege eines Aquariums, Aufräumarbeiten im Außengelände) und*
   - *die Mitbeteiligung der Kinder oder Jugendlichen bei der Spiel-/Freispiel-, Bildungsarbeit etc. in Ihre Planung ein.*
3. *Überprüfen Sie die Brauchbarkeit Ihrer Lösungen gemeinsam mit anderen und entwickeln Sie sie ggf. weiter.*

Orientierung ermöglichen

7.2.3

In der pädagogischen Literatur stößt man schnell auf das Stichwort „Grenzen", wenn man nach Orientierungshilfen für Kinder sucht. So unstrittig wie die Notwendigkeit, dass Kinder durch ihre Erziehung lernen, Grenzen zu respektieren, so unterschiedlich werden diese Grenzen in der pädagogischen und sozialpädagogischen Praxis von Eltern und Erzieherinnen gesetzt. Die Schwierigkeit für eine Erzieherin besteht in der Frage, wo pädagogisch begründbare Grenzen für Kinder oder Jugendliche zu ziehen sind. Die Entscheidungen hierüber können z.T. gemeinsam mit den Kindern entwickelt werden; es gibt aber Grenzen, die die Erzieherin alleine ziehen muss. Eine wichtige Grundlage für ihre Entscheidungen ist die Erfahrung, die die Erzieherin mit der sozial- und selbstverantwortlichen Handlungskompetenz der Kinder gemacht hat.

Einigkeit besteht darin, dass die einem Kind zugestandenen Spielräume nicht einseitig zu Lasten anderer Kinder, Jugendlicher oder Erwachsener gehen sollten. Die soziale Verantwortung und die Gruppensituationen, aber auch die Achtung und die Wertschätzung der anderen sind es, die die realen Grenzen festlegen.

Grenzen können einerseits Ursache für Enttäuschungen, Belastungen oder Ärger sein, andererseits stellen sie für Kinder und Jugendliche, aber auch für Erwachsene, eine oft wichtige Orientierungshilfe dar: Das Kind weiß, was es kann, soll, darf und ist nicht der Unsicherheit ausgesetzt, es vielleicht oder wahrscheinlich falsch zu tun. Dies gilt für viele „Grenzbereiche":

- Die Rechte und Pflichten anderer Menschen stellen mögliche Grenzen ebenso dar wie
- Institutionen (z.B. die Regeln der Tagesabläufe und Organisation einer sozialpädagogischen Einrichtung) oder die
- Umwelt des Menschen mit ihrer Infrastruktur (Straßen, Freizeiteinrichtungen, Flughäfen, Wälder, Flüsse ...) sowie die
- Grenzen der eigenen Persönlichkeit (z.B. vorhandene oder fehlende Begabungen, Fähigkeiten, Fertigkeiten, körperliche Belastbarkeit oder Beweglichkeit).

Grenzen gilt es zu respektieren, aber ggf. auch zu erweitern oder gar überwinden. Während die Rechte anderer nicht verletzt werden dürfen, kann es aber Ziel sein, einem Kind zu helfen, eigene Grenzen zu überwinden.

Im Umgang mit Grenzen benötigen Kinder Selbstbewusstsein, Selbstvertrauen und Selbstwertgefühl:

- Selbstbewusstsein sei hier wörtlich als „Wissen über sich selbst" verstanden: Je besser ein Mensch sich kennt, desto klarer werden seine Vorstellungen über die persönlichen Grenzen und die Möglichkeiten, sie zu erweitern. Das Wissen von und über sich selbst erwirbt der Mensch in erster Linie im sozialen Kontakt mit anderen. Die Rückmeldungen, die er erhält, enthalten wichtige Informationen für ihn und über ihn selbst. Diese Rückmeldungen sind immer auch orientierende Informationen für das zukünftige Verhalten. Sie geben dem Kind Sicherheit und Klarheit.
- Selbstvertrauen, also das Vertrauen in die eigenen Fähigkeiten, setzt Selbstbewusstsein und ein Wissen über sozialverträgliche, realisierbare Verhaltensmöglichkeiten voraus. Nur wenn der Mensch weiß, was möglich ist, kann er das nötige Selbstvertrauen entwickeln.
- Selbstbewusstsein und Selbstvertrauen sind Grundlage für ein „gesundes" Selbstwertgefühl, ohne das es keine stabile Persönlichkeit geben kann.

So sind Grenzen und die Regeln, die ihre Einhaltung ermöglichen, Orientierung und Sicherheit zugleich. Ihre Aufgabe liegt darin, das Leben und vor allem das Zusammenleben zu erleichtern, wie dies bei den vielen Ritualen, die das Leben in manchen Einrichtungen bestimmen, gut zu erkennen ist. Feste Zeiten oder Rituale für die Begrüßung, das Frühstück, das Aufräumen, für Spieleinführungen oder Bilderbuchbetrachtung schaffen Geborgenheit und Sicherheit.

Arbeiten Sie bitte in Zweier-Teams:

1. *Entscheiden Sie sich für eine der möglichen Zielgruppen (Kindertagesstätte, Hort o.Ä.) aus Ihren zukünftigen beruflichen Handlungsfeldern.*
2. *Entwickeln Sie Rituale und Regeln für den Tagesablauf (Wochen-, Monats- oder Jahresablauf) in dieser Einrichtung, die gezielt der Orientierung und Sicherheit der Kinder dienen sollen. Klären Sie dabei die pädagogischen und psychologischen Ziele, die Sie mit diesen Ritualen verfolgen möchten.*
3. *Untersuchen Sie dann, welche Schwierigkeiten einer (einfachen) Lösung bzw. Erreichung Ihrer Ziele im Wege stehen und wie Sie diese überwinden können.*
4. *Klären Sie, welche Informationen über die soziale und psychologische Situation der Kinder und Ihrer Gruppe für die Lösung des Problems wichtig oder hilfreich sein und Ihre pädagogischen Entscheidungen beeinflussen können. Wie und wo können Sie diese Informationsmaterialien erhalten?*
5. *Bereiten Sie die Einrichtung eines Kinderforums für eine Gruppe oder eine Einrichtung vor, das ein Regel-, Orientierungs- und Ritual-Werk entwickelt.*
6. *Überprüfen Sie die Brauchbarkeit Ihrer Lösungsstrategie gemeinsam mit anderen und entwickeln Sie sie ggf. weiter.*

Stärken durch Differenzieren

7.2.4

Stärkung durch Differenzierung sowie Begleitung und Förderung des Einzelnen in der Gruppe ist eine Forderung, die sich in den letzen Jahren zunehmend an alle pädagogischen und sozialpädagogischen Institutionen richtet.

Die Gruppe mit all ihren Unterschiedlichkeiten eröffnet Möglichkeiten für eine das Individuum unterstützende Pädagogik bzw. Sozialpädagogik.

> *„Wenn man in der Selbsttätigkeit von Kindern den zentralen Motor für ihre Entwicklung sieht, gehört es zur Aufgabe der Erzieherin, Lernmöglichkeiten bereitzustellen und zu strukturieren, den Kindergartenalltag so zu gestalten, dass er Kinder zum Handeln anregt, dass vielfältige Lernmöglichkeiten erschlossen werden, um kindorientierte Erfahrungsprozesse zu unterstützen.*
>
> *Eine Möglichkeit hierzu ist die differenzierte Gruppenarbeit – als ein wesentlicher Bestandteil situationsbezogenen Arbeitens. Kennzeichen differenzierter Gruppenarbeit ist, dass Kinder sich im Verlauf des Tages frei für eine bestimmte Tätigkeit entscheiden können, dass sie die Möglichkeit haben, Aktivitäten mit und Kontakte zu anderen nach eigenem Rhythmus aufzunehmen und dass freie Gruppenbildungen und Gruppenauflösungen möglich sind. Kinder haben also die Chance, vielfältige soziale Beziehungen aufbauen und ihren unterschiedlichen Interessen und Bedürfnissen nachgehen zu können.*
>
> *Dies schließt nicht aus, dass die Erzieherin ihrerseits auch Aktivitäten initiiert und mit einzelnen oder mehreren Kindern durchführt. Angebote der Erzieherin, die die Interessen der Kinder aufgreifen oder Anregungen enthalten, sind in besonderer Weise geeignet, Kinder in ihrer Entwicklung zu unterstützen. Ob und wann Angebote für die Gesamtgruppe angebracht sind, wie der Übergang von den Spielaktivitäten der Kinder zu den Angeboten der Erzieherin gestaltet werden kann, sollte genau bedacht werden.*
>
> *Wesentlich für die differenzierte Gruppenarbeit ist, dass die Spielbereiche durch ihre Gestaltung Kinder einerseits zu vielfältigen Tätigkeiten anregen, ihnen andererseits aber auch ein Zuschauen und Sich-zurückziehen-Können ermöglichen. Damit tritt die direkte Lenkung durch die Erzieherin zugunsten der ‚gestalteten Umwelt' zurück. Kinder gewinnen auf diese Weise Freiraum, den sie nutzen können, um ihrem Alter und ihren Fähigkeiten entsprechend Entscheidungen treffen zu lernen und deren Konsequenzen zu erfahren.*
>
> *Damit die Chancen differenzierter Gruppenarbeit zum Tragen kommen, bedarf es einer gut durchdachten Planung, einer anregenden Raumgestaltung mit einer an den Spielinteressen der Kinder orientierten Materialauswahl, eines flexiblen Tagesablaufs und einer offenen Haltung der Erzieherin, die Aktivitäten von Kindern zulassen, notwendige Impulse geben und sich mit ihren eigenen Aktivitäten zurückhalten kann.*
>
> *Die differenzierte Gruppenarbeit gibt der Erzieherin die Möglichkeit, Kinder bzw. das Gruppengeschehen aufmerksam zu verfolgen, um dann entscheiden zu können, wann Kinder welche Anregungen bzw. Unterstützung brauchen. Somit kann die Erzieherin den unterschiedlichen Interessen von Kindern auch eher gerecht werden. (...)*
>
> *Differenzierte Gruppenarbeit wird zu einem notwendigen Bestandteil pädagogischer Arbeit, wenn die Aufenthaltszeiten von Kindern in den Einrichtungen flexibel gehandhabt werden und die Anzahl der Kinder in den Gruppen im Verlauf eines Tages variiert."*

(Militzer/Demandewitz/Solbach, 1999, 153 f.).

Arbeiten Sie bitte in Zweier-Teams:

1. *Entscheiden Sie sich für eine der möglichen Zielgruppen (Kindertagesstätte, Hort o. Ä.) aus Ihren zukünftigen beruflichen Handlungsfeldern.*
2. *Entwickeln Sie ein Beobachtungsinstrument, mit dessen Hilfe Sie die individuellen Fähigkeiten und Fertigkeiten oder auch die persönlichen Interessen und Bedürfnisse der Kinder oder Jugendlichen dieser Zielgruppe erkennen können.*
3. *Bereiten Sie einen Tagesablauf vor, der es den Kindern oder Jugendlichen ermöglicht, in der Gruppe die eigenen, d. h. die individuellen Stärken, auf die sich Ihre Beobachtungskriterien beziehen sollen, erkennen und erproben zu können.*
4. *Klären Sie, welche Informationen über die soziale und psychologische Situation der Kinder und der (Kinder-)Gruppe für die Lösung der Aufgabe wichtig oder hilfreich sein und Ihre Entscheidungen beeinflussen können. Wie und wo können Sie diese Informationsmaterialien erhalten?*
5. *Überprüfen Sie die Brauchbarkeit Ihrer Lösungsstrategie gemeinsam mit anderen und entwickeln Sie sie ggf. weiter.*

7.3 Aus dem beruflichen Alltag

Im Folgenden finden Sie Beispiele aus dem beruflichen Alltag, die zeigen, in welchen praktischen Zusammenhängen Sie mit beruflichen Aufgaben konfrontiert werden können, wie sie oben beschrieben wurden.

7.3.1 Mit dem „Gruppenchef" umgehen?

Max ist 5;6 Jahre alt und obwohl er weder das älteste noch das größte Kind in Ihrer Einrichtung ist, stromert er mit drei anderen Jungen aus Ihrer Kindergartengruppe, die sich anscheinend magisch von ihm angezogen fühlen, durch die Einrichtung. Dabei drängen die Jungen unter Max' Führung andere Kinder aus dem Bewegungsraum, zerstören den Holzklötzchenturm von Alexander (5;10) und Thomas (5;2) und stibitzen aus der Küche der Einrichtung für jeden der vier Jungen eine Handvoll Rosinen und Nüsse.

Alexander und Thomas wenden sich hilfesuchend an Sie. Da aber Ermahnungen bei Max nicht lange wirken und er sich ohne seine Freunde rücksichtsvoll verhält, beschließen Sie, Max' Rolle in der Vierergruppe grundsätzlich unter die Lupe zu nehmen und langfristig eine Lösung für die gesamte Kindergartengruppe zu finden.

Entwickeln Sie eine die gesamte Gruppe betreffende Strategie, um eine Veränderung von Max' Rolle in der Einrichtung zu erreichen.

Den Alltag der Gruppen gestalten

7.3.2

Beim offenen Frühstück an einem Donnerstagmorgen bemerken Sie, wie Nina (3;4) mit ihrer Tasche vor dem Bauch unschlüssig abwartend in der Nähe des Frühstückstisches steht. Zwar werden hintereinander einige Plätze frei, aber das Mädchen scheint nicht schnell genug zu sein und andere Kinder kommen ihm stets zuvor.

Dann ergreift jedoch Sandra (5;9) die Initiative: „Komm schnell, Nina, hier ist doch ein Platz frei!" Nina setzt sich auf den frei gewordenen Stuhl und packt ihr Frühstück aus. Suchend schaut sie sich nach einem Becher für den auf dem Tisch stehenden Tee um ...

1. *Entwickeln Sie mindestens zwei Strategien, durch die es gelingt, Nina bereits in Alltagssituationen in das Gruppenleben zu integrieren.*
2. *Welche strukturellen Veränderungen eignen sich in diesem Beispiel für die Einbeziehung der anderen Kinder?*
3. *Überlegen Sie gemeinsam, wie Kinder aktiv in Alltagssituationen in der Einrichtung einbezogen werden können, sodass sie ihren Gruppenalltag stärker als gemeinschaftliches Erlebnis erfahren.*

Orientierung ermöglichen

7.3.3

In Ihrer Einrichtung, der Offenen Ganztagsgrundschule Waldau, wird viel Wert auf eine jahreszeitliche Gestaltung der Räumlichkeiten gelegt. Zu den entsprechenden Zeiten werden Kürbisse ausgehöhlt, Laternen geklebt, Sterne, Weihnachtsmänner, Christbäume und Engel gestaltet und Osternester geschmückt. „Schon wieder das ganze Material besorgen, vorzeichnen, schneiden und kleben!", beschwert sich Ihre Kollegin. „Wozu machen wir das eigentlich jedes Mal?"

Noch auf dem Weg nach Hause überlegen Sie, welchen Sinn das jahreszeitliche Schmücken der Einrichtung hat: Besteht dieser nur darin, dass den abholenden Eltern eine optisch ansprechende Einrichtung präsentiert wird?

1. *Klären Sie in Ihrer Gruppe Ihre Einstellung zu jahreszeitlichen Gestaltungsangeboten.*
2. *Welche pädagogischen und psychologischen Ziele stecken möglicherweise dahinter?*
3. *Entwickeln Sie exemplarisch für eine Jahreszeit bzw. einen jahreszeitlichen Anlass ein Angebot für Kinder, das über ein traditionelles Gestaltungsangebot hinausgeht.*

Stärken durch Differenzieren

7.3.4

In Ihrer Gruppe werden nach den Sommerferien sieben Kinder eingeschult, darunter befinden sich zwei türkische und ein angolanisches Kind. Bis zur Einschulung sind es noch acht Monate. Obwohl in Ihrer Einrichtung immer wieder darüber gesprochen wird, dass der Personalschlüssel erheblich besser sein müsste, um den Kindern gerecht werden zu können, kommen Sie zu dem Schluss, dass Sie eines der türkischen und das angolanische Kind besonders fördern müssten, um ihnen den Einstieg in die Grundschule zu erleichtern bzw. überhaupt zu ermöglichen. Beide Kinder sind erst seit zwei Jahren in Deutschland und sprechen wie ihre Eltern nur wenig Deutsch.

1. *Sie entwickeln Vorschläge, wie Sie die Entwicklung der Sprachkompetenz der beiden Kinder regelmäßig und systematisch fördern könnten.*
2. *Beachten Sie dabei, wie Sie die anderen Kinder der Gruppe so einbeziehen können, dass neben der Sprachkompetenz auch das Selbstvertrauen und das Selbstwertgefühl der beiden gestärkt werden.*

Im Team Ihrer Kindertagesstätte gibt es seit einigen Monaten immer wieder Auseinandersetzungen über die folgenden Gedanken der Leiterin: Alle Kinder haben Stärken. Kinder können ihre eigenen Stärken aber nur im Kontakt mit ihren Eltern, Verwandten und Geschwistern, mit Ihnen und mit den anderen Kindern ihrer Gruppe wahrnehmen. Für die Entwicklung ihres Selbstbewusstseins, ihres Selbstvertrauens und ihres Selbstwertgefühls ist es unentbehrlich, dass die Kinder Rückmeldung über ihre Stärken erhalten.

Ihre Gruppenleiterin schlägt nun vor, mit Ihnen gemeinsam eine Strategie zu entwickeln, wie Sie im Alltagsgeschehen die individuellen Stärken der Kinder systematisch beobachten, festhalten und im Gruppengeschehen individuell unterstützen können.

1. *Entwickeln Sie dazu einen differenzierten Beobachtungsbogen, der einen Überblick über wichtige Stärken enthält, die Sie im Interesse der weiteren Entwicklung der Kinder rückmelden und unterstützen möchten.*
2. *Entwickeln Sie Vorschläge, wie und in welchem Rahmen Kinder im Gruppenalltag individuell gestärkt werden können, ohne dass die übrige Gruppe dabei „vernachlässigt" wird.*

7.4 Materialien

7.4.1 Gruppe oder soziale Gruppe

In der Alltagssprache wird der Begriff „Gruppe" für viele verschiedene „Ansammlungen" oder „Zusammenfassungen" mehrerer Menschen verwendet. In der Soziologie unterscheidet man die soziale Kategorie, das soziale Aggregat und die soziale Gruppe.

Eine soziale Kategorie ist eine ausschließlich gedankliche Zusammenfassung mehrerer Personen, die z. B. ein Merkmal teilen (Raucher, Fußballspieler, Fans einer bestimmten Musikgruppe oder -richtung usw.). Dies bedeutet, dass die Mitglieder einer sozialen Kategorie keinen Kontakt untereinander haben und rein quantitativ erfasst werden.

Ein soziales Aggregat ist eine Menschenansammlung, die sich zu einem Zeitpunkt am selben Ort befindet. Es bestehen jedoch keine Beziehungen untereinander und der gemeinsame Aufenthalt an diesem Ort ist in Bezug auf die anderen Anwesenden zufällig. Als Beispiel dienen Menschen, die gemeinsam auf einem Bahnsteig auf einen Zug warten, an einer Kinokasse anstehen oder im selben Flugzeug sitzen. Hier zählt allein die relative räumliche Nähe zueinander zu einem bestimmten Zeitpunkt.

Unter dem Begriff „soziale Gruppe" versteht man eine Anzahl von mehr als zwei Personen, die über einen bestimmten Zeitraum in einem regelmäßigen, direkten Kontakt zueinander stehen. Dabei bestehen gemeinsame Interessen und/oder Ziele und ein gewisses Gruppen- oder Wir-Gefühl, das sich besonders in Situationen zeigt, in denen von außen Druck auf die soziale Gruppe ausgeübt wird (Zusammengehörigkeitsgefühl). Durch die zum Teil enge Kommunikation und Interaktion ist zudem die gegenseitige Beeinflussung der Gruppenmitglieder recht stark ausgeprägt.

Des Weiteren bilden sich in einer sozialen Gruppe Gruppennormen, also als verbindlich anerkannte oder selbst aufgestellte Regeln, und eine Werteordnung, deren Einhaltung durch die Gruppe kontrolliert und Nichteinhaltung ggf. mit Sanktionen begegnet wird.

7.4.2 Phasen der Gruppenentwicklung

CD-ROM

In Anlehnung an das von Bernstein und Lowy entwickelte Phasenmodell der Gruppenentwicklung (1975) wird im Folgenden der Verlauf der Entwicklung sozialer Gruppen dargestellt. Es handelt sich hierbei um fünf Phasen der Gruppenentwicklung, die so – mehr oder weniger – von jeder sozialen

Gruppe durchlaufen werden. Die Intensität der beschriebenen Gruppenphasen hängt hierbei vor allem von der Intensität der Beziehungen innerhalb der Gruppe und ihrer Zusammensetzung ab. Zudem ist die Dauer der einzelnen Phasen nicht gleich und auch von Gruppe zu Gruppe verschieden.

Grundsätzlich werden alle Phasen der Gruppenentwicklung nacheinander durchlaufen, es sei denn, die Gruppe löst sich auf bzw. bricht auf, bevor alle Phasen durchlaufen sind. Andere Gruppen wiederum erreichen nicht mit allen ursprünglichen Gruppenmitgliedern das Ende der fünften Phase der Gruppenentwicklung. Zudem ist die Entwicklung von Phase zu Phase nicht kontinuierlich, sodass Merkmale der einzelnen Gruppenentwicklungsphasen durchaus auch in anderen Phasen sichtbar werden können.

1. Orientierungsphase

Die Orientierungsphase ist durch das gegenseitige Kennenlernen der Gruppenmitglieder gekennzeichnet. Die Gruppenmitglieder sind zunächst noch unsicher und wissen nicht so recht, wie sie sich verhalten sollen. Um sicherzugehen und keine Fehler zu machen, verhalten sich die Mitglieder betont höflich und eher förmlich, man orientiert sich zunächst. Die Beziehungen untereinander sind noch von einer gewissen Zurückhaltung geprägt und eher nüchtern. Trotz dieser Unsicherheiten überwiegt die Neugier und freudige Erwartung auf die Arbeit bzw. das Leben in der Gruppe.

2. Machtkampf-/Positions- und Rollenklärungsphase

Nach Abschluss der Orientierungsphase tritt die Gruppe allmählich in die zweite Phase der Gruppenentwicklung ein, die Machtkampf-/Positions- und Rollenklärungsphase. In dieser Phase tauschen die Gruppenmitglieder Meinungen und Vorschläge aus, die nicht unbedingt von allen Gruppenmitgliedern geteilt werden. Hierdurch treten direkt oder indirekt Werte, Normen, Erwartungshaltungen und Bedürfnisse der Gruppenmitglieder zutage. Dieser Austausch führt teilweise zu heftigen Auseinandersetzungen und erbitterten Diskussionen. Sachliche Aspekte treten hierbei oft in den Hintergrund und das eigentliche Anliegen besteht darin, die eigene Position innerhalb der Gruppe zu stärken bzw. eine bestimmte einzunehmen. Gekennzeichnet ist diese Phase zudem dadurch, dass jedes Gruppenmitglied die anderen Gruppenmitglieder in „Freund" und „Feind" einteilt und dass ein recht striktes Schwarz-Weiß-Denken vorherrscht. Es wird persönlich argumentiert, Gefühle werden verletzt, Schwächen des vermeintlichen Gegners ausgetestet und ausgenutzt und viele Themen bergen ein hohes Konfliktpotenzial. Eine konstruktive Arbeit in der Gruppe ist nicht möglich und bei einigen Gruppenmitgliedern stellt sich Unbehagen ein.

Die zweite Phase der Gruppenentwicklung verläuft in einigen Gruppen so konfliktgeladen, dass die Gruppenmitglieder keine Chance für die Gruppe sehen und somit die Gruppe an den Konflikten zerbricht und sich auflöst. Eine andere Möglichkeit besteht darin, dass sich einzelne Gruppenmitglieder aus der Gruppe lösen.

Gelingt es den Gruppenmitgliedern oder ggf. einem Gruppenleiter jedoch, die Konflikte konstruktiv und dialogisch zu lösen, kann die Gruppe mit guten Voraussetzungen in die nächste Phase der Gruppenentwicklung gehen.

3. Vertrautheits-/Intimitätsphase

Im Übergang zwischen Phase 2 und Phase 3 müssen gemeinsame Ziele und Normen gefunden werden, auf die sich alle Gruppenmitglieder einlassen können. Dies kann auch bedeuten, dass sich einige Gruppenmitglieder aus der Gruppe lösen und sich einer anderen Gruppe anschließen, die mehr ihren Zielen und/oder Wertvorstellungen entspricht.

Verhalten einzelner Gruppenmitglieder, das von den Gruppennormen abweicht, wird durch die Gruppe sanktioniert.

Nach einer besonders konfliktreichen und belastenden zweiten Phase besteht in der Vertrautheits-/ Intimitätsphase die Gefahr, dass Konflikte und Unstimmigkeiten unter den Teppich gekehrt werden, um die neu gewonnene Harmonie der Gruppe nicht zu stören. Eine echte Zusammenarbeit der Gruppenmitglieder untereinander ist so allerdings nicht möglich.

4. Phase der Zusammenarbeit
Durch erneute Aussprachen der Gruppe über ihre Ziele und Normen gelingt es der Gruppe nun – nach einer Stärkung durch die Vertrautheitsphase –, Ideen und Wünsche zu äußern und konstruktive Kritik zu üben bzw. anzunehmen.

Aufgaben und Probleme werden nun gemeinsam gelöst und die Gruppe erlebt ihre volle Leistungskraft als etwas Angenehmes. Die Gruppenmitglieder helfen sich gegenseitig, ziehen an einem Strang und arbeiten Hand in Hand. Dabei gewinnt die Gruppe zunehmend an Routine in der Zusammenarbeit.

5. Phase der Auflösung
Wenn die gestellten Ziele erreicht sind, ist es Zeit für die Gruppe sich aufzulösen. Dabei werden die Beziehungen unter den Gruppenmitgliedern gelockert. Besonders bei formalen sozialen Gruppen wie z. B. Schulklassen, bei denen es ein konkretes Datum für den Schulabschluss – also das Erreichen des Zieles – gibt, ist die Auflösung der Gruppe vorhersehbar und unwiderruflich. Unter die Freude über den erreichten Schulabschluss oder die abgeschlossene Berufsausbildung mischt sich die Trauer darüber, die bekannte Gruppe zu verlassen und ggf. zukünftig nur noch teilweise Kontakt mit den ehemaligen Klassenkameraden zu haben.

Ist es der sozialen Gruppe nicht möglich, ihr Ziel zu erreichen, und sie bricht auseinander, spricht man nicht von einer Auflösungsphase im eigentlichen Sinn. Zudem ist ein Auseinanderbrechen grundsätzlich in allen Phasen der Gruppenentwicklung möglich und findet zum Teil abrupt statt.

7.4.3 Rollen in sozialen Gruppen

Wenn sich Menschen in Gruppen begegnen, gilt es, sich innerhalb dieser Gruppe zu orientieren und den Platz zu finden, der am besten zur eigenen Persönlichkeit passt und als angenehm empfunden wird. Dieser Platz ist u. a. davon abhängig, welche Wünsche, Bedürfnisse, Interessen, aber auch welche Erfahrungen, Eigenschaften, welches Alter und Geschlecht man hat. Dies alles wirkt sich – bewusst oder unbewusst – auf unser Verhalten aus. Innerhalb einer Gruppe bewirkt dieses Verhalten, dass jedem Gruppenmitglied eine bestimmte Rolle zugeschrieben wird. Diese Rolle kann von der jeweiligen Person eine erwünschte oder unerwünschte und eine aktiv erworbene oder von den anderen Gruppenmitgliedern zugeschriebene bzw. regelrecht aufgezwungene Rolle sein.

Mit jeder Rolle wiederum sind Erwartungen verbunden, die eben an diesen Rollenträger geknüpft werden. Übernimmt zum Beispiel ein Gruppenmitglied die Rolle des Anführers der Gruppe, so erwarten die übrigen Gruppenmitglieder, dass dieser Entscheidungen für die Gruppe trifft, Streitigkeiten klärt oder gemeinsame Aktivitäten initiiert. Die genauen Erwartungen an jede Rolle sind zum einen durch die Eigenschaften und die Persönlichkeit des Rollenträgers, zum anderen durch die Wünsche, Bedürfnisse und Erfahrungen der anderen Gruppenmitglieder bedingt. Dies bedeutet nicht unbedingt, dass die Rollenträger die an sie gestellten Erwartungen auch erfüllen. Zugleich ist es möglich, innerhalb einer sozialen Gruppe – wiederum ausgehend vom Rollenträger selbst oder von anderen Gruppenmitgliedern – die Rolle zu wechseln.

7.4.4 Rollenarten

Rollen lassen sich nach ihrer grundsätzlichen Art unterteilen. Es wird hierbei zwischen formellen und informellen Rollen unterschieden. Einige der Erwartungen, die an Träger formeller Rollen gestellt werden können, sind rechtlich festgelegt. Diese Erwartungen – meist in Form von Pflichten des Rollenträgers – sind in diesem Falle schriftlich in einem Vertrag festgehalten (z. B. in einem

Arbeitsvertrag einer Erzieherin oder in Vereinsstatuten, die u. a. die Aufgabe eines Vereinsvorsitzenden regeln). Zum Teil erhalten die Rollenträger für die Erfüllung dieser Rollenerwartungen Geld (wie z. B. das Gehalt, das einer Erzieherin für ihre Arbeit gezahlt wird).

Rollenerwartungen

7.4.5

Die Erwartungen an eine bestimmte Rolle werden – unabhängig davon, ob sie von den Rollenträgern selbst oder von den übrigen Mitgliedern der sozialen Gruppe ausgehen – in drei Kategorien unterteilt. Dabei steigt für den Inhaber der Rolle von Kategorie zu Kategorie der Grad der Verpflichtung, das erwartete Verhalten zu zeigen.

Kann-Erwartungen

Bei Kann-Erwartungen handelt es sich um ein bestimmtes Verhalten, das der Rollenträger zeigen kann, aber nicht zwingend notwendig vom ihm gezeigt werden muss (z.B „darf" eine Erzieherin zu Hause in ihrer Freizeit Material für den Kindergarten vorbereiten).

Soll-Erwartungen

Erwartungen an das Verhalten eines Rollenträgers, die rechtlich nicht festgelegt sind, werden Soll-Erwartungen genannt. Diese sind verbindlicher als Kann-Erwartungen und werden als ungeschriebene Regeln, also als Pflichten angesehen. Das Erfüllen dieser Soll-Erwartungen liegt aber prinzipiell ebenfalls im Ermessen des Rollenträgers (z. B. soll eine Erzieherin auch privat ein Verhalten zeigen, das zu ihrem Beruf passt).

Muss-Erwartungen

Muss-Erwartungen sind unumstößliche Pflichten des Rollenträgers, die – je nach Rollenart – schriftlich festgelegt sein können (so hat z. B. eine Erzieherin die Aufsichtspflicht für die ihr anvertrauten Kinder oder Jugendlichen und kann bei einer Verletzung ihrer Aufsichtspflicht rechtlich belangt werden).

Rechtliche Konsequenzen und Sanktionen

7.4.6

Bei formellen Gruppen sind die Erwartungen an einen Rollenträger im Regelfall klar formuliert. Daraus ergeben sich ebenfalls rechtlich geregelte Sanktionen für den Fall, dass die Muss-Erwartungen nicht erfüllt werden. Als Beispiel wäre hier an eine Erzieherin zu denken, die ihrer Aufsichtspflicht nicht nachkommt und in dessen Folge sich ein Kind verletzt. Die Erzieherin müsste hier mit rechtlichen Konsequenzen bezüglich ihrer Anstellung beim Träger der Einrichtung, in der sie arbeitet, rechnen. Je nach Schwere der Aufsichtspflichtverletzung und der Verletzung des Kindes sind Konsequenzen möglich, die von einer Ermahnung durch den Träger der Einrichtung als Arbeitgeber bis hin zu einer Kündigung reichen können.

Bei informellen Gruppen wiederum bestehen keine rechtlichen Regelungen bezüglich der Erwartungen an die Rollenträger und somit auch keine rechtlichen Konsequenzen bei Nichterfüllung der Rollenerwartungen. Die soziale Gruppe kann aber das Verhalten eines Rollenträgers sanktionieren. Verhält sich der Rollenträger gemäß der Kann-, Soll- oder Muss-Erwartungen, so kann die soziale Gruppe dies mit positiven Sanktionen belohnen (z. B. Aufstieg in der Gruppenhierarchie, gewisse Privilegien etc.). Negative Sanktionen im Sinne einer Bestrafung des Rollenträgers sind im Falle einer Nichteinhaltung von Rollenerwartungen ebenfalls möglich und wahrscheinlich. Der Grad der Sanktionen ist hierbei von den Besonderheiten der Gruppe abhängig.

Grundsätzlich muss sich der Rollenträger selbst entscheiden, welchen Erwartungen er nachkommen will oder muss, wobei dies je nach Art der Rolle oder der Erwartung bedeuten kann, dass der Rollenträger seine Rolle abgeben muss. Zudem wird die Einhaltung von Rollenerwartungen besonders bei informellen Gruppen, aber durchaus auch bei formellen Gruppen, dadurch erschwert, dass die Erwartungen oftmals nicht ausdrücklich genannt werden.

7.4.7 Rollenkonflikte

Problematisch wird die Frage der Einhaltung von Rollenerwartungen besonders dann, wenn die Erwartungen an einen Rollenträger widersprüchlich, also unvereinbar sind und der Rollenträger somit nicht allen Erwartungen gerecht werden kann.
Im Regelfall ist jedes Individuum zudem Träger mehrerer sozialer Rollen mit jeweils ganz spezifischen Rollenerwartungen. Hierdurch entstehen häufig Konflikte.

Dabei wird formal zwischen zwei Arten von Rollenkonflikten unterschieden:

Welche Erwartungen erfüllen? Erzieherin zwischen gegensätzlichen Elternerwartungen

Intrarollenkonflikt

Ein Intrarollenkonflikt besteht dann, wenn zwei oder mehrere Erwartungen an einen Rollenträger in einer sozialen Gruppe nicht miteinander vereinbar sind. Es handelt sich um widersprüchliche und somit unvereinbare Erwartungen an eine Rolle. So erwarten möglicherweise einige Eltern von einer Erzieherin autoritäres Auftreten und „hartes Durchgreifen", während andere sich eine Erzieherin wünschen, die die Kinder ohne Strenge erzieht.

Die Kinder in der Kita wollen eine Bilderbuchlesenacht – die eigenen Kinder wollen ihre Mutter zu Hause haben

Interrollenkonflikt

Bei einem Interrollenkonflikt handelt es sich um einen Konflikt, der durch die Unvereinbarkeit der Erwartungen an verschiedene Rollen entsteht, die ein Individuum innehat. Ein Beispiel hierfür ist die Erwartung an eine Frau in ihrer Rolle als Erzieherin, bei einer Bilderbuchlesenacht im Kindergarten teilzunehmen, die sich nicht mit der Erwartung an dieselbe Frau in ihrer Rolle als Mutter vereinbaren lässt, ihren zwei kleinen Kindern am Abend eine Gutenachtgeschichte vorzulesen.

Soziale Gruppen leiten oder führen? 7.4.8

Schnell werden die Begriffe „Gruppenleiter" und „Gruppenführer" oder „Gruppenanführer" im Alltag synonym verwendet. Dabei wird in der Soziologie zwischen Gruppenleitern als quasi übergeordneten, nicht der sozialen Gruppe zugehörigen Personen, die die Gruppe in ihren Aktivitäten und Konflikten unterstützen und die Gruppe leiten bzw. begleiten, und der Rolle des „Anführers" einer Gruppe unterschieden, bei der ein Gruppenmitglied das Anführen der Gruppe übernimmt. Dieses Anführen kann demokratisch ablaufen mit einem Gruppenführer, der der Gruppe Anregungen gibt, sie vorwärts bringt, sie zusammenhält, ggf. Streit schlichtet und gemeinsam mit den übrigen Gruppenmitgliedern Lösungen für Probleme oder Konflikte sucht. Auf der anderen Seite gibt es auch Gruppenanführer in einer eher diktatorischen Bedeutung, die ihre Gruppenmitglieder drangsalieren, nötigen, manipulieren und an ihrer Stelle Entscheidungen treffen.

Als Gruppenführer kommen demnach potenziell alle Mitglieder der Gruppe in Frage. Ein Gruppenleiter stößt von „außen" zur Gruppe hinzu und ist meist bei formellen, also durch Gesetze, Vorschriften oder Satzungen gebildeten sozialen Gruppen zu finden wie z. B. in kirchlichen oder kommunalen Kinder- und Jugendgruppen oder in Einrichtungen wie Schulen, Kindergärten etc. Während sich in Schulen und Kindergärten die Jugendlichen und die Kinder ihre „Gruppenleiter" – also ihre Lehrerinnen und Lehrer – nicht aussuchen können, ist es bei sozialen Gruppen im Freizeitbereich zumindest möglich, die Gruppe zugunsten einer anderen Gruppe mit einem anderen Gruppenleiter zu wechseln.

Das Verhalten des Gruppenleiters 7.4.9

Die Einstellung und das Verhalten des Gruppenleiters gegenüber seiner Gruppe und Kindern und Jugendlichen im Allgemeinen haben enormen Einfluss auf die Entwicklung der Gruppe und besonders auf das in ihr vorherrschende Klima. Dabei wird deutlich, dass es für einen Gruppenleiter nicht möglich ist, innerhalb der Gruppe Einstellungen zu vertreten bzw. ein Verhalten zu zeigen, ohne davon wirklich überzeugt zu sein. Letztendlich haben besonders Kinder und Jugendliche gute Antennen dafür, ob sich eine Person ihnen gegenüber authentisch, d. h. „echt" verhält, oder ihnen lediglich durch ihr Verhalten und ihre Äußerungen etwas vorspielt, was sie nicht glaubt oder nicht ist. Ein Verhalten, bei dem sich eine Person in Einklang mit ihrem Denken zeigt, wird auch als Kongruenz oder kongruentes Verhalten bezeichnet.

Um als Gruppenleiter Gruppen optimal zu fördern, müssen weitere Einstellungen und Verhaltensweisen durch den Gruppenleiter gedacht, gefühlt und gelebt werden. Dazu gehört, Menschen mit ihren Gefühlen, Wünschen, Hoffnungen und Ängsten ernst zu nehmen, ihnen zu vertrauen, etwas zuzutrauen und sie grundsätzlich zu akzeptieren, also auch wertzuschätzen, wie sie sind. Dies bedeutet nicht, dass sich Gruppenleiter auf alles einlassen müssen, was ihnen durch Gruppenmitglieder entgegengebracht wird, richtet sich aber beispielsweise gegen eine grundsätzliche Misstrauens- und Ablehnungshaltung. Zusätzlich setzt die Aufgabe eines Gruppenleiters die Fähigkeit zur Empathie voraus, d. h. die Fähigkeit, sich in einen anderen Menschen hineinzuversetzen, seine Gefühle nachzuvollziehen und somit seine Denkweise und sein Handeln zu verstehen. Eine weitere wichtige Eigenschaft von Gruppenleitern ist, sich redlich zu bemühen, die Kinder und Jugendlichen zu verstehen.

7.5 Übungen

7.5.1 Sich Gruppenprozesse bewusst machen

Es liegen bereits einige Monate an der Fachschule für Sozialpädagogik hinter Ihnen. Skizzieren Sie aus Ihrer Perspektive die Entwicklung der Gruppenprozesse in Ihrer Klasse.

Sie können dazu das nebenstehende Bild verwenden, aber auch frei ein Plakat entwerfen. Sie sollten alleine arbeiten, können sich aber auch mit einem Partner gemeinsam an die Gruppenprozesse in Ihrer Klasse zurückerinnern.

1. *Wie haben Sie sich in Ihrer Klasse gefühlt?*
2. *Wie haben sich im Verlauf die einzelnen Klassenmitglieder verhalten?*
3. *Welche Ereignisse oder Zwischenfälle haben Ihre Gruppe positiv oder negativ beeinflusst?*

7.5.2 Erstellung eines Gruppenprozessbarometers

1. *Notieren Sie Ereignisse, die Einfluss auf Ihre derzeitige soziale Gruppe hatten, in ihrer chronologischen Reihenfolge.*
2. *Versuchen Sie dann in einem zweiten Schritt, die Ereignisse und ihre Wirkung auf Ihre Gruppe in die Phasen der Gruppenentwicklung einzuordnen.*
3. *Fertigen Sie für die vergangenen Monate ein Gruppenprozessbarometer in Form eines Börsenkurses nach folgendem Muster an.*

Beispielbarometer als Börsenkurs

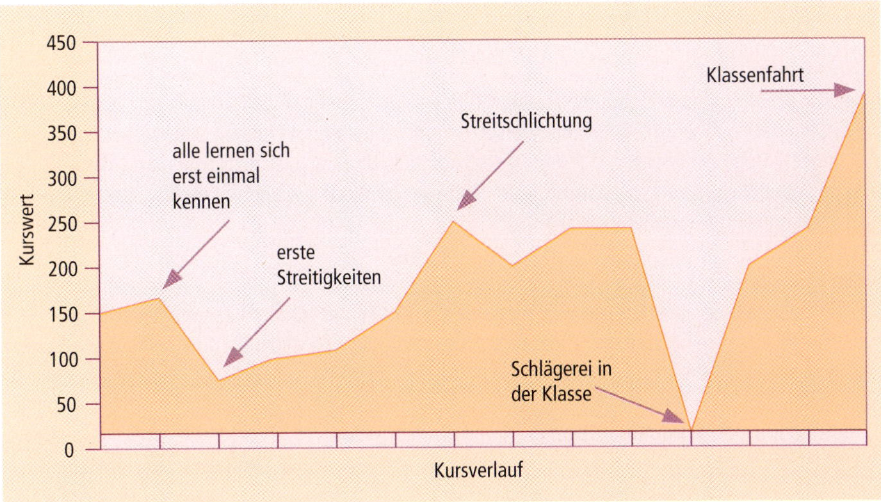

7.5.3

Gruppenmerkmale

1. *Im Folgenden finden Sie sechs Merkmale von sozialen Gruppen. Erläutern Sie für eine soziale Gruppe, in der Sie Mitglied sind oder waren, wie in dieser Gruppe die Gruppenmerkmale ausgefüllt werden bzw. wurden.*
2. *Tauschen Sie sich in Kleingruppen über Ihre Erfahrungen mit diesen Gruppenmerkmalen aus.*

Charakteristische Merkmale von sozialen Gruppen

1. Relative Dauerhaftigkeit

Eine soziale Gruppe ist dadurch gekennzeichnet, dass sie über eine gewisse Zeit besteht. Diese gemeinsam als soziale Gruppe verbrachte Zeit kann ein relativ intensives Zusammentreffen über einen bzw. mehrere, aufeinander folgende Tage sein, wie z. B. bei Lehrgängen, Fortbildungen und Projekten. Es ist aber auch denkbar, dass sich eine soziale Gruppe relativ selten trifft, dafür aber insgesamt über einen längeren Zeitraum besteht (z. B. mehrere Jahre).

Im Gegensatz dazu stehen bloße Ansammlungen von Menschen, die z. B. gemeinsam in einem Wartesaal sitzen, nachdem wegen schlechten Wetters der Abflug eines Flugzeuges um viele Stunden verschoben wurde.

2. Gemeinsames Ziel bzw. gemeinsame Ziele

Ein weiteres Merkmal sozialer Gruppen ist das gemeinsame Ziel bzw. die gemeinsamen Ziele der Gruppenmitglieder. Dieses Ziel bzw. diese Ziele werden im Regelfall von den Gruppenmitgliedern anerkannt. Der Grad der Zielverfolgung bzw. des Einsatzes für das Ziel ist jedoch meist davon abhängig, ob sich die Gruppenmitglieder freiwillig oder gezwungenermaßen in dieser Gruppe befinden.

3. Rollenstruktur

Soziale Gruppen zeichnen sich dadurch aus, dass es eine Rollenstruktur gibt, in der die einzelnen Gruppenmitglieder eine Rolle innehaben, die sie mehr oder minder stark ausfüllen (z. B. Anführer,

Mitläufer, Sündenbock). Zudem übernehmen die Gruppenmitglieder Aufgaben, die auf die Erreichung des Gruppenziels hinwirken.

4. Normen und Werte
Jedes Gruppenmitglied bringt in die soziale Gruppe seine Normen und Werte mit ein. In der bewussten oder unbewussten Auseinandersetzung mit eben diesen Normen und Werten entwickelt sich in der Gruppe ein Konsens, d.h. ein Übereinkommen darüber, welche Normen und Werte für die Gruppe verbindlich gelten sollen. Aus diesen Normen und Werten wiederum ergibt sich das von den Gruppenmitgliedern erwartete Verhalten.

5. Wir-Bewusstsein
Das Wir-Bewusstsein einer Gruppe ist ein entscheidender Faktor für ihren Zusammenhalt nach innen und außen. Die Gruppe muss sich selbst als soziale Gruppe und damit als zusammengehörig wahrnehmen.

6. Interaktion und Kommunikation
Die Beziehungen der Mitglieder einer sozialen Gruppe untereinander sind durch Interaktion, d.h. durch eine wechselseitige Beziehung mehrerer Personen, und Kommunikation, also durch einen wechselseitigen Austausch von Gedanken und Informationen geprägt.

7.6 Anregungen für die Arbeit in der Praxis

7.6.1 Beobachtung

Anregungen für die Praxis zum Thema Beobachtung von Gruppenprozessen befinden sich bereits im Kapitel 5.6.

7.6.2 Positiv Einfluss auf Gruppen nehmen

Entwickeln Sie für die soziale Gruppe in Ihrer Einrichtung Angebote, die einen positiven Einfluss auf die spezifischen Gruppenprozesse haben. Erproben Sie Ihre Angebote und reflektieren Sie sie gemeinsam mit der Gruppe und Ihrer Praxisanleiterin.

7.7 Weiterführende Literatur

- Antons, Klaus: Praxis der Gruppendynamik, 8. Aufl., Göttingen, Hogrefe-Verlag, 2000.
- Biermann, Ingrid: Miteinander umgehen lernen, München, Verlag Don Bosco, 1998.
- Doyé, Götz/Lipp-Peetz, Christine: Wer ist hier der Bestimmer? Das Demokratiebuch für Kita, Weinheim, Beltz-Verlag, 2000.
- Fuchs, Birgit: Spiele fürs Gruppenklima, München, Verlag Don Bosco, 1998.
- Hobmair, Herrmann: Soziologie, Troisdorf, Bildungsverlag EINS, 2006.
- Jilesen, Martien: Soziologie für die sozialpädagogische Praxis, 6. Aufl., Troisdorf, Bildungsverlag EINS, 2002.
- Stahl, Eberhard: Dynamik in Gruppen. Handbuch der Gruppenleitung, Weinheim, BeltzPVU, 2002.

Zum nächsten Kapitel

In diesem Kapitel konnten Sie sich eingehend mit der Arbeit in und mit Gruppen auseinandersetzen. Dabei haben Sie u. a. gelernt, mit dem Gruppenführer umzugehen, den Kindern oder Jugendlichen in der Gruppe Orientierungen zu geben bzw. ihre Stärken innerhalb der Gruppe zu unterstützen und den Gruppenalltag zu gestalten. Wie aber sollte eine Erzieherin damit umgehen, wenn Kinder in der Gruppe leben, die sich durch besondere Merkmale von der Mehrheit unterscheiden? Das können beispielsweise persönlichkeitspsychologische, religiöse, kulturelle oder soziale Unterschiede wie Reichtum und Armut, Bildungsgrad der Familie, das Aussehen oder die Sprache sein. Mithilfe des nun folgenden Kapitels können Sie lernen, pädagogisch angemessen mit derartigen Herausforderungen umzugehen.

8 Mit Unterschieden zusammenleben

Mit Unterschieden zusammenleben ist rein theoretisch kein Problem – sofern man es gelernt hat. Mit Unterschieden zusammenleben erfordert das Erkennen, Hinterfragen und Überwinden eigener Vorurteile. Dies setzt einen Lernprozess voraus, der in der frühen Kindheit beginnt und nie endet. Für Erzieherinnen ist dies eine Aufgabe der eigenen Weiterentwicklung, die sie immer wieder aufs Neue in Angriff nehmen müssen. Nur so können sie Kinder und Jugendliche gezielt bei der Weiterentwicklung ihrer kommunikativen und sozialen Fähigkeiten begleiten und unterstützen.

Grundlage dafür, dass ein Mensch seinen Mitmenschen achtsam, wertschätzend und empathisch begegnen kann, sind ein ausgeprägtes Selbstbewusstsein (Wissen von und über sich selbst), ein angemessenes Selbstwertgefühl (Achtung und Wertschätzung der eigenen Person) und ein stabiles Selbstvertrauen (Vertrauen in die eigenen Fähigkeiten, Fertigkeiten und Kompetenzen). Sie zusammen ermöglichen eine humane Begegnung der Geschlechter und ein kreatives, tolerantes Zusammenleben von Menschen unterschiedlicher Kulturen oder verschiedener körperlicher und geistiger Eigenheiten.

Die für ein wertschätzendes Zusammenleben erforderlichen Kompetenzen werden im Kindesalter in der Familie und in sozialpädagogischen Institutionen entwickelt bzw. erworben. Obwohl die Familie zunächst die wichtigste Rolle spielt, ist der Einfluss der Erzieherinnen nicht zu unterschätzen. In Kindertagesstätten mit kleinen oder großen altersgemischten Gruppen, in Horten, in der schulischen Ganztagsbetreuung oder in Heimen, aber auch in freizeitpädagogischen Einrichtungen können Erzieherinnen oder Erzieher Vorbilder sein, Kinder stärken, Angebote entwickeln, die ihr Selbstbewusstsein und Selbstvertrauen stärken. In vielen dieser Einrichtungen leben Kinder mit unterschiedlichem kulturellen und religiösen Hintergrund, Kinder mit und ohne Behinderungen, Kinder mit unterschiedlicher Hautfarbe.

CD-ROM

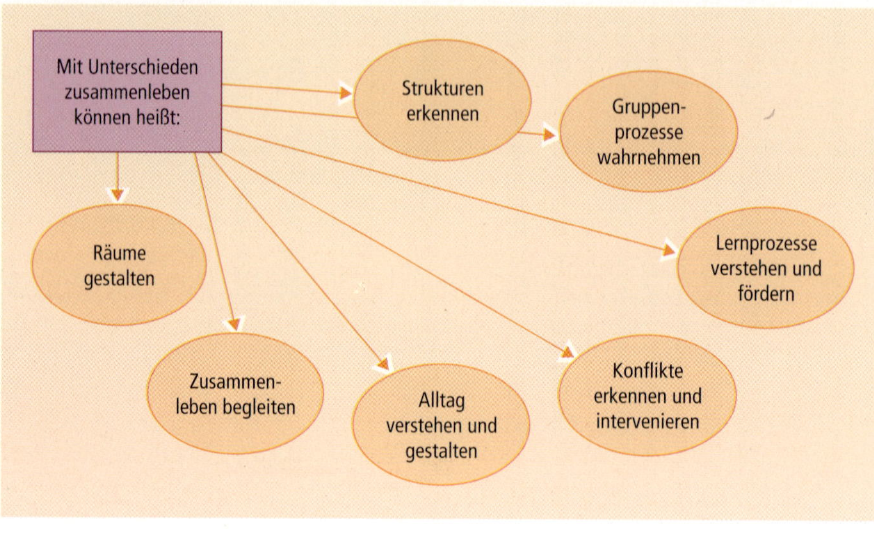

Kompetenzen von Erzieherinnen 8.1

Um Kinder und Jugendliche bei der Entwicklung ihrer kommunikativen und sozialen Fähigkeiten begleiten, unterstützen und fördern zu können, sind vor allem die folgenden Kompetenzen erforderlich.

- *„Die Bedeutung der Gleichaltrigen-Gruppe für Kinder und Jugendliche zu erfassen, Gruppenstrukturen und -prozesse erkennen und pädagogisch begleiten.*
- *Den [pädagogischen und psychologischen] Stellenwert des Alltags einer sozialpädagogischen Einrichtung erkennen [verstehen] und ihn pädagogisch gestalten.*
- *Kindern und Jugendlichen Orientierungen im Alltag durch Regelvereinbarungen ermöglichen.*
- *Soziales Verhalten als Ergebnis von Lernprozessen erfassen [verstehen] und pädagogisch beeinflussen.*
- *Die Wirkung der eigenen Rolle als Erzieherin/Erzieher in sozialen Lernprozessen wahrnehmen, [reflektieren] und pädagogisch nutzen.*
- *Konflikte und Störungen wahrnehmen, ihre Ursachen analysieren, problemlösende Vermittlungs- und Aushandlungsprozesse initiieren.*
- *Vorurteile und Diskriminierungen erkennen, eigene Einstellungen überprüfen und pädagogisch intervenieren.*
- *Das Zusammenleben von Jungen und Mädchen, von Kindern und Jugendlichen mit und ohne Behinderung sowie unterschiedlicher sozialer, kultureller und religiöser Herkunft unterstützen.*
- *Räumlichkeiten, Materialien und Medien für soziale Lernprozesse anbieten.“*

(Ministerium für Schule und Weiterbildung des Landes Nordrhein-Westfalen: Richtlinien, 2006, 34)

Die Entwicklung dieser Kompetenzen kann mit der Lösung und Bewältigung der folgenden beruflichen Aufgaben gefördert werden.

Berufliche Aufgaben: Mit „besonderen“ Kindern umgehen 8.2

- Ein übergewichtiges Kind stärken und integrieren
- Ein stilles, zurückgezogenes Kind wahrnehmen und ermutigen
- Aggressionen und Unruhe entgegenwirken
- Mit Kindern mit Behinderungen in der Gruppe zusammenleben
- Mit Kindern aus unterschiedlichem sozialem und kulturellem Umfeld in der Gruppe arbeiten
- Streit schlichten und integrieren

Ein übergewichtiges Kind stärken und integrieren 8.2.1

Übergewicht im Kindesalter nimmt zu. Nach aktuellen Angaben sind in Deutschland zwischen 500.000 und 1 Millionen Kinder übergewichtig. Je nach Definition sind damit 10 bis 20 % aller Kinder und Jugendlichen übergewichtig. Für die Kinder selbst sind zunächst sicherlich die psychosozialen Konsequenzen am bedrückendsten. Hänseleien und Spott sorgen für eine stetige Isolation und sozialen Rückzug.

Übergewicht im Kindesalter ist darüber hinaus eine

„(...) weltweit tickende Zeitbombe. Neben einer familiären Veranlagung sind insbesondere Fehlernährung und Bewegungsmangel Ursachen dieser Entwicklung. Fastfood, zu viel Fernsehen und das sogenannte Couch-Potatoe-Syndrom werden immer wieder in diesem

Zusammenhang angeführt. Wie uneinheitlich die Expertenmeinung im Hinblick auf eine einheitliche Definition von Bewegungsmangel im Kindesalter auch sein mag, so einig ist man sich in der Meinung, dass Gegenmaßnahmen erforderlich sind: Übergewichtige Kinder leiden. Sie leiden nicht nur wegen der physischen Folgeerscheinungen, wie Bluthochdruck, Zucker oder Fettstoffwechselstörungen, sie leiden auch an den psychosozialen Folgen: Geringes Selbstwertgefühl, Hänseleien, Isolation sind nur einige davon. In der Regel führt dies automatisch zum Rückzug aus dem sportlichen Leben und dies häufig genug für den Rest des Lebens. Dies ist ein Teufelskreis, den es gilt frühzeitig zu durchbrechen."

(Tokarski, Grußwort zur Fachtagung „Schwer mobil", Übergewichtige Kinder in Bewegung, Spiel und Sport am 14. Februar 2004 in der Deutschen Sporthochschule Köln)

Übergewicht als Ursache und Folge sozialer Isolation

Heute sind mit etwa 80 % so viele Kinder wie noch nie in Vereinen aktiv. Das heißt, auch dort befinden sich viele übergewichtige Kinder. „Zunächst sollte ein Ziel sein, diese Kinder im Verein zu halten, ggf. Hänseleien auszuschalten und diese Kinder in die Gruppe zu integrieren" (Graf, Fachtagung „Schwer mobil", S. 2).

Der Teufelskreis „Übergewicht"

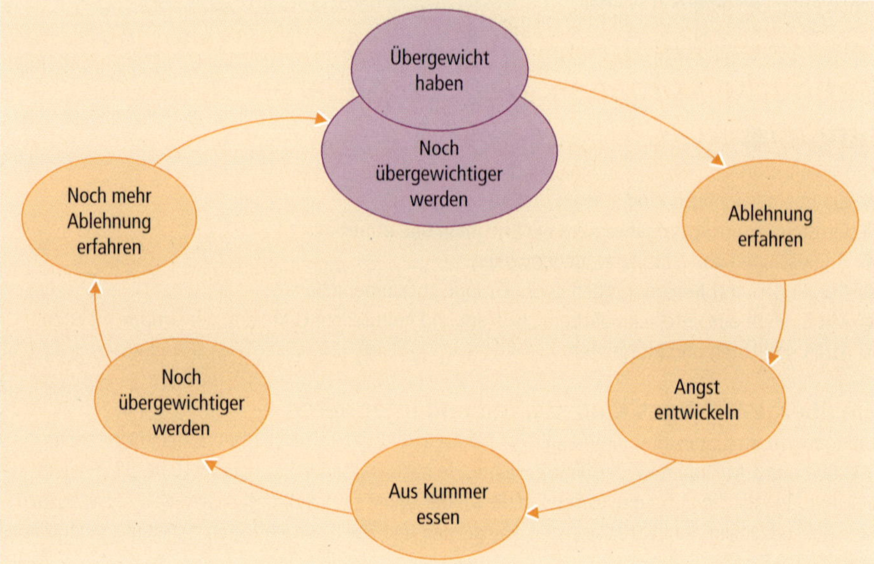

Arbeiten Sie bitte in kleinen Gruppen:

1. *Die Integration von Kindern, die sich von anderen besonders deutlich unterscheiden, in eine Gruppe ist eine wichtige berufliche Aufgabe für Erzieherinnen. Entwickeln Sie eine Strategie, die Sie einsetzen können, wenn sich in einer von Ihnen betreuten Gruppe ein Kind befindet, das wegen seines Übergewichts und der damit verbundenen Bewegungseinschränkungen gehänselt wird.*
2. *Entscheiden Sie sich für eine der möglichen Zielgruppen (Kindertagesstätte, Hort o. Ä.) aus Ihren zukünftigen beruflichen Handlungsfeldern.*
3. *Klären Sie die pädagogischen und psychologischen Ziele, die Sie in einer solchen Situation sowohl im Hinblick auf das übergewichtige Kind als auch in Bezug auf die Gesamtgruppe verfolgen wollen.*
4. *Untersuchen Sie dann, welche Schwierigkeiten einer (einfachen) Lösung bzw. Erreichung Ihrer Ziele im Wege stehen und wie Sie diese überwinden können.*
5. *Klären Sie, welche Informationen über die soziale und psychologische Situation solcher Kinder und Ihrer Kindergruppe für die Lösung des Problems wichtig oder hilfreich sein und Ihre pädagogischen Entscheidungen beeinflussen können. Wie und wo können Sie diese Informationen erhalten?*
6. *Entwickeln Sie eine möglichst konkrete und pädagogisch begründete Lösungsstrategie, die das übergewichtige Kind, die Gesamtgruppe und die Kolleginnen und Kollegen einbezieht.*
7. *Überprüfen Sie die Brauchbarkeit Ihrer Lösungsstrategie in Ihrer Kleingruppe und stellen Sie sie dann im Plenum vor.*

8.2.2 Ein stilles, zurückgezogenes Kind wahrnehmen und ermutigen

Manche Kinder sind stiller oder zurückhaltender als andere. Einige vermeiden Konflikte, indem sie dem Kontakt oder gar Streitsituationen von vornherein aus dem Weg gehen. Andere brauchen länger, bis sie ihre Rolle in einer Gruppe finden können. Stille, zurückhaltende Kinder stören nicht. Sie werden leicht übersehen, verursachen kaum offene Konflikte. Einige von ihnen brauchen gerade deshalb die besondere Aufmerksamkeit ihrer Erzieherinnen. Solche Kinder mit allen Mitteln in die Gruppe zu integrieren, sie gegen ihren Willen in den Mittelpunkt zu stellen, kann aber falsch sein.

Ein stilles, zurückhaltendes Kind muss nicht unbedingt unter seiner Stellung in der Gruppe leiden.

Am liebsten verstecken …

Es gibt jedoch Kinder, die von der Gruppe wegen ihrer Zurückhaltung ausgegrenzt und diskriminiert werden. Solche Kinder sind dann häufig Objekt für die Vorurteile der anderen Kinder – bisweilen aber auch für die von Erzieherinnen. Dies führt dazu, dass sie unter ihrer Situation leiden und sich immer mehr zurückziehen. Sie – aber auch die ausgrenzende Gruppe – benötigen die pädagogische Hilfe der Erzieherin.

Arbeiten Sie bitte in kleinen Gruppen:

1. *Die Integration von Kindern in eine Gruppe ist eine wichtige berufliche Aufgabe für Erzieherinnen. Entwickeln Sie begründete pädagogische Wege, die Sie gehen können, wenn sich in einer von Ihnen betreuten Gruppe ein Kind befindet, das wegen seiner Zurückhaltung aus der Gruppe ausgegrenzt zu werden droht.*
2. *Entscheiden Sie sich für eine mögliche Zielgruppe (Kindertagesstätte, Hort o. Ä.) aus Ihren zukünftigen beruflichen Handlungsfeldern.*
3. *Klären Sie die pädagogischen und psychologischen Ziele, die Sie in einer solchen Situation sowohl im Hinblick auf ein stilles, zurückgezogenes Kind als auch in Bezug auf die Gesamtgruppe verfolgen wollen.*
4. *Untersuchen Sie, welche Schwierigkeiten einer (einfachen) Lösung bzw. Erreichung Ihrer Ziele im Wege stehen und wie Sie diese überwinden können.*
5. *Klären Sie, welche Informationen über die soziale und psychologische Situation solcher Kinder und Ihrer Gruppe für die Lösung des Problems wichtig oder hilfreich sein und Ihre pädagogischen Entscheidungen beeinflussen können. Wie und wo können Sie diese Informationen erhalten?*
6. *Entwickeln Sie eine möglichst konkrete und pädagogisch begründete Lösungsstrategie, die das Kind und die Gesamtgruppe einbezieht.*
7. *Überprüfen Sie die Brauchbarkeit Ihrer Lösungsstrategie in Ihrer Kleingruppe und stellen Sie sie dann im Plenum vor.*

8.2.3 Aggressionen und Unruhe entgegenwirken

„2. Dezember 2004, 17:30 h

Ich habe in meiner Gruppe sehr aggressive Kinder. Den ganzen Tag mache ich nichts anderes mehr, als hinter den Kindern herzulaufen, da sie sonst in der kompletten Einrichtung alles auf den Kopf stellen; die Kinder ermahnen, dass sie nicht direkt schlagen oder beißen sollen und Kinder trösten, denen weh getan wurde.

Wir sind eine „Teiloffene-Einrichtung“ (wie das so schön heißt), in der die Kinder im Flur frühstücken, den ganzen Tag über in anderen Gruppen Kinder besuchen können und von halb elf bis zwölf haben wir die sogenannte „Aktivbereich-Zeit“, in der sich die Kinder aussuchen können, ob sie turnen, basteln, backen, draußen spielen, oder in einer anderen Gruppe spielen wollen ...“

„Re: aggressive Kinder von Martina, Dienstag, den 7. Dezember, 07:42 h

... ich arbeite auch in einer Einrichtung, wir arbeiten auch nach dem teiloffenen Prinzip. Ähnlich wie bei dir gibt es ein Kindercafé, bis 11:15 Uhr ist alles offen. Das heißt, die Kinder können bis dann an Angeboten teilnehmen. Die Angebote werden montags in einer Kinderkonferenz vorgestellt. Ab 11:15 Uhr ist Gruppenzeit, d. h. gruppenintern wird jetzt Stuhlkreis, oder ähnliches gemacht. ... Ich weiß ja nicht, wieso rennst du den Kindern nach? Wenn ihr so viele aggressive Kinder habt, müsst ihr eure Angebote umstellen

„... Ich würde mich an deiner Stelle halt nicht so zum Affen machen und den ganzen Tag hinter den Kindern herrennen. Normalerweise gibt man klare Regeln und Grenzen vor. Diese werden eingehalten, gut. Diese werden nicht eingehalten, schlecht. Dies führt aber wieder. um zu Konsequenzen. Die Kinder brauchen ... eine klare Regelung. ... Eventuell musst du einfach mal deine Arbeit und deine Vorgehensweise überdenken."

(unter: www.kindergarten-heute.de/treffpunkt/forum, anonym, 10.12.2004)

Diese beiden Forum-Beiträge zeigen ein durchaus verbreitetes Problem in sozialpädagogischen Institutionen: Aggressive Kinder beeinflussen das tägliche Gruppenleben und konfrontieren die Erzieherinnen mit großen pädagogischen Herausforderungen. Nur allzu häufig reagieren diese mit Rat- und Hilflosigkeit. Auf diese Kinder zielt eine Fülle von Vorurteilen, die meist auch ihre familiäre Situation einbezieht.

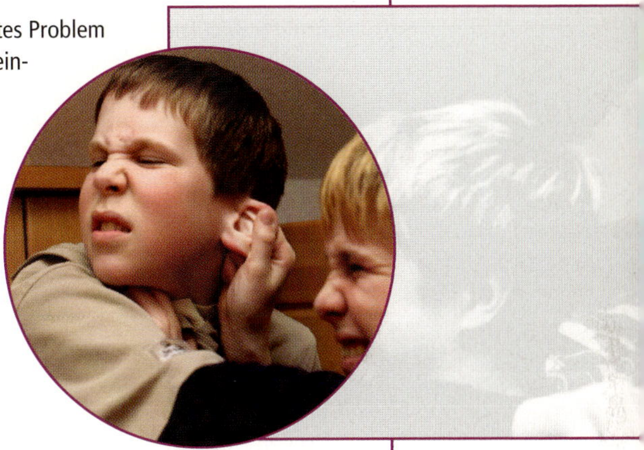

1. *Um Lösungen oder wenigstens Lösungsansätze zu entwickeln, ist es erforderlich, sich fachlich eingehend mit möglichen Hintergründen der Aggressionsproblematik auseinanderzusetzen.*
2. *Es gilt zu klären, unter welchen Bedingungen Aggressionstendenzen bei Kindern oder Jugendlichen entstehen, welche Rolle Gruppenprozesse dabei spielen und welche Möglichkeiten sich ergeben können, den Ursachen innerhalb und außerhalb der Gruppe entgegenzuwirken.*
3. *Gruppenprozesse lassen sich pädagogisch gestalten und im Interesse der gemeinsamen Lösung von Konflikten und Problemen nutzbar machen. Entwickeln Sie in Kleingruppen pädagogische Vorschläge, aufkommendem oder bereits vorhandenem aggressiven Verhalten von Kindern gruppenpädagogisch entgegenzuwirken.*

Mit Kindern mit Behinderungen in der Gruppe zusammenleben

8.2.4

Ob die Integration eines Kindes in die Gruppe einer Kindertagesstätte gelingt, hängt von einer Vielzahl verschiedener Faktoren ab. Besonders schwierig kann dies sein, wenn sich Kinder von anderen Gruppenmitgliedern deutlich unterscheiden, wie dies bei Kindern mit äußerlich wahrnehmbaren Behinderungen der Fall ist.

Integration in einer pädagogischen Gruppe zu verwirklichen heißt, dafür Sorge zu tragen, dass

- alle Kinder der Gruppe
- an oder mit einem gemeinsamen Gegenstand (z. B. Spielmaterial)
- ihrem Entwicklungsstand entsprechend

miteinander spielen und lernen.

Der Beschluss der Jugendministerkonferenz vom 6./7. Juni 2002 (Punkt 13) zeigt die Bedeutung einer gemeinsamen Erziehung von Kindern mit und ohne Behinderungen auf. Hier heißt es u. a.:

> *„In einer demokratischen Gesellschaft ist das gleichberechtigte Miteinanderleben von Menschen mit und ohne Behinderung eine wichtige gesellschaftspolitische Aufgabe. Die besondere Chance der integrativen Erziehung in Kindertageseinrichtungen liegt darin, dass die Kinder noch unvoreingenommen aufeinander zugehen. (...) Die Jugendministerkonferenz betont, dass die integrative Erziehung den Zielen des Erziehungs-, Bildungs- und Betreuungsauftrages der Kindertageseinrichtungen wie auch dem Eingliederungsauftrag gleichermaßen entsprechen muss und kann. (...) Die Jugendministerkonferenz spricht sich für ein vielfältiges Angebot aus, das dem Hilfebedarf eines jeden Kindes gerecht wird."*

1. *Entwickeln Sie in Kleingruppe Vorschläge zur Vorbereitung des Gruppenraumes und einer Kindergruppe einer Kindertagesstätte auf die Aufnahme eines Kindes mit starken grob- und feinmotorischen Bewegungseinschränkungen. Es handelt sich um ein Kind, das bei einem Verkehrsunfall, den es im Alter von 6 Wochen erlitt, eine Schädelbasisfraktur davontrug. Die Folge ist eine starke psychomotorische Retardierung: Der motorische Entwicklungsstand ist ca. 2;6 Jahre, das Lebensalter beträgt 5;6 Jahre.*
2. *Klären Sie die pädagogischen und psychologischen Ziele, die Sie im Hinblick auf das „neue" Kind und in Bezug auf die Gesamtgruppe verfolgen wollen.*
3. *Untersuchen Sie, welche Schwierigkeiten einer (einfachen) Lösung bzw. Erreichung Ihrer Ziele im Wege stehen könnten und wie Sie diese Schwierigkeiten überwinden können.*
4. *Klären Sie, welche Informationen über die soziale und psychologische Situation solcher Kinder und Ihrer Kindergruppe für die Lösung des Problems wichtig oder hilfreich sein und Ihre pädagogischen Entscheidungen beeinflussen können. Wie und wo können Sie diese Informationen erhalten?*
5. *Entwickeln Sie eine möglichst konkrete und pädagogisch begründete Lösungsstrategie, die das Kind und die Gesamtgruppe einbezieht.*
6. *Überprüfen Sie die Brauchbarkeit Ihrer Lösungsstrategie in Ihrer Kleingruppe und stellen Sie sie dann im Plenum vor.*

8.2.5 Mit Kindern aus unterschiedlichem sozialem und kulturellem Umfeld arbeiten

Die sozialen Bedingungen der Familien haben sich während der vergangenen Jahrzehnte immer weiter ausdifferenziert. Obgleich nach wie vor die meisten Familien in gesicherten sozialen Verhältnissen leben, so nimmt die Zahl derer, die von Armut betroffen sind, doch kontinuierlich zu. Damit ist die Gruppe der Kinder und Jugendlichen heterogener geworden. Darüber hinaus wächst der Anteil an Kindern mit Migrationshintergrund. Das ist zwar – anders als vielfach behauptet – kein prinzipielles Problem, auf jeden Fall ist es jedoch ein Hinweis darauf, dass die Lebensverhältnisse und insbesondere auch die Erziehungsstile, die die Kinder in ihrem familiären Umfeld erleben, unterschiedlicher und die Herausforderungen an die Erzieherinnen komplizierter werden.

Die Arbeit einer professionellen Erzieherin muss folglich das Verständnis für die eigene Kultur und zwischen unterschiedlichen Kulturen fördern und der Entstehung von Vorurteilen entgegenwirken bzw. zu deren Abbau beitragen. In diesem Zusammenhang sind sowohl eine pädagogisch begründbare interkulturelle als auch eine qualifizierte kulturelle sozialpädagogische Arbeit erforderlich. Beide helfen, dass Kinder und Jugendliche lernen, sich mit ihrer Lebensumwelt konstruktiv auseinanderzusetzen (vgl. Schäfer: Jugendsozialarbeit und Bildung, 20.12.2004).

Interkulturelle Familie – „Was im Kleinen geht, könnte auch im Großen gut sein …"

Unter diesen Gesichtspunkten stellt die sozialpädagogische Gruppe für Kinder und Jugendliche unterschiedlicher sozialer und kultureller Herkunft eine Chance dar. Hier wird Fremdes in direkter Weise erlebbar; hier kann man gegenseitige Achtung und Wertschätzung lernen. Voraussetzung ist, dass die Erzieherin die unterschiedlichen sozialen und kulturellen Lebensverhältnisse der Kinder und Jugendlichen kennt.

1. *Entscheiden Sie sich für eine mögliche Zielgruppe (Kindertagesstätte, Hort o. Ä.) aus Ihren zukünftigen beruflichen Handlungsfeldern.*
2. *Entwickeln Sie in Kleingruppen ein Angebot, das es Kindern bzw. Jugendlichen ermöglicht, ihr Wissen über die unterschiedlichen sozialen und kulturellen Lebensbedingungen zu erweitern und achten zu lernen.*

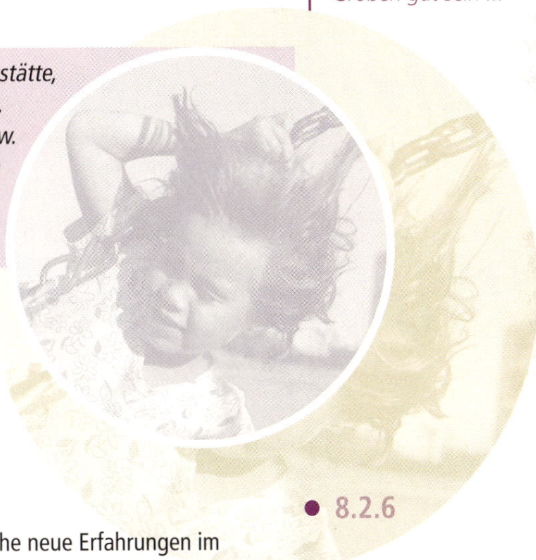

Streit schlichten und integrieren

8.2.6

In sozialpädagogischen Institutionen machen Kinder oder Jugendliche neue Erfahrungen im Umgang mit Konflikten, mit Streit und damit auch im Umgang mit sich selbst. Je mehr sie an der Planung der Tagesabläufe beteiligt sind, desto mehr Möglichkeiten haben sie, konstruktive Konfliktlösungsstrategien zu erlernen und Konflikten nicht aus dem Wege zu gehen. Je heterogener die Gruppe ist, desto mehr Möglichkeiten und Anlässe gibt es, Konfliktlöseverhalten zu lernen. Die Entwicklung einer positiven Konfliktlösekultur ist auch schon im Elementarbereich möglich und erforderlich.

Hinweis

Konfliktlöseverhalten ist eine grundlegende soziale Fähigkeit. Die Entwicklung dieser Fähigkeit steht in unmittelbarem Zusammenhang mit der Entwicklung der Gesamtpersönlichkeit; sozial kompetentere Kinder entwickeln sich auch intellektuell besser – und umgekehrt.

1. *Entscheiden Sie sich für eine mögliche Zielgruppe (Kindertagesstätte, Hort o. Ä.) aus Ihren zukünftigen beruflichen Handlungsfeldern.*
2. *Entwickeln Sie in Kleingruppen ein Streitschlichter-Projekt, mit dessen Hilfe Kinder lernen, Konflikte in der Gruppe mit gegenseitiger Achtung zu lösen und Regeln und Verantwortlichkeiten für den zukünftigen Umgang mit Streit bzw. Konflikten zu entwickeln.*

8.3 Aus dem beruflichen Alltag

Im Folgenden handelt es sich um Beispiele aus dem beruflichen Alltag, die zeigen, in welchen praktischen Zusammenhängen Sie mit beruflichen Aufgaben konfrontiert werden können, wie sie oben beschrieben wurden.

8.3.1 Ein übergewichtiges Kind stärken und integrieren

Es handelt sich bei Ihrer Einrichtung um eine Kindertagesstätte mit zwei Gruppen. Träger ist eine Elterninitiative, d. h. ein eingetragener Verein. Die Sonnenblumengruppe ist eine kleine altersgemischte Gruppe, in der neben der Gruppenleiterin eine Kinderpflegerin und eine Praktikantin arbeiten. In der Eichhörnchen-Gruppe sind die Kinder zwischen drei und sechs Jahre alt. In dieser Gruppe arbeiten eine Gruppenleiterin, eine Erzieherin als zusätzliche Fachkraft und eine Ergänzungskraft.

Die Eichhörnchen-Gruppe hat einen Gruppen- und einen Nebenraum. In den Gruppenraum ist ein Essbereich integriert. Darüber hinaus gibt es für beide Gruppen einen großen Toberaum, der mit geeigneten Matten und Spielmaterialien ausgestattet ist. Waschraum, Toilettenraum und Küche entsprechen den gesetzlichen Vorschriften. Das Mittagessen wird nachmittags von den Eltern zubereitet. Im unmittelbaren Umfeld der Einrichtung liegt ein kleineres und überschaubares Wald- und Wiesengebiet, das das Team für längere und kürzere „Exkursionen" nutzt.

Die Kinder der Einrichtung stammen aus muslimischen und christlichen Familien. Einige Kinder gehören keiner Religion oder Religionsgemeinschaft an. Die kulturellen Hintergründe der Familien sind sehr vielfältig. Die Familien der Kinder kommen aus unterschiedlichen GUS-Staaten, aus der Türkei, aus dem vorderen Orient und in einem Fall aus dem Senegal. Toleranz und Offenheit diesen unterschiedlichen religiösen und kulturellen Hintergründen der Kinder gegenüber ist für die Einrichtung eine Selbstverständlichkeit. Dabei soll auch der Umgang mit Kindern, deren Unterschiedlichkeit auch auf anderen persönlichen Eigenschaften beruht, einbezogen sein.

In der Eichhörnchen-Gruppe der Kindertagesstätte befinden sich vier neue Kinder: Metin (4;1), ein türkischer Junge, Nina (3;6), ein Mädchen aus einer Lehrerfamilie, Wassili (3;9), ein Junge aus einer

Aussiedlerfamilie und Nicole (3;7), ein Mädchen, dessen Eltern einen Handwerksbetrieb haben. Ninas Eltern sprachen bereits im ersten Aufnahmegespräch offen über Ninas Übergewicht und erklärten, dass sie nicht unter einer Essstörung leide. Ninas Übergewicht – Adipositas – sei mit großer Wahrscheinlichkeit anlagebedingt.

Schon als Nina den anderen Kindern zum ersten Mal vorgestellt wurde, lachten und kicherten einige der älteren Jungen; aus dem Hintergrund war das Schimpfwort „Fettkloß" zu hören. Ihr entsetzter Blick ließ dieses Kichern allerdings schnell im Keim ersticken. Sie haben jedoch den Eindruck, dass Sie ein Problem wahrgenommen haben, das einer pädagogischen Lösung bedarf.

Sie bereiten ein erstes pädagogisches Angebot für die Gruppe vor, mit dem Sie Ninas Akzeptanz in der Gruppe gezielt fördern können, ohne Nina mit ihrem Problem in den Mittelpunkt des Geschehens zu stellen.

Ein stilles, zurückgezogenes Kind wahrnehmen und ermutigen 8.3.2

Niemand hat ihn bisher so richtig wahrgenommen – folgsam, still, wenig eigeninitiativ, freundlich unauffällig lächelnd, manchmal etwas traurig in die Ferne schauend. Er beschäftigt sich gern alleine – wird er gebeten, etwas anderes zu tun, lässt er sich sofort darauf ein. Ein „bequemes" Kind; ein Kind, das sich kaum streitet; ein Kind, das einem nicht in Erinnerung bleibt.

Nach einer Weile will niemand mehr mit ihm spielen

Es geht um Jan (4;8), dessen Mutter Sie seit fast einem halben Jahr wieder einmal direkt anspricht, um sich über Jans Entwicklung zu informieren. Sie spüren in diesem Gespräch deutlich, dass Ihnen differenzierte Informationen fehlen. Dabei kommen Sie zu dem Schluss, zweierlei zu versuchen:

- *Sie wollen Jan in seinem Gruppenverhalten systematisch beobachten, um seine individuelle Entwicklung besser kennen zu lernen und um Klarheit über seine Stellung in der Gruppe zu gewinnen.*
- *Sie wollen ein oder mehrere Angebot(e) an die Gruppe vorbereiten, um Jan die Möglichkeit zu geben, verantwortliche Funktionen in der Gruppe übernehmen zu können.*

Die Situation der Gruppe lässt sich wie folgt beschreiben:

Die Kindertagesstätte liegt am Rande einer kleinen Stadt in einem Neubaugebiet mit einer größeren Zahl an Einzel-, Doppel- und Reihenhäusern. In der Nähe der Kindertagesstätte liegt eine Gemeinschaftsgrundschule und nicht weit davon entfernt das Schulzentrum mit einer Haupt- und einer Realschule sowie einem Gymnasium. Die Einrichtung ist groß. Es gibt sieben altersgemischte Gruppen und 18 Mitarbeiterinnen. Neben den Gruppenräumen gibt es

- einen Verkleidungsraum
- einen Werkraum
- einen Naturraum
- einen Entspannungsraum
- einen Matschraum
- eine kleine Turnhalle
- ein Kindercafé
- eine Küche
- einen Medienraum und
- diverse Nebenräume

Die Kindertagesstätte legt besonderen Wert auf Bewegungserziehung. In der kleinen Turnhalle gibt es viele variable Bewegungselemente zum Klettern, Balancieren und Springen. Diese Geräte werden von den Kindern auch selbstständig und eigenaktiv genutzt.

Der Naturraum bietet den Kindern viele Möglichkeiten, Pflanzen zu säen und zu pflegen. Hier ist es möglich, kleine Beete anzulegen, Tiere zu beobachten und zu betreuen und gemeinsame Experimente durchzuführen.

8.3.3 Aggressionen und Unruhe entgegenwirken

Sie lesen den folgenden Artikel und werden nachdenklich:

Polizei führt freches Kind in Handschellen ab

In den USA sorgt mal wieder eine drastische Polizeimaßnahme gegen ein Kind für Aufsehen. Weil sich eine Fünfjährige im Kindergarten nicht benehmen wollte, rief die Kindergärtnerin kurzerhand die Polizei. Vier Cops nahmen das Mädchen schließlich mit – in Handschellen.

St. Petersburg/USA – Der Anwalt der Mutter des Mädchens, John Trevena, plant nun rechtliche Schritte gegen die Beamten. Der Vorfall wurde von einer Videokamera festgehalten, die im Rahmen eines Lernprojekts in dem Kindergarten installiert war.

Darauf ist zu sehen, wie die Fünfjährige Notizzettel vom Schwarzen Brett zerreißt, auf einem Tisch umher springt und eine Kindergärtnerin boxt. Schließlich treten vier Polizisten auf. Drei von ihnen drücken dem schreienden Mädchen die Arme auf den Rücken und legen Handschellen an. Anwalt Trevena rügte die Szene als unglaublich und völlig unnötig. Die Polizei erklärte lediglich, in dem Fall werde zurzeit noch ermittelt.

Ähnliche Vorfälle hatte es in den Vereinigten Staaten schon mehrfach gegeben. Ein Neunjähriger aus Ocala in Florida kam Anfang des Jahres ins Gefängnis, weil er ein Bild gemalt hatte, das nach Ansicht seines Lehrers zeigte, wie er gemeinsam mit einem Klassenkameraden einen Mitschüler mit einem Schwert bedrohe. Auch er wurde mit Handschellen abgeführt.

Nicht anders erging es einem neunjährigen Mädchen Ende vergangenen Jahres. Auch sie wurde wegen eines offensichtlich schweren Vergehens in Handschellen abgeführt und zum Verhör mitgenommen. Dem Kind wurde vorgeworfen, das Kaninchen des Nachbarn und zehn Dollar Bargeld gestohlen zu haben.

(Spiegel Online, 23.04.2005)

Spontan gehen Ihnen viele Kinder Ihrer Kindertagesstätte und insbesondere drei Jungen Ihrer eigenen Gruppe durch den Kopf. Notizzettel vom Schwarzen Brett zu zerreißen, auf einem Tisch umherzuspringen oder eine Erzieherin zu boxen, all dies erscheint Ihnen zunächst wenig problematisch. Natürlich sind hier pädagogische Lösungen gefragt, natürlich kann eine Erzieherin derartiges Verhalten nicht einfach ignorieren, natürlich kann ein Kind, das sich so verhält, das ganze Gruppengeschehen negativ beeinflussen.

Sie kommen zu dem Schluss, dass es eine Hilfe bzw. Erleichterung sein könnte, Gruppenregeln zusammen mit den Kindern zu entwickeln, um allen die Orientierung in der Gruppe zu erleichtern und um sicherzustellen, dass möglichst kein Kind es nötig hat, durch aggressives Verhalten auf sich aufmerksam zu machen. Dazu ist es erforderlich, dass die Kinder lernen, mit Konflikten konstruktiv umzugehen, d.h. gemeinsame und sozial verträgliche Lösungen zu finden.

Wie die Probleme früher „gelöst" wurden ...

Sie sprechen Ihr Anliegen im Team an. Im Gespräch wird deutlich, dass solche Regeln sowohl den individuellen Möglichkeiten des Kindes als auch der Situation der Gesamtgruppe entsprechen müssen.

Die Regeln

- müssen inhaltlich verständlich und nachvollziehbar für alle Kinder sein,
- dürfen weder das einzelne Kind noch die Gruppe überfordern,
- müssen die sozialen Fähigkeiten der Kinder stärken,
- sollten Raum lassen, sodass sich das einzelne Kind zurückziehen kann,
- müssen Selbstwahrnehmung, Selbstbewusstsein, Selbstvertrauen und Selbstwertgefühl der Kinder stärken,
- müssen die Bedürfnisse aller Kinder nach
  - körperlicher Sicherheit,
  - emotionaler Sicherheit und
  - sozialen Kontakten befriedigen.

Das Team bittet Sie, einen Tag mit Ihrer Gruppe vorzubereiten, in dessen Mittelpunkt die gemeinsame Entwicklung geeigneter Gruppenregeln stehen soll. Dabei darf die Frage nicht übersehen werden, was anschließend bei Regelverstößen geschehen soll.
Ihre Kindertagesstätte hat zurzeit zwei Gruppen mit jeweils 24 Kindern zwischen drei und sechs Jahren.

Jeder Kindergruppe stehen ein Gruppenraum und ein Nebenraum zur Verfügung. Weiter gibt es einen Entspannungsraum und einen großen Flurbereich, der von beiden Gruppen genutzt werden kann. Das Außengelände ist 1400 m^2 groß mit altem Baumbestand, einem großen Sandspielplatz und vielen kindgerechten Spiel- und Turngeräten. Ihr Vorhaben soll sich nicht an einzelnen eher aggressiven Kindern, sondern in erster Linie am sozialen Leben der Gruppe orientieren.

8.3.4 Mit Kindern mit Behinderungen in der Gruppe zusammenleben

Zu den alltäglichen Aufgaben jeder sozialpädagogischen Einrichtung gehört es, dafür zu sorgen, dass keine Kinder oder Jugendlichen ausgegrenzt oder ausgeschlossen werden. Dies trifft nicht nur auf die täglichen sozialen und emotionalen Prozesse zu. Auch bei der Gestaltung der Lernumgebung oder bei der Vorbereitung sozialpädagogischer Angebote gilt es, die Selbstbildungsprozesse aller Kinder zu unterstützen und zu fördern.

Lena (3;7) besucht seit einigen Monaten die Gruppe. Sie leidet unter einer weniger schweren frühkindlichen Hirnschädigung (Cerebralparese).

Die Cerebralparese ist wahrscheinlich eine Folge von Sauerstoffmangel vor, während oder nach der Geburt. Ursachen dafür können sein:

- schwere Erkrankungen der Mutter während der Schwangerschaft,
- Verzögerungen während des Geburtsvorganges,
- schwere Erkrankungen während der ersten Lebensmonate,
- Schädelverletzungen o. a.

In vielen Fällen ist die eigentliche Ursache unbekannt oder unklar – so auch bei Lena. Aufgrund eines Ungleichgewichtes zwischen Erregung und Hemmung der Nervenfunktionen kommt es bei der Cerebralparese zu z.T. erheblichen Bewegungsstörungen. Häufig sind neben der Rumpfmuskulatur auch die Muskeln der Arme und Beine sowie die Mund- und Zungenmuskulatur und Mimik betroffen (vgl. Zentrum für Körperbehinderte Würzburg-Heuchelhof, unter http://www.zfk-internat.de, 20.03.2005).

Lenas Behinderung lässt selbstständiges Gehen, Stehen und Sitzen zu. Sie hat allerdings während der ersten Wochen in den Räumen und im Außengelände der Kindertagesstätte ausgeprägte Orientierungsschwierigkeiten, die sie sehr verunsichern. Dabei ist es vor allem auch der Alltagslärm in ihrer Gruppe, der sie zusätzlich belastet. Balancieren, Springen oder Hüpfen, aber auch schnelles Laufen fallen ihr schwer. Bei Bastelarbeiten oder auch bei manchen Spielen zeigen sich feinmotorische Koordinationsprobleme, die bei Lena immer wieder zu Frustration führen.

Lena wird in der Einrichtung von einer Motopädin betreut und besucht gemeinsam mit der Mutter eine Psychotherapeutin. Außerdem ist für die notwendige medizinische Betreuung durch entsprechende Ärzte gesorgt. Die Mutter arbeitet eng mit der Einrichtung zusammen, wodurch ein regelmäßiger Austausch über Lenas Entwicklung gewährleistet ist. In Lenas Gruppe befinden sich 15 Kinder, davon neun Jungen und – zusammen mit Lena – sechs Mädchen im Alter von drei bis sechs Jahren. Sie arbeiten in der Gruppe zusammen mit der Gruppenleiterin, die eine heilpädagogische Zusatzausbildung absolviert hat, und einer zweiten Erzieherin.

Sie bereiten einen „Bewegungstag" für die Gruppe vor, der Lenas soziale Integration unterstützt, hemmende Misserfolgssituationen vermeidet und dennoch eine Herausforderung für alle sein kann.

8.3.5 Mit Kindern aus unterschiedlichem sozialem und kulturellem Umfeld arbeiten

Versetzen Sie sich in die folgende Situation:

> *„Ich trage gerade Mustafa (6 Jahre) auf meinen Schultern durch den Raum. Wir kommen an den Weihnachtsmännern, die als Wandschmuck an der Wand hängen, vorbei. Er: ‚In Marokko gibt es keine Weihnachtsmänner.' Ich: ‚Du kommst aus Marokko! Ich dachte, du wärst Türke.' Er: ‚Nee. In Marokko ist es immer warm. Nicht wie hier.' Ich: ‚Warst du denn überhaupt schon mal in Marokko?' Ich frage ihn das deshalb, weil er ein einwandfreies Deutsch spricht und es ja viele ausländische Kinder gibt, die noch nie in ihrem ‚Heimatland' waren. Er: ‚Natürlich. Schon fünfmal, mit dem Flugzeug, immer wenn Ferien sind.' Ich: ‚Erzähl doch mal von Marokko. Ich würde ja auch mal gern dahin fahren.' Darauf*

fängt er an mir zu erzählen und ich erfahre, dass seine Großeltern in Marakkesch wohnen, dass es dort viele Autos gibt und dass er schon mal in einer Wüste war. Ich: ‚Ich habe schon mal richtig marokkanisch gegessen, Couscous, hat eine marokkanische Mutter mal gekocht.' Er: ‚Couscous essen wir auch oft.' Ich: ‚Mit Kürbis und Milch?' Er: ‚Nee, das ist doch nicht Couscous.' Er fängt an mir sein Couscous-Gericht zu erklären, mit Hammelfleisch und einer braunen Soße. Ich: ‚Weißt du, was ich bei mir zu Hause habe? Eine echte Trommel aus Marokko.' Er: ‚Trommelst du auch?' Ich nicke. Er: ‚Ich auch. Wir haben auch welche, eine kleine und eine große.' Es stellt sich heraus, dass wir die gleichen Trommeln zu Hause haben. Darauf frage ich ihn, ob wir mal zusammen trommeln sollten. Womit er einverstanden ist. Leider ging es an dem Tag nicht mehr, da schon eine andere Aktion geplant war ..."

(Johann, 1998, 77 f.)

Danach überlegen Sie, dass Sie diese Situation als Anlass für die Gestaltung eines „interkulturellen" Tages in Ihrer Gruppe nutzen könnten. Neben Mustafa sind noch zwei türkische Jungen (fünf und sechs Jahre), ein japanisches Mädchen (vier Jahre) sowie ein Junge aus dem Senegal (fünf Jahre) in der Gruppe. Sie möchten den Tag gemeinsam mit den Kindern und – sofern möglich – mit den Eltern vorbereiten. Die Gruppenleiterin ist begeistert von Ihrem Vorschlag und macht Ihnen Mut, die Initiative zu ergreifen. Sie hält Ihr Anliegen für eine gute Gelegenheit, die nicht immer besonders gute Gruppenatmosphäre zu verbessern.

Streit schlichten und integrieren 8.3.6

Sie beobachten die folgende, in Ihrer Gruppe typische Situation:

„Lass das!", sagt Marco zu Philip. Der hat Marco im Klassenraum in der Pause geschubst. „Du sollst die in Ruhe lassen!", schreit Philip zurück. Er zeigt auf Simone, um einen Grund für seinen Streit zu finden. Jetzt rennt Philip auf Marco zu und nimmt ihn in den Schwitzkasten. Sie rangeln eine Minute. Plötzlich verliert Philip die Lust zu kämpfen und beide gehen auseinander.

Seit längerem schon beobachten Sie solche oder ähnliche Situationen. Dabei handelt es sich keineswegs immer um Marco oder Philip. Auch die Mädchen halten sich aus derartigen Situationen selten heraus. Was Ihnen aber besonders auffällt: Es gibt einige Kinder, die sichtlich unter diesen Streitereien leiden und sich in irgendeine Ecke verkriechen, sobald sie befürchten müssen, dass „es wieder losgeht".

Marco „kämpft" ganz offensichtlich mit Philip um die Rolle des, wie er es nennt, „Bestimmers". Er ist wie Philip mit seinen sechs Jahren eines der sogenannten Schulkinder. Sie nehmen sich vor, etwas gegen diese Situation zu unternehmen.

Sie möchten die Gruppe, ihre Strukturen und Prozesse für die gemeinsame Entwicklung eines konkreten gruppenspezifischen Streitschlicht-Programms nutzen. Es geht Ihnen darum, dass sich die Kinder Ihrer Gruppe nicht nur als Verursacher von Streitigkeiten erleben und verstehen. Sie wollen vielmehr die Problemlösungskompetenzen aller Kinder in den Prozess einbeziehen.

8.4 Materialien

8.4.1 Gruppen beobachten

Das Beobachten von Gruppen ist für Erzieherinnen insofern schwierig, als sie in der Regel gleichzeitig Teilnehmer und Einflussfaktor sind. Darüber hinaus haben sie neben der Beobachtung die ganze Fülle pädagogischer, psychologischer, methodischer und didaktischer Aufgaben des Gruppenalltags zu bewältigen. Aus diesen Gründen ist die Beobachtung von Gruppen in der sozialpädagogischen Praxis meist vergleichbar mit Alltagsbeobachtungen, wie sie sich überall in pädagogischen Zusammenhängen vollziehen.

Je mehr man über das „Ziel" seiner Beobachtungen weiß, desto mehr wird man beobachten können. Weiß man nicht, dass Gruppen einen eigenen, besonderen sozialen Aufbau haben, wird man diese Strukturen überhaupt nicht oder nur sehr allmählich erkennen und auch keinen Einfluss darauf nehmen können. Weiß man nicht, dass sich Gruppen unter bestimmten Einflüssen auch in ihrem Aufbau verändern, wird man diese Prozesse nur schwerlich oder verzögert wahrnehmen können.

Das Beobachten von Gruppen muss in der Regel Dreierlei ins Zentrum der Wahrnehmung rücken:

- die Gruppe als Ganzes,
- das einzelne Kind in der Gruppe und
- mögliche Einwirkungen auf die Gruppe von außen.

Die Gruppe als Ganzes wahrzunehmen heißt, nicht das Besondere des einzelnen Kindes, sondern allgemeinere Phänomene zu registrieren, dazu gehören insbesondere:

- die bisweilen nur schwer in Worte zu fassende Gruppenatmosphäre,
- Gruppenwünsche und -interessen,
- Gruppenängste und -befürchtungen.

Die Erzieherin muss rechtzeitig erkennen, wenn einzelne Kinder von der Gruppe abgelehnt werden oder nicht in die Gruppe integriert werden möchten. Wenn Kinder der Gruppe dies offen artikulieren, hat sich häufig schon viel Belastendes entwickelt. Daher sollten Erzieherinnen schon prophylaktisch (vorbeugend) darauf hinwirken, dass sich innerhalb der Gruppe eine Atmosphäre entwickelt, in der besondere Kinder aufgenommen und angenommen werden können.

Vermeiden Sie jedoch unbedingt, auf einzelne zurückhaltendere Kinder Druck auszuüben, um sie dazu zu bewegen, gegen ihren Willen mit anderen zu spielen oder – wie Maria Montessori es nennen würde – zu arbeiten. Die Gruppe spürt dann oft sowohl den Druck, der auf das einzelne Kind ausgeübt wird, als auch dessen Widerstand. Vor allem das Letztere wird dann leicht aufgenommen als: „Der will nichts mit uns zu tun haben."

Die Gruppe als Ganzes wahrnehmen

Viele Menschen lesen einen Satz Wort für Wort und bauen den Sinn des Satzes auf diese Weise allmählich auf. Andere wiederum sind in der Lage, mehrere Wörter gleichzeitig als Sinneinheiten wahrzunehmen. Es gibt sogar Menschen, die ihre „Lesewahrnehmung" so trainiert haben, dass sie einen ganzen Absatz auf einmal sinnerfassend aufnehmen können. Ähnlich ist es bei der Wahrnehmung von Gruppen, die ja immer aus mindestens zwei Einzelelementen bestehen. Man kann eine Gruppe wahrnehmen, indem man ein Gruppenmitglied nach dem anderen erfasst oder indem man mehrere Mitglieder gleichzeitig aufnimmt. Letzteres erfordert allerdings eine regelmäßige Übung und eine hohe Konzentration. Dies hat verschiedene Gründe:

- Die menschliche Wahrnehmung wird stark von Veränderungen gesteuert. Ein Knacken, ein plötzliches Rauschen, ein Ruf oder plötzlich auftauchender Schatten nehmen die Aufmerksamkeit stärker in Anspruch als die schönste gleich bleibende, gewohnte Landschaft. Auch die Wahrnehmung, d.h. die Beobachtung der Gesamtgruppe, folgt diesem Wahrnehmungsprinzip. Die Konzentration von Erzieherinnen richtet sich eher auf das plötzliche, auf das unerwartete Ereignis als auf das Gesamte.
- Die Wahrnehmung folgt **Wahrnehmungsgesetzen**, die – was im Alltag äußerst sinnvoll und hilfreich ist – die Welt ganzheitlich ordnen und gestalten. Diese Gesetze führen dazu, dass beispielsweise Gegenstände, die räumlich und/oder zeitlich, aber auch inhaltlich, nahe beieinander liegen oder eine hohe Ähnlichkeit aufweisen, als Einheit wahrgenommen werden. Im alltäglichen Geschehen einer Kindertagesstätten-Gruppe verändern sich die räumlichen, zeitlichen oder inhaltlichen Beziehungen der Gruppenmitglieder zueinander sehr rasch. Dadurch ist die Wahrnehmung der Gruppe als Ganzes relativ veränderlich.
- Menschen, die wenig Erfahrung und Übung in der Arbeit mit Gruppen haben, sehen häufig nur die einzelnen Gruppenmitglieder und können nur deren Verhalten beschreiben. Die Gruppe als Ganzes wird aber wesentlich mitbestimmt durch gemeinsame Stimmungen, gemeinsame Wünsche, gemeinsame Ängste, gemeinsame Bedürfnisse. Wenn einzelne Kinder sich dazu äußern, ist nie sicher, ob es sich dabei um etwas Gemeinsames handelt. „Wir wollen" ist eine häufige Formulierung für einen Wunsch, den nur wenige Kinder tatsächlich haben. In Schulklassen hören Lehrerinnen und Lehrer häufig Äußerungen wie „die Klasse meint", „die Klasse möchte" – selten handelt es sich dabei tatsächlich um Meinungen oder Bedürfnisse der Gruppe als Ganzes. Auf derartige Äußerungen ist, wie Erfahrungswerte zeigen, nicht immer Verlass.

Eine Gruppenbeobachtung „gleichzeitig in alle Richtungen" ist nicht möglich. Die Aufmerksamkeit wird vor allem von Veränderungen angezogen. Die stillen, zurückgezogenen Kinder werden nur allzu leicht übersehen!

Wie können Erzieherinnen Verlässliches über ihre Gruppen erfahren?

Stimmungen und emotionale Befindlichkeiten werden häufig, insbesondere von Kindern, nonverbal vermittelt. Besonders hilfreich können **Kinderkonferenzen** sein, bei denen die Kinder mitentscheiden und mitbestimmen können, wie ihr Alltag und ihr Zusammenleben gestaltet werden kann. Sobald die Kinder in diesen Kinderkonferenzen Klarheit über ihre Mitgestaltungsmöglichkeiten haben und miteinander – statt nur mit der Erzieherin – reden, haben Sie eine Fülle von Möglichkeiten, mehr über die Gruppe als Ganzes zu erfahren und Stimmungen, Ängste, Bedürfnisse, Interessen herauszufinden. Selbst wenn Sie oder Ihre Einrichtung sich nicht für die regelmäßige Durchführung von Kinderkonferenzen entscheiden können, sollten Sie versuchen, die Kinder zu ermutigen, über möglichst viele Themen ihres Alltags miteinander – auch und vor allem in der Gesamtgruppe – zu sprechen. Unabhängig davon, dass dies eine ergiebige Möglichkeit für Erzieherinnen ist, Informationen über die Gruppe als Ganzes zu gewinnen, entwickeln die Kinder auf diese Weise ihre sozialen Fähigkeiten und Fertigkeiten, ihr Selbstbewusstsein, ihr Selbstvertrauen, ihr Selbstwertgefühl etc.

Mit dem Beispiel der Einrichtung von Kinderkonferenzen ist schon eine Möglichkeit aufgezeigt, wie Sie mehr über Ihre Gruppe erfahren können. Sollte dies in Ihrer Einrichtung nicht möglich sein, gibt es aber noch eine Fülle anderer Möglichkeiten, die sich im Alltag jeder Einrichtung anbieten. So können Sie beispielsweise gezielt Spiele und Übungen einsetzen, um Ihre Gruppe zu beobachten. Hilfreich ist es hier – wie auch in dem Beispiel der Kinderkonferenzen – wenn Sie sich vorher Klarheit darüber verschaffen, was und woraufhin Sie konkret beobachten möchten; so können Sie z. B. achten auf:

- die Struktur der Gruppe:
  - Kinder, die systematisch und gezielt die Meinungen der anderen zu beeinflussen versuchen,
  - Kinder, die direkt auf das Gruppengeschehen Einfluss nehmen,
  - Kinder, die im Umgang mit anderen besonders vorsichtig sind,
  - Kinder, die mit Vorliebe besondere Rollen einnehmen,
  - Kinder, die von der Mehrheit der anderen abgelehnt und gemieden werden,
  - Kinder, die erfolglos versuchen, die Gruppe anzuführen
- Prozesse und Veränderungen in der Gruppe:
  - Abgrenzung gegenüber anderen Gruppen,
  - Identifizierung mit der Gruppe und mit Gruppenleistungen,
  - Formulierung von Gruppenzielen,
  - offen geäußertes Bewusstsein um die eigene Gruppenmitgliedschaft,
  - offen artikulierte Bewertungen der Gruppenmitgliedschaft,
  - geäußerte Emotionen, die mit der Gruppenmitgliedschaft verbunden sind,
  - Konflikte und Konfliktlösungsverhalten der Gruppenmitglieder etc.
- Die Rolle der Erzieherinnen in der Gruppe:
  - Vorbild und Vorbildwirkung,
  - wechselseitige Akzeptanz und Wertschätzung,
  - Erziehungsstil und dessen Auswirkungen auf Gruppenstruktur und Gruppenprozesse etc.

Die nicht teilnehmende Beobachtung erleichtert es, eine Gruppe wahrzunehmen. In Einzelfällen kann dies die einzige Möglichkeit sein, Gruppenprozesse differenziert genug erkennen zu können.

Wichtig für eine Gruppenbeobachtung, die über die „unvermeidliche" alltägliche Gruppenwahrnehmung hinausgehen soll, ist, dass Sie zunächst Antworten auf folgende Fragen finden:

- Mit welchem Ziel soll das Gruppengeschehen beobachtet werden?
- Welche methodisch-didaktisch zu schaffenden Beobachtungssituationen werden für das Beobachtungsanliegen besonders geeignet sein?
- Wie können die Beobachtungsergebnisse dokumentiert werden?
- Wie können die Beobachtungsergebnisse (z. B. durch parallele oder folgende Beobachtungen von Kollegen oder Kolleginnen) kontrolliert werden?

Außenseiter in der Gruppe

8.4.2

Wer sich in der Rolle des Außenseiters befindet, erfüllt in seinem Verhalten Erwartungen, die seine Mitmenschen an einen Außenseiter richten. Damit sei schon gesagt: Der Begriff Außenseiter lässt sich nicht allgemein gültig definieren. So wie Einstein als Außenseiter bezeichnet werden kann, den die Welt verehrt, so sind andere Außenseiter abgelehnt, verachtet, isoliert. Ein Außenseiter in einer Kindergruppe kann ein Kind sein, das von den anderen wegen seiner besonderen Eigenschaften bewundert und nachgeahmt wird, es kann sich aber auch um ein Kind handeln, das abgelehnt und ausgegrenzt wird. Beide können für Erzieherinnen eine große pädagogische Herausforderung sein.

Im Folgenden soll es um solche Kinder gehen, die auf mehrheitliche Ablehnung stoßen. Ablehnung finden diese Kinder nicht selten auch bei ihren Erzieherinnen. In der Regel nehmen sie in ihrer Gruppe eine bestimmte Rolle ein. Eine Person nimmt immer dann eine bestimmte Rolle ein, wenn sie sich den an sie gerichteten Erwartungen und damit verbundenen Normen und Regeln entsprechend verhält.

Der Mensch wird von Geburt an mit solchen Erwartungen, mit Normen und Regeln konfrontiert. Dabei nimmt er nicht nur eine einzige Rolle ein. Je nach sozialem Umfeld können diese Rollen sehr unterschiedlich sein. Familie, Kindertagesstätte, Schule, Freundeskreis und vieles mehr – sie alle richten zum Teil sehr unterschiedliche Erwartungen an einen Menschen.

„Außenseiter" ist ein Begriff für eine ganz bestimmte Rolle innerhalb einer sozialen Gruppe. Um Außenseiter zu sein und als solcher bezeichnet zu werden, muss man sich in einer bestimmten, von den anderen Mitgliedern einer Gruppe erwarteten Art und Weise verhalten. Eine Rolle definiert sich also immer in bestimmten sozialen Zusammenhängen. So kann man in einer Gruppe Außenseiter, in einer anderen Gruppenführer und in der nächsten ein unauffälliger Mitläufer sein. In der Literatur spricht man daher auch von **sozialer** Rolle (vgl. auch Kap. 7.4.3 bis 7.4.5).

Wenn es für bestimmte Rollen keine eindeutigen, klaren Verhaltensregeln gibt, stellt dies u. U. eine hohe Belastung für den Menschen dar. Er weiß dann nicht, wie er sich verhalten soll und welches Verhalten den Erwartungen seiner Mitmenschen entspricht. Menschen neigen in solchen Situation zu Flucht- oder Ausweichverhalten bzw. zu Aggressionen. Dies gilt insbesondere für Außenseiter, die gerne ein angesehenes Mitglied der Gruppengemeinschaft sein möchten, aber keine Klarheit darüber haben, ob und ggf. was sie tun können, um in die Gruppe integriert zu werden.

Zweifellos ist es eine Aufgabe von professionellen Erzieherinnen, dies zu erkennen und Außenseitern zu helfen, Klarheit über die Normen, Regeln und Verhaltenserwartungen zu gewinnen. Leider können manche Außenseiter den Normen, Regeln und Verhaltenserwartungen nicht entsprechen – selbst wenn sie dies noch so sehr wollten. Das Kind mit einer gravierenden Behinderung kann dies ebenso wenig verändern, wie das nigerianische Kind seine Herkunft verleugnen kann. Daraus ergibt für Erzieherinnen die pädagogische Notwendigkeit, auch diejenigen Kinder oder Jugendlichen in die Aufarbeitung der Rolle einzubeziehen, deren unerfüllbare Erwartungen an den Außenseiter gerichtet sind. Dabei handelt es sich um eine pädagogische und psychologische Gratwanderung, denn Unachtsamkeiten der Erzieherinnen können leicht dazu führen, dass der Außenseiter noch stärker in diese Rolle hineingedrängt wird.

Wenn die Bedürfnisse eines Kindes weitgehend mit den in seiner Gruppe wirksamen Rollenerwartungen übereinstimmen, ist dies besonders günstig. Ist die Diskrepanz zwischen den Bedürfnissen und den Rollenerwartungen dagegen besonders groß, wie dies bei vielen Außenseitern der Fall ist, dann ist es wichtig, dass die Erzieherinnen in und mit der Gruppe an den Rollenerwartungen aller altersgemäß arbeiten.

Dazu ist es hilfreich zu klären, wie es zu einer Rollenübernahme kommen kann. Soziologen unterscheiden hier zwischen **„Role Taking"** und **„Role Making"**. „Role Taking" ist die Übernahme von Erwartungen, die andere an den Rollenträger richten. „Role Making" ist demgegenüber die aktive eigene Ausgestaltung einer Rolle. Das heißt, dass der Rollenträger nicht nur „Opfer" der an ihn gerichteten Erwartungen ist. Er kann seine Rolle vielmehr auch verändern. Das folgende Beispiel zeigt, wie vielfältig und differenziert Rollenfragen die pädagogische Arbeit von Erzieherinnen beeinflussen und wie leicht ein Kind Gefahr laufen kann, Außenseiter zu werden oder zu sein.

> *„Ist Aggression ‚männlich', Harmonie ‚weiblich'?*
>
> *Viele Eltern und Erzieherinnen versuchen heute, Mädchen und Jungen ‚gleich zu behandeln'. Dennoch entdecken Kinder schon früh Unterschiede zwischen den Geschlechtern. Sie bekommen mit, dass ein heulendes Kind ‚Heulsuse' genannt wird und nicht ‚Heulmax', und registrieren, dass Gewalttäter böse Männer sind. Sie bemerken auch, dass Frauen mehr über Gefühle reden als Männer, aber mehr Schwierigkeiten mit Toben und Kämpfen haben.*

So lernen Mädchen schon früh, dass ‚aggressiv-sein' nicht zum Mädchensein dazugehört. Daher riskieren viele erst gar keine offenen Konflikte mit anderen Kindern oder der Erzieherin. Lediglich als ‚Zickigkeit' passt aggressives Verhalten zum Bild des ‚typischen Mädchens'. Aber wer wird schon gerne ‚zickig' genannt?
Jungen wiederum werden bis zu einem gewissen Maß kämpferisches Spiel und körperliche Übergriffe zugestanden. Wenn es darüber hinausgeht, werden sie als ‚Machos' oder ‚Raufbolde' abgestempelt – wobei sich manche der ‚kleinen Rabauken' mit einem charmanten Augenaufschlag die Zuneigung der Erzieherin schnell zurückerobern können. Insgesamt bekommen Jungen mit, dass ein gewisses Maß an Aggression zum Junge-Sein ‚dazugehört'.
Mädchen und Jungen sind allerdings keine passiven Wesen, die nur stereotype Erwartungen übernehmen oder Vorbilder imitieren. Kinder folgen nicht einfach der Regieanweisung anderer, sondern führen auch selbst Regie. Sie schreiben selbst jeder Situation eine eigene Bedeutung zu, entwerfen eigene Ziele für ihr Handeln und entscheiden selbst, was für ein Mädchen oder Junge sie sein wollen. Dabei experimentieren sie, spielen mit eigenen und fremden Grenzen, probieren Neues aus und greifen auf vertraute Muster zurück – auch auf geschlechtstypische.
Dabei spielen die Prozesse in der Gleichaltrigengruppe eine wichtige Rolle. Gerade in Jungengruppen ist aggressives Verhalten nicht einfach als unsoziales Verhalten zu begreifen, sondern als Versuch, soziale Anerkennung zu erlangen. Mit solchen Versuchen haben sie innerhalb der Jungengruppe oft Erfolg, auch wenn sie manchmal dafür Ärger mit der Erzieherin in Kauf nehmen müssen. Für Mädchen ist es dagegen naheliegender, sich an Erzieherinnen zu orientieren, z. B. indem sie sich durch ‚Petzen' deren Unterstützung versichern oder ihre eigenen Interessen als ‚Anordnungen von oben' zum Ausdruck bringen (...). Auch ein solches Vorgehen kann durchaus erfolgreich sein. Allerdings sind natürlich nicht alle Jungen oder Mädchen gleich. Wenn man Jungen, die den Ruf haben, schnell ‚auszurasten'; im Spiel mit Freunden beobachtet, entdeckt man nicht selten ein anderes Kind, einfühlsam und kompromissbereit. Jungen, die durch besonders aggressives Verhalten auffallen, sind nicht selten gerade keine ‚kleinen Machos', sondern Außenseiter, die vergeblich versuchen, die Anerkennung der Gruppe zu erlangen. Und in jeder Einrichtung gibt es auch Jungen, die nie ein Kämpfchen wagen.
Auf der anderen Seite gibt es Mädchen, die sich gern in Kämpfe der Jungen einmischen oder sich nicht von großen Jungen aus der Hängematte verdrängen lassen. Und man trifft auf Mädchen, die ihre Gegnerin zwicken und gleichzeitig ironisch fragen: ‚Tut schön weh, wenn man gekniffen wird, gell!' Die Bandbreite von Verhaltensweisen innerhalb eines Geschlechts ist größer als die Unterschiede zwischen den Geschlechtern. Aber auch und gerade Kinder, die sich untypisch verhalten, werden an geschlechtstypischen Erwartungen gemessen. Der entscheidende Schlüssel ist dabei unsere eigene Wahrnehmung.

(Dörfler/Rohman, 2000, 28.10.2005)

8.4.3 Übergewichtige Kinder in sozialen Gruppen

Übergewichtige Kinder sind oft Außenseiter

Das Ministerium für Verbraucherschutz, Ernährung und Landwirtschaft hat im Juli 2003 die Kampagne „KINDER LEICHT" (http://www.kinder-leicht.net) ins Leben gerufen und in diesem Zusammenhang einen Kongress zum Thema Übergewicht bei Kindern durchgeführt. Da die gesundheitlichen Folgen von Übergewicht im Kindesalter nicht weniger bedrohlich sind als manche schwere Krankheit oder so manches Pflanzengift, hält es das Ministerium für dringend notwendig, der westlichen „Epidemie" Übergewichtigkeit entgegenzuwirken.

„Erste Ergebnisse einer Studie in Norddeutschland (Kiel Obesity Prevention Study KOPS) zeigen, dass 23 Prozent der untersuchten 5- bis 7-Jährigen und sogar 42 Prozent der 10- bis 11-Jährigen übergewichtig sind. Eine zu Beginn der Studie aufgestellte Hypothese, dass die Häufigkeit des Übergewichts bei Kindern und Jugendlichen im Beobachtungszeitraum ansteigt – nämlich von 22 Prozent bei 5- bis 7-jährigen Kindern auf 27 Prozent bei den 10- bis 11-Jährigen und 35 Prozent bei 13- bis 14-jährigen Jugendlichen – wurde für die 10- bis 11-jährigen Kinder weit übertroffen. Hier haben sich die Werte beinahe verdoppelt, auf 42 Prozent! Bei 87 Prozent der 6- bis 7-jährigen übergewichtigen Kinder wurde festgestellt, dass sie während des Beobachtungszeitraums übergewichtig blieben."

(Bundesministerium für Verbraucherschutz, Ernährung und Landwirtschaft, Pressemitteilung Nr. 179, 05.05.2005)

Erhöhte Blutfettwerte, hoher Blutdruck, Gelenkerkrankung, Typ-2-Diabetes sind nur Beispiele für Gesundheitsprobleme, die sonst erst in höherem Alter auftreten. Besonders hervorzuheben sind aber auch die psychologischen Auswirkungen des Übergewichts. Übergewichtige Kinder werden nicht selten gehänselt und ausgegrenzt, was wiederum zu erhöhten psychischen Belastungen, verbunden mit einem gestörten Selbstwertgefühl, führen kann. Dies wiederum verstärkt dann häufig das problematische, ungesunde Essverhalten. Ein Teufelskreis also, der aufgebrochen werden muss.

Die Ursachen für die stark steigende Zahl übergewichtiger Kinder und Jugendlicher sind bis heute nicht eindeutig geklärt. Dass die möglichen genetischen Ursachen statistisch zugenommen haben, lässt sich nicht nachweisen. Klar ist damit, dass wichtige Gründe im Umfeld der Kinder und in gesellschaftlichen Bedingungen zu sehen sind. Da aber nicht alle Kinder übergewichtig werden, die sich wenig bewegen und falsch ernähren, müssen Veranlagungen zumindest auch eine Rolle spielen.

Zwei wichtige Faktorengruppen, auf die Erzieherinnen Einfluss nehmen können, lassen sich jedoch herauskristallisieren:

- Das Freizeitverhalten vieler Kinder ist von Bewegungsarmut bestimmt. Zusätzlich dazu, dass sie täglich in der Schule viele Stunden sitzen, verbringen sie lange Zeit vor dem Fernseher, hinter dem Computer oder am Schreibtisch.

- Die zweite Faktorengruppe ist im Bereich der Ernährung zu sehen: viel fettes Fleisch, viele Süßigkeiten und überzuckerte Getränke, aber wenig Obst und Gemüse. Fehlernährung kommt allerdings nicht nur in den Familien oder in der Freizeit der Kinder und Jugendlichen vor: Auch die Kioske in den Schulen verkaufen überwiegend Produkte, die man zum Bereich der Fehlernährung zählen kann. Selbst in Kindertagesstätten kommt es vor, dass in diesem Sinne fragwürdige Mahlzeiten angeboten werden.

In sozialpädagogischen Einrichtungen – für Kinder wie für Jugendliche – sind vielerlei Möglichkeiten vorstellbar, das Gesundheitsbewusstsein und das Ernährungsverhalten zu beeinflussen. So können Erzieherinnen gemeinsam mit den Kindern und Jugendlichen kochen und „gesunde Rezepte" ausprobieren. Man kann Fachkräfte in die Einrichtungen einladen, gemeinsam einkaufen und mit Kindern für Kinder Aufklärungsaktionen über Ernährung durchführen. Eine wichtige Erfahrung ist: Gesunde Ernährung nur anzuordnen oder nichts anderes anzubieten, reicht nicht. Es ist immer hilfreich und wirkungsvoller, wenn die Kinder und Jungendlichen einbezogen werden: gemeinsam einkaufen, gemeinsam kochen, gemeinsam verstehen und miteinander sprechen (vgl. Vogelsang, 2003, 16 f.).

Stille Kinder in der Gruppe

8.4.4

Stille, schüchterne Kinder oder Jugendliche in einer größeren Gruppe laufen häufig Gefahr, übersehen zu werden und nicht genug Zuwendung zu erfahren. Dies wiederum verstärkt die zurückgezogene Schüchternheit. Für Erzieherinnen sind sie bequem und stellen vermeintlich keine Herausforderung dar.

Der AOK-Bundesverband hat in seinem Presseservice Gesundheit ein Interview veröffentlicht (vgl. AOK-Bundesverband, http://www.aok-bv.de, 10.2.2005), in dem viele interessante Fragen aufgeworfen wurden; das Interessante an diesem Interview war, dass schüchterne Kinder gedanklich begleitet wurden von der Aufnahme in eine pädagogische Einrichtung bis zum Leben in der neuen Gruppe. Dabei ergaben sich folgende, für den Umgang mit besonders stillen Kindern wichtige Aspekte:

- Es ist für Kinder und Jugendliche, die eher zurückhaltend oder schüchtern sind, oft schwer, sich in eine neue Gruppe einleben zu können.
- Nicht allen, aber manchen schüchternen Kindern fehlt es an Selbstbewusstsein, Selbstvertrauen, Selbstwertgefühl, es sind Kinder, die eine bewusste, nicht aufdringliche Zuwendung durch die Erzieherinnen benötigen. Ein stärkenorientierter Umgang mit diesen Kindern ist ein unabdingbares Muss.
- Es ist für alle Kinder und Jugendlichen – besonders aber für die stillen und zurückhaltenden – wichtig, Verantwortung für sich und für andere zu übernehmen. Nur allzu leicht werden dabei die stillen Kinder übersehen.
- Schüchternheit eines Kindes oder eines Jugendlichen ist kein Grund, ihm nichts zuzutrauen. Im Gegenteil: Vertrauen hilft diesen Kindern, sich in neue Gruppen zu integrieren und Freunde zu finden.
- Spontaneität und Kontaktfreudigkeit lassen sich nicht anordnen. Nicht nur stille und zurückhaltende Kinder – aber sie im Besonderen – sollten das Recht behalten, sich neue Freunde vorsichtig und selbstbestimmt zu wählen.

Grundsätzlich gilt in diesem Zusammenhang jedoch:

- Es gibt von Kindheit an introvertierte Menschen (nach innen gerichtet, wenig kontaktfreudig) und
- extrovertierte Menschen (nach außen gerichtet, kontaktfreudig).

Zwischen beiden – als Extreme verstanden – finden sich alle möglichen Zwischenvarianten. Introvertiert zu sein ist ebenso wenig eine psychische Auffälligkeit wie extrovertiert zu sein. Das Problem ist: Wer erinnert sich schon an das stille, unauffällige Kind, wer fördert es so, wie es die kontaktfreudigen Kinder einfordern und erhalten?

8.4.5 Kinderfreundschaft – Kinderstreit

Wenn Kinder streiten – was ist schon dabei? Schon als Baby nehmen Kinder Kontakte zu anderen Kindern auf. Sobald sie ihre ersten Schritte gehen können und sich ein anderes Kind in ihrer Nähe befindet, versuchen sie diesem zu folgen. Obwohl diese Annäherungen bisweilen „feindselig" erscheinen, bedeuten sie in der Regel nur: „Ich will mit dir spielen." Das Miteinanderspielen ist in diesem frühen Lebensalter zunächst nur ein Nebeneinanderspielen. Dabei kommt es allerdings bereits zu ersten Freundschaftsbeweisen, die dann nicht immer als solche verstanden werden. Da werden fremde Kinder – auch gegen deren Willen – heftig in den Arm genommen und geküsst. Erst, wenn es um den „Besitz" von Spielzeug geht, kommt es auch zu kleineren oder größeren Rempeleien. Gerade Letzteres kann auch geschehen, wenn Erzieherinnen – aus welchen Gründen auch immer – einem Kind in diesem Alter das Spielzeug wegnehmen; dieses kindliche Verhalten hat dann nichts mit einem besonderen Aggressionspotenzial zu tun, es ist altersgemäß und durchaus „normal".

Etwa mit dem dritten Lebensjahr entwickeln sich die ersten flüchtigen Kinderfreundschaften, die für die Entwicklung des Kindes von großer Bedeutung sind. Manche Kinder suchen bereits sehr gezielt nach Freunden und lehnen andere eher ab. Ihr Sprachvermögen ist schon so weit entwickelt, dass sie andere Kinder fragen, ob sie mitspielen können. Dabei entwickeln sich erste Sympathien, aber auch schon gewisse Antipathien. Gegen Ende des Kindergartenalters sind die Freundschaften schon fester und überdauernder. Die Kinder möchten dann oft zusammen mit den befreundeten Kindern dieselbe Grundschule besuchen.

Im Alter von fünf bis sechs Jahren beginnen Kinder bereits Absprachen zu treffen, Geheimnisse auszutauschen, zu tuscheln, über andere Kinder hinter deren Rücken zu reden und Freundschaften zum Prestigegewinn zu wählen. Dabei ist die Zahl der Freunde zunächst nur auf ganz wenige Kinder begrenzt und nimmt dann allmählich zu.

Freundschaften haben wichtige Funktionen für die Entwicklung der Kinder:

- Sie fühlen sich zu zweit zu Recht stärker als alleine.
- Sie stärken das Selbstbewusstsein: Von Freunden oder Freundinnen erfahren Kinder vielerlei – meist positive – Rückmeldungen über ihr eigenes Verhalten.
- Sie lernen sich selbst durch die Rückmeldungen der anderen besser kennen. Dies hilft ihnen auch, ihre Schwächen leichter akzeptieren zu können.
- Ihr Selbstvertrauen wird durch die positive Zuwendung von Seiten der Freunde und Freundinnen gestärkt.
- Mit Freundschaften können sie sich in der Gruppe leichter durchsetzen.
- Sie lernen, anderen zuliebe leichter auf etwas zu verzichten.
- Sie lernen Kompromisse zu schließen.
- Gemeinsam zu spielen, zu experimentieren und die Welt zu erkunden sind erste Grundlagen für die im späteren Leben so notwendige Teamarbeit.

Die Entwicklung der Fähigkeit, Freundschaften zu suchen und einzugehen, geht einher mit der Entwicklung der Fähigkeit, zu streiten und Antipathien zu bilden. Ursache hierfür sind in der Regel Ängste (vgl. Blank-Mathieu, http://www.kindergartenpaedagogik.de, 6.3.2005):

- weniger Zuwendung zu erhalten als andere (Eifersucht),
- Freundschaften zu verlieren,
- Misserfolge im Vergleich zu anderen zu erleben,
- Gegenstände zu verlieren oder nicht zu erhalten etc.

Mit diesen Ängsten umgehen zu lernen, ist eine wichtige Erfahrung für Kinder, aber auch noch für Jugendliche. Diese Erfahrung ist erforderlich, um im Erwachsenenalter stabile Beziehungen aufnehmen und gestalten zu können. Aus diesem Grund wäre es pädagogisch nicht zu verantworten, dem Kind die Erlebnisse von Streitigkeiten und Abneigungen ersparen zu wollen. Genau dies könnte leicht dazu führen, spätere Beziehungen schon bei kleinen – und im Prinzip unvermeidlichen – Enttäuschungen aus dem Gleichgewicht geraten zu lassen.

Kinderstreit oder Abneigungen gegen andere Kinder sind pädagogische Anlässe, Konfliktlöseverhalten zu lehren. Der kindliche Egozentrismus, d.h. die Tendenz, die Geschehnisse der Welt nur aus der eigenen Perspektive zu sehen und sich nur sehr begrenzt in das Erleben anderer hineinversetzen zu können, wird im Verlauf des Vorschulalters allmählich geringer. Damit entwickelt sich die Fähigkeit, Kompromisse einzugehen, zu Gunsten anderer Kinder verzichten zu können und dennoch wichtige eigene Positionen zu vertreten. Ohne Streitigkeiten würden hier die Lern- und Entwicklungsmöglichkeiten fehlen.

Besonders wichtig für die Entwicklung ist es, sowohl Freundschaften als auch Streitigkeiten erfahren und erleben zu können, denn nur so können Kinder lernen,

- eigene Auffassungen und Bedürfnisse gegen Widerstände durchzusetzen,
- Normen und Regeln wahrzunehmen, zu hinterfragen und einzuhalten,
- Probleme aus anderen Perspektiven heraus wahrzunehmen und ggf. selbst die Perspektive (d.h. die eigene Sichtweise) zu verändern,
- eigene Fähigkeiten und Fertigkeiten mit denen anderer zu messen und im Vergleich zu erproben,
- Niederlagen und Misserfolge zu ertragen etc.

All dies macht es erforderlich, dass Kinder und Jugendliche – manchmal aber auch noch Erwachsene – lernen zu streiten. Erzieherinnen, die versuchen, jeden Streit zwischen Kindern oder Jugendlichen von vornherein zu unterbinden, tun diesen keinen Gefallen. Zum Umgang mit Streit- und Konfliktsituationen finden Sie mehr Informationen in den Materialien des Kapitels zum Stichwort „Mediation".

Aggressivität und Aggression

8.4.6

Aggressivität, d. h. die innere Bereitschaft von Mensch und Tier, andere Lebewesen und/oder Gegenstände anzugreifen, zu verletzten oder zu zerstören, ist ein jahrtausendaltes Problem, das bereits im Alten Testament in drastischer Weise beschrieben wurde und im Großen (Krieg) wie im Kleinen (Familie, Kinder- und Jugendbanden etc.) bis heute andauert. Aggressivität führt allerdings nicht zwangsläufig zu zerstörerischen bzw. verletzenden Handlungen (Aggressionen).
Aggressionen können auf die körperliche und/oder psychologische Zerstörung oder Verletzung einzelner Menschen, kleiner oder großer Gruppen oder auch ganzer Völker abzielen. Ebenso können Aggressionshandlungen von einzelnen Menschen bzw. von Gruppen oder Völkern ausgeübt werden. Aggressionen können sich körperlich in Form von Körperhaltung und/oder motorisch durch Schläge, Prügel oder andere verletzende Handlungen ausdrücken. Sie können rein sprachlich in allen möglichen Beleidigungen Ausdruck finden oder in Liebesentzug und Negieren des anderen. Auch Ironie und Zynismus sind eine Form von Aggression, die oft die früher häufig übliche Prügelstrafe ersetzt haben. Es gibt eine Unmenge an Aggressionsformen, die z. T. unterschwellig und nur für die Opfer wahrnehmbar sind. Insbesondere, wenn Menschen sich gut kennen, kann es dazu kommen, dass sie Schwächen sehr gezielt nutzen, um den anderen zu verletzen.
So wie Aggressivität und Aggression die Menschheitsgeschichte begleitet, so sind beide seit Jahrhunderten Gegenstand der Forschung. Noch ist Aggression bei Weitem nicht endgültig erklärt. So gibt es nach wie vor unterschiedlich Theorien, die die Entstehung von Aggressivität, ihre unterschiedlichen Ausrichtungen und Verläufe sowie ihren Abbau erklären und die sich systematisch mit den vielen verschiedenen Abläufen von Aggressionshandlungen auseinandersetzen.

Friedrich Hacker hat das Dilemma der Aggressionsforschung, das bis heute andauert, 1973 anschaulich und systematisch dargestellt und dabei folgerichtig festgestellt: Es gibt keine alleinige und allgemein gültige wissenschaftliche Erklärung für die Entstehung und den Ablauf von Aggressionshandlungen. Nach wie vor existieren unterschiedlichste, z. T. widersprüchliche, z. T. sich ergänzende theoretische Modelle (vgl. Hacker, 1973, 89–108). Die von Friedrich Hacker beschriebenen Erklärungsmodelle von Aggression lassen sich den folgenden psychologischen Theorien zuordnen:

- psychoanalytische Theorien,
- Instinkttheorien,
- sozialpsychologische Theorien,
- lernpsychologische Theorien.

Darüber hinaus gibt es theoretische Modelle, die keiner dieser Theorierichtungen eindeutig zuzuordnen sind und deren Erklärungsansätze sich beispielsweise an den folgenden Phänomenen orientieren:

- Deindividuation,
- Einfluss von Massenmedien (Fernsehen, Internet aber auch – immer noch – Presse und Literatur).

Im Folgenden erhalten Sie einen Überblick und eine kurze Kritik über diese Erklärungsmodelle von Aggression:

Psychoanalytische Theorien

Die psychoanalytischen Aggressionstheorien gehen zurück auf die Psychoanalyse Sigmund Freuds und entwickeln diese z. T. weiter. Die Psychoanalyse ist ein theoretisches Modell, das die Psyche des Menschen zu erklären versucht. In diesem Modell spielen die biologischen Triebe des Menschen und das Verhältnis von bewussten und unbewussten Vorgängen eine zentrale Rolle. Sigmund Freud vertrat die Auffassung, dass Aggressionen entstehen, wenn libidinöse Bedürfnisse des Menschen nicht befriedigt werden. Unter Libido verstand er die mit dem Sexualtrieb verbundene psychische Energie. In einer Weiterentwicklung seiner Theorie kam er zu dem Ergebnis, dass es neben der Libido noch einen weiteren energiebesetzten Trieb gebe, den er als Thanatos bezeichnete. Der Thanatos ziele ab auf Destruktion und könne sowohl durch konkrete Aggressionshandlungen als auch stellvertretend in Fantasievorstellungen befriedigt werden. Wie die Libido, so baue sich auch der Thanatos nach jeder Befriedigung allmählich wieder auf. Aggression sei danach unvermeidlich (vgl. Freud, 1992).

Kritik: Es handelt sich um theoretische Erkenntnisse, die aus einer nicht-repräsentativen Arbeit mit Menschen mit z. T. erheblichen psychischen Problemen und auf der Grundlage von Interpretationen gewonnen wurden.

Verhaltensbiologische (ethologische) Theorien

Hier handelt es sich um ein Modell, das der Verhaltensbiologe und Nobelpreisträger Konrad Lorenz vertrat. Wie Sigmund Freud war Lorenz der Auffassung, dass es eine im Menschen begründete aggressive Energie gebe. Im Unterschied zu Freud wollte er sie aber nicht als Triebenergie, sondern als Instinkt, der der Arterhaltung dient, verstanden wissen. So sorgen Aggressionshandlungen auch im Tierreich dafür, dass die Lebensräume nicht übervölkert werden und dass die Stärksten im Interesse der Arterhaltung überleben. Dabei werden Aggressionen von sogenannten Schlüsselreizen zwangsläufig ausgelöst und laufen nach festgelegten Handlungsmustern ab. Konrad Lorenz nahm an, dass sich ein Aggressionspotenzial natürlicherweise aufbaut. Ein besonderer Schlüsselreiz löst dann eine Aggression aus, was zu einer Verminderung bzw. Abreaktion der „angestauten" Energie führt. Er verstand dies als einen sich immer wiederholenden Prozess. Auch diese Theorie wurde im Anschluss an Lorenz weiterentwickelt und verändert (vgl. Lorenz, 1998).

Kritik: Die Vielfalt an möglichen Ursachen von Aggressionen lässt sich nicht mit nur zwei Trieben (Freud – Libido und Thanatos) bzw. einem einzigen Instinkt (Lorenz – Aggressionsinstinkt) erklären. Vor allem bei Lorenz wird die Übertragung von an Tieren gewonnenen Erkenntnissen auf den Menschen kritisiert.

Sozialpsychologische Theorien

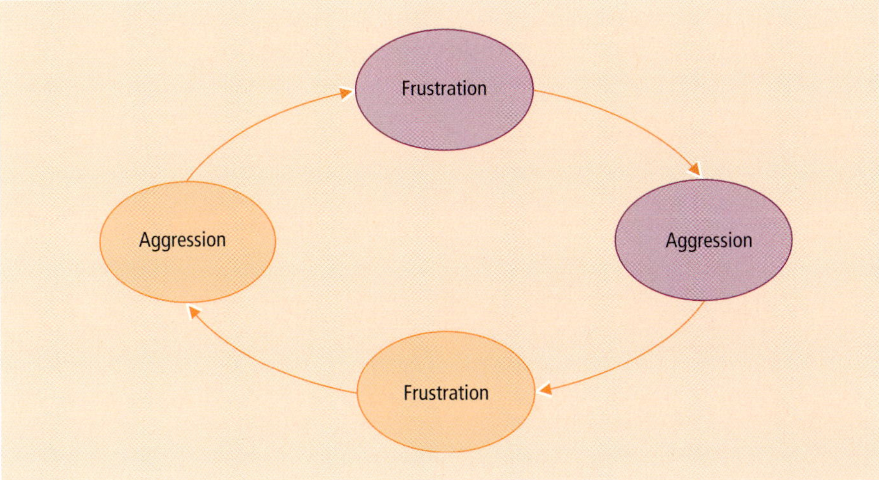

Der Frustrations-Aggressions-Kreislauf

CD-ROM

Das bekannteste sozialpsychologische Erklärungsmodell wurde von einer Gruppe amerikanischer Psychologen an der Yale-Universtität in New Haven entwickelt und 1939 unter dem Titel „Frustration und Aggression" veröffentlicht. Zunächst vertrat die Gruppe die Auffassung, dass Frustration, verstanden als Störung einer zielgerichteten Aktivität, zwangsläufig zu Aggressionshandlungen führe und umgekehrt Aggression immer Folge von Frustration sei. Später relativierte die Gruppe ihre Theorie. Frustration führe nicht zwangsläufig zu Aggression, sondern schaffe u. U. nur den Anreiz dazu. Unter den verschiedenen Reaktionsmöglichkeiten, die auf Frustration eintreten könnten, sei Aggression die wahrscheinlichste. In den Jahren nach ihrer ersten Veröffentlichung erfuhr auch diese Theorie eine Vielzahl Veränderungen und Weiterentwicklungen (vgl. Dollard u. a., 1971).

Kritik: Frustration kann, sie muss aber nicht zu Aggression führen. Es gibt auch ganz andere Reaktionsmöglichkeiten wie z. B. Flucht, Apathie, Depressionen usw. Darüber hinaus gibt es auch Aggressionen ohne vorhergehende Frustrationen. Außerdem richten sich Aggressionen keineswegs immer gegen den Verursacher von Frustrationen.

Lernpsychologische Theorien

Grundannahme der meisten z. T. sehr unterschiedlichen Lerntheorien ist in diesem Zusammenhang: Aggression wird gelernt – sei es unter dem Einfluss von Lob und Belohnung, von Strafe und Bestrafung oder im Rahmen des Lernens an Modellen. Eigene und Aggressionshandlungen von Vorbildern bzw. Modellen, die zu einem Erfolg führen, werden wiederholt bzw. nachgeahmt.

Kritik: Aggressives Verhalten tritt in der Entwicklung des Kindes schon so früh auf, dass es weder allein durch Lernen am Modell noch durch Lernen am Erfolg entstanden sein kann. Auch Kinder, die weitestgehend aggressionslos erzogen worden sind, zeigen bisweilen sehr aggressives Verhalten. Außerdem haben Versuche mit Tieren gezeigt, dass Aggressionen auch durch elektrische Reizung bestimmter Bereiche des Nervensystems hervorgerufen werden können. Bei Hunden konnte man darüber hinaus zeigen, dass es möglich ist, besonders aggressive Tiere zu züchten.

Deindividuation

Deindividuation ist ein Prozess,

- innerhalb dessen eine Person als Mitglied einer Gruppe und nicht mehr als Individuum, sondern als „Vollzugsorgan" der gemeinsamen Werte und Normen der Gruppe handelt und/oder
- innerhalb dessen eine Person nicht als Individuum, sondern nur als Mitglied einer anderen Gruppe verstanden wird.

Ein Beispiel: Ausländerfeindlichkeit ist typisch für eine Deindividuation der Ausländer durch die Einheimischen. Deindividuation erleichtert bzw. macht überhaupt erst die immer wieder beobachtbaren ausländerfeindlichen Aggressionen möglich. Menschen in ausländerfeindlichen Gruppen handeln als Mitglieder ihrer Gruppen Ausländern gegenüber anders (aggressiver), als sie sich als Individuum (alleine) verhalten würden.

Einfluss von Massenmedien

Die Diskussion, welche Funktionen Massenmedien im Hinblick auf die Bereitschaft zu aggressivem Verhalten erfüllen, ist keineswegs abgeschlossen. So gibt es folgende widersprüchliche theoretische Auffassungen:

1. Theoretische Ansätze, die eine aggressionsmindernde Wirkung von Gewaltdarstellungen in Massenmedien sehen:
   a) **Katharsistheorie:** Unter Katharsis ist der Abbau innerer Spannung zu verstehen. Die Katharsistheorie geht auf die Psychoanalyse Freuds zurück, der annahm, dass sich die hinter aggressivem Handeln stehende Energie allmählich aufbaut und schließlich durch konkretes Handeln abgebaut wird. Im Zusammenhang mit Medienangeboten mit aggressiven Inhalten kommt es in diesem Sinne zu einer Abreaktion von Aggressionspotenzialen beim Mediennutzer durch die Wahrnehmung aggressiver Modelle bzw. Modellhandlungen. Kurz: Aggressionsbeladene Medienangebote verursachen keine Aggressionen, sondern sie helfen, aggressive Spannung abzubauen.
   b) **Inhibitionsthese:** Hiernach löst die Wahrnehmung aggressiver Medieninhalte Schuldgefühle und/oder Ängste aus, was eigene aggressive Energien unterdrücke.
   c) **Kognitive Unterstützungsthese:** Die Fantasie von Menschen mit wenig ausgeprägten intellektuellen Fähigkeiten wird durch gewalthaltige Quellen angeregt, was ihre Fähigkeit, ihr Aggressionspotenzial zu kontrollieren, unterstützt.
   d) **Werthaltungen:** Massenmedien können durchaus einen starken Einfluss auf die Werthaltungen vieler Menschen und in diesem Zusammenhang auch auf deren Aggressionspotenzial haben. Haben die Werte eher aggressionshemmende Inhalte, verringert dies die Wahrscheinlichkeit, dass die Menschen, die diese Werte verinnerlicht haben, dazu neigen, Probleme und Konflikte aggressiv zu lösen.

2. Theoretische Ansätze, die eine aggressionsverstärkende Wirkung von Gewaltdarstellungen in Massenmedien sehen:
   a) **Stimulationsthese**: Gewaltdarstellungen regen zur Nachahmung von aggressiven Handlungsmustern an und enthemmen die Menschen.
   b) **Habitualisierungsthese:** Aufgrund von Gewöhnung durch regelmäßigen und häufigen Konsum von Gewaltdarstellungen wird aggressives Handeln als „normales" Verhalten verstanden, was die Wahrscheinlichkeit erhöht, dass es im konkreten Leben tatsächlich dazu kommt.
   c) **Aggressive Modelle:** Aggressive Modelle leben in vielen Massenmedien aggressive Verhaltensmuster vor und machen solche Verhaltensweisen im konkreten Leben wahrscheinlicher. Massenmedien bieten neue aggressive Verhaltensmuster als Verhaltensmöglichkeit an.
   d) **Werthaltungen**: Massenmedien können durchaus einen starken Einfluss auf die Werthaltungen vieler Menschen und in diesem Zusammenhang auch auf deren Aggressionspotenzial haben. Haben die Werte tendenziell eher aggressive Inhalte, erhöht dies die Wahrscheinlichkeit, dass die Menschen, die diese Werte verinnerlicht haben, dazu neigen, Probleme und Konflikte aggressiv zu lösen.

So wie es bei den klassischen Aggressionstheorien kein Modell gibt, das in der Lage ist, Aggressivität und Aggression vollständig zu erklären, so gibt es auch im Hinblick auf die Deindividuation einerseits und die Wirkung von Massenmedien andererseits unterschiedliche und z. T. sich widersprechende Erkenntnisse.

Hinweis

Die Tatsache, dass es keine endgültige und vollständige Erklärung für das Zustandekommen von Aggressionshandlungen gibt, ist allerdings kein Grund, sich nicht mit dem pädagogischen Wert dieser Theorien auseinanderzusetzen. Im Gegenteil: Da es für jeden der theoretischen Ansätze eine Vielzahl an praktischen Beispielen gibt, können diese Modelle einer Erzieherin durchaus helfen, aggressives Verhalten von Kindern oder Jugendlichen, von Eltern oder auch von Kolleginnen zu reflektieren, besser zu verstehen und angemessen zu reagieren.

8.4.7 Aggressionen in der Gruppe

Zweifellos treten aggressive Handlungen von Kindern und Jugendlichen in den vergangenen Jahrzehnten immer häufiger offen auf. Einer der Gründe dafür liegt sicherlich auch in der offeneren Erziehung und mit geringerer Wahrscheinlichkeit darin, dass das zu Grunde liegende Aggressionspotenzial heute höher ist. Man muss sich fragen, ob das im Vergleich zu den Zeiten autoritärerer Erziehung häufigere Auftreten von Aggressionshandlungen tatsächlich ein schlechtes Zeichen für die Situation der Erziehung der Kinder und Jugendlichen ist. Natürlich sind damit für die Erzieherinnen neue und andere Aufgaben verbunden.

Wer pädagogisch in, mit und für Gruppen arbeitet, muss wissen, dass das Auftreten von Aggressionen unvermeidlich ist und nicht so ohne weiteres in die Kategorie der „Verhaltensstörungen" eingeordnet werden sollte – auch wenn es in der Öffentlichkeit und selbst unter Fachleuten immer wieder beliebt ist, aggressives Verhalten unter Kindern und von Kindern gegenüber Erwachsenen so zu bewerten.

Es ist hilfreich, wenn Sie einmal eine ganze Woche lang ein Augenmerk auf Ihre eigenen Aggressionen legen. Sie werden feststellen, dass auch bei Ihnen Frustrationen – d.h. Versagungserlebnisse – zu Aggressionen führen. Sie werden weiter feststellen, dass Ihr sich daraus ergebendes Verhalten keineswegs immer sozial zu verantworten ist. Eine Autobahnfahrt über 200 km kann einen in den Glauben versetzen, dass ein Großteil der Erwachsenen schwer verhaltensgestört ist. Da wird gerast, bedroht, beleidigt, gefährdet, da wird geschimpft, geflucht. Da fehlen auch dem eigenen Handeln nur allzu häufig die erforderliche Voraussicht, die so wichtige Ruhe und die notwendige Bedachtsamkeit. Solche Beobachtungen können helfen, aggressives Verhalten von Kindern und Jugendlichen nicht voreilig als „verhaltensgestört" oder „krank" einzustufen.

Aggressionshandlungen können gegen die eigene Person gerichtet sein. Häufiger sind jedoch Aggressionshandlungen, die anderen Menschen schaden sollen. Aggressionen gegenüber anderen Personen verursachen meist aggressive Gegenreaktionen, sie können allerdings auch zu einem Flucht- oder Ausweichverhalten führen. Dies ist u.a. davon abhängig, welche Reaktion erfolgversprechender ist. Erscheint der Aggressor körperlich oder intellektuell als zu „stark" bzw. zu „mächtig", wird eher die Flucht angetreten. Dieser Mechanismus ist im Gruppenalltag täglich wahrnehmbar.

In ihren Gruppen werden aggressive Kinder schnell von der Mehrheit zurückgewiesen und ausgegrenzt – es sei denn, sie verfügen über die erforderlichen Machtmöglichkeiten, mit deren Hilfe sie die Gruppe beeinflussen bzw. manipulieren können. Mit beidem ist bei besonders aggressiven Kindern zu rechnen.

Die bereits erwähnten Frustrationen – also das bewusste Erleben, dass einem etwas fehlt bzw. etwas weggenommen wurde – gehören zu den häufigsten Ursachen für Aggressionen. Dieses Erleben kann durchaus unterschiedlich begründet sein:

- Wahrnehmungsstörungen können zu fehlenden Orientierungsmöglichkeiten und zu Unsicherheiten im Verhalten führen.
- Psychomotorische Koordinationsstörungen können wie körperliche Schwäche im subjektiven Vergleich zu körperlich geschickteren oder stärkeren Kindern zu immer wiederkehrenden Unterlegenheitsgefühlen führen.

- Das eigene Aussehen (Größe, Gesicht, Körperhaltung etc.) kann zu Ausgrenzungen führen, die wiederum aggressive Tendenzen zur Folge haben.
- Die familiäre Situation kann so belastet und schwierig und somit Ursache für Frustrationen sein.
- Auch Umweltfaktoren wie Luftverschmutzung, Lärm usw. sind als Ursachen nicht zu vergessen.
- Die sozialpädagogische Einrichtung selbst darf hier nicht übersehen werden. Die große, vor allem für die Kleineren kaum zu überschauende Gruppe, der hohe Geräuschpegel, fehlende Ruhezeiten, Streitigkeiten mit anderen Kindern etc. sind hier besonders hervorzuheben. Nur am Rande sei hier bemerkt: Es ist ein weit verbreiteter Irrtum, dass es laut sein muss, wo Kinder sind. Menschen neigen viel mehr dazu, lauter zu werden, wenn sie Gefahr laufen, nicht verstanden zu werden, und dies ist in einer Gruppe fast immer der Fall. So ist es in einem großen Team von Erzieherinnen, in einem Lehrerkollegium, in einem Klassenraum usw. immer laut – es sei denn, eine Führungsperson oder die Gruppe selbst sorgt erfolgreich für Ruhe. Der Lärm, den man in Gruppen so häufig vorfindet, ist allerdings immer auch eine körperliche Belastung, die als Frustration empfunden werden kann.
- Eine Erziehung, die unnötige Frustrationen vermeidet, setzt voraus, dass die Erzieherinnen über ein hohes Maß an sozialen Fähigkeiten verfügen. Es gilt, die Gruppe als Ganzes und gleichzeitig die Kinder als Individuen wahrzunehmen, Gruppenbedürfnisse und individuelle Bedürfnisse zu erkennen und Verhaltensalternativen aufzuzeigen bzw. sich entwickeln zu lassen, wenn diese Bedürfnisse nicht befriedigt werden können. Gleichzeitig ist es erforderlich, die emotionale, die soziale und die kognitive Entwicklung der Kinder zu unterstützen und zu begleiten. Im Idealfall verfügen auch die Eltern bzw. die Familien über diese Kompetenzen, was aber leider nur allzu oft nicht der Fall ist.

Es geht nicht darum, Kinder und Jugendliche vor jeglicher frustrierenden Situation zu bewahren. In sozialpädagogischen Einrichtungen sollten sie vielmehr lernen können, in frustrierenden Situationen Alternativen zu aggressiven Verhaltensweisen zu entwickeln. So ist es durchaus möglich, über die gemeinsame Entwicklung von Gruppenregeln, von „Streitlöse-Regeln" auch solche Kinder in das Gruppengeschehen zu integrieren, denen nicht-aggressive Problemlösungen schwer fallen. Ein Patenschaftssystem zwischen älteren und erfahreneren sowie jüngeren Kindern kann diese Prozesse zusätzlich unterstützen.

8.4.8 Was tun mit dem aggressiven Kind?

Es gibt Kinder, bei denen sich aggressive Verhaltenstendenzen so verfestigt haben, dass sowohl sie selbst als auch ihre Umwelt überdauernd darunter leiden. Diese Kinder sind oft stark verunsichert. Es mangelt ihnen an Selbstbewusstsein, Selbstvertrauen und Selbstwertgefühl. Sie sehnen sich nach Zuwendung, und wenn sie diese dann erhalten, können sie sie nicht ertragen, weil ihnen emotionale Wärme und Nähe in ihrem familiären Umfeld selten oder nie begegnet ist. Auf dieses Verhalten reagiert die Umwelt dann ebenfalls aggressiv und es entsteht ein Teufelskreis, aus dem diese Kinder nicht mehr herauskommen. Sachzerstörungen, Körperverletzungen, auch Autoaggressionen, d.h. Aggressionen gegen sich selbst, häufen sich und verstärken die Probleme dieses Teufelskreises. Kommen diese Kinder in eine Kindertagesstätte oder in die Schule, setzen sich die Probleme fort und verstärken sich evtl. noch.

In solchen Fällen ist es meist erforderlich, dass die Erzieherin in Absprache mit den Eltern fremde Hilfe in Anspruch nimmt und dass auch die Eltern selbst Hilfe, z.B. bei einer Erziehungsberatungsstelle, suchen. Als Erzieherin sollten Sie allerdings unabhängig davon einige wichtige Punkte beachten:

- Die Aggressionen eines solchen Kindes sind keine persönlich gemeinten Angriffe – auch wenn es nicht leicht ist: Missverstehen Sie das aggressive Kind nicht.
- Die Aggressionen dieses Kindes sind in der Regel Hilferufe nach
  - emotionaler Wärme,
  - sozialer Sicherheit,

- körperlicher Sicherheit,
- Zuwendung,
- Anerkennung,
- Wertschätzung,
- Achtung,
- Sicherheit,
- Geborgenheit,
- positivem Selbstwertgefühl,
- Selbstvertrauen.

- Geben Sie dem Kind Raum, seine individuellen Möglichkeiten zu entfalten.
- Kommen Sie zu Vereinbarungen mit Verhaltenszielen, die für das Kind angemessen sind und von ihm eingehalten werden können.
- Vermeiden Sie Unter- und Überforderungen.
- Stärken Sie das Kind bei der Entwicklung seiner Fähigkeiten und Fertigkeiten.
- Gehen Sie achtsam und wertschätzend mit seinen Fehlern um.
- Berücksichtigen Sie dabei auch die soziale und emotionale Entwicklung des Kindes.
- Setzen Sie klare, überschaubare und einhaltbare Regeln.
- Bieten Sie klare sachliche, zeitliche, soziale und emotionale Orientierungshilfen.

Gemeinsame Erziehung von Kindern mit und ohne Behinderungen

8.4.9

„Menschen mit Behinderungen und ihre Familien haben ein grundlegendes Interesse, am Leben in der Gemeinschaft teilzuhaben. Dies gilt auch und gerade für den Bereich der vorschulischen Erziehung und Bildung. Dabei ist die Qualität der individuellen Förderung von Kindern mit Behinderungen/Beeinträchtigungen zu gewährleisten."

(Lebenshilfe, Landesverband Rheinland-Pfalz e. V.: www.lebenshilfe-rlp.de, 14.09.2008)

Zwar unterscheiden sich alle Menschen von allen anderen. In den Gruppen, in denen sie normalerweise zusammenleben, überwiegen jedoch die Gemeinsamkeiten – und dies gibt ihnen die notwendige soziale und emotionale Sicherheit. Fremden, andersartigen Menschen gegenüber hegen die meisten eine mehr oder minder vorsichtige, oft mit Unsicherheit und Ängsten versehene Abwehrhaltung. Grundsätzlich ist dies eine wichtige Grundhaltung, deren Aufgabe darin besteht, sich vor Gefahren zu schützen. Auch Menschen mit Behinderungen werden häufig mit derartigen Ängsten und Unsicherheiten der Menschen ohne Behinderungen konfrontiert. Die Überwindung solcher Ängste ist ständige Aufgabe der Erzieherinnen im Rahmen der gemeinsamen Erziehung von Kindern mit und ohne Behinderung.

Konkret bedeutet dies, dass die Erzieherin, ihre Kolleginnen und auch die anderen Kinder Sicherheit gewinnen im Hinblick auf

- die Verhaltensmöglichkeiten und -grenzen,
- das Recht auf Achtung und Wertschätzung
- das Recht auf Ruhe und Geduld,
- das Recht auf Gruppenzugehörigkeit und
- die Stärken der Kinder mit Behinderung.

Gemeinsame Erziehung bedeutet weiter, das Kind mit Behinderung vor Überbehütung zu schützen, die die Entwicklung seines Selbstbewusstseins, Selbstvertrauens und Selbstwertgefühls beeinträchtigt. Dies alles ist nur möglich, wenn das Kind sowohl von den Kindern ohne Behinderung als auch von allen Erzieherinnen als gleichwertig angenommen wird und sich entsprechend fühlen kann.

Kinder mit Behinderungen sind im Gruppenalltag in das soziale Geschehen einbezogen wie alle anderen Kinder auch. Die konkreten räumlichen Bedingungen sind darauf abgestellt, so dass sich auch die Kinder mit Behinderung möglichst optimal bewegen und entwickeln können. Dabei gilt das Prinzip „So viel Selbstständigkeit wie möglich und so wenig Hilfe wie erforderlich". Interessanterweise habe Kinder im Kindergartenalter viel weniger Berührungsängste mit Kindern mit Behinderung, als dies bei vielen Erwachsenen der Fall ist, was den Gruppenalltag durchaus erleichtert. Schwieriger wird dies, wenn die Kinder ins Jugendalter kommen und vorher noch nie Kontakt mit Menschen mit Behinderung hatten.

Die gemeinsame Erziehung von Kindern mit und ohne Behinderungen erfordert neben den notwendigen räumlichen und personellen Voraussetzungen ein hohes Maß an pädagogischer und psychologischer Kompetenz der Erzieherinnen. Der erhöhte professionelle Schwierigkeitsgrad, der mit der gemeinsamen Erziehung verbunden ist, führt zu einer Reihe elementarer Notwendigkeiten (vgl. Dittrich, www.bidok.uibk.ac.at, 07.01.2005):

- Es wird unbedingt erforderlich sein, dass das Team einer solchen Einrichtung regelmäßig an externen und internen Fortbildungen teilnimmt. Die Teamfortbildungen müssen zu einem wichtigen Bindeglied zwischen allen Mitarbeiterinnen werden.
- Die Alltagsgestaltung der Einrichtung und jeder einzelnen Gruppe muss immer wieder konstruktiv und kritisch überprüft werden im Hinblick auf
  - die tatsächlichen Integrationsmöglichkeiten,
  - die Gruppenregeln,
  - die soziale und räumliche Überschaubarkeit,
  - die Möglichkeiten für selbstbestimmtes Handeln aller Kinder etc.

- Die Einstellungen, Werthaltungen und Vorurteile der Mitarbeiterinnen müssen Gesprächsgegenstand sein können. Eine wertvolle Hilfe kann dabei die Einbeziehung von Supervision in die Arbeit sein.
- Die konzeptionelle Arbeit der Einrichtung muss sich auf den konkreten pädagogischen Alltag beziehen. Sie sollte nicht abstrakt-theoretische „Schön-Pädagogik" sein. Hier reicht es nicht z.B. festzustellen, dass das Kind im Mittelpunkt der pädagogischen Arbeit stehen sollte; es muss geklärt sein, wie, wodurch und woraufhin dies geschehen soll.
- Wichtig wird auch das Führen von Gruppentagebüchern sein, in denen besondere Probleme und Entwicklungen der Gruppe und einzelner Kinder festgehalten sind und Überlegungen zur Weiterarbeit angestellt werden. Diese Tagebücher sollten gemeinsam vom Gruppenteam erstellt werden. Dies ist auch eine gute Möglichkeit, Entwicklungsverläufe besser wahrnehmen zu können. Die Gruppentagebücher sollten auch Grundlage für die Planung der Weiterarbeit sein. Besonders wichtig ist dabei, dass die Tagebücher nicht defizitorientiert sind. Hier gilt es nämlich, die Stärken der Kinder wahrzunehmen, festzuhalten und anschließend darauf aufzubauen. **Stärkenorientierung** sollte ein Prinzip allen pädagogischen Handelns sein. Für die gemeinsame Erziehung von Kindern mit und ohne Behinderungen ist sie unabdingbar. Wissen die Erzieherinnen um die Stärken eines Kindes, haben sie bereits die Grundlage für ihr methodisches und didaktisches Handeln gefunden.
- Ein weiterer Aspekt ist die Einbeziehung der Kinder in die gemeinsame Entwicklung der Bildungsangebote und der Lern- und Entwicklungsumgebung. Diese Einbeziehung muss ehrlich sein, d.h. die Möglichkeiten und die Grenzen der Einbeziehung müssen im Vorhinein offen liegen und für

die Kinder transparent sein. Es ist immer wieder überraschend, wie verantwortlich Kinder bereits im Elementarbereich mitwirken können. Das Prinzip „Überlegt mal, ich sag euch dann, ob es geht", zerstört in der Regel die Mitwirkungsbereitschaft der Kinder.

- Gerade in integrativen Gruppen ist es häufig erforderlich zu differenzieren und dafür Sorge zu tragen, dass sich die Kinder in Interessen- und Freundschaftsgruppen zusammenfinden können. Voraussetzung dafür ist, dass sie die nötigen Entscheidungen auch (schon) fällen können. Es ist wichtig, die Kinder mit Behinderungen, aber auch andere – z. B. besonders zurückhaltende Kinder – an der Bildung von Teilgruppen zu beteiligen.
- Die Integrationsprozesse können nur dann wirklich gelingen, wenn die Lern- und Entwicklungsbedingungen, die Bildungsangebote, gestalteten Lernumgebungen und die pädagogischen Beziehungen, sich immer und konsequent auf die Arbeit mit behinderten und nicht behinderten Kindern bezieht. So muss Lernen im Sinne einer konstruktiven Aneignung der sachlichen und sozialen Umwelt und im Sinne einer Erweiterung der Lebens- und Erfahrungsräume ermöglicht werden.

Gemeinsame Erziehung von Kindern aus unterschiedlichen Kulturen

8.4.10

C. Büttner berichtet von den Überlegungen zweier Kindertagesstätten-Teams im Rahmen eines Supervisionsprozesses:

> *„Uns ist deutlich geworden, dass eine Voraussetzung zur Integration die Sicherheit der eigenen Identität ist. Gemeinsam müssen wir einen festen und sicheren Rahmen erarbeiten, erst dann ist es möglich, das Anderssein anderer Kulturen zulassen zu können. Unsere Zielsetzung, ein ‚Haus Europa' werden zu können, ist die gleiche geblieben. Allerdings hat sich der Anspruch bzw. die Wertigkeit verändert. D. h., für uns bedeutet Integration nicht mehr ‚Vereinnahmung', sondern die Ergänzung unserer Arbeit durch Bestandteile anderer Kulturen. Die Erkenntnis, dass nicht alles und jeder integrierbar ist, beinhaltet eine größere gegenseitige Toleranz und schließt die wechselseitige Abwertung aus."*
> *Das zweite Team formuliert etwas vorsichtiger: „Sich mit der kulturellen Andersartigkeit auseinanderzusetzen ist aus unserer Sicht eine notwendige Sisyphusarbeit, ohne die wir nicht in der Lage wären, unsere pädagogische Arbeit wirklich den Bedürfnissen der Kinder entsprechend zu verändern. Solange wir glauben, dass unsere kulturelle Wahrnehmung allgemeingültig ist, können wir nicht wirklich das Kind in seiner Persönlichkeit wertschätzen. Dies kann aber nicht bedeuten, das wir unsere Identität völlig aufgeben, sondern nur, dass wir bewusster und flexibler mit unserer Identität umgehen und sie eventuell um einige Aspekte erweitern. Gleichzeitig müssen wir akzeptieren, dass andere Identitäten gleichberechtigt neben uns sind. Wichtig erscheint uns auch, unsere Identität weitmöglichst transparent zu machen, z. B. durch viel Kommunikation. Wie dies genau funktionieren soll, wäre ein Aspekt, an dem wir noch arbeiten müssen. Ebenso ist uns noch nicht klar, wie eventuell auch Grenzen gesetzt werden müssen."*

(Büttner, www.kindergartenpaedagogik.de, 11.07.2004)

Beide Teams kommen auf einen wichtigen Aspekt der gemeinsamen Erziehung von Kindern unterschiedlichen kulturellen Hintergrunds zu sprechen: die konstruktive Auseinandersetzung mit der eigenen Identität bei gleichzeitiger Anerkennung der Identität anderer. Johann u. a. (1998, 12 ff.) bezeichnen interkulturelle Kompetenz als eine unabdingbare Qualifikation von Sozialpädagogen und Sozialpädagoginnen. Die Autorinnen verstehen darunter

„die Fähigkeit

- *multikulturelle Situationen mit ihren Problemen und Chancen erfassen zu können,*
- *sich als Person in multikulturellen Kontexten zurechtzufinden,*
- *als Fachkraft in multikulturellen Arbeitssituationen angemessen handeln zu können,*

- *sich selbst auf interkulturelle Lernprozesse einzulassen sowie*
- *interkulturelle Lernprozesse zwischen anderen Personen anzustoßen und zu begleiten."*

Als grundlegende Kompetenzen nennen sie:

- kommunikative Kompetenz,
- Empathie,
- Offenheit,
- Flexibilität,
- Ambiguitätstoleranz,
- Konfliktfähigkeit,
- Selbstreflexion und Kreativität.

Dementsprechend sollten Erzieherinnen dann auch in der Lage sein, mit Menschen zu kommunizieren, die nur über eingeschränkte oder begrenzte sprachliche Verständigungsmöglichkeiten verfügen. Sie sollten zumindest eine der großen Weltsprachen (in der Regel) so weit beherrschen, dass sie alltägliche erzieherische Probleme besprechen können. Eine ausgeprägte Fähigkeit, sich in andere Menschen hineinzuversetzen und sich auf sie einzulassen, ist neben der Bereitschaft, sich über die kulturellen Hintergründe der anvertrauten Familien gründlich zu informieren, ebenso wichtig wie eine ausgeprägte Offenheit und Unvoreingenommenheit.

Gerade Letzteres ist leichter gesagt als realisiert, denn Vorurteile lassen sich im Unterschied zu bloßen Meinungen nur schwer verändern. Sie gründen nicht auf konkreten Erfahrungen und sind in der Regel stark wertend. Logische Argumente können ihnen wenig anhaben. „Ich kenne zwar einen Türken, der sehr nett ist, aber ..." Äußerungen wie diese bestätigen die Stabilität von Vorurteilen. Vorurteile helfen, eigene Ängste, Unsicherheiten im Hinblick auf Fremdes, Unbekanntes in Grenzen zu halten. Um sie überwinden zu können, ist es erforderlich, mit Ungewissem umgehen zu können. Dies wiederum setzt voraus, dass man Selbstbewusstsein – Wissen über sich selbst und seine eigene Identität – entwickelt hat. Selbstbewusstsein wiederum ist eine Voraussetzung für Selbstvertrauen und Selbstwertgefühl.

Verunsicherte Menschen, Menschen mit geringem Selbstwertgefühl haben nur eine vergleichsweise geringe Chance, Vorurteile abzubauen und zu überwinden. Vorurteilsfreie interkulturelle Arbeit darf allerdings nicht verwechselt werden mit einer falsch verstandenen Toleranz, die kritiklos jeden Konflikt vermeidet und vertuscht. Konstruktive Konfliktfähigkeit, die verbindet und nicht trennt, die achtet und wertschätzt und Grundlage eines sensiblen Umgangs miteinander ist, ist eine wichtige Basis jeder interkulturellen pädagogischen Arbeit.

Dies sei an einem einfachen Beispiel verdeutlicht: Für viele Erzieherinnen ist es ein Problem, wenn sich z. B. türkische Kinder miteinander in Türkisch unterhalten und sie nichts verstehen. Sie versuchen dann durchzusetzen, dass in der Gruppe nur deutsch gesprochen wird. Sie begründen dies mit dem Vorurteil, dass die türkischen Kinder andernfalls nicht schnell und gut genug Deutsch lernen könnten. Tatsächlich ist seit langem bekannt, dass die gute Beherrschung der Muttersprache (hier: Türkisch) unabdingbar für einen raschen und guten Erwerb der Zweitsprache ist. Überflüssigerweise bitten diese Erzieherinnen bisweilen auch die türkischen Eltern, mit ihren Kindern deutsch zu sprechen. Das Problematische daran ist, dass die deutsche Sprache, die die Kinder dann lernen, häufig sowohl grammatikalisch als auch vom Wortschatz her sehr begrenzt und häufig falsch ist. Grammatikalische Strukturen und ein großer Wortschatz wiederum sind wichtig für die Lösung vieler Lebensaufgaben und unabdingbar für eine erfolgreiche Schulkarriere.

Mediation – Streitschlichtung – Persönlichkeitsentwicklung

8.4.11

Unter Mediation versteht man die konstruktive Bearbeitung eines Konfliktes unter Einbeziehung eines neutralen Streitschlichters. Streitschlichter bezeichnet man dementsprechend auch als Mediatoren.

- Entscheidend für die Mediation ist, dass ausschließlich eine gütliche Einigung zwischen den Streitenden angestrebt wird.
- Der Streitschlichter oder die Streitschlichterin trifft keinerlei Entscheidungen und nimmt auch nicht Stellung für oder gegen eine der streitenden Parteien.
- Der Streitschlichter macht keine Vorschläge; er hilft vielmehr, indem er den Gesprächsverlauf und die Art und Weise, wie die Parteien miteinander kommunizieren, begleitet und steuert.
- Mediation setzt immer die Freiwilligkeit aller Beteiligten voraus.
- Mediation kann helfen zu lernen, dass streiten nicht „böse sein" bedeutet.

Sind die Kinder noch sehr jung, werden eher die Erzieherinnen die Rolle des Mediators einnehmen. Ältere Kinder, vor allem aber Jugendliche, können den Mediator im Einzelfall aus ihren Reihen wählen. Vermittler im Sinne der Mediation zu sein, setzt bestimmte Kompetenzen voraus. Vor allem ist dazu erforderlich:

- Sache und Person trennen zu können,
- schwierige Gesprächssituationen ertragen und beruhigen zu können,
- die unterschiedlichen Erwartungen sachlich klären zu lassen,
- kreative Ideen zulassen zu können und „Scheren im Kopf" zu vermeiden,
- Win-Win-Perspektiven (also Möglichkeiten, in denen es keine Verlierer gibt) entwickeln (lassen) zu können,
- Interessenausgleich ermöglichen zu können etc.

All dies können – wie die Erfahrungen aus dem Grundschulbereich zeigen – bereits Kinder in jungen Jahren lernen. Gut vorbereitet können bereits Kinder im Grundschulalter erfolgreiche Mediatoren sein. Wichtig ist hierbei, dass sowohl die Erzieherinnen als auch die Kinder lernen, bestimmte Gesprächstechniken anzuwenden. Dazu gehören vor allem:

- **Aktives Zuhören**, das dem Gesprächspartner nonverbal zeigt, dass man zuhört und sich innerlich mit dem Gehörten auseinandersetzt; man gibt inhaltliche, nicht bewertende Rückmeldungen und zeigt dem Partner damit, was man verstanden hat.
- **Ich-Botschaften**, die dem Partner veranschaulichen, wie sein oder ihr Verhalten gewirkt hat. Ich-Botschaften zur Grundlage des Gesprächs zu machen, ist schwieriger, als man zunächst meinen könnte. Man spricht und denkt dann nicht stellvertretend für den anderen, sondern formuliert, was in einem selbst vorgeht, was man selbst fühlt und denkt.

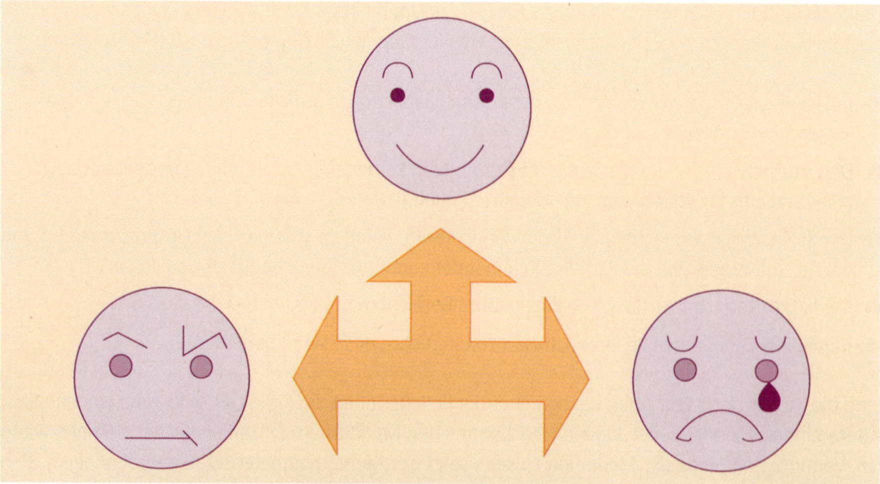

- Vor allem aber gilt es „Gesprächskiller" wie die folgenden zu vermeiden:
  - **Anordnungen**, Aufforderungen oder gar Befehle haben keinen Platz in der Mediation. Formulierungen wie „du musst", „du sollst", „es wäre schön, wenn du endlich ..." usw. gehören nicht hierher.
  - Warnungen, **Ermahnungen** oder Bedrohungen nehmen die Möglichkeit, Kompromisse und gemeinsame Lösungen zu finden, ebenso wie
  - **Moralpredigten** oder Beschwörungen.
  - Auch Ratschläge und Lösungsvorschläge müssen für den Mediator tabu sein.
  - Da viele Konflikte und Streitigkeiten nicht nur einen sachlichen, sondern meist auch einen emotionalen Hintergrund haben, gehören auch sachlich-logische Ausführungen und **Belehrungen** nicht in die Mediation.
  - Dass dies ebenso auf Urteile, Kritik, Vorwürfe oder sogar **Beschuldigungen** zutrifft, versteht sich von selbst.
  - Umgekehrt gilt dies ebenfalls: Obwohl **Zustimmung**, Lob und Schmeicheleien leichter zu ertragen sind, haben sie nichts in der Mediation verloren. Nur allzu leicht hält sich der eine oder andere Partner daran fest und ist dann nicht mehr in der Lage, das mögliche Gemeinsame erkennen zu können.
  - Darüber hinaus müssen auch im Alltag häufig vorkommende Verhaltensweisen wie Ausfragen, Bagatellisieren, Interpretieren etc. vermieden werden, lenken sie doch davon ab, dass die streitenden Parteien eine gemeinsame Lösung finden müssen.

Streiten lernen kann man nicht, wenn man nur Menschen um sich herum hat, die einem zustimmen, die man sympathisch findet, die einem alle Wünsche erfüllen. Streiten lernen kann man auch nicht, wenn die Eltern oder die Erzieherinnen jeden Streit im Keim ersticken. Hilfreich für die Entwicklung des Sozialverhaltens und der Gesamtpersönlichkeit ist es demgegenüber, wenn Kinder und Jugendliche lernen, konstruktiv und kompromissbereit zu streiten.

Nur in der Auseinandersetzung mit anderen lernen Kinder und Jugendliche sich selbst kennen. Genau darin liegt eine der wichtigsten Voraussetzungen für die nötige Entwicklung von Selbstbewusstsein.

Selbstbewusstsein heißt Wissen über sich selbst. Dieses Wissen gewinnt der Mensch lebenslang und vorrangig aus dem, was andere ihm über ihn selbst zurückmelden.

Da Selbstbewusstsein, Selbstvertrauen und Selbstwertgefühl entscheidende Faktoren für eine stabile und gesunde Persönlichkeitsentwicklung sind, sind Streiten und Streitschlichten außerordentlich wichtig für Kinder und Jugendliche.

Ohne die eigenen Stärken und Schwächen zu kennen, kann man nicht wissen, worauf man bei sich selbst vertrauen kann: Es kann sich kein **Selbstvertrauen** entwickeln. Und ohne Selbstvertrauen – das versteht sich von selbst – kann sich kein **Selbstwertgefühl** herausbilden.

Mediation kann auch im Falle von Konflikten mit Trägervertretern, Eltern, Lehrern, Schulleitern etc. hilfreich sein. Es gibt für derartige Situationen z. B. selbstständig arbeitende Mediatorinnen und Mediatoren, die für Träger der (freien) Jugendhilfe arbeiten und entsprechend ausgebildet sind (vgl. Hundertmark-Mayser, www.schuelerpartizipation.de, 1.5.2005)

Übungen 8.5

Im Folgenden finden Sie einige Übungen, mit deren Hilfe Sie z. B. das Beobachten von Gruppen einüben oder Ihre persönliche Auseinandersetzung mit den eigenen Einstellungen und Werthaltungen führen können.

Einzelne Gruppenmitglieder beobachten 8.5.1

Mit der folgenden Übung können Sie das Beobachten von **Einzelpersonen in Gruppenprozessen** üben.

Ziele der Übung	• Die Beobachtungsfähigkeit im Rahmen der Beobachtung von Gruppenprozessen erweitern • Subjektive und selektive Wahrnehmungsverzerrungen erkennen • Beobachtung und Interpretation voneinander unterscheiden
Gruppenbildung/Fishbowle	Bilden Sie einen inneren und einen äußeren Stuhlkreis. 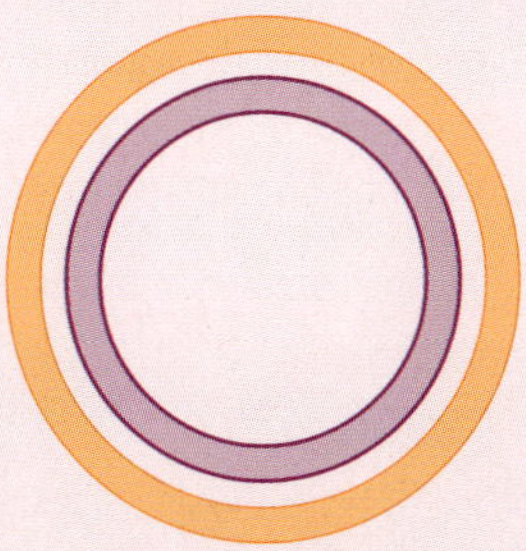
Durchführung Dauer ca. 30 Minuten	Die Teilnehmerinnen im inneren Kreis haben die Aufgabe, ein besonderes, möglicherweise strittiges Thema zu diskutieren (z. B. „Kinder sollen straffrei erzogen werden – der Klaps auf den Hintern schadet sehr wohl"). Die Gruppe soll sich auf ein Thema einigen, bevor die eigentliche Übung beginnt. Die Teilnehmerinnen im äußeren Kreis beobachten die Diskussion, ohne sich einzumischen. Der äußere Kreis soll doppelt so viele Mitglieder haben wie der innere.

	Die Teilnehmerinnen der Beobachtergruppe beobachten das Diskussionsverhalten von jeweils zwei Mitgliedern der Innengruppe und protokollieren ihre Beobachtungen. Sie erhalten dazu einen Beobachtungsbogen mit den folgenden zwei Spalten. Zu jeder Beobachtung soll auch eine Deutung eingetragen werden. Ich sehe und höre: | Das bedeutet für mich:
Auswertung	Bilden Sie kleine Untergruppen mit je zwei Gruppenmitgliedern des Innenkreises und einem Mitglied des Außenkreises.
Auswertung in Dreiergruppen	Bilden Sie kleine Untergruppen mit je zwei Gruppenmitgliedern des Außenkreises und einem Mitglied des Innenkreises. Die Kleingruppenmitglieder aus der Außengruppe lesen abwechselnd jeweils einen ihrer Beobachtungspunkte und die dazugehörige Deutung vor und besprechen sie mit der Kleingruppe unter folgenden Fragestellungen: ● Was wurde von den Mitgliedern der Innengruppe anders erinnert als im Protokoll vorgelesen? ● Mit welchen Deutungen können die Mitglieder der Innengruppe einverstanden sein?
In einer weiteren Übung sollten alle Gruppenmitglieder mindestens einmal im Innen- und einmal im Außenkreis gewesen sein.	

8.5.2 Gruppenprozesse beobachten

Diese Übung ist eine Erweiterung der vorhergehenden. Nun geht es darum, **Gruppenprozesse** zu beobachten.

Ziele der Übung	● Die Beobachtungsfähigkeit im Rahmen der Beobachtung von Gruppenprozessen erweitern ● Subjektive und selektive Wahrnehmungsverzerrungen erkennen ● Beobachtung und Interpretation voneinander unterscheiden
Gruppenbildung/Fishbowle	Bilden Sie einen inneren und einen äußeren Stuhlkreis. 

Durchführung Dauer ca. 30 Minuten	Die Teilnehmerinnen im inneren Kreis haben die Aufgabe, ein besonderes, möglicherweise strittiges Thema zu diskutieren (z. B. „Vorrangige Aufgabe von Kindertagesstätten ist es, die ihnen anvertrauten Kinder auf die Schule vorzubereiten."). Die Gruppe soll sich auf ein Thema einigen, bevor die eigentliche Übung beginnt. Die Teilnehmerinnen im äußeren Kreis beobachten die Diskussion, ohne sich einzumischen. Der äußere Kreis soll doppelt so viele Mitglieder haben wie der innere.
	Die Teilnehmerinnen der Beobachtergruppe beobachten das Diskussionsverhalten der Innengruppe und protokollieren ihre Beobachtungen. Sie erhalten dazu einen Beobachtungsbogen mit den folgenden zwei Spalten. Zu jeder Beobachtung soll auch eine Deutung eingetragen werden.

Ich sehe und höre:	Das bedeutet für mich:
Beobachtungsgegenstände können sein: ● Welche Mitglieder der Innengruppe besonders häufig reden ... ● Wer besonders zurückhaltend ist ... ● Welche Rollen sich herausbilden ... ● Wer von sich aus eine bestimmte Rolle übernimmt ... ● Wem eine bestimmte Rolle zugewiesen wird ... ● Wer die Gesprächsleitung übernimmt ... ● Wer Außenseiterpositionen übernimmt ... ● Wie mit Außenseitern umgegangen wird ... Achten Sie darauf, nicht zu viele Beobachtungskriterien zu wählen!	

Auswertung	Auswertung in der Gesamtgruppe. Z. B.: Welchen Beobachtungsergebnissen stimmen die Mitglieder der Innengruppe zu, welchen nicht? Wie können Unterschiede erklärt werden?

In einer weiteren Übung können der Innenkreis in den Außenkreis und der Außenkreis in den Innenkreis wechseln.

8.5.3 Das Außenseiterspiel

„Das Außenseiterspiel

Gruppengröße: *Kleingruppe; 6–12 Kinder*

Zeit: *ca. 20 Minuten*

Ziel: *Nachvollziehen können, was ein Außenseiter erlebt und wie er sich fühlt.*

Besondere Hinweise: *In der Kindergruppe sollte große Vertrautheit herrschen.*

Spielregeln: *Ein Kind der Gruppe, das über ein großes Selbstwertgefühl verfügt, wird als ‚Außenseiter' gewählt. Während alle Kinder bei laufender Musik im Gruppenraum umhergehen und sich gegenseitig auf verschiedenste Weisen begrüßen, versucht der ‚Außenseiter' auch eine Hand oder Umarmung zu erhaschen. Gelingt ihm der Versuch, hat er gewonnen. Gelingt es den anderen, ihn abzuwehren, so hat die Gruppe gewonnen.*

Anregungen für die Verarbeitung: *Anschließend sollten sich die Kinder im Stuhlkreis mit den Gefühlen des Außenseiters auseinandersetzen.*

- *Wie hat der ‚Außenseiter' versucht, Kontakt aufzunehmen? Bei wem?*
- *Wie haben die angesprochenen Kinder darauf reagiert?*
- *Wie hat sich der ‚Außenseiter' dabei gefühlt?*
- *Wie empfanden die restlichen Kinder ihre Kontakte?*
- *Habt ihr ähnliche Situationen wie diese schon einmal erlebt?*

Spiele haben einen ganz besonders wertvollen Charakter für das Lernen von sozialem Verhalten innerhalb einer Kindergruppe. Kindern wird es dadurch erleichtert, sich an bestimmte Gruppenregeln zu halten, und sie üben spielerisch Situationen einer gewaltfreien Konfliktlösung ein. Da die meisten Kinder an dem Defizit leiden, nicht genügend soziale Erfahrungen machen zu können, können sie in der Kindergruppe dieses Defizit ausgleichen und dabei lernen, sich in eine gesellschaftliche Gruppe einzugliedern."

(Allgeuer, info.uibk.ac.at, 01.08.2008)

Dieses Spiel können Sie natürlich auch im Kreis Ihrer Lerngruppe durchführen und erproben.

8.5.4 Ein Durchsetzungsspiel

„ ‚Kann ich mich durchsetzen?' Wer hat sich diese Frage nicht schon einmal gestellt! Für dieses Spiel bilden die Teilnehmer einen Stuhlhalbkreis. Jeweils zwei Spieler stellen im Rollenspiel eine Situation dar, in der es darum geht, sich zu behaupten.

Beispiele:

- *Ein Kunde entdeckt beim Abholen seines Wagens aus der Werkstatt Kratzer im Lack.*
- *Ein Kunde möchte ein getragenes, mängelbehaftetes Kleidungsstück umtauschen.*
- *Ein Angestellter soll wieder einmal Vertretungsstunden übernehmen.*
- *Das Essen im Restaurant hat nicht geschmeckt.*
- *Eine Kundin drängt sich an der Kasse vor.*
- *Ein Kunde macht einem aufdringlichen Verkäufer (Vertreter) klar, dass er nichts kaufen möchte.*
- *Ein Hausbewohner fühlt sich ständig durch das zu laute Radio seines Nachbarn belästigt.*

Jede Szene wird einzeln ausgewertet.

Spielintention: *Sich behaupten und in entscheidenden Situationen durchsetzen können.*

Reflexion: *Wie setzten sich die Spieler durch? Wie wurde gesprochen? Welche Lösungen wurden gefunden?"*

(Thiesen, 1995, 62)

Das Gruppenbild

8.5.5

Ziel	Kommunikationsprozesse und Abstimmungsschwierigkeiten in Gruppen bewusst erleben
Material	● Mehrere große Flipchart-Bögen ● Bunte Filzstifte
Durchführung	Bilden Sie Gruppen mit mindestens fünf Gruppenmitgliedern. Jede Gruppe hat den Auftrag, ein gemeinsames Bild zu zeichnen. Dabei ist keinerlei verbale Kommunikation zwischen den Gruppenmitgliedern erlaubt. Dies gilt auch schon für das „Thema", um das es bei dem Bild gehen soll. Jedes Gruppenmitglied sollte aber versuchen zu erreichen, dass seine Vorstellungen möglichst weitgehend berücksichtigt werden. Dabei dürfen keine Bildanteile, die andere Gruppenmitglieder erstellt haben, zerstört oder „missbraucht" werden.
Auswertung	Zunächst in der Kleingruppe, dann im Plenum hinsichtlich folgender Aspekte: ● Umgang mit Konflikten ● Durchsetzung eigener Vorstellungen ● Emotionale Befindlichkeit ● Außenseiter ● Gruppenführer etc.

Anregungen für die Arbeit in der Praxis

8.6

Die Praktikumsaufgaben können sinnvollerweise aus den beruflichen Aufgaben entwickelt werden. Die folgenden Praktikumsaufgaben sind lediglich als Beispiele zu verstehen.

Beobachtung von Gruppenprozessen

8.6.1

Beobachten Sie die Gruppenprozesse einer Gruppe in Ihrer Praktikumsstelle. Reflektieren Sie Ihre Beobachtungen gemeinsam mit Ihrer Gruppenleiterin.		
Beobachtungsgegenstände können sein:	Das bedeutet für mich:	Daraus würde ich folgende pädagogische, methodisch-didaktische Handlungen ableiten:
● Welche Mitglieder der Innengruppe besonders häufig reden ... ● Wer besonders zurückhaltend ist ... ● Welche Rollen sich herausbilden ...		
● Wer von sich aus eine bestimmte Rolle übernimmt ... ● Wem eine bestimmte Rolle zugewiesen wird ... ● Wer die Gesprächsleitung übernimmt ...		

● Wer Außenseiterpositionen übernimmt ... ● Wie mit Außenseitern umgegangen wird ... etc. Achten Sie darauf, nicht zu viele Beobachtungskriterien zu wählen!		
Bei der Auswertung in der Schule sollten unbedingt pädagogische und methodisch-didaktische Konsequenzen berücksichtigt werden.		

8.6.2 Integration eines Kindes

Entwickeln Sie eine pädagogische, methodisch-didaktische Strategie, die Sie einsetzen können, um ein Kind oder einen Jugendlichen Ihrer Gruppe, das oder der eher am Rande des Gruppengeschehens steht, stärker in den Mittelpunkt zu rücken. Besprechen Sie die Auswahl des Kindes mit Ihrer Gruppenleiterin und reflektieren Sie Ihr Konzept. Verschriftlichen Sie Ihre Strategie – auch für die Aufarbeitung im anschließenden Unterricht – und setzen Sie sie um, wenn die Gruppenleiterin damit einverstanden ist.

8.6.3 Entwicklung eines Streitschlichter-Programms mit der Gruppe

Stellen Sie Ihrer Praxisanleiterin die Mediation als Möglichkeit des sozialpädagogischen Umgangs mit Konflikten und Streitigkeiten vor. Entwickeln Sie ein alters- und gruppengemäßes Streitschlichtungskonzept, reflektieren Sie es mit Ihrer Praxisanleiterin und führen Sie es mit deren Zustimmung in der Gruppe ein. Verschriftlichen Sie Ihr Konzept – auch für die Aufarbeitung im anschließenden Unterricht.

Weiterführende Literatur

- Fischer, Veronika/Kallinikidou, Desbina/Stimm-Armingeon, Birgit: Handbuch interkulturelle Gruppenarbeit, Schwalbach/Ts., Wochenschau-Verlag, 2001.
- Czuba-Konrad, Susanne: Integration: Eine Handreichung für die pädagogische Praxis, Verband der Initiativgruppen in der Ausländerarbeit - VIA e.V. (Hrsg.), Frankfurt a.M., Verlag Brandes & Apsel, 2000.
- Diehm, Isabell/Radtke, Frank-Olaf: Erziehung und Migration, Stuttgart, Kohlhammer Verlag, 1999.
- Taguieff, Pierre-Andre: Die Macht des Vorurteils, Hamburg, Verlag Hamburger Edition, 2000.
- Erkert, Andrea: Spiele zum Abbau von Aggressivität, München, Don Bosco Verlag, 2003.
- Friedl, Johanna: Aggressive Kinder, Lahr, Ernst Kaufmann Verlag, 2002.
- Heller, Elke/Bofinger, Manfred: Gut, dass wir so verschieden sind. Zusammenleben in altersgemischten Gruppen, Weinheim, Beltz-Verlag, 2000.
- Herm, Sabine: Mit „schwierigen" Kindern umgehen. Ein Leitfaden für die Praxis, Freiburg, Herder Verlag, 2002.
- Johann, Ellen/Michely, Hildegard/Springer, Monika: Interkulturelle Pädagogik, Methodenhandbuch für sozialpädagogische Berufe, Berlin, Cornelsen Verlag, 1998.
- Kaufmann, Hildegard/Marmet, Ott/Werthmüller, Heinrich; Zurbriggen, Mariette: Außenseiter integrieren, Meilen, Verlag: Schweizerisches Institut für Themenzentriertes Theater, 2001.
- Portmann, Rosemarie: Spiele, die stark machen, München, Verlag Don Bosco, 1998.
- Sagi, Alexander: Verhaltensauffällige Kinder im Kindergarten, Ursachen und Wege zur Heilung, Freiburg, Herder Verlag, 2001.
- Schneider, Sylvia: Das Stark-mach-Buch, Freiburg, Christophorus-Verlag, 2002.
- Stamer-Brandt, Petra: Wut-weg-Spiele, Freiburg, Christophorus-Verlag, 2003.
- Ulrich, Susanne/Heckel, Jürgen/Odwald, Eva: Achtung plus Toleranz, mit CD-ROM, Wege demokratischer Konfliktregelung. Praxishandbuch für die politische Bildung, Gütersloh, Bertelsmann Stiftung, 2005.

8.8 Zum nächsten Kapitel

In diesem Kapitel konnten Sie lernen, der Herausforderung zu begegnen, die sich Ihnen stellt, wenn Sie – was mit großer Wahrscheinlichkeit der Fall sein wird – mit Kindern arbeiten werden, die „anders" sind als die Mehrheit der Gruppe. Seien es Kinder mit Migrationshintergrund, Kinder mit besonderen Aggressionen, Kinder mit besonderen Verhaltensgewohnheiten oder Kinder mit Behinderungen. Die gemeinsame Erziehung aller ist eine der zentralen Aufgaben, die Sie in Ihrem zukünftigen Beruf bewältigen werden. Eine Herausforderung und eine ebenso wichtige wie interessante Aufgabe.

Das nun folgende Kapitel nimmt einen besonderen Platz in diesem Buch ein. Mithilfe dieses Kapitels lernen Sie, gezielte Bildungsangebote für Kinder und Jugendliche zu planen, vorzubereiten, durchzuführen und anschließend zu reflektieren. Es handelt sich also um ein Kapitel, das Sie von dem Zeitpunkt an begleitet, an dem Sie beginnen, erste gezielte Angebote für Kinder oder Jugendliche durchzuführen.

Bildungsangebote für Kinder und Jugendliche

9

Die Lösung der beruflichen Aufgaben in diesem Buch erfordert bereits ein erstes gezieltes Arbeiten mit Kindern oder ggf. auch Jugendlichen. Dieses Informationskapitel soll notwendige Hilfen dazu anbieten.

Bildungsziele formulieren

9.1

CD-ROM

„Der Begriff ‚Bildung' umfasst nicht nur die Aneignung von Wissen und Fertigkeiten. Vielmehr geht es in gleichem Maße darum, Kinder in allen ihnen möglichen, insbesondere in den sensorischen, motorischen, emotionalen, ästhetischen, kognitiven, sprachlichen und mathematischen Entwicklungsbereichen zu begleiten, zu fördern und herauszufordern. Die Entwicklung von Selbstbewusstsein, Eigenständigkeit und Identität ist Grundlage jedes Bildungsprozesses.

Kinder werden in einem solchen Bildungsverständnis auf künftige Lebens- und Lernaufgaben vorbereitet und zur Beteiligung am Zusammenspiel der demokratischen Gesellschaft ermutigt. Ziel der Bildungsarbeit ist es daher, die Kinder in der Entwicklung ihrer Persönlichkeit zu unterstützen und ihnen Gelegenheit zu verschaffen, ihre Entwicklungspotenziale möglichst vielseitig auszuschöpfen und ihre schöpferischen Verarbeitungsmöglichkeiten zu erfahren. Diese Bildungsarbeit leistet einen Beitrag zu mehr Chancengleichheit, unabhängig von Geschlecht, sozialer oder ethnischer Herkunft und zum Ausgleich individueller und sozialer Benachteiligungen."

(Ministerium für Schule und Weiterbildung, Bildungsvereinbarung, 2003, 6)

Bildung, also die Entwicklung von Selbstbewusstsein, Eigenständigkeit, Identität und der Kompetenzen, die der Bewältigung des Lebens innerhalb der Gesellschaft dienen, ist ein lebenslanger Prozess. Er beginnt vor der Geburt. Diese Entwicklung vollzieht jeder Mensch bereits als Kleinkind selbst, weshalb sie in der Pädagogik auch als Selbstbildungsprozess bezeichnet wird.

Eltern und Erzieherinnen haben in diesem Zusammenhang eine doppelte Funktion: Sie schaffen für die Kinder oder Jugendlichen günstige (leider manchmal auch ungünstige) Bedingungen und müssen sich selbst weiterbilden. Eine Unterstützung der Selbstbildungsprozesse der Kinder oder Jugendlichen geschieht vor allem durch

- die Förderung des Selbstbewusstseins der Kinder oder Jugendlichen: Kinder müssen sich selbst kennen lernen können, um Selbstvertrauen und Sicherheit gewinnen zu können.
- die Förderung eigenständigen Handelns: Kinder müssen Entscheidungen treffen und Konsequenzen erkennen können.
- die Schaffung und Gestaltung von sozialen und dinglichen Erfahrungsräumen: Die Wahrnehmung der Welt ist eine der zentralen Grundlagen für die Selbstbildungsprozesse des Menschen.
- die Möglichkeit einer geistigen Auseinandersetzung und Verarbeitung der Erfahrungen: Die Auseinandersetzung und Verarbeitung von Erfahrungen setzt voraus, dass das Kind soziale (Gesprächs-)Partner hat, von denen es geachtet, wertgeschätzt und ernst genommen wird, dass es ein Recht auf Fehler hat und dass es ermutigt wird, seine Fragen zu stellen.

In der Bildungsvereinbarung NRW wird gefordert, dass die Kinder in Kindertagesstätten konsequent und kontinuierlich bildungsfördernd begleitet werden sollen bzw. müssen. Die Bildungsvereinbarung NRW wurde 2003 zwischen

- den Spitzenverbänden der Freien Wohlfahrtspflege:
  - Arbeiterwohlfahrt (AWO)
  - Caritas-Verbände
  - Deutscher Paritätischer Wohlfahrtsverband
  - Deutsches Rotes Kreuz
  - Diakonisches Werk
  - Jüdische Kultusgemeinde Landesverbände (ZWST)
- den kommunalen Spitzenverbänden:
  - Deutscher Städte- und Gemeindebund und seine Landesverbände
  - Deutscher Landkreistag und seine Landesverbände
- den fünf Erzbistümern:
  - Köln
  - Paderborn
  - Aachen
  - Essen
  - Münster sowie
- den evangelischen Kirchen von
  - Rheinland,
  - Westfalen und
  - Lippe und
- dem Land Nordrhein-Westfalen getroffen.

Dort heißt es zum Bildungsauftrag von Tageseinrichtungen:

> *„Kinder werden in einem solchen Bildungsverständnis auf künftige Lebens- und Lernaufgaben vorbereitet und zur Beteiligung am Zusammenspiel der demokratischen Gesellschaft ermutigt. Ziel der Bildungsarbeit ist es daher, die Kinder in der Entwicklung ihrer Persönlichkeit zu unterstützen und ihnen Gelegenheit zu verschaffen, ihre Entwicklungspotenziale möglichst vielseitig auszuschöpfen und ihre schöpferischen Verarbeitungsmöglichkeiten zu erfahren."*

(Ministerium für Schule und Weiterbildung, Bildungsvereinbarung, 2003, 6)

In der Bildungsvereinbarung werden verschiedene Bildungsbereiche aufgeführt. Diese Bildungsbereiche sind auch als pädagogische Handlungsbereiche für die Praxis der Erzieherin zu verstehen. Hier gilt es, die notwendigen Erfahrungsräume zu schaffen.

> *„Unter Beachtung trägerspezifischer Bildungsbereiche, wie religiöser Bildung, verständigen sich die Partner der Vereinbarung auf ein Konzept zur Gestaltung von Bildungsaufgaben, dem insbesondere nachfolgende Bildungsbereiche und Selbstbildungs-Potenziale – entsprechend der beigefügten Handreichung – zugrunde liegen:*
>
> *Diese Bildungsbereiche sind*
>
> - *Bewegung,*
> - *Spielen und Gestalten, Medien,*
> - *Sprache(n) sowie*
> - *Natur und kulturelle Umwelt(en).*

Die Selbstbildungs-Potenziale sind

- *Differenzierung von Wahrnehmungserfahrung über die Körpersinne,*
- *über die Fernsinne und über die Gefühle,*
- *innere Verarbeitung durch Eigenkonstruktionen, durch Fantasie,*
- *durch sprachliches Denken und durch naturwissenschaftlich-logisches Denken,*
- *soziale Beziehungen und Beziehungen zur sachlichen Umwelt,*
- *Umgang mit Komplexität und Lernen in Sinnzusammenhängen sowie*
- *forschendes Lernen."*

(Ministerium für Schule und Weiterbildung, Bildungsvereinbarung, 2003, 7)

In der Bildungsvereinbarung finden Sie viele hilfreiche Anregungen für die Arbeit mit den Kindern in Ihrer Tageseinrichtung. Im Rahmen der Begleitung und Förderung der Selbstbildungsprozesse der Kinder und Jugendlichen stellt sich die Frage: Was sollen die Kinder nach einem Selbstbildungsprozess mehr können oder wissen bzw. welche Einstellungen oder Werthaltungen sollen sich in welcher Weise verändert oder weiterentwickelt haben? Die Antwort auf diese Frage ist das Ziel, das die Kinder erreichen sollen bzw. können.

Vorher	Pädagogische Begleitung in einer vorbereiteten „Lern-" bzw. „Entwicklungsumgebung"	Nachher
Vorhandene		Neue
Fähigkeiten	Arbeits-, Lern- und Entwicklungsprozesse der Kinder bzw. Jugendlichen	Fähigkeiten
Fertigkeiten		Fertigkeiten
Erfahrungen		Erfahrungen
Kenntnisse		Kenntnisse
Einstellungen		Einstellungen
Werthaltungen		Werthaltungen
etc.		etc.
→	→	(Bildungs-)Ziele

1. *Zunächst sollten Sie gründlich klären, über welche Fähigkeiten, Einstellungen, Vorerfahrungen etc. die Kinder oder Jugendlichen bereits verfügen und wie ausgeprägt sie sind. Diese Informationen können Sie mithilfe sehr sorgfältiger und zielgerichteter Beobachtungen und in Gesprächen mit den Kindern oder Jugendlichen gewinnen. Auch Teambesprechungen können wertvolle Informationen liefern.*
2. *Auf der Grundlage der so gewonnenen Informationen verschaffen Sie sich Klarheit über die Fähigkeiten, die die Kinder oder Jugendlichen durch den zu planenden Arbeits-, Lern- und Entwicklungsprozess erwerben können. Die Ausformulierung der zu erwerbenden bzw. zu erweiternden Fähigkeiten ist Ihre Zielformulierung.*
3. *Vergleichen Sie anschließend das „Vorher" mit Ihren Vorstellungen über das „Nachher". Dabei kann es vorkommen, dass Sie Ihre Ziele neu formulieren, d.h. höher oder niedriger ansetzen müssen.*

4. Klären und entscheiden Sie nun, in welcher vorbereiteten Lernumgebung die Kinder diese Ziele erreichen können. Dazu ist es erforderlich,
- *Inhalte und Methoden auszuwählen,*
- *Bildungsräume gestalten zu können,*
- *Selbstbildungsprozesse pädagogisch zu begleiten und*
- *Bildungs- und Erziehungsergebnisse überprüfen zu können.*

9.2 Bildung und Erziehung

In den vergangenen Jahrhunderten war Bildung ein Privileg für eine kleine Elite. Erst in der zweiten Hälfte des 20. Jahrhunderts änderte sich dies allmählich. Aber schon vor etwa 200 Jahren forderte Johann Heinrich Pestalozzi (1746–1827) eine umfassende Bildungschance für alle Kinder und Jugendlichen. „Umfassend" bedeutete für ihn:

- die Entwicklung geistiger Fähigkeiten („Kopf"),
- die Bildung von Werthaltungen sowie emotionalen und sozialen Fähigkeiten („Herz") sowie
- motorischen Fähigkeiten und Fertigkeiten („Hand").

Friedrich Fröbel (1782–1852), der als „Vater" der Kindergarten-Idee angesehen wird, vertrat die heute noch aktuelle Auffassung (s. Bildungsvereinbarung), dass sich Bildung in erster Linie durch selbstständiges geistiges, körperliches und motorisches Handeln entwickelt. Erzieherische Aufgabe ist es, dieses selbstständige Handeln zu ermöglichen. Dabei unterscheidet sich das von Erwachsenen als Spiel bezeichnete Handeln des Kindes in seiner Ernsthaftigkeit nicht vom „Arbeitshandeln" des Erwachsenen. Dementsprechend nennt Maria Montessori (1870–1952) das Spiel des Kindes Arbeit.

Der Selbstbildungsprozess vollzieht sich im Kleinkindalter anders als bei älteren Kindern und dort wiederum anders als bei Jugendlichen und bei Erwachsenen. Im Kleinkindalter bilden Subjekt und Objekt – also die eigene Person und ihre Umwelt – im Erleben des Kindes noch eine Einheit. Indem das Kind von sich in der dritten Person spricht, zeigt es, dass es sich als Teil der ganzheitlichen Außenwelt erlebt und nicht zwischen sich und der Außenwelt trennt. Im „Kindergartenalter" kann es in der Regel von sich als „Ich" sprechen. Es unterscheidet nun zwischen sich selbst und seiner Umwelt und entwickelt allmählich ein Sinnverständnis, bis dann im Jugendalter Sinnfragen eine besondere psychologische Rolle spielen.

Die Selbstbildungsprozesse im Kindesalter vollziehen sich auch in erzieherischen Zusammenhängen, in denen Erwachsene die Absicht verfolgen, dass das Kind bestimmte Normen und Werte verinnerlicht und sich bestimmten – meist den vorherrschenden – Rollenerwartungen anpasst. Erziehung ist notwendig, damit das Kind in die Gesellschaft hineinwachsen kann. Um dies zu ermöglichen, müssen sich professionelle Erzieherinnen kritisch mit den bestehenden Normen, Werten und erwarteten Rollen auseinandersetzen.

Erziehung ist als zwischenmenschliche Beziehung (pädagogische Beziehung) zu verstehen, die wie folgt beschrieben werden kann: Der Erziehende versucht, Persönlichkeitseigenschaften des Zu-Erziehenden dauerhaft und in dem von ihm für richtig gehaltenen Sinn zu beeinflussen. Erziehung bezieht sich auf Persönlichkeitseigenschaften wie

- Vertrauen,
- Verantwortungsgefühl,
- Mündigkeit,
- Anstrengungsbereitschaft,
- Ausdauer,
- Selbstdisziplin oder
- Realitätssinn.

(vgl. Brezinka, 1971, 613)

Da die so verstandene Erziehung vom Erziehenden bewusst beabsichtigt ist, spricht man hier von **intentionaler Erziehung**. Intentionale Erziehung unterscheidet sich von Einflüssen, die nicht erzieherisch gemeint sind, die aber dennoch nachhaltigen Einfluss auf Persönlichkeitseigenschaften ausüben. Da diese Einflüsse erzieherische Funktion haben, ohne so gemeint zu sein, spricht man von **funktionaler Erziehung**. So erziehen beispielsweise Freunde funktional, aber auch die Wohngegend, in der ein Kind aufwächst, kann erzieherische Funktionen haben.

Erzieherinnen erziehen intentional und funktional. Eine Erzieherin, die Ehrlichkeit von „ihren" Kindern fordert, selbst aber unehrlich ist, muss damit rechnen, dass die pädagogisch nicht beabsichtigte Unehrlichkeit der wirksamere Erziehungseinfluss ist. Dies lässt sich auf viele erzieherische Handlungen beziehen, z. B. eine Erzieherin, die

- immer wieder laut schreiend dazu auffordert, ruhig miteinander zu reden, muss damit rechnen, dass die Kinder lernen, sich stattdessen anzubrüllen,
- von den Kindern ein Ordnungsverhalten verlangt, das sie selbst nicht vorlebt, wird erfahren, dass viele „ihrer" Kinder unordentlich werden,
- „ihre" Kinder in aggressivem Ton auffordert, nicht aggressiv zu sein, wird möglicherweise das Gegenteil erreichen.

Erziehungsziele klären 9.3

Obwohl sich die Begriffe Bildung und Erziehung in der Literatur teilweise überschneiden, lassen sich in den Zielen Unterschiede feststellen. Erziehungsziele beziehen sich in der Regel auf zu entwickelnde Persönlichkeitseigenschaften, Bildungsziele dagegen eher auf Fähigkeiten und Fertigkeiten bzw. auf Kompetenzen zur Bewältigung der täglichen und der zukünftigen Herausforderungen.
Mögliche Erziehungsziele sind:

- Lebensbejahung und Offenheit,
- Ausdauer, Zuverlässigkeit und Verantwortungsbewusstsein,
- die Fähigkeit zur Selbsterkenntnis und die Entwicklung von Selbstbewusstsein, Selbstvertrauen und Selbstwertgefühl,
- die Entwicklung von Werthaltungen und Moral sowie
- Rücksichtnahme, Belastbarkeit und Selbstbeherrschung.

(vgl. Brezinka, 1989, 47–51)

CD-ROM

Erziehungs- und Bildungsziele stehen in engem Zusammenhang miteinander. So unterstützt z. B. ein höheres Bildungsniveau die Herausbildung von Selbstvertrauen und Selbstwertgefühl.

Die Erziehungsziele, die eine Erzieherin verfolgt, haben sehr viel mit ihrem Menschenbild zu tun. So ist es ein „Zielunterschied", ob eine Erzieherin Kinder daran hindern möchte, unehrlich zu sein, oder ob sie die Kinder davor bewahren möchte, unehrlich zu werden. Im ersten Fall hat diese Erzieherin ein eher pessimistisches und im zweiten Fall ein eher optimistisches Menschenbild. In beiden Fällen werden sich ihre Erziehungsmethoden unterscheiden: Im ersten Fall wird Misstrauen die Methodenentscheidung beeinflussen, im zweiten Fall wird es Vertrauen sein. Eine vertrauensvolle pädagogische Beziehung ist für ein Kind, aber auch für Jugendliche, erforderlich, um psychisch stabil werden zu können.

Die Persönlichkeit der Erzieherin spielt dabei eine wichtige Rolle. Sie wirkt – ob sie das möchte oder nicht – als Vorbild. Möchte sie von den Kindern oder Jugendlichen geachtet werden, muss sie selbst die Kinder und Jugendlichen achten.

9.4 Bildungs- und Erziehungsvoraussetzungen erkennen und nutzen

Die Bildungs- und Erziehungsvoraussetzungen eines Kindes zu erkennen und auf diesen aufzubauen, ist leichter möglich, wenn man seine familiären Lebens- und Erziehungswelten kennt. Ein Einblick in diese Welten gibt Informationen darüber,

- welche Erfahrungsmöglichkeiten und somit welche Bildungsmöglichkeiten ein Kind hat,
- welche Erziehungsziele und -methoden in seinem familiären Umfeld vorherrschen,
- welche Normen und Werte der familiären Erziehung die Richtung geben,
- welche Verantwortung einem Kind in seiner Familie zugeschrieben wird,
- welche Vorbilder auf das Kind einwirken etc.

Solche Kenntnisse sind für die pädagogischen Zielentscheidungen der Erzieherinnen im Hinblick auf ihren Bildungs- und Erziehungsauftrag wichtig. Dementsprechend lässt sich die grafische Darstellung zur Entwicklung von Bildungszielen wie folgt erweitern:

Familiäre Lebens-, Bildungs- und Erziehungswelten	Vorher	Pädagogische Begleitung in einer vorbereiteten „Lern-" bzw. „Entwicklungsumgebung"	Nachher
	Vorhandene		Neue
Erfahrungsmöglichkeiten	Fähigkeiten	Arbeits-, Lern- und Entwicklungsprozesse der Kinder bzw. Jugendlichen	Fähigkeiten
Erziehungsziele und Methoden	Fertigkeiten		Fertigkeiten
Normen, Werte	Kenntnisse		Kenntnisse
Verantwortung	Einstellungen		Einstellungen
Vorbilder	Werthaltungen		Werthaltungen
etc.			etc.
→		→	(Bildungs-)Ziele

Eine wertschätzende, ermutigende, unterstützende pädagogische Arbeit berücksichtigt immer auch die individuelle Persönlichkeit eines Kindes. Da gibt es langsamere, schnellere, fröhlichere, traurigere, mutigere und weniger mutige Kinder; da gibt es Kinder, die sensibler sind als andere, oder solche, die robuster sind. Erziehung muss all dies berücksichtigen und darf Kinder nicht „verbiegen". Erziehung muss Kindern das Hineinwachsen in die Gesellschaft ermöglichen, sie soll Chancen eröffnen und Raum für die Selbstbildungsprozesse geben.

Hinweis

All dies heißt nicht, dass eine Erzieherin jedes Verhalten „ihrer" Kinder akzeptieren muss, denn zur Entwicklung der Persönlichkeit gehört es, Grenzen und Regeln zu erkennen und ihren Sinn (altersgemäß) verstehen zu lernen.

Inhalte und Methoden wählen 9.5

CD-ROM

Hat eine Erzieherin Ziele für ihr (sozial-)pädagogisches Handeln formuliert, wird sie im nächsten Schritt klären müssen, mit welchen Inhalten und mit welchen Methoden die Kinder diese Ziele am wirksamsten erreichen können. Besonders wichtig ist dabei, sich im Klaren darüber zu sein, dass es die Kinder und nicht die Erzieherinnen sind, die diese Ziele erreichen müssen.

Didaktik und Methodik 9.5.1

Die Didaktik befasst sich vor allem mit dem

- Wer (Frage nach der Erzieherin und ihren persönlichen Möglichkeiten und Grenzen),
- Was (Frage nach den Inhalten),
- Wann (Frage nach dem Zeitpunkt; auch nach der Altersgemäßheit),
- Mit wem (Frage nach besonderen Voraussetzungen der Kinder),
- Wie (Frage nach den Methoden)
- Womit (Frage nach den Medien/Hilfsmitteln),
- Warum (Frage nach der Begründung).

Die Methodik bezieht sich speziell auf das Wie. Im Folgenden werden zunächst das Was und das Wie näher erläutert (vgl. Jank/Meyer, 1991).

Die Inhalte – das Was 9.5.2

Bildungsinhalte sind mehr als nur ein Thema. Inhalte sind immer auch die Bedeutungen, die Kinder den Sachverhalten und Gegenständen des gemeinsamen Lernens beimessen. An Inhalte können Einstellungen, Vorurteile aber auch ganz individuelle Fähigkeiten und Fertigkeiten gebunden sein. Inhalte sind immer subjektiv. So ist eine Spinne für den einen etwas Abstoßendes, Angsterregendes, für den anderen dagegen die große Künstlerin, die die wundervollsten Netze zu spinnen im Stande ist.

Wenn eine Erzieherin sich dafür entscheidet, Kindern oder Jugendlichen bestimmte Inhalte zur Förderung ihrer Selbstbildungsprozesse anzubieten, so wird sie sich bei ihrer Auswahl bestimmte Fragen stellen:

- Welche Bedeutung haben die Inhalte in der Lebenswirklichkeit der Kinder; welche Rolle spielen sie jetzt?
- Welche Erfahrungen haben die einzelnen Kinder bisher mit diesen Inhalten machen können?
- Welche Bedeutung haben die Inhalte für die zukünftige Entwicklung der Kinder?

Kann auf keine dieser Fragen eine schlüssige Antwort gegeben werden, sollte die Erzieherin auf dieses Angebot verzichten. Wichtig für die Beantwortung dieser Fragen sind:

- regelmäßige Teamgespräche über Ziele und Inhalte,
- regelmäßige Gespräche mit den Kindern,
- sorgfältige Beobachtungen der Kinder, da Gespräche mit ihnen bisweilen daran scheitern, dass sie ihre Gedanken noch nicht differenziert genug auszudrücken vermögen,
- regelmäßige Elternarbeit.

9.5.3 Die Methoden – das Wie

Zunächst sollen hier unterschieden werden:

- Erziehungsmethoden wie Lob, Belohnung, Strafe oder Bestrafung etc. und
- Methoden im Rahmen der Didaktik, die im Folgenden näher erläutert werden.

1. Frontale Methoden

Eine der häufigsten und selten kritisch hinterfragten Methoden ist der Vortrag. Diese Methode wird als frontal bezeichnet. Die Erzieherin trägt etwas vor, erklärt etwas, liest vor etc. Sie steht frontal vor den Kindern. Auch ein fragend-entwickelndes Gespräch mit den Kindern gehört in diesen Methodenbereich. In der Pädagogik besteht Einigkeit darüber, dass diese Methode vielen anderen Methoden gegenüber unterlegen ist, da die Kinder in einer mehr oder weniger passiven Rolle lernen.

2. Handlungsorientierte Methoden

Bei diesen Methoden lernen die Kinder, indem sie selbst aktiv sind. Sie experimentieren, erkunden, bauen und konstruieren; sie diskutieren, planen und entscheiden, sie übernehmen neue Rollen und Verantwortung und sie kooperieren mit anderen. Alle Menschen – nicht nur Kinder – lernen handelnd schneller, intensiver und nachhaltiger.

3. Techniken („kleine Methoden")

Methoden wie Blitzlicht, Brainstorming, Erzählungen, Gespräche, Quiz, Rätsel etc. werden auch als „kleine Methoden" bezeichnet.

4. Methodenvielfalt

Es ist sinnvoll, nicht immer die gleichen Methoden anzuwenden. Methodenwechsel und Methodenvielfalt können motivieren und das Lernen erleichtern. Vorsicht ist allerdings geboten: Übertreibt man den Methodenwechsel, stellen sich Verunsicherung und Unklarheit ein. Eine zu große Methodenvielfalt kann auch die Lernprozesse hemmen.

Ziele, Methoden und Inhalte müssen möglichst gut miteinander harmonieren. Den Bau einer Laterne wird man Kindern in einer Kindertagesstätte nicht in einem Vortrag erläutern.
(vgl. Reich, www.uni-koeln.de, 15.08.2005)

Kinder lernen – bis sie zur Schule gehen – unendlich viel, ohne dass ihnen dies bewusst ist. Sie fragen, sie experimentieren und forschen, sie erproben sich – wenn man sie nur lässt. Kinder lernen unwillkürlich und dabei durchaus methodisch.

9.5.4 Dekonstruktion, Rekonstruktion, Konstruktion

Gibt man einem Kind, das das unwillkürliche Lernen noch nicht verlernt hat, eine alte Uhr, so wird es nicht lange dauern, bis es

- die Uhr öffnet,
- die Zeiger dreht,
- versucht sie aufzuziehen,
- ausprobiert, ob sie noch läuft,
- ausprobiert, ob sie nach einer Zeigerdrehung läutet,
- nach Werkzeug sucht und
- sie auseinandernimmt.

Es wird geschaut, geschraubt, gezogen, gedrückt und, wenn Gelegenheit dazu ist, gefragt. Sind mehrere Kinder da, dauert es nicht lange, bis das nächste Kind sagt: „Lass mich mal!" In diesem Prozess wird die Uhr dekonstruiert (auseinandergenommen) und Wissen konstruiert. Derartige Prozesse sind nachhaltiger und intensiver als so manch spannender Vortrag einer Erzieherin.

Lassen Sie also die Kinder selbst forschen, experimentieren, regen Sie ihr Fragen an. Schaffen Sie eine Lernumgebung, in der all dies möglich ist. Die Welt ist voller Ereignisse und Gegenstände, die „nur darauf warten", von Kindern oder Jugendlichen untersucht zu werden. So entwickeln Kinder ihre Bildung, so können sie wichtige Erziehungsziele erreichen.

Das Dekonstruieren als Fähigkeit lässt sich im konkreten Handeln leicht weiterentwickeln. Um zu dem Beispiel mit der alten Uhr zurückzukommen: Ist die Uhr nicht allzu kompliziert, wird das Kind versuchen, sie wiederherzustellen – zu rekonstruieren. Bei einer Uhr mag dies, je nach Alter, zu schwierig sein. So konnte sogar der weltberühmte Arzt Ernst Ferdinand Sauerbruch (1875–1951), der die eiserne Hand von Götz von Berlichingen auseinandernahm, diese nicht wieder rekonstruieren, weil der Mechanismus zu kompliziert war. Er wollte dabei lernen, eine künstliche Hand zu entwickeln, die greifen und halten kann, wie die eiserne Hand des Götz von Berlichingen. Für jede Altersstufe gibt es spannende Gegenstände, die dekonstruiert und rekonstruiert oder, nachgebaut in einer Neukonstruktion, verändert werden können.

Lässt man Kinder so lernen, lässt man sie ihr Wissen selbst konstruieren. Die Selbstbildungsprozesse können sich entfalten und werden nicht behindert. Sich bilden bereitet Freude und ist eingebettet in eine pädagogische Beziehung des wechselseitigen Vertrauens, in eine Beziehung, die Selbstachtung und Selbstvertrauen wertschätzt.

Die Medien – das Womit

9.5.5

Es muss kein teurer pädagogischer „Edelschrott" sein, um mit Begeisterung zu lernen. Im Gegenteil: Die Erforschung der Welt, so wie sie vom Kind wahrgenommen wird, ist das Anliegen der Kinder. Es geht um das Erproben der eigenen Möglichkeiten und das Erkennen der Grenzen. Die Welt des täglichen Lebens ist es, die neugierig macht und die eigenen Handlungsmöglichkeiten sich entfalten lässt. Um Medien zur Unterstützung von Lern- und Entwicklungs- bzw. Selbstbildungsprozessen nutzen zu können, sind folgende Fragen zu klären:

- Welche Medienkompetenz und Medienerfahrungen bringen die Kinder oder Jugendlichen aus ihrem familiären Umfeld und aus ihrem Freundeskreis mit? Dazu zählt auch der mögliche Umgang mit neuen Medien (Fernsehen, Computer, Handy etc.).
- Wie geht die Einrichtung selbst mit unterschiedlichen Medien um? Z. B. mit
  - neuen Medien,
  - Spielesammlungen,
  - Materialien und Gegenstände des täglichen Lebens,
  - ggf. Montessori-Material,
  - Naturmaterialien,
  - Sportgeräten,
  - Spielgeräten,
  - Baumaterialien etc.

- Wie können die in der Einrichtung vorhandenen Medien von den Erzieherinnen und von den Kindern bzw. Jugendlichen aktiv genutzt werden (vgl. Feil, 1995, 13–22)?

Vorher	Pädagogische Begleitung in einer vorbereiteten „Lern-“ bzw. „Entwicklungsumgebung“	Nachher
Vorhandene		Neue
Medienerfahrungen und Medienkompetenz	Arbeits-, Lern- und Entwicklungsprozesse der Kinder bzw. Jugendlichen Mit Medien vorbereitete Lernumgebung	Fähigkeiten Fertigkeiten Kenntnisse Einstellungen Werthaltungen etc.
⟶	⟶	(Bildungs-)Ziele

9.6 Bildungs- und Entwicklungsräume gestalten

Inhalte, Methoden und Medien sowie die pädagogische Beziehung sind im Alltag einer sozialpädagogischen Einrichtung eine Einheit und werden nur als solche erlebt. Sie müssen geeignet sein, die Auseinandersetzung der Kinder und Jugendlichen mit sich selbst und mit ihrer individuellen Außenwelt zu ermöglichen bzw. zu unterstützen. Die Gestaltung

- der Gebäude,
- der Räume und der Flure,
- des Außengeländes,
- der Alltagsabläufe

und auch der Beziehungen

- zwischen den Erzieherinnen,
- zu den Kindern,
- zu den Eltern,
- zwischen den Kindern und
- zum räumlichen und sozialen Umfeld der Einrichtung

wirken in übergreifende, aber auch in situationsbezogene Lernsituationen hinein und müssen bei den vorbereiteten Bildungsangeboten von der Erzieherin Berücksichtigung finden. Sofern möglich bzw. erreichbar, sollten auch umliegende Wald- und Wiesengelände genutzt werden.

9.7 Vollständige Handlungen ermöglichen

Bereits junge Kinder, aber auch Jugendliche und Erwachsene lernen besonders wirksam, wenn sie mit einer für sie lösbar erscheinenden Aufgabe konfrontiert werden, planen und entscheiden, vorbereiten und eine Lösungsstrategie umsetzen können. Dazu gehört die Überprüfung der Lösung(en) auf ihre Brauchbarkeit mit einer entsprechenden Erprobung.

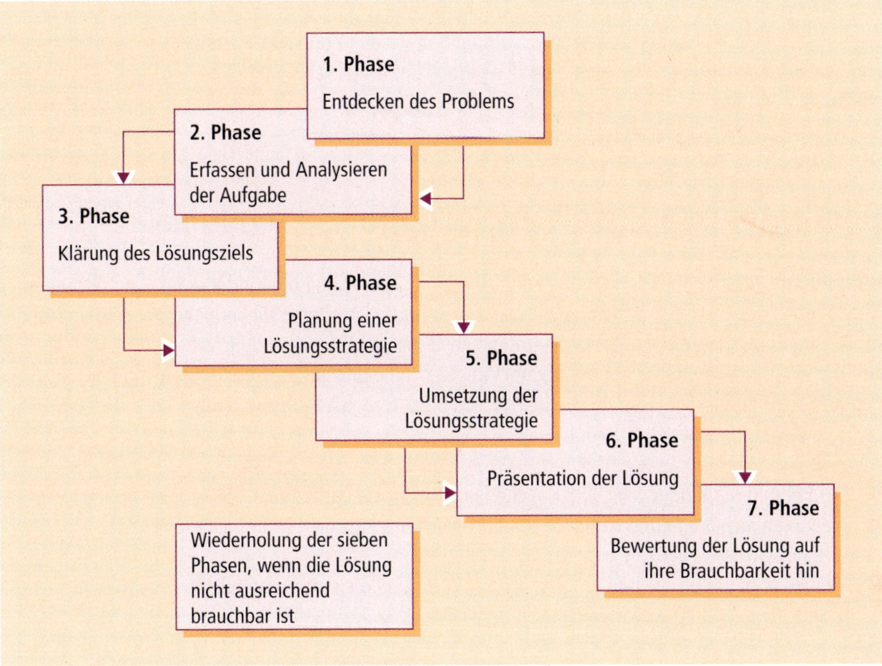

Der komplette Ablauf dieses Prozesses wird als „vollständige Handlung" bezeichnet.

Damit die Kinder so vorgehen können, schafft die Erzieherin die entsprechenden Rahmenbedingungen. Um die Selbstbildungsprozesse der Kinder nicht zu stören und um den Lernprozess nicht zu behindern, greift sie nur auf Anforderung oder, wenn unbedingt notwendig, ein.

Im freien Spiel von Kindern und Jugendlichen lässt sich beobachten, dass die Kinder – außer möglicherweise bei Wettspielen – nach eben diesem Prinzip verfahren. Es ist die wohl wirksamste und nachhaltigste Art und Weise zu lernen und neues Wissen zu konstruieren.

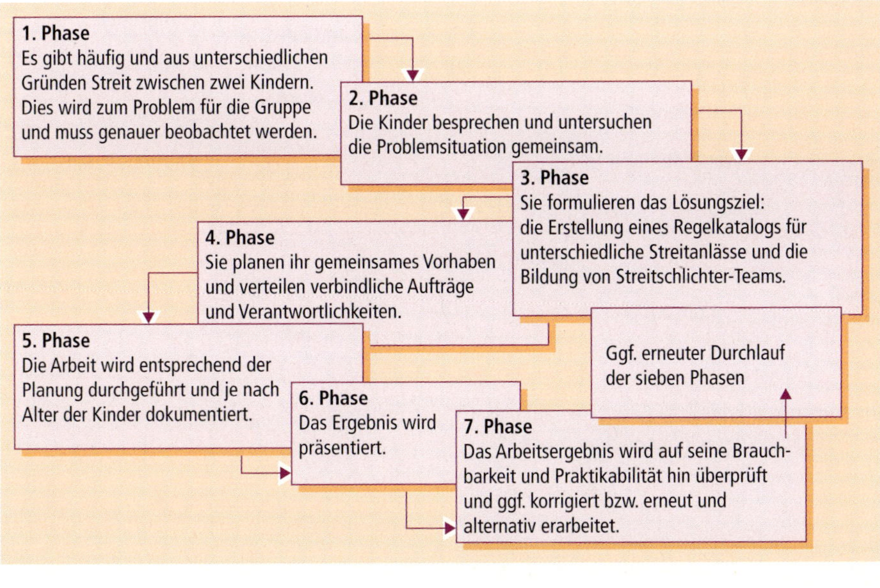

Bisweilen kommt es zu dem Missverständnis, dass handlungsorientiertes Lernen die Kinder und Jugendlichen der Beliebigkeit überlasse. Gut geplant, im Team und ggf. mit den Kindern vorbereitet und evaluiert, d.h. überprüft, handelt es sich jedoch um einen sehr zielgerichteten, kontrollierbaren, wirksamen und nachhaltigen Weg, die Selbstbildungsprozesse von Kindern und Jugendlichen zu begleiten und zu unterstützen.

9.8 Bildungs- und Erziehungsergebnisse evaluieren

Nach Abschluss einer solchen vollständigen Handlung überprüfen die Kinder oder Jugendlichen ihre Arbeitsergebnisse auf ihre Brauchbarkeit hin. Die verantwortlichen Erzieherinnen haben bei dieser Arbeit eine ganz ähnliche Aufgabe: Sie untersuchen die von ihnen – möglicherweise gemeinsam mit den Kindern – vorbereitete Lernumgebung. Was hat die Selbstbildungsprozesse der Kinder oder Jugendlichen unterstützt, was konnte gelernt werden? Gegenstand der Überlegung ist noch einmal der Vergleich „Vorher – Nachher".

- Was können die Kinder oder Jugendlichen nun, wozu sie vorher nicht in der Lage waren?
- Wie lassen sich die neuen Fähigkeiten und Fertigkeiten für die Lösung anderer Probleme und Aufgaben nutzen bzw. übertragen?
- Wie geeignet waren die pädagogische Begleitung und die vorbereitete Lernumgebung für die Arbeits-, Lern- und Entwicklungsprozesse?

Wie geeignet waren die pädagogische Begleitung und die vorbereitete Lernumgebung für die Arbeits-, Lern- und Entwicklungsprozesse?

Was können die Kinder oder Jugendlichen nun, wozu sie vorher nicht in der Lage waren?

Wie lassen sich die neuen Fähigkeiten und Fertigkeiten für die Lösung anderer Probleme und Aufgaben nutzen bzw. übertragen?

Vorher	Pädagogische Begleitung in einer vorbereiteten „Lern-" bzw. „Entwicklungsumgebung"	Nachher
Vorhandene	Arbeits-, Lern- und Entwicklungsprozesse der Kinder bzw. Jugendlichen	Neue
Fähigkeiten		Fähigkeiten
Fertigkeiten		Fertigkeiten
Kenntnisse		Kenntnisse
Einstellungen		Einstellungen
Werthaltungen		Werthaltungen
etc.		etc.
(Bildungs-)Ziele		

Die konstruktiv-kritischen Antworten auf diese Fragen geben die notwendigen Hinweise für die Weiterentwicklung der pädagogischen Arbeit.

9.9 Bildungsprozesse im freien Spiel

Wer das freie Spiel von Kindern oder Jugendlichen beobachtet, wird schnell feststellen, dass auch dieses Spielhandeln meist den Prinzipien der vollständigen Handlung folgt. Da ist beispielsweise ein Fahrrad defekt. Das Problem wird untersucht, für notwendig erachtetes Werkzeug besorgt, repariert, ausprobiert und ggf. erneut repariert etc.

In einer sozialpädagogischen Einrichtung ist in der Regel alles vorhanden, was für derartiges freies Spielen erforderlich ist. Ohne eine Analyse, was die Kinder oder Jugendlichen der Einrichtung an Vorerfahrungen und Bedürfnissen mitbringen, ohne eine gut geplante und vorbereitete Lernumgebung und ohne eine systematische und konstruktiv-kritische Überprüfung der Lernprozesse und der Lernergebnisse geht es allerdings auch hier nicht.

9.10 Zum nächsten Band – „Lernfeld 3 – Entwicklungs- und Bildungsprozesse unterstützen"

Die Kompetenzen, die Sie im zweiten Band dieser Reihe entwickeln oder weiterentwickeln können, stützen sich auf das Fundament, das mit der Lösung der beruflichen Aufgaben dieses Buches entstanden ist. Im Mittelpunkt des folgenden Bandes steht das Lernfeld

Entwicklungs- und Bildungsprozesse unterstützen

Der Schwerpunkt wird auf der Lösung beruflicher Aufgaben liegen, die die Unterstützung der Entwicklungs- und Selbstbildungsprozesse von Kindern und Jugendlichen zum Ziel haben.

Die Unterstützung und Begleitung von Entwicklungs- und Selbstbildungsprozessen durch Erwachsene – insbesondere natürlich durch professionelle Erzieherinnen – geschieht immer wert- und menschenbildorientiert. Während dies im Alltag selten geschieht, wird sich eine professionelle Erzieherin immer wieder mit ihren eigenen Werthaltungen und vor allem mit ihrem eigenen Menschenbild auseinandersetzen, wenn sie ihre Arbeit kritisch-konstruktiv reflektiert. Diese Auseinandersetzung hat nicht nur erkennenden, sondern auch verändernden Charakter. Das Bild der professionellen Erzieherin vom Kind oder vom Jugendlichen soll nicht – wie es im Alltag häufig der Fall ist – statisch bzw. wenig veränderlich sein. Von einer Kinder- und Jugendgeneration zur nächsten gibt es möglicherweise gravierende Unterschiede, denn die Kinder von gestern sind in vielerlei Hinsicht nicht mehr die Kinder von morgen.

Auch der nächste Band geht davon aus, dass es für die Entwicklung der beruflichen Kompetenzen einer professionellen Erzieherin wichtig ist, dass sie die Erziehung der Kinder und Jugendlichen nicht der Beliebigkeit und allein den Chancen überlässt, die ihm sein familiäres Umfeld bietet. Die heutigen gesellschaftlichen Herausforderungen fordern von der Erzieherin wesentlich mehr als nur eine „Betreuung" oder gar „Verwahrung" der Kinder und Jugendlichen. Die Arbeit einer Erzieherin muss mehr sein, als Kinder und Jugendliche zu betreuen. So geht es um eine kritisch-reflektierte und fachliche fundierte Unterstützung der Selbstbildungsprozesse, die jedes Kind und jeder Jugendliche – aber natürlich auch die Erzieherin selbst – täglich vollzieht und vollziehen muss.

Verzeichnis der beruflichen Aufgaben

Verzeichnis der Materialien

Verzeichnis der Übungen

Internet-Links

AOK-Bundesverband, Presseservice Gesundheit: www.aok-bv.de/presse/presseservice/psgthema/index_03004.html

ARD Ratgeber Recht: www.ratgeberrecht.de

Aufsichtspflicht: www.aufsichtspflicht.de

Beteiligung der Jugend: www.jugendbeteiligung.info

Bildungsportal NRW: www.bildungsportal.nrw.de

Bundesministerium für Verbraucherschutz, Ernährung und Landwirtschaft: www.verbraucherministerium.de

Das Kindergipfel-Netzwerk: www.kindergipfel.net

Das Online Familienhandbuch, Ein Internet-basiertes Handbuch zu Themen der Kindererziehung, Partnerschaft und Familienbildung für Eltern, Erzieher, Lehrer und Wissenschaftler www.familienhandbuch.de

Der „Tageseinrichtungen-Server", Informationen zu Tageseinrichtungen für Kinder in NRW: www.tageseinrichtungen.nrw.de

Deutscher Bildungsserver: www.bildungsserver.de

Deutscher Kinderschutzbund e. V.: www.dksb.de

Digitale Volltextbibliothek – Behindertenpädagogik/Integrative Pädagogik: bidok.uibk.ac.at

Eltern im Netz: www.elternimnetz.de

erzieherin.de, Suchmaschine und Fachportal www.erzieherin.de

erzieherin-online.de, Fachhomepage für Erzieherinnen www.erzieherin-online.de

erziehungskiste.de, Online-Zeitschrift, Inhalts- und Service-Angebot der Verlag Herder GmbH: www.erziehungskiste.de

Fachforum Erzieherinnenausbildung: www.erzieherinnenausbildung.de

Internetseite der Bertelsmann Stiftung – Kinder früher fördern: www.kinder-frueher-foerdern.de

Internetseite des IFP – Staatsinstitut für Frühpädagogik: www.ifp.bayern.de

Kindergarten heute: www.kindergarten-heute.de

Kindergartenpädagogik, Online-Handbuch: www.kindergartenpaedagogik.de

Kindergarten-Workshop: Online-Angebot zu verschiedenen pädagogischen Themen www.kindergarten-workshop.de

Wichtige Gesetzestexte: www.kindex.de/pro/index~mode~gesetze.aspx

Landesarbeitsgemeinschaft der öffentlichen Ausbildungsstätten für Erzieher/innen Nordrhein-Westfalen (LAG Erzieherinnenausbildung NRW): www.lag-erzieherinnenausbildung-nrw.de

Landschaftsverband Rheinland: www.lvr.de

lernen-heute: www.lernen-heute.de

Ministerium für Bildung, Jugend und Sport des Landes Brandenburg (Hrsg.): Grundsätze elementarer Bildung in Einrichtungen der Kindertagesbetreuung im Land Brandenburg: www.brandenburg.de/sixcms/media.php/1234/bildungsgrundsaetze.pdf

Ministerium für Generationen, Familie, Frauen und Integration des Landes Nordrhein-Westfalen (MGFFI): KiBiz § 2, www.mgffi.nrw.de/kinder-und-jugend/KiBiz_Unterseite/index.php (02.08.2008).

Ministerium für Schule und Weiterbildung des Landes Nordrhein-Westfalen: Richtlinien, www.schulministerium.nrw.de/BP/Schulrecht/RuL/RuLProbe/Bk/Fachschulen/Sozialwesen/Sozialpaedagogik.pdf (21.06.2006).

Ministerium für Schule und Weiterbildung des Landes Nordrhein-Westfalen: Bildungsvereinbarung NRW, Fundament stärken und erfolgreich starten, www.callnrw.de/php/lettershop/download/865/download.pdf (05. 08. 2008).

Online-Familienhandbuch; Hrsg: Prof. Dr. Dr. Dr. Wassilios E. Fthenakis und Dr. Martin R. Textor: www.familienhandbuch.de

Projekt „Sozialwissenschaftliches Grundwissen im Web" der Fachhochschule Nordostniedersachsen: www.socioweb.de

Schülermultiplikatoren: www.schuelerpartizipation.de

Servicestelle Jugendbeteiligung: www.jugendbeteiligung.info/aktuell/index.html

Sozialpädagogisches Institut NRW – Zentrale wissenschaftliche Einrichtung der Fachhochschule Köln: www.spi.nrw.de

Unfallkasse Rheinland – Merkblatt Kindergarten: www.ukrlp.de/merkbl/kiga.html

UNICEF: www.unicef.de

Universität Zürich, Psychologisches Institut, Theorie der kognitiven Entwicklung nach Jean Piaget (1896–1980): www.psychologie.unizh.ch/fachrichtungen/genpsy/studium/lehrmaterialien/ws2006eb/WS06_VL7.pdf

Vereinbarung zum Orientierungsplan für Bildung und Erziehung in Tageseinrichtungen für Kinder in Baden-Württemberg (2004): www.sls.hn.schule-bw.de/Orientierungsplan-Internet.pdf

Wechselspiel – Institut für Pädagogik und Psychologie: www.wechselspiel-online.de

Westdeutscher Rundfunk – Wissen im WDR: www.lernzeit.de

Wikipedia, Online-Enzyklopädie – Soziale Gruppe: de.wikipedia.org/wiki/Soziale_Gruppe

Wikipedia, Online-Enzyklopädie: de.wikipedia.org

Zentrum für Körperbehinderte Würzburg-Heuchelhof, Verein für Körper- und Mehrfachbehinderte e. V.: www.zfk-internat.de

Literaturverzeichnis

15. Shell Jugendstudie: Stabile Wertorientierungen, hrsg. v. Deutsche Shell Holding GmbH, Hamburg, unter: www.shell.com/home/content/de-de/society_environment/shell_youth_study/2006/youth_study_values.html?LN=/leftnavs/zzz_lhn8_5_0.html (25.08.2008).

Ahs, Olle: Miteinander – Füreinander, Frankfurt/M., Verlag Rita Fischer, 2003.

Akashe-Böhme: In geteilten Welten. Fremdheitserfahrungen zwischen Migration und Partizipation, Frankfurt/M., Verlag Brandes & Apsel, 2000.

Allgeuer, Katharina: Aggressionen im Vorschulalter. Eine kritische Betrachtung der kindlichen Verhaltensauffälligkeit, unter: bidok.uibk.ac.at/library/allgeuer-aggressionen.html (01.08.2008).

Allweins, Klaus/Sautter, Joachim/Jugendstiftung Baden-Württemberg (Hrsg.): Spielstadt & Stadtspiel. Lebenspraxis spielend lernen, Münster, Ökotopia, 1995.

Altenthan, Sophia/Betscher-Ott, Sylvia/Dirrigl, Werner u. a.: Pädagogik/Psychologie für die berufliche Oberstufe, Band 1 und Band 2, 2. Auflage, Troisdorf, Bildungsverlag EINS, 2005.

Alvarado, Janet: Jugend übernimmt Verantwortung, unter: www.lehrer-online.de/429472.htm (10.08.2008).

AOK-Bundesverband, Presseservice Gesundheit, unter: www.aok-bv.de/presse/presseservice/psgthema/index_03004.html (25.10.2005).

Aust-Claus, Elisabeth/Hammer, Petra-Marina: Auch das Lernen kann man lernen, 2. Auflage, Ratingen-Lintorf, Oberstebrink Verlag, 1997.

Baum, Heike: Starke Kinder haben's leichter, Freiburg, Herder, 1998.

Becker, Gabriele: Eine Zusammenfassung zum Sinn des Spielens für die Entwicklung des Kindes, unter: www.ghaeufele.de/Texte/Spielentwicklung/spielentwicklung.html (01.07.2005).

Bensel, Jochim/Haug-Schnabel, Gabriele: Vom Säugling zum Schulkind – Entwicklungspsychologische Grundlagen, in: Themenheft: Kindergarten heute, Herder, Freiburg, 2004, S. 16–20; 32–40.

Bernstein, Saul/Lowy, Louis: Untersuchungen zur sozialen Gruppenarbeit, Freiburg, Lambertus-Verlag, 1975.

Biermann, Ingrid: Miteinander umgehen lernen, München, Verlag Don Bosco, 1998.

Bildungsportal NRW, unter: www.bildungsportal.nrw.de/BP/Schulrecht/RuLProbe/Bk/Fachschulen/Sozialwesen/Sozialpaedagogik.pdf (20.08.2008).

Birbaumer, Niels/Schmidt, Robert F.: Biologische Psychologie, 3. Aufl., Berlin, Springer-Verlag, 1996.

Birkenbihl, Vera F.: Stichwort Schule: Trotz Schule lernen!, 8. Auflage, Bremen, GABAL-Verlag, 1995.

Bischof, Willi/Neidhardt, Irith (Hrsg.): Wir sind die Guten. Antisemitismus in der radikalen Linken, Münster, Unrast Verlag, 2000.

Blank-Mathieu, Margarete: Die Bedeutung von Kinderfreundschaft und Kinderstreit für die Identitätsentwicklung, unter: www.kindergartenpaedagogik.de/1266.html (06.03.2005).

Bort, Wolfgang: Orte der Kindheit – Orte für Kinder, in: Kindergartenpädagogik. Online-Handbuch, hg. v. Martin R. Textor, unter: www.kindergartenpaedagogik.de/759.html (01.07.2005).

Breitenbach, Eva: Mädchenfreundschaften in der Adoleszenz: Eine fallrekonstruktive Untersuchung von Gleichaltrigengruppen, Opladen, Verlag Leske + Budrich, 2000.

Brezinka, Wolfgang: Erziehung in der Familie. Gute Beispiele und Wertüberzeugung sind gefragt, in: Die politische Meinung, 34, 1989, S. 47–51.

Brezinka, Wolfgang: Über Erziehungsbegriffe, Eine kritische Analyse und ein Explikationsvorschlag, in: Zeitschrift für Pädagogik, 17, 1971, S. 567–615.

Brockschnieder, Franz-Josef/Ullrich, Wolfgang: Praxisfeld Erziehung, Troisdorf, Bildungsverlag EINS, 1997.

Bubolz, Georg: Lernen und Entwicklung, Berlin, Cornelsen, 2000.

Bukow, Wolf-Dietrich/Yildiz, Erol: Der Umgang mit der Stadtgesellschaft. Ist die multikulturelle Stadt gescheitert oder wird sie zum Erfolgsmodell?, Opladen, VS Verlag für Sozialwissenschaften, 2002.

Bundesministerium für Verbraucherschutz, Ernährung und Landwirtschaft, Pressemitteilung Nr. 179 vom 15. Juli 2004, unter: www.verbraucherministerium.de/index-0005677F462610F684536521C0A8D816.html (5.5.2005).

Büttner, Christian: Vorschulerziehung auf dem Weg nach Europa – Multikulturelle Erziehung und Europäisierung, unter: www.kindergartenpaedagogik.de/732.html (11.07.2004).

Büttner, Christian/Kladzinski, Magdalena: Partizipation, Entwicklungsförderung oder Anpassung? Kindliche Bedürfnisse und Interessen und ihre Implikation für pädagogisches Handeln, unter: www.kindergartenpaedagogik.de/1092.html (20.07.2005).

Büttner, Christian/Meyer, Berthold: Integration durch Partizipation. Ausländische Mitbürger in demokratischen Gesellschaften, Frankfurt/M., Campus Verlag, 2001.

Crowther, Ingrid: Im Kindergarten kreativ und effektiv lernen – auf die Umgebung kommt es an, Weinheim und Basel, Beltz, 2005.

Czuba-Konrad, Susanne: Integration. Eine Handreichung für die pädagogische Praxis, Verband der Intitiativgruppen in der Ausländerarbeit – VIA e.V. (Hrsg.), Frankfurt/M., Verlag Brandes & Apsel, 2000.

Das Kindergipfel-Netzwerk, unter: www.kindergipfel.net/view_webcont.php?s_id=45 (03.07.2005).

Diehm, Isabell/Radtke, Frank-Olaf: Erziehung und Migration, Stuttgart, Kohlhammer Verlag, 1999.

Dittrich, Gisela: Wie steht es mit der Entwicklung von Integrationsplätzen in den Institutionen Krippe, Kindergarten, Hort? Welche Qualität braucht Integration?, unter: bidok.uibk.ac.at/library/gl3–98-kinder.html (07.01.2005).

Dörfler, Mechthild/Rohmann, Tim: Himmelstürme und Liebesblätter, Konfliktverhalten von Mädchen und Jungen unter der Lupe, in: Theorie und Praxis in der Sozialpädagogik, 6, 2000, unter: www.wechselspiel-online.de/literatur/Texte_TR/2000%20Doerfler%20Rohrmann.doc (28.10.2005).

Dörfler, Roland/Klein, Lothar: Konflikte machen stark, Streitkultur im Kindergarten, Freiburg, Herder, 2003.

Dollard, John/Doob, Leonard W./Miller, Neal E./Mowrer, O. H./Sears, Robert S.: Frustration und Aggression, Deutsche Bearbeitung von Wolfgang Dammschneider und Erhard Mader, 2. Aufl., Weinheim, Verlag Julius Beltz, 1971.

Doyé, Götz/Lipp-Peetz, Christine: Wer ist hier der Bestimmer?: Das Demokratiebuch für die Kita, Weinheim, Beltz, 2000.

Eichholz, Reinald, unter: www.familienhandbuch.de/cmain/f_Fachbeitrag/a_Rechtsfragen/s_947.html#rechte (03.07.2005).

Erkert, Andrea: Liebe Schnecke, komm heraus!, Münster, Verlag Ökotopia, 2000.

Erkert, Andrea: Spiele zum Abbau von Aggressivität, München, Verlag Don Bosco, 2003.

Fatke, Reinhard: Was sind Bedürfnisse und Ansprüche des Kindes?, in: Fachtagung Elementarbereich 1980, Dokumentation, hg. v. Pestalozzi-Fröbel-Verband, Berlin, 1980, S. 166–173.

Feil, Christine: Einleitung, in: Deutsches Jugendinstitut (Hrsg.), Handbuch Medienerziehung im Kindergarten, Teil 2: Praktische Handreichungen, Opladen, Leske + Budrich, 1995.

Fischer, Veronika/Kallinikidou, Desbina/Stimm-Armingeon, Birgit: Handbuch interkulturelle Gruppenarbeit, Schwalbach/Ts., Wochenschau-Verlag, 2001.

Friedl, Johanna: Aggressive Kinder, Lahr, Ernst Kaufmann Verlag, 2002.

Friedl, Johanna: Spielerisch mit Angst umgehen, Ravensburg, Ravensburger Buchverlag, 2003.

Fuchs, Birgit: Spiele fürs Gruppenklima, München, Verlag Don Bosco, 1998.

Fuchs, Birgit: Spiele für Gruppenprozesse, München, Verlag Don Bosco, 1999.

Frädrich, Janu: Kinderbeteiligung, Kinder vertreten ihre Interessen selbst, unter: www.familienhandbuch.de/cmain/f_Programme/a_Familienpolitik/s_1030.html (20.06.2005).

Freud, Sigmund: Das Ich und das Es: Metapsychologische Schriften, 12. Aufl., Frankfurt/M., Fischer Taschenbuch, 1992.

Gebhard, Ulrich: Kind und Natur, Opladen, Westdeutscher Verlag, 1994.

Gebhard, Ulrich: Wie viel Natur braucht der Mensch, in: Die Zukunft der Umwelterziehung, hg. v. Helmut Schreier, Hamburg, Krämer, 1994, S. 83–118.

Gisbert, Kirstin: Lernen lernen. Lernmethodische Kompetenzen von Kindern in Tageseinrichtungen fördern, Weinheim und Basel, Beltz, 2004.

Gomolla, Mechtild/Radtke, Frank-Olaf: Institutionelle Diskriminierung. Die Herstellung ethnischer Differenz in der Schule, Opladen, Leske + Budrich Verlag, 2002.

Graf, Christine: Hauptvortrag zur Fachtagung „Schwer mobil", Übergewichtige Kinder in Bewegung, Spiel und Sport am 14. Februar 2004 in der Deutschen Sporthochschule Köln.

Greving, Heinrich/Niehoff, Dieter (Hrsg.): Praxisorientierte Heilerziehungspflege. Bausteine der Erziehungswissenschaft, Troisdorf, Bildungsverlag EINS, 2002.

Gudjons, Herbert/Pieper, Marianne/Wagener, Birgit: Auf meinen Spuren. Das Entdecken der eigenen Lebensgeschichte, Hamburg, Bergmann und Helbig, 2003.

Hacker, Friedrich: Aggression. Die Brutalisierung der modernen Welt, Reinbek, Rowohlt Taschenbuch Verlag, 1973.

Hahn, Maria/Janssen, Rolf (Hrsg.): Erziehungswissenschaft Band 1, Bildungsverlag EINS, 1995.

Hatlappa-Eichstädt, Ute: So macht Lernen Spaß. Lernförderung für Kinder im Vorschulalter, Freiburg im Breisgau, Christopherus-Verlag, 2000.

Heller, Elke/Bofinger, Manfred: Gut, dass wir so verschieden sind. Zusammenleben in altersgemischten Gruppen, Weinheim, Beltz, 2000.

Herm, Sabine: Mit „schwierigen" Kinder umgehen, Ein Leitfaden für die Praxis, Freiburg, Herder, 2002.

Heyden, Karl-Heinz/Laner, Christian: Friedensfähigkeit, unter: www.learn-line.nrw.de/angebote/friedensfaehigkeit (10.08.2005).

Hobmair, Hermann (Hrsg.): Pädagogik, 4. Auflage, Troisdorf, Bildungsverlag EINS, 2008.

Hobmair, Hermann (Hrsg.): Psychologie, 4. Auflage, Troisdorf, Bildungsverlag EINS, 2008.

Holzbrecher, Alfred: Die Wahrnehmung des Anderen als pädagogische Herausforderung: Zur Gestaltung interkultureller Zwischenräume, unter: www.sowi-online.de/methoden/dokumente/holzbrwahrn.htm#a8 (17.08.2005).

Hundertmark-Mayser, Jutta: Projektmanual „Kriminalprävention an Schulen: Modellprojekte und Handlungsleitfäden", unter: www.schuelerpartizipation.de/artikel/Hundert.htm#u311 (01.05.2005).

Ingenkamp, Karlheinz: Lehrbuch der pädagogischen Diagnostik, 4. Auflage, Weinheim und Basel, Beltz, 1997.

Jank, Werner/Meyer, Hilbert: Didaktische Modelle, Frankfurt/M., Cornelsen Scriptor, 1991.

Johann, Ellen/Michely, Hildegard/Springer, Monika: Interkulturelle Pädagogik, Methodenhandbuch für sozialpädagogische Berufe, Berlin, Cornelsen, 1998.

Käthe-Kollwitz-Berufskolleg Remscheid (Hrsg.): Räume gestalten Beziehungen, Remscheid, Eigenverlag, unveröffentlicht.

Kant, Immanuel: Schriften zur Anthropologie, Geschichtsphilosophie, Politik und Pädagogik 4., Band 6, erneut überprüfter reprogr. Nachdruck 1983, in: Immanuel Kant: Werke in 6 Bänden, hg. v. Wilhelm Weischedel, Wissenschaftliche Buchgesellschaft, 2004.

Kaufmann, Hildegard/Marmet, Ott/Werthmüller, Heinrich/Zurbriggen, Mariette: Außenseiter integrieren, Meilen, Verlag: Schweizerisches Institut für Themenzentriertes Theater, 2001.

Kazemi-Veisari, Erika: Partizipation. Hier entscheiden Kinder mit, Freiburg, Herder, 1998.

Kazemi-Veisari, Erika: Das Bild vom Kind – das Bild vom Lernen. Auf der Suche nach pädagogischen Handlungskonzepten, in: Kindergarten heute Spezial: Pädagogische Handlungskonzepte von Fröbel bis zum Situationsansatz, Freiburg, Herder, 2002, S. 4–9.

Kienbaum, Jutta: „Warum bist du so traurig?" Entwicklung von Mitgefühl und pädagogische Konsequenzen, in: Kindergarten heute, 4, 2005, S. 6–12.

Kindergarten Heute, Treffpunkt/Forum, unter: www.kindergarten-heute.de/treffpunkt/forum (10.12.2004).

Klippert, Heinz: Methodentraining. Übungsbausteine für den Unterricht, 13. Auflage, Weinheim und Basel, Beltz, 2002.

Kolb, Klaus/Miltner, Frank: Leichter lernen mit Köpfchen und Spaß, München, Gräfe und Unzer Verlag, 2003.

Küls, Holger/Moh, Petra/Pohl-Menninga, Margreth: Lernfelder Sozialpädagogik, Troisdorf, Bildungsverlag Eins, 2004.

Lachmaier, Werner (Redaktion): www.familienhandbuch.de/cmain/f_Aktuelles/a_Schule (10.08.2005).

Landesinstitut für Schule (Hrsg.): Wut-Interview – eine Befragung zur Emotion Wut, bei Learn: line, unter: www.learn-line.nrw.de/angebote/friedensfaehigkeit/medio/k2068.htm#top (17.08.2005).

Lau, Silvia/Nerger, Heide/Schreiber, Bärbel: Spielorte für Kinder. Eine Praxisanleitung zur Gestaltung öffentlicher Räume, Weinheim und Basel, Beltz, 1997.

Lebenshilfe, Landesverband Rheinland-Pfalz e. V.: Gemeinsame Erziehung und Bildung von Kindern mit und ohne Behinderung im Vorschulalter, Positionspapier der Lebenshilfe Rheinland-Pfalz, www.lebenshilfe-rlp.de/Aktuell/PDF_DOC/Positionsp_Q_gem_Erz_Endfassung.pdf (14.09.2008).

Ledl, Viktor: Kinder beobachten und fördern. Eine Handreichung zur gezielten Beobachtung und Förderung von Kindern mit besonderen Lern- und Entwicklungsbedürfnissen, Wien, Verlag Jugend & Volk, 2003.

Leitner, Sebastian: So lernt man lernen: angewandte Lernpsychologie, 8. Auflage, Freiburg im Breisgau, Basel, Wien, Herder, 1976.

Liebertz, Charmaine: Das Schatzbuch des ganzheitlichen Lernens. Grundlagen, Methoden und Spiele für eine zukunftsweisende Erziehung, München, Verlag Don Bosco, 1999.

Liebich, Daniela: Mit Kindern richtig lernen, Freiburg im Breisgau, Herder, 1999.

Lorenz, Konrad: Das sogenannte Böse: Zur Naturgeschichte der Aggression, Neuaufl., München, Dtv, 1998.

Mahlke, Wolfgang/Schwarte, Norbert: Raum für Kinder, 4. Auflage, Weinheim und Basel, Beltz, 1997.

Meixner, Silvia/Tumpold, Ernst: Kinder aufs Lernen vorbereiten. Edu-Kinestetik-Übungen für Eltern und Lehrer, München, Droemersche Verlagsanstalt Th. Knaur, 1996.

Militzer, Renate/Demandewitz, Helga/Solbach, Regina: Tausend Situationen und mehr, Tageseinrichtung – ein Lebens- und Erfahrungsraum für Kinder, Münster, Votum Verlag, 1999.

Militzer, Renate/Demandewitz, Helga/Fuchs, Ragnhild: Wie Kinder sprechen lernen, Entwicklung und Förderung der Sprache im Elementarbereich auf der Grundlage des situationsbezogenen Ansatzes, Ministerium für Frauen, Jugend, Familie und Gesundheit des Landes Nordrhein-Westfalen (Hrsg.), Düsseldorf, 2001.

Ministerium für Generationen, Familie, Frauen und Integration des Landes Nordrhein-Westfalen (MGFFI): KiBiz § 2, PDF-Download, S. 462, unter: www.mgffi.nrw.de/kinder-und-jugend/KiBiz_Unterseite/index.php (02.08.2008).

Ministerium für Schule und Weiterbildung des Landes Nordrhein-Westfalen: learn-line NRW. Das Wut-Interview, unter: www.learn-line.nrw.de/angebote/friedensfaehigkeit/medio/k2068.htm#top (17.08.2005).

Ministerium für Schule und Weiterbildung des Landes Nordrhein-Westfalen: Richtlinien und Lehrpläne zur Erprobung, Fachschule des Sozialwesens – Fachrichtung Sozialpädagogik, unter: www.schulministerium.nrw.de/BP/Schulrecht/RuL/RuLProbe/Bk/Fachschulen/Sozialwesen/Sozialpaedagogik.pdf (21.06.2006).

Ministerium für Schule und Weiterbildung des Landes Nordrhein-Westfalen: Bildungsvereinbarung NRW, 2003, Fundament stärken und erfolgreich starten, unter: www.callnrw.de/php/lettershop/download/865/download.pdf (05. 08. 2008).

Mülheim Rallye für Jugendliche, unter:
www.muelheim-ruhr.de/muelheim_rallye_fuer_jugendliche.html (10.06.2005).

Nohl, Hermann: Die Theorie der Bildung, in: Handbuch der Pädagogik, Bd. 1, hg. v. Hermann Nohl, Langensalza, Beltz, 1933, S. 3–80.

Nohl, Hermann: Das pädagogische Verhältnis, in: Klafki, Wolfgang u. a.: Erziehungswissenschaft, Bd. 1, Frankfurt/M., Fischer, 1970, S. 53–84.

Pausewang, Freya: Ziele suchen – Wege finden, Berlin, Cornelsen, 1994.

Pausewang, Freya: Dem Spielen Raum geben, Berlin, Cornelsen, 1997.

Pfeffer, Simone: Die Welt der Gefühle verstehen. Wie Kinder emotionale Kompetenz entwickeln können, in: Kindergarten heute 6/7, 34, 2004, S. 22–28.

Pfeffer, Simone: Emotionales Lernen. Ein Praxisbuch für den Kindergarten, Weinheim, Beltz, 2002.

Portmann, Rosemarie: Spiele, die stark machen, München, Verlag Don Bosco, 1998.

Portmann, Rosemarie: Kinder haben ihre Rechte, München, Verlag Don Bosco, 2001.

Portmann, Rosemarie: Spiele zum Umgang mit Aggressionen, München, Verlag Don Bosco, 2004.

Pulaski, Mary Ann S.: Piaget; eine Einführung in seine Theorien und sein Werk, Frankfurt/M. Fischer, 1978.

Regel, Gehard/Kühne, Thomas: Arbeit im offenen Kindergarten, Freiburg im Breisgau, Herder, 2001.

Regel, Gerhard/Wieland, Axel Jan: Offener Kindergarten konkret, Veränderte Pädagogik in Kindergarten und Hort, Hamburg, EB-Verlag Rissen, 1993.

Reich, Kersten (Hrsg.): Methodenpool, unter: methodenpool.uni-koeln.de (15.08.2005).

Richtlinien und Lehrpläne zur Erprobung, Fachschulen des Sozialwesens, Fachschule für Sozialpädagogik, Ministerium für Schule, Jugend und Kinder des Landes Nordrhein-Westfalen, 2004.

Sagi, Alexander: Verhaltensauffällige Kinder im Kindergarten, Ursachen und Wege zur Heilung, Freiburg, Herder, 2001.

Schäfer, Gert E.: Bildung beginnt vor der Schule, 2002, unter: www.uni-koeln.de/ew-fak/paedagogik/fruehekindheit/texte/fata_schae.pdf (27.10.2005).

Schäfer, Ute (ehem. Bildungsministerin NRW) aus Anlass der Fachtagung „Jugendsozialarbeit und Bildung" des Diakonischen Werkes der Ev. Kirche im Rheinland, 5. November 2003, unter: www.presseservice.nrw.de/01_textdienst/12_reden/2003/q4/20031105_01.html (20.12.2004).

Schede, Hans-Georg: Der Waldkindergarten auf einen Blick, Freiburg im Breisgau, Herder, 2000.

Schlenther, Uwe: Lerntechniken für die Schule, unter: www.lernen-heute.de/download/ebook_lerntechniken_schule.pdf, Fassung vom 16.07.2004 (10.08.2005).

Schneider, Sylvia: Das Stark-mach-Buch, Freiburg, Christophorus-Verlag, 2002.

Schräder-Naef, Regula: Lerntraining in der Schule. Voraussetzungen – Erfahrungen – Beispiele, Weinheim und Basel, Beltz , 2002.

Schräder-Naef, Regula: Schüler lernen Lernen. Vermittlung von Lern- und Arbeitstechniken in der Schule, 6. Auflage, Weinheim und Basel, Beltz , 1996.

Schröder, Hartwig: Lernen – Lehren – Unterricht: lernpsychologische und didaktische Grundlagen, München, Wien, Oldenbourg, Oldenbourg Wissensverlag, 2000.

Sonnenmoser, Marion: Alles im grünen Bereich, in: Psychologie heute, 4, 29. Jg., 2003, S. 15.

Spiegel Online, unter: www.spiegel.de/panorama/0,1518,353072,00.html (23.04.2005).

Spielgut Arbeitsausschuss Kinderspiel und Spielzeug e.V.: Vom Spielzeug und vom Spielen, 19. Auflage, Ulm, 2007.

Spitzer, Manfred: Lernen – Die Entdeckung des Selbstverständlichen. Ein Vortrag von Manfred Spitzer, Filmdokumentation und Buch von Reinhard Kahl, Weinheim, Beltz GmbH, Julius, 2006.

Spitzer, Manfred: Lernen: Gehirnforschung und die Schule des Lebens, Heidelberg, Spektrum Akademischer Verlag, 2006.

Stamer-Brandt, Petra: Wut-weg-Spiele, Freiburg, Christophorus-Verlag, 2003.

Ströer, Heinz (Hrsg.): Sozialgesetzbuch (SGB), München, Deutscher Taschenbuch Verlag, 2003.

Struck, Peter: Die 15 Gebote des Lernens, Darmstadt, Primus Verlag, 2004.

Subellok, Katja/Bahrfeck-Wichitill, Kerstin: Wenn Kinder nicht verlieren können. Wie Frustrationstoleranz gefördert werden kann, in: Kindergarten heute. 4, 2005, S. 20–26.

Taguieff, Pierre-Andre: Die Macht des Vorurteils, Hamburg, Verlag Hamburger Edition, 2000.

Tausch, Anne-Marie/Tausch, Reinhard: Erziehungspsychologie, 10. Auflage, Göttingen, Hogrefe, 1991.

Textor, Martin R.: Was Kinder wirklich brauchen: eine dialogische Beziehung zu glücklichen Eltern, 2004, unter: www.familienhandbuch.de/cmain/f_Aktuelles/a_Elternschaft/s_683.html (20.07.2005).

Textor, Martin R.: In jedem Fall verantwortlich? Zur Aufsichtspflicht in der Kita und im Kindergarten, unter: www.kindergartenpaedagogik.de/22.html, (02.07.2008).

Textor, Martin, R.: Problemkinder? Auffällige Kinder in Kindergarten und Hort, Weinheim, Beltz-Verlag, 1996.

Tokarski, Walter: Grußwort zur Fachtagung „Schwer mobil", Übergewichtige Kinder in Bewegung, Spiel und Sport am 14. Februar 2004 in der Deutschen Sporthochschule Köln, unter: www.wir-im-sport.de/templates/dokukategorien/dokumanagement/psdoc/file/12/Gru_wort_H403f0256e8d64.pdf.

Thiesen, Peter: Kreatives Spiel mit Kindern, Jugendlichen und Erwachsenen, 2. Auflage, Troisdorf, Bildungsverlag EINS, 1995.

United Nations/Regionales Informationszentrum der Vereinten Nationen für Westeuropa UNRIC: Über die Kinderrechtskonvention, 8.–10.05.2002, unter: www.unric.org/html/german/kinder/presse/8.pdf (07.09.2005).

Ulrich, Susanne/Heckel, Jürgen/Odwald, Eva: Achtung plus Toleranz, Wege demokratischer Konfliktregelung. Praxishandbuch für die politische Bildung, Gütersloh, Bertelsmann Stiftung, 2005.

Vester, Frederic: Denken, Lernen, Vergessen, Stuttgart, Deutsche Verlagsanstalt, 1975.

Viernickel, Susanne/Völkel, Petra: Beobachten und dokumentieren im pädagogischen Alltag, Freiburg, Herder, 2005.

Vogelsang, Renate: Die kleinen Verbraucher schützen, in: Gesundheit und Gesellschaft Spezial, 11, 6. Jg., 2003, S. 16 f..

Vollmer, Knut: Das Fachwörterbuch für Erzieherinnen und pädagogische Fachkräfte, Freiburg, Herder, 2005.

Wessel, Mechthild/vom Wege, Brigitte: Spielen im Beruf. Spieltheoretische Grundlagen für pädagogische Berufe, Troisdorf, Bildungsverlag EINS, 2004

Zentrum für Körperbehinderte Würzburg-Heuchelhof, Verein für Körper- und Mehrfachbehinderte e. V., unter: www.zfk-internat.de (20.03.2005)

Zimbardo, Philip G./Gerrig, Richard J.: Psychologie, 7. Auflage, Berlin, Heidelberg u. a. Springer, 1999

Zimmer, Renate: Nicht überall müssen Mobiles baumeln! Raum für Fantasie und Bewegung schaffen, in: Kindergarten heute, 1, 1999

Zimmer, Renate: Handbuch der Bewegungserziehung. Didaktisch-methodische Grundlagen und Ideen für die Praxis, 13. Auflage, Freiburg im Breisgau, Herder, 2003

Zweites Gesetz zur Ausführung des Gesetzes zur Neuordnung des Kinder- und Jugendhilferechts, Gesetz für Tageseinrichtungen für Kinder, unter www.tageseinrichtungen.nrw.de/recht/gtk.html, (27.10.2004)

Bildquellenverzeichnis

- mauritius images/age fotostock: Umschlagbild, S. 35, 52, 160
- MEV Verlag, Augsburg: Layoutbilder, S. 3, 9, 13 (2x), 32 (oben), 33 (unten), 38, 56, 211
- Bildungsverlag Eins, Troisdorf/Steffie Becker, Bonn: S. 20, 21 (2x), 22, 30, 32 (unten), 59, 87, 98 (2x), 99 (2x), 103, 107, 123, 125, 127, 128, 140, 155, 156, 162, 169, 175, 177, 180, 190, 193, alle Illustrationen auf der CD
- picture-alliance/dpa: S. 27
- Anne Maria Quill: S. 33 (oben), 71, 73, 75
- Bildungsverlag Eins, Troisdorf/Evelyn Neuss, Hannover: S. 49, 70, 90, 101, 122, 141, 154 (2x), 159, 202
- mauritius images/Photononstop: S. 54
- mauritius images/SuperStock: S. 55
- ullstein bild: S. 80
- Bildungsverlag Eins, Troisdorf/Angelika Brauner, Hohenpeißenberg: S. 89
- Bilderbox Fotoagentur, Thening (Österreich): S. 92, 163, 165
- Bildungsverlag Eins, Troisdorf/Cornelia Kurtz, Boppard: S. 109
- mauritius images/PowerStock: S. 167
- akg-images, Berlin: S. 171

Stichwortverzeichnis

U

V

W

Z

INHALT CD